U0922486

མལ་གྲོ་གུང་དཀར་གྱི་ལོ་རིམ་མེ་ལོང་།

墨竹工卡年鉴

2019

（总第9卷）

墨 竹 工 卡 县 人 民 政 府　主办
墨竹工卡县人民政府办公室　编

图书在版编目（CIP）数据

墨竹工卡年鉴. 2019 / 墨竹工卡县人民政府办公室编. -- 北京 : 方志出版社，2019.12
ISBN 978-7-5144-4076-8

Ⅰ. ①墨… Ⅱ. ①墨… Ⅲ. ①墨竹工卡县 - 2019 - 年鉴 Ⅳ. ①Z527.54

中国版本图书馆CIP数据核字(2019)第298809号

墨竹工卡年鉴（2019）

编　　者：墨竹工卡县人民政府办公室
责任编辑：刘　芳

出 版 者：方志出版社
地址　北京市朝阳区潘家园东里9号（国家方志馆 4 层）
邮编　100021
网址　http://www.fzph.org
发　　行：方志出版社图书经销中心
电话（010）67110500
经　　销：各地新华书店
印　　刷：河南金雅昌文化传媒有限公司

开　　本：889 × 1194　　1/16
印　　张：22
字　　数：540千字
版　　次：2019年12月第1版　　2019年12月第1次印刷
印　　数：001 ~ 500册

ISBN 978-7-5144-4076-8　　定价：350.00元

墨竹工卡县行政区划图

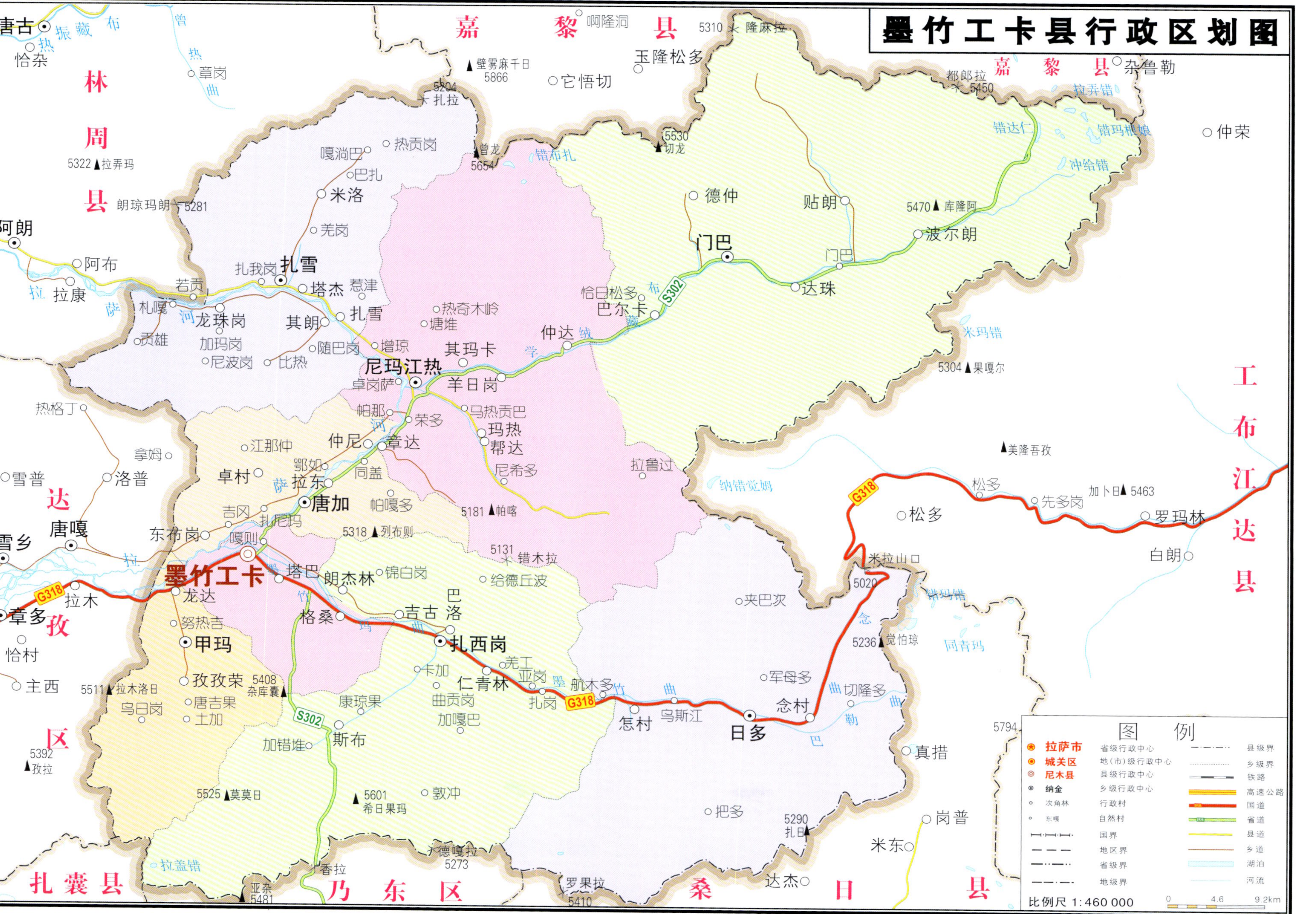

西藏自治区测绘院编制

审图号：藏S（2018）022号

2018年7月23日，全国政协常委、中国佛教协会副会长班禅额尔德尼·确吉杰布（中）到墨竹工卡县雪林多吉颇章斯布牧场调研

2018年4月20日，西藏自治区党委副书记、主席齐扎拉（中）一行到墨竹工卡县检查指导精准扶贫脱贫攻坚工作

2018年7月7日，西藏自治区党委常务副书记、区政协党组书记丁业现（中）到墨竹工卡县调研生态环境保护工作

2018年5月31日，中组部部务委员李小新（中）与孜孜荣村党总支书记亲切交谈

2018年8月19日，南京市人大常委会党组书记、主任龙翔（前排左二）一行到墨竹工卡县考察工作

2018年6月26日，西藏自治区党委常委、区政协党组副书记、区党委统战部部长旦科（前排右二）到墨竹工卡县调研“遵行四条标准、争做先进僧尼”教育实践活动开展情况

2018年8月30日，西藏自治区党委常委、拉萨市委书记白玛旺堆（左三）到墨竹工卡县门巴乡调研

2018年9月20日，西藏自治区党委常委、纪委书记、监委主任王拥军（左三）到墨竹工卡县工卡镇塔巴村慰问贫困户

2018年5月18日，西藏自治区党委常委、常务副主席姜杰（右三）到墨竹工卡县调研

2018年6月14日，西藏自治区人大常委会副主任李文汉（左三）一行到墨竹工卡县人民法院调研司法体制改革工作落实情况

2018年8月9日，西藏自治区副主席江白（左四）到墨竹工卡县扎雪乡调研牦牛育肥及加工产业项目

2018年6月20日，中国佛协副会长、西藏自治区政协副主席、中国佛教协会西藏佛协分会长、区佛学院院长珠康·土登克珠（左二）到墨竹工卡县开展“遵行四条标准、争做先进僧尼”宣讲活动

2018年5月9日，全国总工会书记处书记田辉（中）一行到墨竹工卡县调研

2018年8月31日，西藏自治区林业厅厅长云丹（前排右一）一行到墨竹工卡县调研村（居）绿化工作

2018年3月13日，西藏自治区农科院党委书记、副院长马菁林（前排右二）一行到墨竹工卡县气象局调研

2018年12月6日，西藏自治区环境保护厅党组副书记 、厅长罗杰（前排右二）到墨竹工卡县调研生态环境保护工作

2018年2月9日，西藏自治区教工委副书记、教育厅厅长杜建功（右二）到墨竹工卡县中学检查指导工作

2018年2月14日，西藏银行总行党委书记张伟（左二）一行到西藏银行墨竹工卡县支行慰问员工

2018年5月8日，拉萨市委副书记、市长果果（中）到墨竹工卡县检查指导工作

2018年8月22日，南京市卫计委副主任王安琴（前排右四）一行代表团到墨竹工卡县人民医院检查指导工作

2018年11月9日，南京市对口支援新疆工作前方指挥组组长、新疆伊宁市委副书记童晓佳（左二）到墨竹工卡县工卡镇工卡村检查指导工作

2018年11月9日，西藏自治区人民检察院党组副书记、常务副检察长汪留国（中）到墨竹工卡县人民检察院检查指导工作

2018年1月25日，西藏自治区纪委常委、秘书长彭祎涛（中）到墨竹工卡县检查监察体制改革试点工作推进情况

2018年12月11日，西藏自治区发改委党组成员、副主任张秀武（左排右四）一行到墨竹工卡县对2018年度保障农民工工资支付工作进行年度考核

2018年4月24日，西藏自治区科技厅副厅长王俊杰（右排右三）一行到墨竹工卡县督导检查“河长制”工作

2018年4月26日，西藏自治区商务厅副厅长周慧（前排右二）一行到墨竹工卡县调研

2018年8月7日，西藏自治区安监局副局长拉增（左三）一行到墨竹工卡县检查尾矿库汛期安全生产工作

2018年3月8日，西藏自治区气象局党组成员、副局长蒲强（左二）一行到墨竹工卡县气象局调研

2018年3月23日，西藏自治区文化厅党组成员、巡视员阿齐（左一）一行到墨竹工卡县检查指导民间艺术团工作

2018年5月17日，拉萨市委副书记、组织部部长庄红翔（左一）到墨竹工卡县调研村级组织活动场所标准化建设工作

2018年2月8日，拉萨市委常委、常务副市长王念东（右一）到墨竹工卡县甲玛乡慰问结对帮扶户

2018年9月19日，拉萨市委常委、统战部部长阿努次仁（右三）到墨竹工卡县工卡镇调研

2018年5月10日，拉萨市副市长雷涛（中）到墨竹工卡县调研扶贫产业项目

2018年10月17日，拉萨市副市长扎西白珍（前排左三）到建档立卡户专场招聘会现场指导工作

2018年8月8日，拉萨市政协党组成员、副主席兼河长制督查组常务副组长孙宝祥（中）一行到墨竹工卡县调研江河湖泊水资源保护和中心区水系整治情况

2018年10月19日，中国气象局人工影响天气中心主任李集明（左二）一行到墨竹工卡县气象局调研

2018年8月29日，国家统计局西藏调查队住户专项调查处处长刘院明（左四）到墨竹工卡县统计局调研城镇居民生活情况

2018年6月28日，青海省玉树藏族自治州气象局党组书记赵金良（左三）一行到墨竹工卡县气象局调研

2018年3月27日，西藏自治区司法厅社区矫正管理局局长红兵（中）到墨竹工卡县调研社区矫正工作

2018年5月9日，西藏大学医学院党委书记扎堆（左一）到墨竹工卡县人民医院签署实习基地协议

2018年11月13日，西藏自治区税务局党委委员、总审计师雷纪选（左二）到墨竹工卡县调研社保费征收工作

2018年12月5日，拉萨市中级人民法院党组书记、代理院长李世蓉（左一）到墨竹工卡县人民法院检查指导工作

2018年9月6日，拉萨市纪委常委、监委委员黄晓艳（左排中）到墨竹工卡县督导检查扶贫领域腐败和作风问题及不作为慢作为整改工作进展情况

2018年10月5日，拉萨市委组织部副部长杨栋章（右排右二）到墨竹工卡县门巴乡检查指导工作

2018年4月18日，拉萨市统计局局长旺堆罗布（右排右四）到墨竹工卡县统计局检查指导工作

2018年7月16日，拉萨市食药局局长申豫东（中）到墨竹工卡县食药局检查指导工作

2018年6月7日，拉萨市人社局党组书记彭丽华（右二）一行到墨竹工卡县检查指导就业创业工作

2018年8月10日，拉萨市教育局党委副书记、局长中楚成（右二）到墨竹工卡县尼玛江热乡中心小学检查指导教学常规工作

2018年11月13日，拉萨市审计局局长彭多（右排左二）一行到墨竹工卡县调研

2018年4月2日，林芝市食药局局长洛桑西绕（ 左一 ）一行到墨竹工卡县调研食品安全工作

2018年1月5日，县委书记劳明伟在墨竹工卡县经济工作会议上作重要讲话

2018年3月21日，县委副书记、县长旦增尼玛在墨竹工卡县100个项目暨援藏项目集中开工仪式上致辞

2018年12月5日，拉萨市政府副秘书长、妇儿工委办副主任次旦卓嘎（右排中）到墨竹工卡县督导检查妇女发展规划和儿童发展规划工作

2018年12月21日，西藏自治区财政厅预算处副处长蒋琳（右排右二）到墨竹工卡县财政局调研扶贫动态系统录入情况

2018年1月5日，墨竹工卡县召开经济工作会议

2018年3月28日，墨竹工卡县举行庆祝“3·28”西藏百万农奴解放纪念日升国旗唱国歌仪式

2018年4月12日，墨竹工卡县举行2018年生态修复暨植被恢复启动仪式

2018年5月15日，墨竹工卡县召开精准扶贫精准脱贫推进会

2018年6月20日，墨竹工卡县二期搬迁点举行产业项目分红仪式

2018年9月29日，墨竹工卡县庆祝首届西藏“中国农民丰收节”

2018年10月25日，墨竹工卡县举办首届“醉墨竹”非遗旅游文化节

2018年11月1日，中共墨竹工卡县第九届委员会第七次全体（扩大）会议召开

《墨竹工卡年鉴》编纂委员会

《墨竹工卡年鉴》编辑部

编辑说明

一、《墨竹工卡年鉴》2011年开始编纂，每年出版1卷，2019年卷为第9卷。

二、《墨竹工卡年鉴》以马克思列宁主义、毛泽东思想、邓小平理论、“三个代表”重要思想、科学发展观、习近平新时代中国特色社会主义思想为指导，坚持辩证唯物主义和历史唯物主义的立场、观点、方法，始终坚持“实事求是、质量第一、存史资政、服务大众”的办鉴宗旨，全面、系统、翔实地记述墨竹工卡县上一年度政治、经济、文化、社会等各项事业的基本情况，为社会各界与国内外人士了解和研究当今墨竹工卡县提供翔实资料。

三、《墨竹工卡年鉴》分为正文与彩页两部分。正文采取分类编辑法，以类目、分目、条目为主要框架结构，个别包含多方面资料的条目，则在段落间加插楷体标题提示，方便读者查阅全书。

四、《墨竹工卡年鉴（2019）》载录墨竹工卡县2018年经济社会发展的基本资料，设有特载、综述、大事记、政治、军事、法治、经济管理、社会事业、城市建设·环保、交通·通信、金融、乡（镇）概况、附录等内容。

五、《墨竹工卡年鉴》的编辑宗旨，在于求真务实，力求真实生动地反映墨竹工卡县在改革开放和现代化建设中取得的崭新成就。

六、《墨竹工卡年鉴》所提供的内容和数据，分别来自于墨竹工卡县各有关部门和乡（镇）人民政府，经各级领导审核，但由于口径与统计方法不同，恐有不一致之处，使用时应以县统计局提供的数据为准。本书中农田土地面积的计量单位使用“亩”。

目 录

特 载

综 述

大事记

政 治

中共墨竹工卡县委员会

中共墨竹工卡县委办公室

墨竹工卡县人民代表大会常务委员会

墨竹工卡县人民代表大会常务委员会办公室

墨竹工卡县人民政府

墨竹工卡县人民政府办公室

中国人民政治协商会议墨竹工卡县委员会

中国人民政治协商会议墨竹工卡县委员会办公室

中共墨竹工卡县纪律检查委员会(墨竹工卡县监察委员会)

中共墨竹工卡县委组织部(编办、老干局)

中共墨竹工卡县委宣传部

中共墨竹工卡县委统战部（民族宗教事务局）

中共墨竹工卡县委员会巡察工作办公室

墨竹工卡县总工会

共青团墨竹工卡县委员会

墨竹工卡县妇女联合会

墨竹工卡县藏语委办(编译局)

墨竹工卡县信访局

墨竹工卡县创先争优强基础惠民生活动领导小组办公室

军 事

墨竹工卡县人民武装部

墨竹工卡县消防大队

武警墨竹工卡中队

法 治

中共墨竹工卡县委政法委员会

墨竹工卡县公安局

墨竹工卡县人民检察院

墨竹工卡县人民法院

墨竹工卡县司法局

经济管理

墨竹工卡县发展和改革委员会

墨竹工卡县财政局

墨竹工卡县审计局

墨竹工卡县国土资源规划局

墨竹工县统计局

墨竹工卡县工业和信息化局

墨竹工卡县安全生产监督管理局

墨竹工卡县税务局

墨竹工卡县工商行政管理局

墨竹工卡县气象局

社会事业

墨竹工卡县民政局

墨竹工卡县人力资源和社会保障局

墨竹工卡县净土健康产业办公室

墨竹工卡县卫生和计划生育委员会

墨竹工卡县食品药品监督管理局

墨竹工卡县人民医院

墨竹工卡县疾病预防控制中心

墨竹工卡县文化旅游新闻出版广电局(文物局)

墨竹工卡县农牧(科技)局

墨竹工卡县扶贫(农发)办

墨竹工卡县林业局

墨竹工卡县水利局

墨竹工卡县教育(体育)局

墨竹工卡县中学

墨竹工卡县供电有限公司

城市建设・环保

墨竹工卡县住房和城乡建设局

墨竹工卡县环境保护局

墨竹工卡县城市建设投资经营有限公司

交通・通信

墨竹工卡行县交通运输局

林芝公路分局墨竹工卡公路养护段

墨竹工卡县电信局

墨竹工卡县邮政分公司

中国移动通信集团西藏有限公司墨竹工卡县分公司

联通墨竹工卡县营业部

金　融

中国农业银行股份有限公司墨竹工卡县支行

西藏银行股份有限公司墨竹工卡县支行

乡(镇)概况

工卡镇

甲玛乡

唐加乡

扎西岗乡

日多乡

尼玛江热乡

扎雪乡

门巴乡

附 录

特　　载

贯彻新发展理念　聚焦重点难点
为全面建成小康社会收官打下决定性基础

——在中共墨竹工卡县委九届八次全会上的报告

中共墨竹工卡县委书记　劳明伟

（2019年1月22日）

一、认真总结，科学把握发展现状

过去的一年，县委常委会高举习近平新时代中国特色社会主义思想伟大旗帜，全面贯彻落实新发展理念，贯彻落实习近平总书记治边稳藏重要论述，聚焦脱贫攻坚，聚集补齐短板，聚力改善民生，聚合夯实基础，全县经济社会发展保持良好态势。具体表现为七个新：

发展基础实现新突破。稳定发展种养手工业、规范发展绿色矿产业、有序发展文化旅游业，持续深入推进"双创"、招商引资工作。大力实施高产创建田和良种推广普及，斯布牦牛完成地理标志认证

及商标注册。全县地区生产总值实现 33.5 亿元，同比增长 9.5%。华泰龙、巨龙采矿业项目建设完成，思金拉措对外运营，成功举办首届油菜花艺术节、首届“醉墨竹”非遗旅游文化艺术节。全力支持大学生及农牧民群众创新创业，成功举办第二届青年创新创业大赛，“双创”园区入驻企业 12 家，全县登记备案农牧民经济合作组织 107 家。加大农村改革力度，集体土地所有权确权登记通过区市验收，40 个行政村 198 个村小组完成集体资产清产核资。重点推进“放管服”改革，优化审批流程，办事效率明显提升，全力推进县乡村三级政务服务中心规范化建设及财政改革信息化建设。

富民惠民取得新成果。坚持民生优先，全年公共财政用于民生支出达 2.37 亿元，增幅保持 20% 以上，教育、卫生、文化、社会保障不断健全。我县在全区率先全面启动学前三年教育；以“互联网 +”实现县乡医疗信息化建设，县人民医院通过市级“二甲”验收，实现“病有所医”向“病有良医”转变；非物质文化得到有效保护和传承，广播电视“村村通”“舍舍通”“户户通”覆盖率均达 99.6% 以上；完成农牧民转移就业培训 1164 人，实现转移就业 875 人。开发就业岗位 870 个，城镇新增就业 936 人，城镇登记失业率控制在 2.2% 以内。农村居民人均可支配收入完成 14360 元，连年保持两位数增长，农牧民生活越来越美好，感觉恩听党话跟党走的信念更加坚定。常态化开展矛盾纠纷排查、安全生产检查和重点行业整治，社会大局保持和谐稳定。

精准扶贫进入新阶段。不断深化“六脱”措施，661 户 2806 名建档立卡贫困户挪穷窝，1376 名贫困群众实现稳定就业，全县累计脱贫 1654 户 7418 人，贫困发生率下降至 0.01%，我县顺利通过国务院扶贫开发领导小组 2017 年贫困县退出专项评估，如期完成脱贫摘帽任务，进入巩固提升防止返贫新阶段。

绿色发展开辟新局面。绿色转型决心空前，严格落实环境保护主体责任，全面开展“绿盾 2018”国家级自然保护区监督检查、全国第二次污染源普查等专项行动，中央环保督察转办的 21 件主办信访案件、反馈的 86 项主办问题均限时完成整改，整改完成率分别达 100%、86%；绿色发展基础更实，全力推进国家级生态县创建筹备工作，大力实施消除“无树村、无树户”工作，完成植树造林 3314.5 亩，封山育林 2100 亩，封沙育林育苗 6053 亩，全县森林覆盖率达 43％；绿色矿山进展有序，围绕现代、和谐、绿色、富民、安全“五大矿山”建设，开展环境、安全生产综合技术服务，编制《墨竹工卡县甲玛矿区自治区级绿色矿山示范县规划》。定期开展矿山联合执法，天仁、巨龙矿业环境问题挂牌督办事项顺利摘牌。

城乡环境展现新面貌。坚持不懈推进“厕所革命”，大力实施道路、水利、市政、电力等基础设施建设，努力补齐影响群众生活品质短板。制定《墨竹工卡县乡村振兴发展规划（2018—2020）》，塔巴村帕热组试点先行，成为全区首个人居环境整治示范点。率先在全区启动 7 个乡全覆盖的污水处理厂及收集管网建设，实现乡污水全收集、全处理；嘎则新区县城污水处理及收集系统完成主体建设；提标改造人工湿地污水处理厂，污水处理工艺在全区得到推广；开通第一批农村“公交”客运班线，乡（镇）、行政村覆盖率分别达 100%、80%；甲玛乡特色小城镇、尼江乡宗雪村村容村貌焕然一新。

南京支援积累新厚度。南京援藏统筹做好对口支援和区域发展工作，投入 1.11 亿元实施高原生态藏茶、波朗村幼儿园、县医院提升改造等 18 个援藏项目。第二批 5 名组团式医疗援藏医生完成帮扶工作。2 批 27 名先心病、髋关节等患儿赴南京接受免费治疗，实现南京免费救治患儿突破 100 名。南京社会各界共计 44 个代表团赴墨竹工卡县开展对口帮扶，落实帮扶资金 902 万元、物资 188.6 万元。33 个墨竹工卡社会各界代表团 475 人赴南京开展学习培训、考察交流、免费医疗等活动。工作组荣获区、市、县三级民族团结进步模范集体。“藏汉人民心连心、南京墨竹一家亲”的深厚感情已融入两地人民血脉。

党的建设适应新要求。充分认识党建工作面临的新形势、新任务，大力推进“两学一做”学习教育常态化制度化，深入开展习近平新时代中国特色社会主义思想和党的十九大学习宣传、党员政治教育及政治纪律教育，不断增强“四个意识”。坚持“一年建设、两年规范、三年提升”，制定基层党建三年行动计划，中组部部务委员李小新同志对我县党建工作给予肯定。持续开展强基础惠民生工作，一批群众反映的共性问题得到有效落实。坚持实干用人导向，提拔使用优秀干部23名，进一步使用干部10名。有力发挥巡察利剑作用，完成市委对2个党支部、4个寺管会党组提级巡察整改落实和县委第一、二轮9个党组织12家单位县级巡察和7家单位扶贫领域专项巡察。全面落实党风廉政建设主体责任，大力开展集中整治不作为慢作为、文山会海等形式主义、官僚主义，财经纪律执行和管理、扫黑除恶等4项专项整治活动。深化作风建设，县委常委会3次对干部违纪行为进行查处问责，给予党纪和政务处分6人，组织处理15人，谈话提醒4人。推进监察体制改革，监察对象数量从改革前的5323人增加到10125人。反腐倡廉宣传教育深入开展，“不能腐”防范机制不断健全。人大、政协履职富有成效，统战、群团、老干部、双拥、关心下一代等工作不断进步，形成了团结和谐、干事创业的良好局面。

在肯定成绩的同时，我们清醒地认识到，经济社会发展中仍存在一些问题和不足，主要表现在：解放思想和开放程度不够，影响了发展环境，阻碍着前进步伐；产业结构不优、发展载体不强的问题，依然较为突出；经济运行质量不高，重大项目支撑不足、实体经济和园区经济欠缺；绿色发展上还存在一些短板，生态富民的文章还没有做足，大项目好项目不多；保障和改善民生，推进基本公共服务标准化需要付出更多努力；“三农”人才、双创人才、专业技术人才严重欠缺，人力资本开发办法不多、难度大；基层党建工作存在薄弱环节，干部的履职能力、工作标准、担当意识亟须进一步提升，等等。对此，我们必须高度重视，采取有力措施，切实加以解决。

二、明确目标，充分把握重点任务

新时代新担当新作为。我们既要坚持任尔东西南北风、咬定发展不放松，更要认清历史方位，把握发展大势，锚定行动坐标，找准前进方向。2019年，是全面贯彻党的十九大精神、全面建成小康社会第一个百年奋斗目标的关键之年。全县工作的总体要求和目标是：以习近平新时代中国特色社会主义思想为指导，坚决践行“两个维护”，增强“四个意识”、坚定“四个自信”，贯彻新发展理念，坚持稳中求进、进中求好、补齐短板工作总基调，推动高质量发展，以供给侧结构性改革为主线，坚持党要管党、从严治党，牢牢抓住发展、稳定、生态三件大事，聚焦巩固脱贫、污染防治、民生改善等经济社会发展重点难点，回应“一个期待”，把握“四个机遇”，打好“三大战役”，落实“五项重点任务”，确保经济平稳运行、民生持续改善、社会和谐稳定，为全面建成小康社会收官打下决定性基础，以优异成绩庆祝伟大祖国70周年华诞和西藏民主改革60周年。

（一）回应“一个期待”，确保决策部署落实到位

要认真回应区市党委对我县发展的殷切期待，统一思想、狠抓落实，确保中央、区市党委决策部署落地生根。墨竹工卡县作为拉萨的“东大门”和重点工业县，聚焦着社会各界的目光，更肩负着区党委区政府和市委市政府的重托。区党委书记吴英杰同志履新以来先后2次莅临我县考察指导工作。去年，区党委副书记、主席齐扎拉同志先后3次赴我县调研农村人居环境、垃圾污水处理、矿山建设等工作，并对我县提出“人居环境及污水处理要及时总结经验在全区县乡进行试点”和“加快建设‘互联网+智慧矿山’”的重要指示要求。市委书记白玛旺堆同志对我县提出建设现代、和谐、绿色、富民、安全“五大矿山”的发展要求。市委副书记、市长果果同志指示要加快推进墨竹工卡撤县设市的工作要求。可见，全区关注墨竹、上级期望墨竹、外界聚焦墨竹，使命光荣、任务艰巨。我们必须在转型升级中涅槃新生，在区域竞争中脱颖而出，以扎实的举措回应区市的期待，使墨竹成为首府拉萨的“东方明珠”。

（二）把握“四个机遇”，实现争先竞优

回顾墨竹发展征程中的成就，特别是2010年，我县税收在全区各县率先突破1亿元；2013年，在拉萨争先进位考核中勇夺县区第一。但近年来，区

市内曾经的“追兵”渐行渐近，成为我们的“标兵”。过去一年，我们扎实苦干、不断赶超，不少工作得到了群众和上级党委政府的肯定，但我们对县区的竞争不能淡定，对发展成果不能满足。综合分析形势，当前的墨竹，结合资源禀赋和经济运行基础，要在中央对西藏的特殊优惠政策、南京对口支援的良好平台上，把握“四个机遇”，实现争先竞优。我们要把握产业升级的新机遇，坚持以供给侧结构性改革为主线不动摇，在“巩固、增强、提升、畅通”八个字上下功夫，加快推动一产、三产形成规模，推动产业结构升级和发展方式转变，向高质量发展迈进。我们要把握先行先试的新机遇，无论是人居环境改造、医疗教育还是推进城镇化建设上，都使我们完全有条件在体制机制上先行先试，创新发展。要稳步推进撤县设市，争取更大突破，谋求更大作为。我们要把握绿色发展的新机遇，走生态优先、绿色发展之路，加强生态文明建设和“绿色矿山示范县”创建，造福墨竹人民，为未来发展赢得更广阔空间。我们要把握立体交通的新机遇，已经建成的拉林高等级公路和正在改造升级的G349和S507加快了墨竹打造为区域性交通枢纽县的步伐。综上所述，我们机遇当前，抢抓就会抢先，错过就是过错，必须以“机不可失、时不再来”的认识，殚精竭虑抓大发展，才能打牢全面建成小康社会收官的决定性基础。

（三）打好“三大战役”，努力跨越全面建成小康社会重大关口

要按照习近平总书记提出的“针对突出问题，打好重点战役”的要求，推动重大风险防范化解取得明显进展、加大精准脱贫力度、推进污染防治取得更大成效。一是巩固脱贫，让消除贫困成为“最强音”。贫困是发展不平衡不充分的集中体现，消除贫困是全面建成小康社会的底线任务和标志性指标。现在，贫困帽子摘了，但防止返贫战斗才刚刚打响。要持续巩固脱贫攻坚成果，精准发力，对已脱贫和边缘户进行动态监测，密切关注容易返贫群体。坚持脱贫不脱政策、脱贫不脱帮扶、脱贫不脱项目，扶上马、送一程。扎实推进产业、就业、生态、教育、健康、援藏、社会保障以及党建等扶贫工作，深化扶贫领域腐败和作风问题专项治理，做好脱贫攻坚和乡村振兴的有机衔接，进一步巩固提升脱贫战果，增强贫困村自我发展能力，帮助贫困户提升造血功能，彻底拔掉穷根，走上共同致富道路。二是污染防治，让绿色发展成为“主旋律”。持续深入推进中央环保督查反馈剩余的12项主办问题整改，探索实施废弃矿山、地质灾害点生态修复，努力变遗留问题为发展亮点。严格执行新《环保法》，严厉打击环境违法行为。大力实施“两江四河”绿化项目，造林3000亩。切实担负起生态文明建设的政治责任，加强问题梳理研究、细化任务分解落实，统筹运用污染治理、总量减排、结构优化、生态保护等手段，全力打好水、大气和土壤污染治理“三大战役”，在空间上守住生态红线保护底线，行业上守住排放总量底线，项目上守住环境准入标准底线，让清新的空气、干净的水质、放心的食物、优美的环境成为群众看得到、摸得着的获得感，用务实的举措、优良的作风迎接中央第二轮环境保护督察。三是防范化解风险，让经济稳健成为“主基调”。围绕“坚定、可控、有序、适度”的要求，把防范化解金融风险尤其是政府性债务风险放在突出位置，切实加强融资平台公司融资管理，规范政府与社会资本方的合作行为，健全规范的地方政府举债融资机制，牢牢守住不发生区域性系统性风险的底线。

（四）落实“五项重点任务”，确保小康社会推向深入

与全市全区全国一道同步实现全面小康，要把更多精力聚焦到重点难点问题上来，激发制度活力，激活基层经验，落实重点任务，把各项工作落到实处。

*一是着力保障和改善民生。*顺应全面小康的新要求、民生内涵的新变化，让人民群众的获得感更多地建立在“做大蛋糕、分好蛋糕”上，落实到释放改革红利上，体现在社会公平正义上，实现在补齐社会短板中。一要提高公共社会保障条件。坚持把公共服务均等化作为基础工程，继续加大民生投入，试点乡村采暖，新建车辆检测中心、政务服务中心，南京第一幼儿园、乡村教师发展中心投入使用，7个乡卫生院全覆盖建设实现分级诊疗，全面提升教育、就业、医疗卫生、社会救助、住房保障

等公共服务水平，构建公平可持续的社会保障体系。二要推动文化事业发展提高。始终以社会主义核心价值观为指导，广泛凝聚人心，深入开展"五有五好"文明村镇创建和"四讲四爱"教育实践活动，强化导向意识、阵地意识，广泛开展道德实践和志愿服务活动，旗帜鲜明地弘扬主旋律、传播正能量。加快构建覆盖城乡、便捷高效的公共文化服务体系，让群众喜欢文化、参与文化、创造文化。三要实现社会和谐稳定。坚定不移推进法治建设，坚持党对政法工作的领导，完善党委领导、政府负责、社会协同、公众参与、法治保障的社会治理体制，着力打造共建共治共享的社会治理格局。深入开展"三个专项斗争"，提升人民群众安全感。抓好网络安全监管、阵地控制，确保不发生网络舆情落地演化为涉稳敏感事件。旗帜鲜明反对分裂、自觉维护祖国统一和民族团结，严密防范和坚决打击各种渗透颠覆破坏活动、暴力恐怖活动、民族分裂活动、宗教极端活动和自焚行为。创新社会治理和寺庙管理，坚持依法管理宗教事务，注重发挥基层组织的号召作用、先进文化的引导作用、群团组织的带动作用、学校阵地的教育作用，凝聚起"神圣国土守护者、幸福家园建设者"的精气神。认真抓好安全生产、信访维稳、双拥共建等各项工作，确保社会大局安定有序，人民群众安居乐业。四要促进稳定就业。加强高校毕业生、复转军人等重点群体就业，力争应届高校毕业生就业率达 90% 以上。进一步发挥市场作用，主动对接矿企、招商引资等民营企业开发就业岗位。落实就业困难群体技能培训，提高农牧民技能水平和就业能力，结合农牧区人才特点，采取菜单式、选择式等培训方式，合理确定培训对象、培训规模和培训内容，着力解决技能培训与生产需要相脱节、农牧民需求与培训内容相脱节等突出问题，将"要我培训"转变为"我要培训"，进一步提高农牧民培训的积极性和主动性，促进稳定就业。

*二是着力乡村振兴。*坚持以人民为中心的发展思想，大力实施以"神圣国土守护者、幸福家园建设者"为主题的乡村振兴战略，建设产业兴旺、生态宜居、乡风文明、治理有效、生活富裕的美丽乡村。抓人居环境，打造样板工程。启动农村人居环境整治三年行动计划，加快推进生态宜居示范乡村建设，重点做好垃圾污水处理、厕所革命和"一村一林卡"创建等村容村貌提升，7 个乡污水处理全覆盖启用，完成 2 个乡 6 个村生活垃圾分类，把塔巴村打造为全区乡村振兴特色示范村庄，成为样板工程；抓品牌建设，引领发展效益。加强保护和发展地理标志农畜产品，在"一村一品、一县一业"上下功夫，通过产业、人才、文化、生态、组织 5 个方面振兴，全力打造 G318 沿线塔巴现代农业园区以东的农业聚集区乡村振兴品牌项目，辐射带动 8 个乡（镇）、40 个行政村拿出 1—2 个典型和精品，实现墨竹工卡县乡村振兴战略全面开花；抓农村改革，厚植发展潜力。坚持质量兴农、绿色兴农，严守耕地红线，实施绿色繁育实验田，切实抓好农业特别是粮食生产。不断深化实行土地所有权、承包权、经营权"三权分置"，保障农民财产权益，盘活农村集体资产，提高农村各类资源要素配置和利用效率，形成可持续发展的内生动力，推进乡村发展动力变革。

*三是着力高质量发展。*高举产业强县大旗，因地制宜、发挥优势，走出一条符合县情、富有特色的发展路子，向高质量发展迈进。打造"四轮驱动"，形成发展核力。以转型升级为新机遇，补齐园区经济欠缺短板，调整调优产业机构，以功能区为引领，重点规划形成甲玛工业聚集区、塔巴农业聚集区、非物质文化聚集区、嘎则主城区的"四轮驱动"区域发展核心动力，让每个功能区各尽所能、各展所长，助力墨竹工卡县实现经济高质量发展；做强做优绿色矿产业，提升发展实力。重点围绕加快建设"互联网 + 智慧矿山"和现代、和谐、绿色、富民、安全"五大矿山"，开展环境、安全生产综合技术服务，完善《墨竹工卡县甲玛矿区自治区级绿色矿山示范县规划》，发展以铜为代表的金属矿产业，规划以华泰龙、巨龙、天仁为核心的甲玛工业聚集区，加快华泰龙二期投产运行，力争产值达到 35 亿元，建成驱龙 10 万吨选矿厂。充分发挥矿山辐射发展配套产业及促进稳定就业等功能，加强与国企合作，引进建材等矿企配套产业，实现产业集约、集聚发展，促进工业化、城镇化良性互动，不断提升经济发展实力；放大资源禀赋，激发发展活力。围绕市委"墨竹工

卡、达孜东部为主体的温泉旅游片区”的定位，统筹乡村游，制定全域发展规划，建成智慧旅游平台，优化提升思金拉措、甲玛、直孔替寺、日多温泉、德仲温泉等知名景区。加大文化市场建设，善于把塔巴陶瓷等非物质文化遗产融入旅游发展中，加大文化旅游产品、路线的推介力度，培育一批具有墨竹特色的文化旅游品牌。提升直孔藏香等一批净土健康种养殖业、民族手工业产品知名度和规模化，持续推进“万户百场十中心”工程，发展壮大牦牛养殖；鼓励创业创新，增强发展动力。充分发挥墨竹“双创园区”、直孔印象园创业基地、宗穆夏民族手工艺创业基地作用，优化创新创业环境，吸引更多大学生和民间能手创业创新。

四是着力区域协调发展。要坚持新发展理念，紧扣我国主要社会矛盾变化，深入推进城镇化建设，加快城乡融合发展。稳步推进撤县设市，对标撤县设市设置标准，抓重点、补短板、强弱项，制定完善实施方案，全面放宽落户条件，完善道路、文化教育、卫生体育、环境保护、社会公益、社会福利和社区服务道路等公共基础设施和社会服务设施，以稳步推进撤县设市推动新型城镇化发展，努力实现在新起点上取得新突破；充分发挥主城区引领示范作用，规划以嘎则新区为主的主城区发展，优化布局，启用新区综合商场，调整服务结构，引进建设一批研发企业、服务企业入驻，走出一条质量更高、效益更好、结构更优、优势充分释放的发展之路，建设宜居新城。

五是着力开放合作。当下的墨竹，必须把观念引向开明的前列，把墨竹推向开放的前沿，使墨竹成为思想开明、发展开放、深化合作的县。营造大环境，加快转变政府职能，加大简政放权力度，着力营造高效透明的政务环境、公平公正的法治环境、亲商富商的投资环境，努力让企业放心投资、放手创业、放开发展。实施大招商，依托南京援藏优势，围绕重点产业、企业，不断创新招商方式，实施产业招商、以商招商、平台招商，提升产业层次，壮大产业集群，以存量引增量，以增量活存量，着重开展资本招商。开展大交流，要进一步加强与南京和周边县区的交流合作，扩大我县在拉萨市“一心两翼、南北联通，带动五县五区、辐射特色小城镇”空间布局的产业关联、优势互补、资源共享、要素流动的辐射带动效益。

三、构筑堡垒，全面提高党的建设

打铁必须自身硬，我们要认真贯彻习近平总书记新时代中国特色社会主义思想，紧紧围绕新时代党的建设总要求，增强“四个意识”，坚定“四个自信”，始终把“两个维护”作为根本政治任务，坚持党要管党、全面从严治党，不断推进党的政治建设、思想建设、组织建设、作风建设、纪律建设，把制度建设贯穿其中，深入推进反腐败斗争，不断夯实党在墨竹的执政根基。

（一）党的政治建设要摆在首位。要旗帜鲜明讲政治，用习近平新时代中国特色社会主义思想武装头脑，深入开展“不忘初心、牢记使命”主题教育活动，以“两学一做”学习教育常态化制度化为基本内容，以“三会一课”为基本制度，以党委理论中心组、党支部为基本单位，持之以恒学习贯彻习近平新时代中国特色社会主义思想，深入开展党员政治教育和政治纪律教育，严格遵守政治纪律和政治规矩，进一步树牢“四个意识”，坚定“四个自信”，坚决践行“两个维护”。坚持边实践边学习，坚持学懂弄通做实，在学深悟透、务实戒虚、整改提高上持续发力，把教育成果转化为坚定理想信念、砥砺党性心性、忠诚履职尽责的思想自觉和实际行动。

（二）机构改革要全面完成。要认真落实中央、区市深化党政机构改革部署会议精神，强化组织领导、政策学习、分析研判，立足实际、提前谋划，着眼于健全加强党的全面领导的制度，优化党的组织机构，建立健全党对重大工作的领导体制机制，更好发挥党的职能部门作用，优化部门职责，提高党把方向、谋大局、定政策、促改革的能力和定力，稳妥有序完成机构改革，确保党的领导全覆盖，确保党的领导更加坚强有力。

（三）领导班子要坚强有力。领导班子，是引领发展的旗帜、带领队伍的表率、统领各方的核心。要严格执行议事规则和“三重一大”事项决策制度，在强化核心中凝聚力量，形成一个强有力的决策中心。县委将进一步发挥统揽全局、协调各方的作用，集中精力抓好全局性、战略性、前瞻性的重大问题，把稳政治方向，决策重大事项，凝聚各方力量。同时，坚持总揽不包揽、协调不替代，大力支持人大、政府、政协按照县委决策部署和法律、章程开展工作。要在达成共识中放大力量，建立一套强有力的运转体系。人大、政府、政协及各套班子要在县委的统一领导下，握成一个拳头，做到“补台不拆台、分工不分家、合心又合力”，形成心往一处想、劲往一处使的良好运转体系。

（四）干部队伍要建设有方。总书记指出，好干部不会自然而然产生，成长为一个好干部，一靠自身努力，二靠组织培养。要广泛学习履行岗位职责必备的各种知识，丰富知识储备，完善知识结构，不断提高辩证思维、系统思维、战略思维、底线思维能力，切实增强看问题的眼力、谋事情的脑力、察民情的听力、走基层的脚力。要注重实践锻炼。推动干部深入基层、深入群众，深入到困难地区和工作推不开的地方，到改革发展的主战场、维护稳定的第一线、服务群众的最前沿，培养对人民群众的真感情，积累化解矛盾的真经验，练就推动发展的真本领。对那些看得准、有潜力、有发展前途的年轻干部，要敢于给他们压担子，有计划地安排他们去经受锻炼，在干事中长本事，在历练中变“老练”，加快打造一支“招之即来、来之能战、战之必胜”的铁军队伍。

（五）基层组织要服务有力。各级党组织要充分发挥战斗堡垒作用，牢固树立狠抓基层的鲜明导向，持续用力、久久为功，按照基层党建三年行动计划，推动党建工作全面进步、全面过硬。要严守政治纪律和政治规矩，严格执行党章党规党纪，落实好“三会一课”、民主生活会、组织生活会、民主评议党员、请示报告等制度。要强化组织体系建设，持续整顿软弱涣散党组织，全力配合支持扫黑除恶专项斗争，大力推进基层党组织标准化建设，把党组织建设成为反分裂、保稳定、促发展的坚强战斗堡垒。要建强基层带头人队伍，选优配强村（居）“两委”班子，继续深化干部下沉、驻村驻寺工作，管好用好大学生“村干部”、第一书记，打造一支善谋基层发展、善做群众工作、善带农民致富的党务工作者队伍，着力打通联系服务群众的“最后一公里”。要提升党员队伍质量，突出政治标准，落实政治审查制度，制定出台党员发展负面清单，特别要把坚决同达赖集团划清界限、不得信仰宗教、在大是大非问题上立场坚定作为重要政治标准，对不符合条件的一票否决。每年把党员轮训一遍，村级党组织书记每年至少参加一次县级以上培训。要推进基层党建创新，积极推进“互联网＋党建”，实现网上网下党组织有声音、有服务、有影响力。要牢固树立“党建＋”理念，重点在党建＋乡村振兴、＋产业项目、＋精准扶贫、＋生态建设等方面大胆实践，把“党建＋”的创新成果体现到为民服务上来，体现到干群融洽上来，体现到夯实基础上来，体现到加快发展上来，使党建工作与中心工作高度融合、无缝对接。

（六）干事氛围要善作善成。邓小平同志曾说过：“世界上的事情都是干出来，不干，半点马克思主义都没有”。习近平总书记也多次强调，“空谈误国，实干兴邦”。我们要坚持实事求是、求真务实，用真抓实干位全面建成小康社会收官打下坚实基础。一是秉持“勇担当”的追求。担当是考量责任的检测仪、是衡量能力的试金石、是度量业绩的主标尺。县委将制定完善《关于进一步激励广大干部新时代新担当新作为的实施细则》，全县广大党员干部要强化担当意识，常怀担当之志、常练担当之能、常行担当之举，在工作岗位锤炼担当的技能、担当的水平，知难不畏难、扛事不避事，不断打开新局面、谋求新发展、实现新作为。二是保持“马上办”的状态。习近平总书记在福州工作期间，大力提倡“马上就办”的作风。要第一时间作出反应，决不允许在工作上出现跟不上、慢一拍的情况，必须思想绷紧、时间抓紧、工作赶紧，把中心工作抓牢抓实，使各项工作提速提效。要第一时间果断执行，对上级做出的决策与部署，不等靠、不拖沓、不含糊，交办事项即领即办，当日事当日毕，以高效率换来高速度，以快节奏换来快发展。要第一时间取得实效，始终保持一种拼命劲头、一种实干精神，工作节奏慢不得，民生问题误不得，发展大事拖不得，一项一项抓推进，一件一件抓落实，一条一条抓兑现，一步一个脚印把美好蓝图变为生动现实。三是坚持“不凑合”的标准。要至微至显，现在，我们所做的都是一件件小事，抓好细节很不容易，要耗费很多时间和精力，但只要精益求精做好，就能汇成气势恢宏的精彩大作。要善作善成，说到底，就是要发扬“工匠精神”，以出作品的意识、造精品的追求、创极品的志向，不停留于“一般化”、满足于“还可以”、止步于“中上等”，才能把墨竹的每一件事情都做好、做成、做到极致。要久久为功，只有始终将极致作为、勇争一流记在心上、刻在脑中、融入血液，以心无旁骛的专注、持之以恒的坚持，才能创造经得起历史、实践和群众检验的工作业绩。

（七）反腐倡廉要惩防有效。人民群众最痛恨腐败现象，腐败是我们党面临的最大威胁。当前，反腐败斗争形势依然严峻复杂，巩固压倒性态势、夺取压倒性胜利的决心必须坚如磐石。要把责任扛在肩上，全面构建不敢腐、不能腐、不想腐的长效机制。在党风廉政建设上，各级党委要担好主体责任，主要负责同志要管好班子，带好队伍，当好廉洁从政的表率；各级纪委要履行好监督责任，执好纪，问好责。要保持惩治腐败的高压态势，推动全面从严治党向基层延伸，让群众更多感受到反腐倡廉的实际成果。要把纪律挺在前面，做到早发现、早提醒、早纠正。反腐倡廉，惩治不是目的，预防才是关键。要把权力关进“笼子”，用严密的制度限住权力，用立体的监督锁住权力，把权力置于制度之下、党纪之下、法规之下，为民用权不谋私、依法用权不逾矩、尽责用权不怠政。

同志们，全面从严治党，重任在肩；与全市全区全国一道同步实现小康，征途如虹。让我们更加紧密团结在以习近平同志为核心的党中央周围，在市委的坚强领导下，立大志、担大任、吃大苦、创大业，撸起袖子加油干，甩开膀子拼命干，为全面建成小康社会收官打下决定性基础，以优异成绩为伟大祖国 70 周年华诞和西藏民主改革 60 周年献礼。

政府工作报告

——在墨竹工卡县第十三届人民代表大会第四次会议上

墨竹工卡县人民政府县长　旦增尼玛

（2019 年 2 月 27 日）

2018 年工作回顾

2018 年，在习近平总书记和党中央、国务院特殊关怀下，在区市党委、政府和县委坚强领导下，在县人大依法监督、县政协民主监督下，在南京市无私援助下，全县上下以习近平新时代中国特色社会主义思想为指导，全面贯彻党的十九大和十九届二中三中全会及第六次西藏工作座谈会精神，贯彻落实新发展理念，贯彻落实习近平总书记治边稳藏重要战略思想，紧紧围绕“四个全面”战略布局，落实高质量发展要求，全力打好“三大攻坚战”，全面实施“神圣国土守护者、幸福家园建设者”为主题的乡村振兴战略，按照区市党委、政府决策部署，不忘初心、牢记使命，敢于担当、扎实作为，全县经济社会发展取得了新的进步。

全县地区生产总值实现 34.5 亿元，同比增长 9.8%；全社会固定资产投资同比增长 17.7%；一般公共预算收入达到 4.11 亿元，同比增长 8.18%；规模以上工业增加值同比增长 4.6%；社会消费品零售总额达到 4.2 亿元，同比增长 13.5%；农村居民人均可支配收入达到 14300 元，同比增长 10.58%。2018 年，墨竹工卡县全面启动撤县设市工作，顺利通过国家扶贫办组织的第三方评估，实现脱贫摘帽，脱贫攻坚工作连续两年被自治区评为优秀，通过国务院大督查、国家第三批公共文化服务体系示范区创建验收，率先评为全区人居环境整治示范县，荣获全区肉奶产业先进县称号，建立全区首家县级数字化医疗健康管理平台，在全市率先挂牌运行乡镇民政所，全市“5 个 100%”教育现场会在墨竹顺利召开。

一年来，我们主要做了以下工作：

一、着力夯实发展基础，持续打好“三大攻坚战”

脱贫攻坚取得重大成果。始终把脱贫攻坚作为重要政治任务和第一民生工程，三年来累计统筹各级各类涉农资金2.27亿元，实现高质量、高标准整体“摘帽”。7418名建档立卡户达到脱贫标准，贫困发生率降至0.01%。易地扶贫搬迁累计投入1.94亿元，入住661户2785人，昌都“三岩”片区搬迁35户197人。投入6.45亿元实施产业扶贫项目51个。开展技能培训1250人，1376名建档立卡群众实现就业，168名拉萨就业群众住宿问题有效解决，952名搬迁户子女实现就近就便入学。加强扶贫政策落实，为建档立卡户报销医疗费用474.16万元、发放大学生资助金425.06万元、落实低保资金1707.24万元、发放生态岗位资金2795.85万元、发放定向补助581.54万元。

重大风险得到有效防范。完善《政府性债务管理办法》，全面摸清政府债务底数，制定政府债务还款计划，严格控制增量，逐步消化存量，除偿还拉萨市精准扶贫统一融资贷款2631.84万元外，本级政府无其他隐性债务。

污染防治完成重点攻坚。开展“绿盾2018”专项行动。推进全国第二次污染源普查，强化水、大气、土壤三大污染防治。加快污水设施建设，投入1000万元对老城区污水处理厂提标改造，投入2690万元新建新区污水处理厂。对县域15处重点流域及县城集中式饮用水源和大气每季度监测1次，6家重点排污单位定期自行监测并备案。300平方米以上餐饮店全部安装油烟净化设备，4家加油站完成油气回收设备改造。划定永久基本农田保护区12.38万亩，化肥和农药使用量实现负增长。

二、着力落实为民惠民，持续增进民生福祉

就业创业整体推进。各项就业指标均高出预期目标。就业培训1383人，劳动力转移就业0.91万人、2.18万人次，城镇登记失业率控制在2%以内。394名应届高校毕业生实现就业，就业率达到90.6%。完善《小微企业创业创新基地认定奖励办法》等制度，投资461.36万元实施“双创”楼载体建设等5个项目，完成众创空间和直孔印象园、宗穆夏民族手工艺创业基地建设。成功举办第二届青创大赛，对9个参赛项目给予资金支持。

教体事业优先发展。全面落实《墨竹工卡县振兴教育教学质量三年行动计划》。投入6544万元实施教育项目25个。全面普及农牧区学前三年双语教育，入园率达95.11%。适龄儿童入学率、初中毛入学率分别达99.96%、104.83%，义务教育巩固率达95%，32名墨竹籍学生考入内地西藏初中班。为8955名师生购买人身意外伤害保险。成功举办首届运动会暨民族传统体育运动会，干部职工健身房、羽毛球馆等体育设施投入使用。

健康墨竹积极推进。启动创建全市第一家县级“二甲”医院并通过预评审。县医院120急救中心、苏拉远程会诊项目投入使用。加快乡卫生院规范化管理、标准化建设，投入1335万元购置移动体检、彩超等医疗设备，甲玛乡、扎雪乡卫生院正式投入使用。投入资金746万元，高质量完成包虫病综合防治，筛查率、救治率均达100%，“绝不把包虫病带入小康社会”的承诺有效兑现。投入176万元开展结核病、肝炎和风湿病综合防治，筛查3.92万人。实施白内障“免费复明”工程，累计救治达到335人。统筹518万元分别设立农牧民和干部职工大病救助基金。投入205万元推行校园食堂升级改造和色标管理，建成农贸市场食品安全检测室，群众食品安全有效保障。全面关心干部职工，组织30名在职干部、58名退休老干部到海南、云南等地疗养。

文化事业普惠群众。公共文化服务体系示范区创建有效推进，文化惠民演出66场次。完成第一期广播电视数字化改造，广播电视安全播出全年零事故。“天边之乡”数字影院并入全国院线，“2131”电影放映播放520场次。加强文物保护和文化传承，直孔替寺“扎西果芒”殿和唐加寺保护工程基本完工，非遗团队赴南京参加文创西藏精品巡展活动。

社会保障持续改善。推进全民参保，人数达到3.9万人次，发放首批居民社保卡2.5万张。社会救助做到应退尽退、应助尽助，兑现各类救助资金1966.59万元。为农牧民群众累计报销住院医疗费用5046.06万元、受益4387人次；为2072名大学生报销学杂费并发放生活补贴1154万元；为3976名农牧区60周岁以上老人发放幸福养老金1714.68万元。大力改善群众居住条件，投入1200

万元完成65户困难群众住房改造。

三、着力提高经济效益，持续推动经济高质量发展

农牧经济转型升级。农作物播种面积11.12万亩，连片种植墨竹小油菜1.04万亩，粮食总产量达2.47万吨。采集虫草876.59斤，实现创收6399.09万元。牲畜存栏14.55万头（匹、只），出栏5.54万头（匹、只），出栏率达38.85%。黄牛改良2000头，斯布牦牛通过国家农产品地理标志登记。净土产品销售点入驻拉萨商贸中心，现代农业示范园、墨竹小油菜榨油厂、“万户百场十中心”等农牧业项目有序推进。

工业实力稳步增长。狠抓经济运行监控，华泰龙二期、巨龙一期采矿业项目建设完成。全年完成工业投入12.31亿元、同比增长76.7%，工业总产值40.96亿元、同比增长30.88%，工业税收5.49亿元、同比增长24.81%。完成招商引资项目17个，中国银行成功入驻墨竹。发展壮大国有企业，成立建材公司、砂石公司、砖厂，稳定建材供应，三大国有企业实现收入3632.85万元。

旅游产业提质增效。思金拉措景区规范运营，实现稳定增收。成功举办首届油菜花艺术节、“醉墨竹”非遗旅游文化艺术节。配合完成跨喜马拉雅自行车极限赛，获得全区优秀组织奖，墨竹旅游资源得到广泛宣传，两家旅游公司与塔巴村30户群众签订合作协议。全年累计接待游客137.5万人次，同比增长4.88%，实现旅游收入3025万元，同比增长2.92%。

四、着力推动协调发展，持续实施乡村振兴战略

乡村振兴开局良好。以“神圣国土守护者、幸福家园建设者”为主题，编制乡村振兴战略规划。深化供给侧结构性改革，农村发展新动能持续培育，农牧民合作组织达到107家。标准化奶牛养殖中心、扎雪乡扶贫物流仓储中心等一大批重点产业项目有序推进，27个产业项目已经实现分红。

基础设施更加完善。投资6563.39万元改建农村道路52.95公里。投资2576.63万元对阿沛桥、巴洛桥等13座危桥进行维修。投入800万元成立客运公司，开通客运班线4条，乡镇和行政村覆盖率分别达100%、80%。改善扶贫搬迁点基础设施，投入3700万元建设市政道路4条。加快农网改造，新建和改造高低压线路106.9公里。投入1261.77万元完成27处农村饮水安全巩固提升工程，受益群众2288户、14332人。

城乡面貌深刻变化。以人居环境改善为重点，全区人居环境整治工作在帕热组试点成功，工卡镇垃圾焚烧站试点推进，扎西岗乡垃圾转运站建设完成，试点村组配备垃圾分类箱1100个，县城和2个村建立垃圾分类兑换站，成为全区第一个垃圾分类村，城乡生活垃圾处理率达到90%以上。推进“厕所革命”，建设完成公共厕所45座。投入800万元，完成尼玛江热乡宗雪村村容村貌整治。加快甲玛乡特色小城镇建设，投入7780万元完成风貌改造、棚户区改造等项目，孜孜荣村（二期）搬迁安置工程完成主体建设。

五、着力增强发展活力，持续深化改革开放

不断优化政务服务效能。全力推进“放管服”改革，行政职权事项取消38项、承接34项，将32项精简合并为12项。加快推进“互联网+政务服务”，优化政务服务事项审批办理流程，梳理完成服务事项263个。全面启用政务服务网络平台，144个事项可实现网上办理。

持续改善企业营商环境。推进商事制度改革，实施“三十三证合一”登记制度改革、“一审一核登记制”。企业开办时间有效压缩，全县各类市场主体达到2856户，同比增长41.2%。加强企业监督管理，“双随机”抽查各类市场主体97家。

全力推进重点领域改革。完成国税地税征管体制改革，启动环保税征收工作，社保费和非税收入征管职责顺利划转。深化国库集中支付改革，实现资金统一核算管理。完成7672户土地承包经营权确权登记颁证、40个行政村198个村小组清产核资工作。完成9595宗农村宅基地和集体建设用地不动产登记，发放不动产权证7503本。推进林权制度改革，完成林地勘界215块。

六、着力提升环境质量，持续加强生态文明建设

落实生态建设重大任务。落实“党政同责、一岗双责”，中央环保督察反馈问题整改完成88%，转

办案件整改完成81%。2014年发现并于2015年挂牌督办的天仁矿区、巨龙矿区等10个环境问题全部实现摘牌。扎实推进河湖长制工作,编制完成8条重要河流(沟系)“一河一策”实施方案。初步完成生态红线划定试点工作,土地卫片执法37宗709.1亩。

打造绿色矿山示范标杆。投入1070.8万元打造“绿色矿山示范县”、甲玛乡绿色矿区生态隔离带。委托第三方启动编制《墨竹工卡县矿山行业发展规划》和《墨竹工卡县甲玛矿区国家级绿色矿山建设规划》。在甲玛沟成功举办中国黄金集团绿色发展论坛。聘请环保专家团队,对全县矿山企业开展两轮环境监察,有力推进了环境问题整改。

开展国土绿化专项行动。投入1500万元消除“无树户”2982户,在门巴乡等高海拔地区试种苗木。完成绿化造林3314亩、封山育林2100亩、防沙治沙6053亩,森林覆盖率达43%。启动国家级生态县创建,完成斯布村、其朗村、章达村生态文明村建设工作,生态创建在全区率先全面实现“三级同创”。

七、着力加强联动融合,持续增进宁墨民族情谊

对口关心关注关怀更加深入。南京市以项目、产业、民生、人才“四位一体”的帮扶格局,不断加强对墨竹的关心关注关怀力度。先后实施“金陵映象”高原生态藏茶、波朗村幼儿园、县医院提升改造等援藏项目20个。开展第二批组团式医疗援藏,先心病、髋关节脱位等患儿赴南京免费治疗累计达到115名。苏拉远程会诊为40余名患者提供治疗方案,治愈率达90%以上。在南京市的大力关心下,成功举办首届春节藏历新年灯会展。

宁墨交往交流交融更加全面。30个南京党政代表团赴墨竹开展对口帮扶,落实帮扶资金(物资)942万元。南京专家到我县开展师资交流培训3次,17名学生赴南京开展民族团结手拉手夏令营活动,10名民间艺术团人员赴南京进行文化交流,7批次166名教师、医务人员、基层干部、公安干警赴南京培训学习、挂职锻炼,干部职工业务水平和服务群众能力得到进一步提高。

八、着力加强社会治理,持续推进社会和谐稳定

治理能力不断增强。旗帜鲜明与达赖集团做斗争,依法严厉打击分裂渗透破坏活动,坚决维护祖国统一和国家安全。规范“双联户”管理,增加“双联户”单位57个。深入开展扫黑除恶、打非治乱、扫黄打非专项行动,捣毁非法加工乙炔黑窝点3处。排查矛盾纠纷53起,调解率达100%,化解信访案件98件,化解率达97%,帮助群众追回拖欠款项1.1亿元,特别是朗杰林砂石厂民间借贷纠纷、巨龙“双拖欠”等重点问题有效解决,没有将历史遗留问题带入新的一年。食品抽检106批次,合格率达95.5%。聘请安全生产专家开展两轮安全隐患排查,隐患整改率达94%,工矿领域事故发生率、死亡率均下降66.7%。及时完善防汛应急、非煤矿山、道路交通、非洲猪瘟等各类突发事件处置预案,全年未发生洪涝灾害及较大以上生产安全事故。

宗教事务和谐有序。依法管理宗教事务,规范整治临时宗教活动点4处,乱挂经幡、过度煨桑等行为有效遏制。深入开展“遵行四条标准、争做先进僧尼”教育活动,组织34名优秀僧尼和驻寺干部到各省市参观学习,广大僧尼和信教群众切身感受到党和政府的关怀与温暖。

此外,编译、档案、保密、气象、人民武装、妇女儿童、通讯、金融、消防、双拥等工作取得新进展。

各位代表!一年来,县政府认真履职,切实加强自身建设。政治意识不断增强。牢固树立“四个意识”,坚定“四个自信”,切实做到“两个维护”,始终在思想上政治上行动上同以习近平同志为核心的党中央保持高度一致,党的路线方针政策在政府工作中全面贯彻落实,国务院决策部署在政府工作中全面贯彻落实,区市党委政府和县委决策部署在政府工作中全面贯彻落实。依法行政不断加强。自觉接受人大、政协和社会监督,办理人大建议68件、政协提案62件,办结率分别达到64.7%、72.6%,答复率均达到100%。办理“12345”政府服务热线群众反映问题160件,办结率达100%。“十件民生实事”全面完成,“十项重点工程”扎实推进。党风政风不断改进。严格落实中央八项规定实施细则,扶贫领域、项目建设、乡镇财务收支等方面开展财务检查和审计监督7次。“两学一做”常态化制度

化全面开展。政府 570 项工作清单扎实推进，完成率达 93%。

各位代表！过去一年，我们直面困难、迎接挑战，各项工作取得了重要成绩，大家的工作很投入、很给力，没有留下历史遗憾。这些成绩的取得离不开党中央、国务院的特殊关怀，离不开区市党委、政府以及县委的正确领导，离不开南京市的无私援助，离不开县人大依法监督、县政协民主监督，离不开全县干部群众努力拼搏、团结奋斗。在此，我代表县人民政府，向付出辛勤劳动的全县干部群众，向给予我们大力支持的人大代表、政协委员、离退休老同志、驻军指战员和消防官兵，向一直关心参与墨竹建设和发展的同志们、朋友们，表示衷心的感谢和崇高的敬意！

在肯定成绩的同时，我们也清醒地看到，全县经济社会发展仍然面临不少困难和问题，主要是：现代农牧业基础设施薄弱，农牧民持续稳定增收基础不稳固，增收渠道不广；经济增长后劲乏力，重大项目支撑不足，实体经济和园区经济欠缺；"三农"人才、"双创"人才、专业技术人才严重匮乏；个别部门和领导干部存在厌战、避战思想，担当意识还要增强。这些问题，我们一定采取有力措施，认真加以解决，决不辜负全县人民的厚望！

2019 年工作安排

2019 年是新中国成立 70 周年、西藏民主改革 60 周年，更是全面建成小康社会、实现第一个百年奋斗目标的关键之年。

2019 年政府工作总体要求是：以习近平新时代中国特色社会主义思想为指导，全面贯彻党的十九大和十九届二中、三中全会精神，贯彻总书记治边稳藏重要论述和一系列重要批示指示精神，统筹推进"五位一体"总体布局和"四个全面"战略布局，坚持稳中求进工作总基调，坚持新发展理念，坚持推动高质量发展，坚持以供给侧结构性改革为主线，以处理好"十三对关系"为根本方法，继续打好三大攻坚战，统筹推进稳增长、促改革、调结构、惠民生、防风险、保稳定各项工作，增强人民群众获得感、幸福感、安全感，保持经济持续健康发展和社会大局稳定，为全面建成小康社会收官打下决定性基础。

2019 年政府工作主要目标是：地区生产总值增长 8% 以上，固定资产投资增长 8% 以上，规模以上工业增加值增长 10% 以上，社会消费品零售总额增长 13% 以上，农村居民人均可支配收入增长 13% 以上，一般公共预算收入完成 3.5 亿元。

围绕上述目标，我们将着重抓好以下工作：

一、以改善民生福祉为抓手，让发展成果更多惠及人民群众

*全力巩固脱贫成效。*全面落实《脱贫巩固提升三年行动计划》，注重脱贫巩固与乡村振兴战略有机衔接。加强产业项目运营管理，完善产业扶贫利益联结机制，带动贫困群众就业、分红，持续稳定增加群众收入。加强就业指导和技能培训，引导群众就近就便融入本地产业发展。坚守现行扶贫标准，强化动态管理，聚焦特殊困难群体，统筹抓好"志智双扶"，确保脱贫成果得到长效巩固。

*大力发展教育事业。*巩固"5 个 100%"教育成果，深化学前三年双语教育，新建幼儿园 2 所，启用乡村教师发展中心和南京实验幼儿园，在南京希望小学等 4 所学校实施供暖工程。狠抓控辍保学，巩固提高"两基"成果。狠抓师资队伍建设，积极开展教师岗位大练兵活动，选派 8 名教师到南京脱岗培训，为全县教职工和学生购买人身意外伤害保险。强化校园安全，实施学校食堂升级改造、明厨亮灶工程。加大中小学校后勤服务力度，减轻教师教学以外负担，让教师回归教书育人本位。

*努力打造健康墨竹。*巩固包虫病防治成果，继续做好"三病"筛查救治、妇女"两癌"综合防治和先心病、髋关节脱位等患儿免费救治。深化家庭医生签约服务，成功创建全市首个县级"二甲"医院。加快食品安全城市创建工作，全面提升食品安全监管水平，确保人民群众饮食安全。启动实施干部"红星基金"，开放运营干部职工室内篮球馆。

*着力提升文化服务。*实施文化惠民工程，推动县图书馆、文化馆服务升级，试点推进"云图书"。充分发挥乡村公共文化综合服务中心作用，开展"文化下乡""广场文化"等活动，每半年组织干部

职工开展一次歌舞比赛，年底举办一次迎新晚会。加大优秀传统文化保护和文物保护，加大有线电视数字化改造，广播电视台整体搬迁并投入使用。

竭力提升保障水平。推进更高质量和更充分就业，开发就业岗位1050个，城镇新增就业960人，农牧民转移技能培训1250人，力争高校毕业生就业率达90%以上。组建人力资源公司，建立县、乡、村三级就业创业服务机制，解决好困难群体就业，鼓励群众进城务工，组织群众积极参与县域重大项目劳务输出。实施“全民参保计划”，加快推进社保标准化建设。加大农村住房提升改造，建设344套公租房，争取实施工卡村3组整体搬迁和工卡村1、2组棚户区基础设施改造，有序推进老县城住宅小区综合整治。加强低保动态管理，加快推进五保集中供养服务中心标准化建设，统筹做好老弱病残关爱照料，建设老年日间照料中心。深化防灾减灾体系建设，不断提升灾害应急处突能力。

二、以建设生态高地为抓手，让绿水青山真正变成幸福靠山

打好打赢污染防治攻坚战。打好蓝天保卫战，深入开展工业废气、施工扬尘治理，严格管理煨桑原材料，多措并举减少烟尘排放；打好碧水保卫战，深入落实河湖长制，全面开展河湖“清四乱”专项行动，确保河湖长制从“有名”到“有实”。加强违法排污源头防控，加快城乡污水垃圾处理设施建设进度，继续深化“厕所革命”。每季度对县域重点流域进行水质监测，确保拉萨河源头水环境安全；打好净土保卫战，开展农业农村污染防治，扎实推进“禁白”工作，全面落实化肥农药减量行动。

全面加强生态环境保护与恢复。加快推进中央环保督察反馈问题和转办案件整改工作，完成第二次污染源普查。持续推进国土绿化，实施“两江四河”流域造林、重点防护林建设等生态保护工程，年内完成人工造林3100亩、封山育林2100亩。扩大甲玛矿区生态隔离带，建设尼玛江热乡天仁矿区生态隔离带，重点在三大矿区推广种植沙棘等苗木3万余株。

健全完善绿色发展长效机制。持续推动“环境网格化”体系建设，严格执行《墨竹工卡县矿山联合检查执法常态化工作制度》，加大矿山领域为代表的环境监察力度。编制完成《墨竹工卡县甲玛矿区国家级绿色矿山建设规划》，启动实施《甲玛矿区智慧矿山项目建设方案》。继续聘请环保专家团队，组织开展两轮环境监察。继续推进国家级生态县创建，完成规划编制及评审工作。

三、以打造现代产业为抓手，让县域经济呈现更高质量发展

加快构建现代农牧产业。严守粮食安全底线，确保粮食播种面积稳定在7.2万亩。突出做好青稞、墨竹小油菜产业，推广高产青稞品种6.5万亩。推进农业供给侧结构性改革，加快建成并运营现代农业示范基地、标准化奶牛养殖基地，提高农牧产品附加值，推动特色产业上规模、上效益。推进“万户百场十中心”工程，积极发展标准化养殖小区、养殖场（户），建设黄牛改良示范村，推进牦牛短期育肥，打响斯布牦牛品牌，建立墨竹肉奶产业。引导农牧民合作社加大绿色食品、有机食品认证，年内完成7乡1镇净土产品投放点建设。

全力推进新型绿色工业。围绕建设绿色矿山示范县，加快发展绿色矿山、智慧矿山和绿色、安全、富民、现代、和谐矿区，编制完成《墨竹工卡县矿山行业发展规划》，建成驱龙10万吨选矿厂，推动华泰龙二期稳定达产，力争产值达到35亿元。加快发展园区经济，启动三大园区规划建设工作。

全面打造精品旅游产业。充分融入拉萨旅游环线，加快大思金拉措景区旅游项目实施、德仲温泉旅游资源开发，重新对外开放霍尔康庄园、松赞干布纪念馆，促进旅游业健康发展。充分挖掘甲玛沟历史文化和旅游资源，争取在甲玛乡设立自治区级爱国主义教育基地。打造非遗文创园区，加大文化旅游对外宣传，举办各类旅游文化节庆活动，围绕重点旅游景点，适时开通主题旅游路线，打造一批具有墨竹特色的文化旅游品牌。

四、以深化改革开放为抓手，让发展活力得到根本有效释放

持续深化政府职能转变。完成新一轮机构改革，优化部门机构设置和职能。启动建设政务服务中心，深化“互联网＋政务服务”，加快政务服务事

项在线办理，力争网上可办率达到70%。加强权责清单管理和监督检查，实现行政权力网上公开透明运行。深化个税改革，推动更大规模减税降费。深化涉农改革，加快推进农村土地经营权、农村集体产权、林权和不动产确权制度改革。试点开展城乡建设用地增减挂钩工作，保障节约集约利用土地。

持续深化国有企业改革。贯彻中央“毫不动摇巩固和发展公有制经济”的决策部署，在尼玛江热乡、扎西岗乡新建砂石厂两家，在塔巴商混站新增生产线1条，实现混凝土产能翻倍。注册成立城投园林绿化子公司、城投商业运营子公司，投入运营城投车辆检测公司。规范运营旅游公司，提升旅游服务，增加旅游收入。年内注册完成净土公司商标、白青稞地标，力争在南京开设一家墨竹净土产品销售点。

持续深化区域融合发展。加快推进撤县设市，全面提升配套服务，积极融入拉萨“一心两翼、南北联通，带动五县五区、辐射特色小城镇”空间开发格局。加大招商引资，积极营造良好营商环境和高效政务服务环境，做好重点推介项目的包装策划，引进一批示范带动作用强的优质企业。持续深化区域合作，积极推进县城公共文化服务设施、乡镇医院标准化建设等援藏项目建设进度，确保项目早日投入使用，发挥效益。聚焦交流交往，深入开展各类沟通对接活动，系牢区域之间、民族之间的情感纽带，推进南京管理、科技、人才等发展要素向墨竹流动。

五、以实施乡村振兴为抓手，让城乡社会实现全面协调发展

加快实施人居环境整治工程。实施乡村人居环境整治三年行动计划，扎实推进G318沿线乡镇人居环境整治，年内村庄环境整治率达到50%。支持门巴乡乡村振兴先行先试。在全区率先推进乡镇全覆盖的污水处理厂及收集管网工程和垃圾无害化处理设施，实现城乡协同发展。试点推进甲玛乡、工卡镇垃圾分类回收和积分兑换工程。加快出台符合我县实际的物业管理实施办法以及污水、垃圾处理意见等规章制度，推进污水、垃圾处理社会化、专业化、市场化。

大力推进城乡配套设施建设。配合推进G349、S507等重大公路提升改造项目。加快“四好农村路”建设，完成尼玛江热乡宗雪村拉丁岗小组至门巴乡巴尔卡村等8个公路工程。进一步推进农村客运改革，建成并投入使用县级客运站，增加波朗村、贴朗村等客运班线，力争行政村覆盖率达100%。提升农牧区饮水保障，实施德仲村、仲尼村等农村饮水巩固提升工程。加快县城防洪堤、甲玛防洪堤和尼玛江热乡灌区工程建设。推行供暖试点工程，在门巴乡、尼玛江热乡实施节能供暖试点改造。加大农村房屋提升改造，切实改善农牧民居住条件。

六、以加强社会治理为抓手，让和谐稳定思想更加深入人心

全面加强民族团结。巩固发展平等团结互助和谐的社会主义民族关系，拓展民族团结宣传教育内容和途径，增进各民族“五个认同”。深入开展民族团结进步创建评选、民族团结模范家庭评选等活动，努力创建民族团结进步示范县。

依法管理宗教事务。坚持宗教中国化方向，持续深化“遵行四条标准、争做先进僧尼”活动，积极引导宗教与社会主义社会相适应，把信教群众的精力引导到发展生产、勤劳致富、过好今生幸福生活上来，防止出现新的宗教热。

持续深化平安建设。深入开展反分裂斗争，严厉打击分裂破坏活动。加强联防力量建设，强化社会面有效管控。完善联户代表考核机制，逐步推广村级社会治理积分机制。持续开展“三个专项斗争”，严厉打击刑事犯罪和非法集资，有效管控聚众赌博，不断净化社会风气。开展“法律七进”活动，提高全社会法治意识和法治观念。完善矛盾纠纷预防化解机制，依法及时解决群众合理合法诉求。加大民工工资保证金收缴力度，重点在工矿企业、政府在建项目领域启动实施农民工工资与工程款分账管理制度，确保农民工工资及时足额发放。坚守安全发展底线，加强道路交通、建筑施工、宗教领域、危化品、工矿商贸、公共领域监管，坚决遏制重特大安全生产事故，为全县社会长治久安营造良好的平安环境。

加强政府自身建设

各位代表！打铁必须自身硬。面对人民群众的美好期盼，面对艰巨繁重的发展任务，我们必须以永不懈怠的精神状态和一往无前的奋斗姿态，始终做到“四个过硬”，展现新时代政府的新变化、新形象，以实实在在的成效赢得人民群众的满意和点赞。

我们要始终做到政治过硬。突出政治建设在政府自身建设中的统领地位，树牢“四个意识”，强化“四个自信”，做到“两个维护”。坚决贯彻落实党中央、国务院和区市党委、政府以及县委的决策部署，高度保持思想一致、行动一致、步调一致。自觉坚持党的领导，牢记手中的权力是党和人民赋予的，坚持秉公用权、依法用权、廉洁用权、为民用权。

我们要始终做到责任过硬。践行“功成不必在我，功成必定有我”的担当精神，以不回避、不掩盖、不畏难的态度，坚决向制约全县经济社会发展的一切“硬骨头”开刀，一级做给一级看，一级带着一级干，善于化小胜为大胜、积量变为质变。保持工作定力，坚持久久为功，对老百姓做出的承诺，全力做到言必行、行必果，把麻烦和困难留给政府，把便利和实惠留给群众，以钉钉子精神做实做细做好各项工作，让全县人民看到实实在在的变化，进一步增强人民群众的认同感和获得感。

我们要始终做到能力过硬。切实增强“八种执政本领”，不断提高驾驭新时代经济建设的水平，把政策理论转化为推动发展的坚强意志、谋划发展的工作思路、促进发展的强力举措。主动投身“三大攻坚战”、乡村振兴等经济建设主战场，不为困难找借口，只为破题想办法，努力成为本职工作的行家里手、专业能手。

我们要始终做到作风过硬。严格遵守中央八项规定精神及其实施细则，驰而不息整治“四风”。严格履行全面从严治党主体责任，落实“一岗双责”，坚决纠正损害群众利益的不正之风，深化扶贫领域腐败和作风问题专项整治，强化重点领域监督管理，坚决反对不作为、慢作为、乱作为、假作为，更好地促进干部履职尽责、干事创业，用苦干实干换来人民群众的真心点赞。

各位代表！时代是出卷人，我们是答卷人，人民是阅卷人。在当下这个属于奋斗者的新时代，发展不等人、时间不等人。我们作为新时代的答卷人，只有担当作为，才能彰显初心，唯有奋斗实干，才能成就事业。初心如磐，使命在肩，面对新的机遇和挑战，我们的信心无比坚定，我们的意志无比坚强。让我们紧密团结在以习近平同志为核心的党中央周围，在区市党委、政府和县委的坚强领导下，勇于担当、求真务实、敢作敢为、善做善成，用奋斗和实干践行初心使命，以优异成绩向新中国成立70周年和西藏民主改革60周年献礼。

名词解释

1. 习近平新时代中国特色社会主义思想：2017年10月18日，在中国共产党第十九次全国代表大会上习近平总书记首次提出“新时代中国特色社会主义思想”。新时代中国特色社会主义思想是全党全国人民为实现中华民族伟大复兴而奋斗的行动指南。

2. 新发展理念：创新、协调、绿色、开发、共享的发展理念。

3. 四个全面：全面建成小康社会、全面深化改革、全面依法治国、全面从严治党。

4. 三大攻坚战：2018年党中央、国务院重点部署的三大工作，即：防范化解重大风险、精准脱贫、污染防治。

5.5个100%：2016年11月，自治区第九次党代会明确当前和今后一个时期教育工作的重要任务，即：实现中小学双语教育普及率100%、小学数学课程开课率100%、中学理化生课程教学计划完成率100%、中学理化生实验课程开出率100%、职业技术学校国家目录规定课程开出率100%。

6. 贫困发生率：指低于贫困线的人口占全部人口的比例。

7. 易地扶贫搬迁：指重点对“一方水土难养一方人”的集中贫困地区缺乏生存条件的贫困人口搬迁安置到其他地区，并通过改善安置区的生产生活条件、调整经济结构和拓展增收渠道，帮助搬迁人口逐步脱贫致富。

8. 绿盾 2018：生态环境部、自然资源部、水利部、农村农业部、国家林业和草原局、中国科学院和国家海洋局七部门联合开展的国家级自然保护区监督检查专项行动。

9. 双创：大众创业、万众创新。

10. "二甲"医院：医院按其功能、任务不同划分为一、二、三级。二级医院是向多个社区提供综合医疗卫生服务和承担一定教学、科研任务的地区性医院，二级甲等医院是二级医院中实力最强的医院。

11. 食堂色标管理：食堂内所有食品容器、用器、工具按照颜色进行分类管理，确保生熟分开，防止食物交叉污染，最大限度降低食品安全隐患。

12. "2131"电影放映：是一项新世纪的电影工程建设项目，原指在 21 世纪，广大农村每月每村至少放映一场电影。现今，"2131 工程"已从农村发展至社区、厂矿、企业、学校、机关等多个企事业单位。

13. "万户百场十中心"工程：2017 年至 2020 年期间，拉萨市将培育 1 万户奶牛养殖户，每户养殖 4—5 头牛；建设 100 座标准化奶牛场，每座 300—500 头；建设改造 10 个高标准奶牛中心，每个中心 1000 头以上（"十中心"建设于 2018 年内完成）。其中，墨竹工卡县中心 1 个、养殖场 5 个、养殖户 300 户。

14. 供给侧结构性改革：从提高供给质量出发，用改革的办法推进结构调整，矫正要素配置扭曲，扩大有效供给，提高供给结构对需求变化的适应性和灵活性，提高全要素生产率，更好满足广大人民群众的需要，促进经济社会持续健康发展。

15. 厕所革命：是对发展中国家的厕所进行改造的一项举措，最早由联合国儿童基金会提出。厕所是衡量文明的重要标志，改善厕所卫生状况直接关系到人民的健康和环境状况。党的十八大以来，完善厕所基础设施成为我国推进新农村建设、改善人居环境、保障人民身体健康、提升旅游发展水平的一项重要工作。

16. 放管服：就是简政放权、放管结合、优化服务的简称。"放"即简政放权，降低准入门槛。"管"即公正监管，促进公平竞争。"服"即高效服务，营造便利环境。

17. 一审一核登记制：行政审批机关授权本部门设在政务服务中心窗口审查员对行政许可申请依法予以受理审查，窗口核准员审核把关直接签发的审批制度。

18. 双随机：在监管过程中随机抽取检查对象，随机选派执法检查人员。

19. 城乡建设用地增减挂钩：是指依据土地利用总体规划，将若干拟整理复垦为耕地的农村建设用地地块（即拆旧地块）和拟用于城镇建设的地块（即建新地块）等面积共同组成建新拆旧项目区（以下简称项目区），通过建新拆旧和土地整理复垦等措施，在保证项目区内各类土地面积平衡的基础上，最终实现建设用地总量不增加，耕地面积不减少，质量不降低，城乡用地布局更合理的目标。城乡建设用地增减挂钩是国家推出的支持社会主义新农村建设、促进城乡统筹发展、破解保护与保障"两难"困境的一项重要管理措施。

20. 三级同创：创建自治区级生态县、生态乡（镇）、生态村。

21. 双联户：联户平安、联户增收。

22. 遵行四条标准、争做先进僧尼：遵行政治上靠得住的标准，争做旗帜鲜明立场坚定的先进僧尼；遵行宗教上有造诣的标准，争做精进学识勤学苦修的先进僧尼；遵行品德上能服众的标准，争做遵纪守法道德高尚的先进僧尼；遵行关键时起作用的标准，争做积极作为发挥作用的先进僧尼。

23. 四个意识：政治意识、大局意识、核心意识、看齐意识。

24. 四个自信：中国特色社会主义道路自信、理论自信、制度自信、文化自信，由习近平总书记在庆祝中国共产党成立 95 周年大会上提出。

25. 两个维护：坚决维护习近平总书记党中央的核心、全党的核心地位，坚决维护党中央权威和集中统一领导。

26. 两学一做：学党章党规、学系列讲话，做合格党员。

27. 三农：农村、农业和农民。

28. 五位一体：指经济建设、政治建设、文化建设、社会建设、生态文明建设。

29. 十三对关系：2016年12月31日，吴英杰同志在全区经济工作会议上提出，做好经济社会发展应把握处理好“十三对关系”，即：国家投资和社会投资的关系，重大项目和民生项目的关系，发挥优势和补齐短板的关系，城镇就业和就近就便、不离乡不离土、能干会干的关系，扶贫搬迁向城镇聚集和向生产资料富裕、基础设施相对完善地区聚集的关系，央企在藏资源开发和解决当地农牧民增加收入的关系，保护生态和富民利民的关系，城市发展和提高农牧民基本公共服务能力的关系，高校毕业生政府就业和市场就业的关系，简政放权和地方承接的关系，企业增产提效和改善企业职工福利待遇、促进农牧民群众增收的关系，中央关心、全国支援和自力更生、艰苦奋斗的关系，鼓励干部担当干事和容错纠错的关系。

30. 两基：基本普及九年义务教育和基本扫除青壮年文盲。

31. 明厨亮灶：明厨亮灶是对餐饮企业员工的一种监督。餐饮企业顾客可以直观地看到后厨员工的操作是否规范，卫生是否合格，是否有一些不应该出现的物品。

32. “三病”筛查：结核病、风湿病、肝炎筛查。

33. “家庭医生签约”服务：是指以全科医生为核心，以家庭医生服务团队为支撑，通过签约的方式，促使具备家庭医生条件的全科（临床）医生与签约家庭建立起一种长期、稳定的服务关系，以便对签约家庭的健康进行全过程的维护，为签约家庭和个人提供安全、方便、有效、连续、经济的基本医疗服务和基本公共卫生服务。家庭医生签约服务是落实医改政策的体现，是基层服务模式的转变。

34. 两癌：宫颈癌和乳腺癌。

35. 红星基金：墨竹工卡县为切实加强对广大干部职工的全方位关怀，利用全县各级、各部门获得的上级各类奖励资金、南京市对口援藏干部关爱资金、干部职工自愿捐助款项以及其他合法合规资金组建的一项基金。

36. 云图书：构建于互联网上面向图书馆和终端个人用户，建立图书馆联合编目平台、数据库服务和软件服务的虚拟图书馆应用。

37. 河湖长制：由各级党政主要负责人担任“河湖长”，负责辖区内河流污染治理的一种管理制度。

38. 河湖“清四乱”专项行动：水利部定于2018年7月20日起，用1年时间，在全国范围内对乱占、乱采、乱堆、乱建等河湖管理保护突出问题开展专项清理整治行动。

39. 禁白：禁止破损残留的农用薄膜、塑料包装袋、残留于耕地中或者四处飘散的聚苯乙烯、聚乙烯、聚丙烯等难以自然降解、影响土壤生态质量、甚至可能导致牲畜误食引发死亡的高分子化合物。

40. “两江四河”流域造林：为推进国家生态安全屏障建设，西藏自治区人民政府自2014年起对雅鲁藏布江、怒江及拉萨河、年楚河、雅砻河、狮泉河区域进行系统规划，实施造林绿化和生态保护。

41. 四好农村路：习近平总书记于2014年3月4日提出，要进一步把农村公路建好、管好、护好、运营好，逐步消除制约农村发展的瓶颈。2015年5月，交通运输部制定意见，在全国组织实施“四好农村路”建设。

42. 五个认同：对伟大祖国的认同、对中华民族的认同、对中华文化的认同、对中国共产党的认同、对中国特色社会主义的认同。

43. 三个专项斗争：扫黑除恶、打非治乱和扫黄打非专项斗争。

44. 法律七进：法律进机关、进乡村、进社区、进学校、进企业、进单位、进寺庙。

45. 四风：形式主义、官僚主义、享乐主义、奢靡之风。

墨竹工卡县人民代表大会常务委员会工作报告

——在墨竹工卡县第十三届人民代表大会第四次会议上

墨竹工卡县人大常委会主任　张尚福

（2019 年 2 月 28 日）

2018 年主要工作

2018 年，是深入学习贯彻党的十九大精神的第一年，是我县全面建成小康社会的关键一年，同时还迎来了改革开放 40 周年。面对错综复杂的国际国内形势和艰巨繁重的改革发展稳定任务，县十三届人大常委会在县委的坚强领导下，在市人大常委会的有力指导下，始终高举中国特色社会主义伟大旗帜，牢固树立“四个意识”，坚定“四个自信”，做到“两个维护”，始终在思想上政治上行动上以习近平同志为核心的党中央保持高度一致。坚定不移地坚持党的领导、人民当家做主、依法治国有机统一，深入学习贯彻习近平新时代中国特色社会主义思想、关于治边稳藏的重要论述、“加强民族团结、建设美丽西藏”的重要指示精神，切实把坚持和依靠党的领导作为根本原则，从党和国家工作全局着眼，自觉落实党中央关于加强和改进人大工作的决策部署，以区市县委重大决策部署谋划人大工作，不断增强做好地方人大工作的责任感和使命感，全面贯彻落实党的十九大精神，区市党委九届三次、四次全会，县委九届全会精神，坚持围绕全县中心工作及发展、稳定、生态三件大事，依法行使宪法和法律赋予的各项职权，不忘初心、牢记使命，敢于担当、勇于作为，有效推动人大监督、代表等工作取得新进展，圆满完成了县十三届人大三次会议确定的各项工作任务，奋力开创新时代我县人大工作新局面，为新时代推进墨竹长足发展和长治久安做出了应有的贡献。

一、坚持围绕中心服务大局，确保新时代人大工作正确的政治方向

（一）不断强化政治意识。2018年，县人大及其常委会严守政治纪律和政治规矩，把旗帜鲜明讲政治作为根本要求，深入学习领会习近平新时代中国特色社会主义思想的精神实质和新时代人大工作的内涵，认真学习贯彻吴英杰书记关于全区人大工作重要批示、洛桑江村主席在全区人大工作交流会上的重要讲话精神。把牢正确的政治方向，始终把坚持党的领导作为推进人大工作的根本原则，坚决贯彻落实党的路线方针政策，面对全县改革发展稳定的新课题，自觉担当起建言献策、监督助力的新使命，深入开展调查研究，积极主动作为，从人大层面推进各项工作向纵深发展，努力做到对中心工作有所推动、有所促进、有所助力。坚持严格执行常委会党组关于重大事项向县委请示汇报制度，就涉及重大工作、决定决议、重要会议、人事任免、专项报告等均向县委请示报告，确保党的领导贯穿于人大依法履职的全过程和各个方面。

（二）切实履行政治领导责任。严格落实全面从严治党和党风廉政建设主体责任，切实把党风廉政建设作为主要职责和任务列入重要工作议事日程，与各项工作同部署、同落实、同检查。2018年年初，党组书记、主任张尚福同志作为第一责任人，认真履行主体职责，亲自部署、亲自过问、亲自协调、亲自督办，与县委签订党风廉政建设责任书，按要求分别与4名副主任签订党风廉政建设责任书，细化工作机构责任和检查考核措施，并认真落实相关责任。深入开展警示教育、党课教育，严守政治纪律和政治规矩、“不忘初心、牢记使命”等主题教育，促进人大系统党员干部职工真正做到政治上讲忠诚、思想上知敬畏、行动上守规矩。严格贯彻执行《中国共产党党组工作条例》，召开人民代表大会1次，常委会党组会议13次，召开主任会议7次，常委会会议7次。决定重大问题、重要工作、重要任务事先党组研究讨论再依法定程序办理，切实增强了党组的政治领导责任和核心作用。坚决服从县委安排，始终坚持讲政治顾大局。常委会领导先后承担了维护社会稳定、社会综合治理、信访调处化解，强基惠民、脱贫攻坚、环保督察、四讲四爱教育活动、草场承包等重要工作的统筹和领导，担任了各种督导、检查组工作组成员。根据县委统一要求，安排5名常委会领导同志担任相关工作领导小组组长、副组长。2018年，常委会县级领导深入基层、深入群众，深入走访调研8个乡（镇）、5个联系村、6座联系寺庙，40余名区市县乡四级人大代表，深入基层平均达40天以上，前往结对贫困户家庭帮扶慰问4次以上，连续奋战在维稳、扶贫、改革、民生工作一线，为推进全县民主政治建设、推动改革发展大局、履行维护稳定政治责任、助推社会和谐发展做出积极贡献。

二、坚持以习近平新时代中国特色社会主义思想为指引，全面履行宪法法律赋予的职责

（一）依法履职，增强工作实效。2018年，常委会始终坚持“围绕中心，服务大局，突出重点，强化监督”的原则，依法履行常委会的监督权、任命权和重大事项决定权。一是依法做好人事任免，强化任期履职监督。县人大常委会始终坚持党管干部和人大依法行使人事任免权相统一。2018年，常委会依法任免地方国家机关工作人员27人次，从组织上保证了国家机关工作运转的需要。每次人事任免，常委会都举行颁发任命证书仪式，落实宪法宣誓制度，在任命国家工作人员实现宪法宣誓常态化，有力彰显宪法权威，弘扬宪法精神，教育和激励国家工作人员增强宪法意识，忠于宪法、遵守宪法、维护宪法，履行宪法使命。二是加大司法监督力度。常委会组织人大代表参加法院的庭审活动和检察院的工作座谈会，有效地监督和支持“两院”工作。2018年，共组织人大代表参加法院旁听庭审等活动6次。组织人大代表参加县检察院开展活动4次。三是深化国家监察体制改革工作。县十三届人大三次会议选举产生县监察委员会主任1名，根据监察委员会主任提请，县十三届人大常委会第十五次会议依法任命县监察委员会副主任2名、委员2名。四是加强调研和视察工作。2018年，共开展调研视察6次，配合区、市人大开展立法调研和执法检查7

次。4月10日、12日组织县人大常委会委员、人大代表、相关单位负责人对我县精准脱贫工作开展情况进行视察。4月25日和26日,9月20日分别对各乡(镇)消除“无树村”“无树户”落实情况和生态恢复情况进行调研。5月15日对2017年基层人大代表办实事经费落实情况进行督导检查。6月6日,7日开展生态环境保护和安全生产监督的视察,主要是对中央环保督查反馈“三大矿山”问题整改情况和中央环保督查转办案件整改情况进行视察。就视察、调研和督导工作中存在的问题、面临的困难及下一步工作意见、建议形成报告报送县委,为县委决策提供参考。

(二)依法开展监督,助推经济发展。2018年,听取和审议专项工作报告13项,书面审阅县政府有关部门及监察委员会工作报告24项,做出决定决议7项。持续跟进经济运行监督。围绕年度发展目标,县人大常委会以经济建设为中心,紧扣发展第一要务,先后听取“一府两院”2018年上半年工作开展情况及下半年工作安排的报告、2018年上半年全县国民经济和社会发展计划执行情况的报告,提出审议意见,督促“一府两院”全面落实县十三届人大三次会议做出的相关决议,促进县政府及有关部门进一步落实稳增长、调结构、促转型、惠民生、防风险等各项措施,推动全县经济社会平稳较快发展。深化财政决算监督。按照新预算法规定,县人大常委会及时听取和审议财政预算执行及决算(草案)报告。听取和审议2017年财政决算(草案)和2018年上半年财政预算执行情况,2017年以来审计工作报告,并提出审议意见,加大跟踪监督力度。依法履行县人大常委会对财政决算审查工作的监督职责,推动审计查出突出问题整改落实到位。

三、坚持做好代表工作、在服务保障中突出主体地位

(一)改进服务方法,充分发挥代表作用。一是进一步加强和改进代表工作。注重提高代表素质,继续为代表订阅《中国人大》《拉萨人大》等学习资料,畅通代表知政渠道。坚持联系代表制度,结合正在开展的“两学一做”学习教育常态化制度化和“四讲四爱”主题教育活动,通过走访、座谈等形式征求对县人大机关及其班子成员的意见和建议。组织代表、代表小组开展闭会期间的活动,加强代表培训,提高代表履职能力,为335名基层人大代表制定发放培训学习资料、党的十九大宣传手册、中华人民共和国宪法、学习笔记本。组织代表列席人大常委会36人次,参加视察、检查和调研等活动45人次。二是更加注重代表建议办理落实。在县十三届人大三次会议上代表共提出议案、建议、批评和意见68件。为做好代表建议办理工作,常委会对代表建议进行整理归类并及时转送县政府,逐一落实办理单位,对代表建议完成的时间和程序提出严格要求,确保代表的建议权得到落实。三是优化服务,激发代表履职热情。常委会坚持从广大人民群众的根本利益出发,致力于解决群众普遍关注的热点难点问题,根据代表提出申请,常委会积极走访,了解疾苦,从乡(镇)人大、政府,县人大酌情慎重层层研究科学审批代表办实事经费。在县政府的大力支持下,过去一年,为基层人大代表安排办实事经费150万元,解决扎雪乡塔杰村四个小组炒青稞铁皮房、扎西岗乡扎西岗村朗都组牧场道路、更换县中学教室前后门、塔巴寺停车场维修等涉及群众生产生活急需解决的23件实事。进一步体现了基层人大代表心中有民、情系民生,通过一件件实事好事、一条条意见建议进一步加强了代表与人民群众的沟通联系。

(二)进一步加强乡(镇)人大工作。一是常委会班子成员对一年一度的乡(镇)人大例会实行“一对一”工作联络指导,每个乡(镇)由1名常委会主任、副主任联系,全程跟踪指导乡(镇)例会工作。二是强化学习,不断提高自身业务水平。通过乡(镇)人大主席团组织代表培训为契机,不断加强自身学习,明确职责,切实增强工作的使命感和责任感。三是注重理论学习转化为谋划工作的思路,通过学习,不断提升理论水平,进一步创新工作思路,积极探索乡(镇)工作的新途径、新方法,不断提高解决问题的能力,努力开创乡(镇)人大工作的新局面,促进全县各乡(镇)各项事业稳步健康发展。四是进一步巩固和深化乡(镇)人大规范化、制度化建设成果,

继续筹措资金改善乡(镇)人大代表活动场所的办公条件和工作环境,不断完善代表活动室、代表之家的制度建设,充分发挥代表活动阵地作用。

(三)着力加强工作联系和交流。一是坚持走出去,密切与兄弟省、县、区人大的交流联系,学习借鉴好经验好做法。常委会组织县人大常委会委员及群众代表共52人次赴云南省曲靖市、拉萨市城关区、堆龙德庆区学习考察,组织各乡(镇)人大代表与工卡镇塔巴村帕热组交流学习人居环境整治工作开展情况。考察团前往云南省曲靖市了解当地人大代表活动室创建及运行情况、实施乡村振兴战略和绿色矿山建设情况。前往城关区和堆龙德庆区学习交流城关区公德林街道拉鲁社区、巴尔库路商圈党支部、医疗行业党支部等学习考察党建特色亮点工作;到公德林街道、吉崩岗街道学习考察人大代表之家运行及人大代表活动开展情况;到堆龙德庆区措麦村、柳梧乡达东村等地学习考察乡村振兴战略实施及人居环境整治工作开展情况;到城关区奶牛养殖中心、智能温室、乳制品加工厂、大昭圣泉水厂和堆龙德庆区象雄美朵产业园学习考察特色产业发展情况。通过学习考察,成员们深受启发,感触颇深,感受到兄弟省、县、区在党的建设、人大代表之家运行、代表活动开展及特色产业发展、实施乡村振兴战略方面所取得的成绩斐然,为今后不断推动墨竹经济社会发展和开展人大代表工作提供了重要借鉴。二是坚持"走出去",同时还要"请进来"。先后邀请了南京市、栖霞区、溧水区和山南市加查县、扎囊县,拉萨市城关区、达孜区等人大常委会领导到我县指导人大党建、"人大代表之家"创建及运行、乡村振兴战略及人居环境整治等工作。通过交流学习,县(区)之间相互学习了先进的创建理念和运转经验,大家受益匪浅。对于提高自身素质,提高"人大代表之家"工作水平,有很大的帮助。

四、坚持履行人大职权,倾力助推脱贫攻坚工作

县人大常委会按照县委统一部署,自觉服从和服务于全县经济建设中心。一是强化监督,推进扶贫项目建设。县人大常委会先后对事关全县脱贫奔小康的特色种养殖、商贸物流等多种经营模式的重点民生项目进行跟踪监督,县人大常委会领导带头督办重点扶贫产业项目,并专题听取县扶贫办工作报告,通过努力一大批扶贫项目顺利实施、落地落实。二是认真做好联系点帮扶工作。常委会领导分别带队经常深入乡、村、组开展专题调研、政策宣讲、访贫问苦、结对帮扶、督促落实等,帮助协调解决困难、化解矛盾,统筹推进脱贫攻坚、基层党建、村级组织活动场所标准化建设等工作。2018年,共慰问结对户57次,投入帮扶资金2万余元。三是紧盯发展短板,全力办好实事好事。人大常委会立足岗位,务实开展雪中送炭,严格按照精准扶贫、精准脱贫工作总要求和总目标,针对联系乡(镇)实际情况,指导督促乡(镇)精准"把脉"、精准施策,准确开方,找出贫困的根源,对症下药,指出脱贫的点子,结合本地的资源优势,明确精准扶贫措施,发现问题立行立改加紧整改落实,整改落实情况进行跟踪检查,扎实助推脱贫攻坚工作。

五、坚持全面加强自身建设,不断提升常委会履职能力水平

(一)加强廉政教育,筑牢思想防线不放松。坚持始终把廉政教育作为全面从严治党的重要内容,时常宣讲,时时敲警钟,筑牢防线。利用人大机关领导与乡(镇)联系优势,党员领导干部带头讲党课12次。利用重要节假日、敏感节点、下乡调研40余次,采取提醒警示、批评教育等多种形式开展经常性警示教育,进一步提高党员干部的纪律意识、规矩意识、风险意识。

(二)加强党的建设,作风建设常抓不懈。县人大常委会坚持在县委领导下开展工作,充分发挥县人大党组在人大工作中的领导核心作用,始终把党的政治建设放在首位,坚定人大工作正确的政治方向,全面压实两个责任,切实把党的领导贯穿人大依法履职全过程。党组成员坚持带头落实领导干部双重组织生活制度,积极参加机关支部组织生活。机关支部坚持定期召开支部会,及时传达上级精神,研究部署机关党建和党风廉政建设工作10次,传达学习上级有关文件精神及通报内容35次,开展党组书记讲党课4次,参与党支部集中学习、"三会一课"、主题党日等活动30人次,参加市县委

组织的政治纪律、政治规矩等学习培训5人次，不断加强班子成员的政治纪律教育，确保每名党员干部都能接受到组织的教育和监督。严格规范党内政治生活，认真开展谈心谈话和书记讲党课活动，针对形式主义、官僚主义等“四风”新表现和执行中央八项规定及其实施细则等方面存在的问题，认真进行自查和整改。深入推进县人大常委会机关党风廉政建设，全面落实从严治党主体责任。认真学习贯彻《中国共产党党组工作条例》，严格执行中央八项规定精神，始终把规矩和纪律挺在前面，坚决反对“四风”。

（三）加强制度建设，惩防体系建设不止步。县人大常委会党组和机关党支部主动适应全面从严治党的新常态，坚持标本兼治，着眼常态长效，建立健全各项制度，真正以制度机制巩固作风建设成果，实现落实主体责任制度化、规范化，抓作风建设常态化、长效化。全力支持县纪检委开展工作，主动接受监督，积极配合纪检委履行监督执纪问责职责。同时，加强对制度执行的督促检查，使制度刚性约束效力得到最大程度发挥，形成用制度管党治党的工作体系，提升人大工作制度化、规范化、程序化、高效化水平。

各位代表，常委会一年来所取得的成绩，最根本的在于有习近平新时代中国特色社会主义思想的科学指引，有习近平总书记作为党中央的核心、全党的核心领航把舵。这些成绩的取得，是县委的坚强领导和拉萨市人大常委会有力指导的结果，是全体代表、常委会组成人员和人大机关工作人员履职尽责、共同努力的结果，是“一府一委两院”和各乡（镇）人大主席团协同配合的结果，也是全县人民和社会各方面充分信任、大力支持的结果。在此，我谨代表县十三届人大常委会表示崇高的敬意和衷心的感谢！

各位代表，面对新时代和新要求，我们也清醒地看到，常委会工作与县委要求、人民群众的期盼、宪法法律赋予的职责还存在不少差距和短板。如监督机制需继续完善，监督实效有待增强，服务代表履职的方式方法还需进一步探索，调查研究的针对性实效性有待进一步增强，联系指导基层人大工作有待进一步改进等。对此，我们将坚持问题导向，自觉接受监督，虚心听取代表意见，采取有力措施，切实加以改进，更好发挥地方国家权力机关的作用。

2019年工作思路及安排

各位代表，2019年，是全面贯彻党的十九大精神、全面建成小康社会第一个百年奋斗目标的关键之年。常委会工作的总体要求是：高举中国特色社会主义伟大旗帜，深入贯彻落实党的十九大、十九届二中、三中全会和中央第六次西藏工作座谈会精神，坚持以习近平新时代中国特色社会主义思想为指导，贯彻落实习近平总书记关于坚持和完善人民代表大会制度的重要思想、治边稳藏的重要论述和加强民族团结、建设美丽西藏的重要指示，树牢“四个意识”，坚定“四个自信”，做到“两个维护”，按照墨竹工卡县第九次党代会及九届八次全委会部署要求，认真履行宪法法律赋予的职责，动员全县各族人民奋力推进墨竹长足发展和长治久安，为决胜全面建成小康社会，全面建设社会主义现代化新墨竹，谱写好实现中华民族伟大复兴中国梦的墨竹篇章，以优异的成绩庆祝伟大祖国70周年华诞和西藏民主改革60周年。

一、着力贯彻落实中央和区党委关于人大工作的决策部署

始终坚持党的领导，认真学习贯彻党的十九大精神和习近平新时代中国特色社会主义思想，自觉以新思想武装头脑、指导实践、推动工作，牢牢把握人大工作正确政治方向。习近平总书记是全党拥护、人民爱戴、当之无愧的党的领袖，必须绝对拥戴、信赖、忠诚、捍卫党的领袖和核心，把坚决维护习近平总书记党中央的核心、全党的核心地位，坚决维护党中央权威和集中统一领导作为最高政治原则和根本要求，始终在思想上高度认可、政治上坚决维护、组织上自觉服从、行动上紧紧跟随，切实提高做好人大工作的政治站位。始终把维护祖国统一、加强民族团结作为人大工作的着眼点和着力点，与十四世达赖为首的分裂集团作坚决斗争，时刻绷紧维护稳定这根弦，在反分裂斗争这个大是大

非问题上做到旗帜十分鲜明，立场十分坚定，做神圣国土守护者、幸福家园建设者。自觉接受党的领导，坚持重大事项、重要问题及时向县委请示报告，始终与县委保持政治上同向，思想上同心，行动上同步，坚定不移把中央和区市县委对人大工作的决策部署落到实处。切实加强常委会党组建设，坚持发挥常委会党组重要作用与发挥人大代表和常委会组成人员中党员先锋模范作用有机结合，为实现党的历史使命努力工作。

二、加强和改进监督工作，确保县委重大决策部署落地落实

围绕县委决策部署依法行使决定权，对事关全县根本性、全局性和长远性的重大事项作出决议、决定。围绕国民经济和财政预算行使决定权，依法适时就国民经济和社会发展计划、全县和县本级财政预算的监督和审查作出决议、决定。围绕重大民生问题行使决定权，以实施乡村振兴战略和脱贫攻坚为重点，依法决定相关事项，推动政府决策科学化、法制化，保障各项惠农政策、惠农项目落地实施，重点对易地搬迁工作开展和精准脱贫产业项目落地情况进行视察。围绕县委人事安排行使任免权，按照党管干部与人大依法任免原则，依照法定程序任免地方国家机关工作人员。围绕审判和检察工作依法行使监督权，听取“两院”工作汇报，进一步加强司法监督，对审判和检察工作依法提出意见和建议，依法监督法院执行工作，切实帮助解决执行难问题。

坚持以人民为中心的发展思想，紧扣发展、稳定、生态三件大事，加强对民生保障工作的监督，增强监督实效，让人民群众更好地分享墨竹改革发展稳定的成果，重点对医联体和分级诊疗工作运行情况开展视察，专题调研我县对中央环保督查转办案件“回头看”工作情况。

三、加强和改进代表工作，充分发挥代表作用

坚持尊重代表主体地位、依法保障代表履行职务、充分发挥代表作用，是提高常委会工作质量的重要基础。坚持抓提升、抓履职、抓作风、抓保障，不断增强和改进代表工作。一是加强和改进代表培训。围绕代表履职所需法律和业务知识，通过举办代表履职专题培训、开展代表活动等形式，提高代表调查研究、依法监督、凝聚民心的能力。二是深化拓展“双联”制度，深入推进“代表活动室”标准化建设、常态化管理、规范化运行，使其真正成为基层代表联系群众、密切群众、帮助群众、支持基层的平台阵地。三是继续加大议案、建议督办力度，要不断完善代表议案建议办理机制，规范办理程序，加强对代表议案建议办理工作的督促和协调，完善代表议案建议落实情况跟踪机制，对上年度未办结的意见建议，必须列入下年度继续办理，提高办理质量和水平。通过领衔督办、组织调研、满意度测评等工作方式，不断提高议案、建议办成率和满意率。四是坚持和完善常委会组成人员直接联系基层代表、代表联系人民群众这两个制度，完善代表集中视察、专题调研等制度，拓宽和畅通社情民意表达及反应渠道，切实发挥代表参与决策、监督的作用。

四、加强和改进人大自身建设，不断提升人大履职水平

全面贯彻落实党的十九大对人大工作的新要求，坚持继承、创新、完善相结合的原则，努力将人大及其常委会建设成为全面担负起宪法法律赋予的各项职责的工作机关，成为同人民群众保持密切联系的代表机关。加强机关党的建设、严格党的纪律、落实党的制度。加强思想政治建设，健全人大组织制度和工作制度，优化人大机关运行机制。严格遵守中央八项规定、执行“两准则四条例”，切实转变工作作风，在全面从严治党的道路上继续前行。加强干部队伍教育培训，丰富履职内容，增强理论指导实践的效果。密切常委会委员、人大代表同群众的联系。加强人大机关建设，努力锻造忠诚坚定、担当尽责、风清气正、勤政廉洁的人大干部队伍形象。强化意识形态工作，进一步明确目标、明确责任，把控好人大意识形态正确导向。加大人大宣传工作力度，广泛宣传人民代表大会制度、人大工作和代表履职先进典型，提升人大工作的影响力。

各位代表，新时代赋予新使命，新思想引领新征程。适应经济社会新常态，实现改革发展新跨越，谱写墨竹经济社会发展和新时代人大工作新篇

章，需要全体代表和全县各族人民的共同努力。让我们更加紧密地团结在以习近平同志为核心的党中央周围，在墨竹工卡县委的坚强领导下，在拉萨市人大的有力指导下，锐意进取、勇于担当，开拓创新、求真务实，忠实履行宪法和法律赋予的职责，切实把人大工作提高到一个新水平，为率先在全市建成小康社会，奋力开启全面建设社会主义现代化墨竹的新征程而努力奋斗。

政协第二届墨竹工卡县委员会常务委员会工作报告

——在政协第二届墨竹工卡县委员会第四次会议上

政协墨竹工卡县委员会主席 索朗桑布

（2019 年 2 月 26 日）

2018 年工作回顾

2018 年是全面贯彻落实党的十九大精神的开局之年，是改革开放 40 周年，是全县打赢脱贫攻坚战、决胜全面建成小康社会、实施“十三五”规划的关键之年。一年来，在县委的坚强领导下，在市政协有力指导下，在各方面的大力支持下，县政协常委会团结带领广大政协委员，认真学习贯彻党的十九大精神，把习近平新时代中国特色社会主义思想作为统筹全揽政协工作的总纲，认真学习贯彻习近平总书记关于加强和改进人民政协工作的重要思想，全面贯彻落实中共中央办公厅《关于加强新时代人民政协党的建设工作的若干意见》，贯彻落实全国、自治区政协关于理论研讨、党的建设、思想政治引领、凝心聚力和提质增效等重大部署，贯彻落实汪洋主席对政协工作的指示要求，坚持团结和民主两大主题，围绕“落实下去”“凝聚起来”两个方面履职尽责，发挥政协思想引领、协调关系、汇聚力量、建言献策的重要作用。为助推墨竹长足发展和长治久安做出了积极贡献。

一、把握正确政治方向，站稳正确政治立场

习近平总书记指出，加强党的领导是新时代坚持和发展中国特色社会主义的根本保证。一年来，县政协常委会毫不动摇地恪守坚持中国共产党的领导是人民政协事业发展进步的根本政治保证，是人民政协必须讲的最大政治这一原则，始终坚持并

不断加强了党对政协工作的全面领导。

（一）着力加强理论学习，筑牢思想政治基础

县政协常委会按照学懂弄通做实的要求，以理论学习为先导，认真学习习近平新时代中国特色社会主义思想和党的十九大精神，把坚持和发展中国特色社会主义作为巩固共同思想政治基础的主轴，把强化思想政治引领同经常性思想政治工作结合起来，把政协各族各界人士更加紧密地团结凝聚在党的周围，以加强思想引领、政治引领、价值引领、精神引领为出发点，增强政协委员对中国共产党和中国特色社会主义的政治认同、思想认同、理论认同、情感认同，使政协事业更好地与新时代同行、为新目标奋斗、在新征程建功。

（二）始终坚持党的领导，牢固树立政治意识

县政协常委会牢牢把握坚持党的全面领导、旗帜鲜明讲政治这一根本原则和要求，坚持高举习近平新时代中国特色社会主义思想伟大旗帜，坚持和加强县委对政协工作的全面领导，坚持做到重大事项主动请示县委、重大活动主动报告县委、重要意见主动反馈县委。始终按照县委部署要求，引导广大委员坚定坚决拥戴信赖忠诚捍卫核心，始终与党同心同向同行，以求真务实作风确保中央大政方针和区市县委的决策部署在政协执行到位、落地见效。

（三）加强政协党的建设，舵好正确政治方向

县政协常委会认真贯彻落实全国、自治区政协系统党的建设工作座谈会精神，充分发挥政协党组在政协工作中把方向、管大局、保落实的重要作用，有效实现了政协党组对政协工作的全面领导，坚持把党的建设作为政协重要政治任务，真抓、实抓、严抓。不断完善政协党组各项制度，制定年度党建工作计划，落实党组成员责任分工，确保党建工作落到实处；不断加强理论学习，全年组织理论学习35次，举办委员培训班1次2批次；不断强化政协基层党组织建设，通过开展党员承诺践诺评诺、党员结对帮扶、“四讲四爱”群众教育实践活动等，激发党员党性意识，发挥党员凝心聚力作用；不断加强党建阵地建设，发挥“政协委员之家”作用，营造浓厚的党建学习、教育和宣传文化氛围；不断强化廉洁务实政协建设，利用全委会、常委会、党组学习会、党支部组织生活会等专题学习，开展形式多样的警示教育等活动，以此全面加强政协系统党的建设，进一步发挥人民政协制度优势和特色，争取在坚持和发展中国特色社会主义这场伟大社会革命进程中做出更大贡献。

二、坚持团结民主主题，协商议政主动作为

习近平总书记强调，中国特色社会主义进入新时代，要求我们坚定不移巩固和发展中国共产党领导的多党合作和政治协商制度，发挥优势，发展社会主义民主政治，为决胜全面建成小康社会而团结奋斗。一年来，县政协常委会坚持两大主题，发挥联系群众的桥梁纽带作用，最大限度地尊重和保障各界人士民主监督、建言献策的权利，努力把合作共事精神贯彻到政协工作的各个环节。

（一）凝聚委员共识，助推团结稳定

政协常委会牢记习近平总书记“像石榴籽一样紧紧抱在一起”的重要指示，积极发挥人民政协统一战线组织的功能作用，扩大团结面、增强包容性，团结带领广大委员以“3·28西藏百万农奴解放纪念日”和“9月民族团结进步月”等特殊节日为契机，组织委员以“新旧西藏对比”和“各民族团结稳定发展”为主题的座谈交流活动为载体，切实加强同各族各界的联系与交流，积极协调各方利益关系，进一步促进党群关系、民族关系、宗教关系、阶层关系和谐，不断巩固爱国统一战线，努力为墨竹的发展稳定凝聚人心、汇聚力量。有关主席和部分委员发挥岗位特殊、内引外联的优势作用，抓住参加区市政协重要会议等机会，积极反映我县实情并提出意见建议，从区市层面争取支持帮助。

（二）推进协商民主，履行民主监督

政协常委会按照习近平总书记“有事好商量，众人的事情由众人商量，是人民民主的真谛”的精神，秉着“不是靠说了算，而是靠说得对”的态度，积极带领委员通过会议、视察、督查、提案等形式，加强与各人民团体及各界人士的联系，改进民主监督工作。在参与决策上，委员们参加县委常委会、县长办公会、法院庭审、全县重大决策部署会议，提出意见建议49条。在视察调研上，围绕群众关注的

环保、社会保障、重点项目建设等热点问题开展视察，形成报告7篇，发现问题15条，形成意见建议36条。在督导检查上，对河长制落实情况和消除“无树村”“无树户”开展专项督导检查，形成报告5篇，发现问题21条，形成意见建议26条；在提案工作上，二届三次会议期间，委员们提交提案64件，积极助解精准扶贫精准脱贫、经济社会发展、环境卫生改善等方面难题。

（三）加强思想引领，助推社会和谐

县政协常委会始终牢记习近平总书记“像格桑花一样扎根在雪域边陲，做神圣国土守护者、幸福家园建设者”的谆谆教诲，牢固树立总体国家安全观，聚焦我区特殊矛盾，认真履行维护祖国统一、加强民族团结第一政治责任，在三月份敏感月、重大节日、敏感节点期间，政协党组成员主动赴联系乡、村、寺庙全程督导维稳工作。教育引导各族各界委员牢固树立“三个离不开”思想，树立正确的“五观”，增进“五个认同”，使各界政协委员充分发挥威望高、人员多且熟悉本地环境的优势作用，带头参与维稳各项工作，协助村委会、寺庙开展巡逻、收集情报信息、调处矛盾纠纷等工作，发挥了保一方平安的积极作用。

三、围绕中心履职尽责，心系民生建言献策

习近平总书记强调，人民政协要把实现好、维护好、发展好最广大人民根本利益作为工作的出发点和落脚点，把促进民生改善作为重要的着力点，抓住民生领域重要问题资政建言，协助党和政府破解民生难题，增进人民福祉，做到人民政协为人民。一年来，县政协常委会始终牢记这一使命，紧扣人民群众根本利益履职尽责。

（一）调研视察工作稳步推进。县政协常委会坚持围绕县委、县政府中心工作，按照总体部署，组织委员多次深入乡（镇）、村、组、企业、田间地头和群众家中，针对提案办理情况、中央环保督察组反馈问题整改情况、“菜篮子”民生工程运营等主题开展调研视察活动。经县委同意组织6个界别委员代表赴阿里、云南交流考察学习，使委员开阔视野，增长见识，吸收经验，提升能力。一年来，形成视察调研报告7篇，提出问题15条，意见建议36条上报至县委，获得了县委主要领导充分肯定，为县委政府今后科学决策提供了参考依据。

（二）提案收办工作扎实高效。县政协常委会坚持“立要高标准、办在实在处、督在关键点”的原则，坚持丰富和创新经常性工作的内容与形式，严格立案标准，一年来，共收到提案64件，经审查，立案62件，截至目前，经各承办单位的共同努力，所承办的政协委员提案办复62件，办复率100%；其中：已解决基本解决和正在解决或列入规划逐步解决或因政策原因向委员做出说明的提案45件，占提案总数的72.6%；因客观条件所限暂不能解决的提案13件，占提案总数的20.9%；留作参考或不可行的提案4件，占提案总数的6.5%。提案工作突出了发展理念，体现了特色和亮点。常委会通过邀请县委、县政府、承办单位及提案者共同开展提案办理“回头看”活动和深入基层调研提案办理满意率等形式，有效提高了提案办复效率和办理效果。

（三）社情民意工作广泛收集。县政协常委会以“政协委员之家”为平台，发动各乡（镇）政协联络员作用，将本辖区内群众关心的重点难点问题作为社情民意进行全面收集。全年共收集社情民意信息29条。其中：由政府相关职能部门联合政协向委员作出答复的6条；县一级部门不能解决的，交由相关职能部门向上级部门申请解决并对申请情况向委员作答复的7条；由县政协实地走访后，用政协委员办实事经费给予解决的16条。目前，除3条信息因政策原因无法解决外，其余26条信息均已解决到位。

（四）办实事解难事全面落实。县政协常委会以用好办实事经费作为为民办实事的有力抓手，在充分调研和与相关部门沟通协调的基础上，通过党组会、常委会研究决定将100万办实事经费用于解决建设学习爱国主义教育长廊、修建基层小型水利设施、建设基层基础设施、改善群众医疗条件等16件民生问题。截至目前，15个项目（94%）已经解决到位，切实解决了民之所需、所盼，赢得了委员和群众普遍好评。

（五）文史资料工作扎实开展。县政协常委会为充分发挥文史资料“存史、资政、团结、育人”的作

用。根据拉萨市政协文史委要求，县政协指定了专人负责《天边墨竹松赞故里》文史资料收集编辑工作，邀请了9位当地历史当事人、见证人、知情人对其中的重大事件的真伪性进行了核实，涉及的相关部门也对文史资料未提及的当前全县的发展状况进行了补充，聘请了专业人员对整本文史资料进行翻译，对文史资料中提及的重要建筑进行了图片采集。经过多方努力，整个文史资料的翻译、整理、收集、校对工作已完成，正待出版。

（六）强基础惠民生积极投入。县政协常委会根据区、市、县党委的安排部署，进一步深化驻村“七项任务”落实，指派单位政治立场坚定、业务能力强的党员同志担任驻村工作队队长，为当地群众办实事好事7件。同时，政协党组高度重视强基惠民工作，党组书记和党组班子成员每季度定时、不定时前往驻村点看望驻村工作人员，带去关心和问候，及时指导工作的开展。并为驻村工作队提供资金8万元，用于解决所驻村的实际困难，帮助驻村工作队协助村委会进一步强化基层党组织建设，2018年，驻村工作队评为拉萨市先进集体，单位派驻人员评为县级先进个人。

（七）民生改善工作持续参与。县政协常委会在县委部署下班子成员先后多次深入各联系乡（镇）和村委会对脱贫攻坚工作进行实地检查指导，积极反映发现的问题，督促其就存在的问题进行及时整改。在结对帮扶中，全心全意为贫困户解难题，谋出路，找收入。对认识上较为落后的贫困户进行深刻的思想教育，帮助其树立“勤劳致富”的思想。今年以来，县政协党组和办公室党支部结对帮扶共计14户，47人，投入资金9950元。

四、切实强化自身建设，努力提升工作水平

新时代呼唤新作为，人民政协只有在自身建设上奋力前行，不断提高履职能力和水平，才能更好完成新时代赋予人民政协的新使命。一年来，县政协常委会全面把握人民政协的政治性和人民性，以坚持党对人民政协工作的全面领导为根本，以政治建设为统领，以习近平总书记关于加强和改进人民政协工作的重要思想理论研讨为主线，以提升“四种能力”为抓手，全面加强政协自身建设。

（一）加强组织建设，坚持政治统领。县政协常委会全面贯彻落实全国、全区政协关于加强政协党的建设部署要求，通过加强领导，健全组织，建强支部，真正把党组织建设成为团结群众的核心、攻坚克难的堡垒，切实增强党组织政治功能，自觉在县委领导下开展工作，加强思想引领、政治统领、能力建设。认真查摆和集中整治不作为、慢作为、文山会海等形式主义、官僚主义突出问题，深入学习贯彻中央、区市县委一系列重要会议精神，学习贯彻党的统战政协理论，切实以科学理论武装头脑、指导实践。

（二）加强队伍建设，提升履职能力。县政协常委会通过健全履职激励机制、建立协同工作机制、落实退出机制等委员履职服务管理的机制体制，提升委员履职积极性；通过学习培训、搭建平台、组织开展各种活动等形式，不断提高委员政治把握能力、调查研究能力、联系群众能力、合作共事能力，加强委员履职能力；通过“引进来、走出去”的方式，拓宽委员视野和见识；通过政协党组把方向、管大局、保落实的重要作用，加强对委员队伍建设工作的领导和统筹，及时研究解决委员队伍建设中出现的新情况、新问题，使委员履职能力和水平进一步提升。

（三）改进工作作风，创造优良环境。县政协常委会大力弘扬“老西藏精神”“两路精神”，求真务实、勤奋敬业，坚决贯彻落实中央八项规定精神和自治区“约法十章”“九项要求”，市委“八项要求”，县委“八项守则”，持之以恒正风肃纪。认真贯彻执行县委关于改进工作作风、密切联系群众的有关规定，建立健全各项工作规则，改进会风文风，提升工作效能。

各位委员：

过去一年工作成绩的取得，是县委坚强领导的结果，是县政府倾力支持的结果，是各相关部门积极配合的结果，更是广大政协委员充分发挥主体作用，认真履职的结果。在此，我谨代表政协常务委员会，向大家表示崇高的敬意和衷心的感谢！

在肯定成绩的同时，面对新时代、新任务、新要求，必须清醒地看到，我县政协工作还存在一定的

不足之处,需要不断的改进。主要是:一是在政治引领上,对我县政协的特殊性和特点、规律的认识不到位;二是组织设置上,政协编制紧缺,发挥联系界别委员、政治引领、凝心聚力和建言咨政的基础作用不充分,重点不突出;三是在发挥党员委员作用上,有的界别党员委员偏少,有的角色意识淡薄,只"挂名"不履职,有的只注重业务工作,忽视党的统战工作,群众工作等等;四是在作风建设上,有的干部存在"船到码头车到站"的思想,认为到了政协就是退居"二线"了,工作上放松了要求,作风上有所懈怠,等等,对此,我们将结合实际认真分析研究,不断增强和改进,切实加以解决。

2019 年工作思路

2019 年是深入学习贯彻党的十九大精神的重要之年,是中华人民共和国成立 70 周年,是完成"十三五"规划的关键一年,是决胜全面建成小康社会的关键之年,是西藏民主改革 60 周年,是人民政协成立 70 周年,这一年大事多、喜事多。我们将用习近平新时代中国特色社会主义思想统领政协工作,深入学习贯彻党的十九大精神、区党委九届五次、市委九届四次、县委九届八次全委会精神,在县委的坚强领导下,聚焦全县中心工作和发展大局,坚持团结和民主两大主题,发挥政协协商民主重要渠道和专门协商机构作用,坚持"懂政协、会协商、善议政",认真履行政治协商、民主监督、参政议政职能,为助推全县经济社会长足发展和长治久安做出新的贡献。

一、毫不动摇坚持理论学习,夯实共同思想政治基础

县政协常委会要把学习贯彻习近平新时代中国特色社会主义思想和党的十九大精神作为首要政治任务,作为统揽政协工作的总纲、武装头脑的灵魂、推进履职尽责的指南,真正在学懂弄通做实上下功夫,树牢"四个意识",坚定"四个自信",坚决做到"两个维护",在旗帜、道路、方向、制度等重大问题上统一意志、步调和行动。把学习践行新思想与学习贯彻习近平总书记关于加强和改进人民政协工作的重要思想、关于治边稳藏的重要论述结合起来,与学习贯彻党的统战政协理论和原则要求结合起来,增强思想政治引领的基本功,确保中央大政方针和区党委决策部署贯彻落实到政协全部工作之中。完善主席会议集体学习、常委会学习讲座、委员培训学习、报告会相结合的学习制度体系,深化理论学习和思想武装。建立习近平新时代中国特色社会主义思想学习座谈会制度,以界别为依托,认真制订实施年度计划,定期向政协党组汇报学习情况。结合工作中的重大理论和实践问题,列出专题深入学,以理论大学习、思想大武装促进政协工作质量大提升。

二、毫不动摇坚持党的领导,全面加强政协党的建设

县政协常委会要不忘人民政协的初心使命,毫不动摇地坚持党对人民政协工作的全面领导。讲政治不是抽象的、空洞的,要体现在具体行动和工作中,政协党组肩负着党对人民政协工作的重大责任,谋划事业发展、制定工作措施、推动工作落实,都要把讲政治的要求具体化,确保党对政协工作的全面领导,确保党的主张在政协政令通畅、执行到位、落地见效。不断加强党的建设,增强党对政协事业的领导力是当前人民政协最重要的政治任务。县政协党组会始终认真贯彻落实中共中央办公厅《关于加强新时代人民政协党的建设工作的若干意见》及区市县党委实施细则、区市政协相关决议,及时瞄准存在的政协特色不突出、党员委员作用发挥不充分等问题深入协商讨论,切实加以解决,真正落实好党的组织和党的工作在人民政协的有效覆盖。扎实开展"不忘初心、牢记使命"主题教育和"做合格党员、当先锋模范"教育,继续推进"两学一做"学习教育常态化制度化,全面深化和巩固党员政治教育、政治纪律教育成果,用习近平新时代中国特色社会主义思想武装头脑,教育政协组织中的共产党员特别是党员委员牢固树立自己的第一身份是共产党员、第一职责是为党工作的意识,发挥凝心聚力的先锋模范作用。探索建立党员委员管理办法,党组成员联系相关界别党员委员、党员委员联系党外委员制度。探索建立联系无党派人士、宗教

界委员机制。

三、毫不动摇坚持为民服务，团结引领政协各项工作

县政协常委会坚决贯彻落实习近平总书记关于政协要聚焦党和国家中心任务献计出力的重要思想，围绕中心、服务大局，为改革发展思与谋、为和谐稳定导与促、为群众利益鼓与呼、为画出最大同心圆践与行。把维护祖国统一、加强民族团结作为履职着眼点和着力点，把维护稳定作为履职第一政治责任，把助推改革发展作为履职第一要务，践行新发展理念，把改善民生、凝聚人心作为履职出发点和落脚点，聚焦决胜全面建成小康社会，瞄准巩固脱贫攻坚成果、推进乡村振兴战略、涉及农业农村等重点问题深度调研、专题协商，充分发挥政协委员在脱贫攻坚、新农村建设等方面的独特作用。坚持增加协商密度、丰富协商内容、规范协商程序、健全协商机制、改进协商方式，把协商民主贯穿政治协商、民主监督、参政议政全过程。完善协商议政内容和形式，加强民主监督，重点监督党和国家重大方针政策、区市县委决策部署的贯彻落实情况，补齐政协履职短板。坚决贯彻落实习近平总书记关于政协加强团结联谊的重要思想，坚持大团结大联合，强化统战政协意识，在县委领导下，协助政府做好协调关系、增进团结、凝聚人心的工作。继续加强与区内外的友好交往，取长补短，交流经验，讲好墨竹故事。继续加大河长制督查力度，推动难点问题得到突破性解决。

四、毫不动摇坚持强基固本，坚定不移加强自身建设

县政协常委会坚决贯彻落实习近平总书记关于坚持党对政协事业领导的重要思想，坚决维护政协党组把方向、管大局、保落实的核心领导作用，坚持党的领导与依法依章程履职有机统一。政协委员中的共产党员必须模范地尊崇党章、遵守党规，模范地发挥引领带动作用，做政协事业的忠诚捍卫者和实践者。全体政协委员，不论职业、信仰、民族和界别，都必须模范尊崇宪法法律和政协章程，绝对拥戴、信赖、忠诚、捍卫党的领袖和核心，坚定坚决地拥护党的领导，坚定坚决地贯彻区党委决策部署，坚定坚决地贯彻政协决议，坚定坚决地与达赖集团做斗争，坚定坚决地维护祖国统一、民族团结、捍卫国家安全，以实际行动高举旗帜、突出主题，模范践行委员责任和义务。加强政协常委会、办公室的建设，引领委员履职的能力，不断强化机关服务保障能力，继续做好驻村工作。探索建立“党委出题、政协作答、群众阅卷”的协商议政新格局。严把提案审查、立案、筛选关，加大提案督办力度，有效解决委员提案答复被满意问题。充分发挥委员民主监督的作用，增强民主监督的灵活性和广泛性。加强社情民意信息收办工作。提升界别履职实效。

各位委员，同志们！集众智可定良策，和众力必兴伟业。让我们更加紧密地团结在以习近平同志为核心的党中央周围，在县委的坚强领导和市政协的精心指引下，不忘初心、牢记使命，团结拼搏、担当作为，凝心聚力、同心同德，以更加优异的成绩迎接新中国成立70周年、人民政协成立70周年和西藏民主改革60周年、西藏政协成立60周年，为夺取新时代中国特色社会主义新胜利、全面建成小康社会而团结奋斗。

以党章和宪法为根本遵循
牢记使命 忠诚担当
努力实现新时代纪检监察工作高质量发展

——在中国共产党墨竹工卡县第九届纪律检查委员会第四次全体会议上的工作报告

墨竹工卡县纪委书记、监委主任 张子成

（2019 年 4 月 1 日）

一、2018 年工作回顾

2018 年，在上级纪委和县委的正确领导下，墨竹工卡县纪委监委积极协助同级党委落实全面从严治党各项工作要求，以党的政治建设为统领，严格贯彻落实十九届中央纪委二次全会精神和九届区市纪委三次全会精神，忠诚履职、勇于担当，全面履行新时代纪检监察工作监督执纪问责和监督调查处置双重职责，党风廉政建设和反腐败工作取得新成效。

（一）将党的政治建设摆在首位，认真践行“两个维护”。一是深入学习贯彻习近平新时代中国特色社会主义思想和党的十九大精神，制定《墨竹工卡县纪检监察干部学习十九大精神工作方案》，明确学习内容和要求。强化宣传，利用微墨竹、廉洁墨竹等微信公众平台转载或刊登学习内容 200 余篇，营造浓厚学习氛围。将学习贯彻十九大精神情况纳入日常监督检查、县委巡察重点内容，同政治纪律教育共开展、共监督，强化督促落实。二是严明政治纪律和政治规矩。积极强化对全县政治纪律教育开展情况的监督，分 4 次累计对 7 家单位开展政治纪律专项检查，发现学习不到位、安排不到位等问题 7 个，相关单位已完成整改。针对学习心得明显应付的在全县范围内通报曝光，并对相关责任人进行提醒谈话，确保学习到位。严格执行党员干部不得信仰宗教或参与宗教活动相关规定，经常性开展提醒教育，强化监督，督促党员干部坚定理想信念，强化党性修养，管好身边人，主动做到不信仰宗教或参与宗教活动。

（二）稳步推进纪检监察体制改革，巡察监督体系不断完善。一是深化监察体制改革。根据上级纪委监委关于纪检监察体制改革试点工作要求，墨竹工卡县紧跟步伐，积极筹划准备，顺利完成墨竹工卡县监察委员会组建转隶工作，共划转编制 6 个，转隶干部 3 名；精准识别监察对象，由改革前的 3100 人增加至 6286 人；持续推进职能、人员的融合磨合，强化纪检监察干部对党章党纪党规和宪法法律法规的学习，牢固树立党纪意识和宪法思维，不断探索纪法衔接、法法衔接工作机制。提高监察对象法律水平，2 次邀请专家学者为全县 370 名监察对象专题解读《监察法》。积极试用调查处置措施，开展谈话 10 次、查询 35 次、调取 3 次，给予政务处分 2 人，真正将制度优势转化为治理效能。扎实推进监察体制改革向基层延伸，到目前为止，8 个乡（镇）派出监察室均已挂牌，派出监察室主任、副主任、监察员均已配齐，及时制定出台《墨竹工卡县乡(镇)纪检监察干部监督管理办法》,进一步明确乡(镇)纪委、派出监察室职责。二是持续深化巡察工作。将上级巡视巡察和本级巡察作为发现问题、整顿作风的重要手段,及时修订完善《中共墨竹工卡县委员会2017—2021年巡察工作规划》,6次组织召开县委巡察工作领导小组会听取县委巡察工作进展,全年共组建3个巡察组开展2轮巡察,发现问题143个,移交问题线索6个。着力提升巡察干部业务素质,选派40名干部参加区市巡察专题培训,分2期对25名巡察干部开展本级培训,实现了巡察干部轮训全覆盖。深化巡视巡察利剑成效,积极整理各级巡视巡察反馈问题,8次对14家单位整改情况开展督导检查,发现问题24个,并责令即知即改或限期整改。

(三)积极践行新修订的纪律处分条例和新出台的监察法规,精准履行监督职责。一是注重加强纪律教育。以开展“两学一做”和理论中心组集中教育为契机,督促全县各单位认真学习《中华人民共和国监察法》《中国共产党纪律处分条例》等党纪国法;严把选人用人政治观、廉洁关、形象关,全年分112批对46家单位、1545名拟提拔重用、工作调动、评优评先人员出具党风廉政意见函;对120余名调整和新任职干部开展任前廉政谈话。二是综合运用监督执纪“四种形态”,让“红红脸、出出汗”成为常态。对反映一般性问题及时谈话提醒、约谈函询,让本人作出说明、所在党委(党组)书记签字;对如实说明的予以采信,了结后向被函询人反馈澄清;对存在违纪问题的,在查清违纪事实后,综合考虑违纪性质和认错悔改态度,给予批评教育、组织处理或党纪政务处分。全年共办理问题线索19件(包含2017年未办结问题线索8件),已办结15件,运用“四种形态”中前两种形态处理19人次,其中第一种形态13人次,第二种形态6人次;强化监督,督促受处分党员干部在民主(组织)生活会上做出说明。

(四)持之以恒正风肃纪,推动作风建设深化发展。一是不断深化监督检查。突出抓好节假日和敏感节点作风建设,通过节前安排部署、节日期间提醒监督,督促各级党组织加强对党员干部的教育管理。采取重要节日检查与日常检查相结合、综合检查与专项检查相结合、突击检查与常规检查相结合的方式,严肃查处执行维稳工作纪律不严格、公车使用管理不当、滥发津补贴等问题,现场查纠问题58个,要求即知即改或限期整改。二是深入开展集中整治。集中开展不作为慢作为、文山会海等形式主义、官僚主义突出问题专项整治,9次对16家单位开展监督检查,发现即知即改问题40个,对自查自纠不到位单位主要负责人进行提醒谈话,并责令重新开展自查;加强对援藏资金管理使用情况以及财经纪律执行情况的监督,对自查问题进行梳理,对援藏资金反馈问题开展专项督导检查3次,书面向2个乡(镇)反馈在执行财经纪律中存在的问题20个,目前已完成整改;专项开展整治领导干部利用名贵特产类特殊资源谋取私利工作,及时成立专项整治工作领导小组并设立专门办公室,下发通知在全县范围内开展自查,对自查发现的问题要求限期整改。三是督促责任履行。对《墨竹工卡县党风廉政建设考核体系》进一步完善,对各单位“两个责任”落实情况开展专项考核,并组织召开全县述责述廉及质询评议会议,分别选取5家单位进行现场和书面质询,进一步深化党风廉政建设和反腐败工作责任落实。四是强化廉政教育。全年组织党员干部认真学习区市纪委及本县典型通报文件38个,在节假日发送廉政提醒短信23条,分3批组织129名党员干部参观市县两级廉政警示教育基地,筑牢党员干部拒腐防变廉洁自律底线。

(五)始终保持反腐败高压态势,不断巩固深化反腐败斗争压倒性成果。一是始终坚持反腐败无禁区、全覆盖、零容忍。2018年通过本级纪委监委自主办理或协助上级纪委监委查处本县辖区内党员和公职人员违纪违法立案件7起,给予党纪或政务处分21人次,收缴涉嫌违纪违法资金8万余元。二是加大对处分决定执行情况的监督。对十八大以来受到党纪政纪处分人员处分决定执行情况进行回访跟踪,积极联合县委组织部、县人社局对受处分人员干部人事档案、年度考核表、工资待遇办理和执行、年度考核等次评定、考核奖金发放、任用晋升等情况进行回头看。经排查,我县没有发现先提拔再处分、先明处再暗用、先解聘再返聘、先撤职再升职、虽判刑仍领薪等“打白条”现象。三是坚持党对反腐败工作的集中统一领导，严格执行“双重领导”机制，自觉向同级党委和上级纪委报告问题线索处置、重大案件查办等情况。定期组织召开县委反腐败工作协调小组会议，研究反腐败阶段性工作重点，完善反腐败沟通协作机制，推动形成反腐败斗争强大合力。四是把扫黑除恶与反腐败斗争和基层“拍蝇”结合起来，深挖黑恶势力“保护伞”，共开展群众身边的涉黑涉恶腐败、工作推动不力等问题5次，发现问题2个，均整改完成。

（六）深入开展扶贫领域腐败和作风问题专项整治，为打赢脱贫攻坚战保驾护航。一是积极成立以1名县级领导为组长、2名干部为成员的脱贫攻坚交叉督查组，深入脱贫攻坚一线开展专项督导检查，着力发现问题。建立健全并强化执行扶贫领域监督检查周报告制度，对县乡纪委监督检查数据汇总方式进行统一，对监督检查内容进一步规范和明确，层层压实责任，积极联合乡（镇）纪委开展扶贫领域监督检查，现场反馈扶贫领域相关问题73个，要求相关单位即知即改或限期整改，目前已基本完成整改。二是从严从快办理扶贫领域问题线索。强化执行扶贫领域问题线索快速移送和查办结果反馈机制，本年度共查处扶贫领域弄虚作假、截留私分、优亲厚友等问题线索8件，立案3起，给予党纪政务处分6人次，组织处理11人，在全县通报曝光扶贫领域相关问题3起2家单位6人。

（七）坚持打铁必须自身硬，纪检监察队伍作风和本领明显提升。一是着力提升纪检监察干部思想政治修养和业务水平。坚持“两学一做”学习教育常态化制度化，采取集中学习与自学相结合的方式，认真组织纪检监察干部学习新修订的《党章》《宪法》《监督执纪工作规则》等党纪法规及习近平总书记关于加强党的政治建设相关论述等内容，至今组织开展集中学习20余次，讲党课5次，开展主题党日活动12次。先后选派107名干部参加中央、自治区、拉萨市纪委举办的各类专题业务培训，选派8名纪检干部到拉萨市纪委跟班跟案学习，着力提升纪检监察干部的履职能力。二是加强纪检监察干部作风建设。严格落实县纪委书记定期约谈和听取乡（镇）纪委书记履职情况报告机制，制定完善并强化执行干部考勤、岗位交流、外出培训等内控机制，体现严管就是厚爱。在纪检监察系统集中开展不作为慢作为、文山会海等形式主义官僚主义以及纪检监察干部利用名贵特产类特殊资源谋取私利问题集中整治，敢于揭短露丑，带头开展自查，深入剖析问题原因并强化问题整改，做到自身干净；定期收集并统计报送纪检监察干部违纪违法问题线索，广泛接受党内监督、组织监督、民主监督、群众监督，严防“内部腐败”。

一年来，我们充分认识到，要开展好纪检监察工作，必须坚持以习近平新时代中国特色社会主义思想为指导，落实好重大方针政策和各级党委各项决策部署；必须牢牢抓住党委在党风廉政建设和反腐败工作中的领导地位，维护好党中央的权威和集中统一领导；必须牢固树立执纪执法为民思想，着力整治民生项目、扶贫领域等危害群众利益的不正之风、腐败问题以及黑恶势力；坚持打铁必须自身硬，履行好党和国家赋予我们的神圣使命。在充分肯定成绩的同时，也要清醒地看到，我县党风廉政建设和反腐败斗争面临的形势依然严峻。部分党组织责任发挥不明显，导致本单位贯彻执行中央和区市县决策部署不力，开展工作、报送材料不主动不及时，对通过巡视巡察、监督检查等方式反馈的问题整改推进缓慢等；少数党员领导干部廉洁自律意识不强，以身作则要求执行不严，导致扶贫领域腐败和作风问题凸显；部分干部在脱贫攻坚工作中，存在精准识别不精准、为亲属谋取私利、违规截留草场补偿资金及征地补偿资金、虚报扶贫培训资金等问题；部分单位和个人在执行中央八项规定精神及实施细则方面不够彻底，违规发放津贴补贴现象依然存在；部分纪检监察干部掌握运用党章党规党纪法律法规能力与实际要求不相符，主动发现问题线索能力不高、线索处置不够及时，部分乡（镇）村纪检监察干部落实“三转”不够到位，纪检干部频繁变动、身兼数职甚至在其位不谋其政现象依然存在。对于以上问题，我们要高度重视，精准施策，认真解决。

二、改革开放40年以来纪检监察工作基本经验

改革开放特别是十八大以来，在中央及区市县党委的坚强领导和南京市的大力支援下，在全县广大干部和群众的共同努力下，墨竹工卡县呈现经济快速发展、社会和谐稳定、生态持续良好、民生不断改善、人民安居乐业的大好局面。全体纪检监察干部坚决贯彻党的各项决策部署，牢记使命、忠诚担当，为推进全县各项事业提供坚强纪律保障。

（一）必须始终坚持和加强党的全面领导，自觉践行“两个维护”，确保党的各项方针政策和决策部署落地生根。40年以来实践充分证明，坚持党的集中统一领导、维护党中央的权威是我们最重要最根本的责任。新时代，全县纪检监察干部要牢记使命，积极协助党委履行好全面从严治党责任，自觉践行党内监督职责，扎实将“两个维护”落实到监督检查、审查调查、巡察整改、问责追责全过程，精准运用“四种形态”着力纠正不正之风、铲除腐败毒瘤，确保党的路线方针和各项决策部署落到实处。

（二）必须始终坚持以人民为中心的政治立场，严查损害群众利益的腐败和作风问题，厚植党的执政根基。党的一切工作都离不开群众的支持和参与。40年以来实践证明：只有坚持以人民为中心的改革和发展思想，急群众之急、解群众之困，我们党才能赢得民心、站稳脚跟。新时代，全县纪检监察干部要始终牢记宗旨，着力整治群众身边的腐败和作风问题，让群众参与反腐历程、亲历反腐实践、感受反腐成效，切实增强群众对党的信心、信任和信赖。

（三）必须始终坚持反腐败斗争同反分裂斗争一起抓，坚持标本兼治，维护墨竹风清气正的政治生态。坚决反对腐败，坚决反对分裂是我们党一贯坚持的鲜明立场。40年以来实践充分证明，十四世达赖和达赖集团从未停止拉拢腐蚀党员干部，西藏的反分裂斗争往往与极少数党员和公职人员政治问题、经济问题相互交织，只有“两个斗争”一起抓，坚持标本兼治，才能从根源上消除重大政治隐患。新时代，全体纪检监察干部要从政治高度，科学把握纠正与防范、治标与治本的关系，充分发挥标本兼治综合效应，依纪依法严肃查办反分裂斗争中的两面人、两面派，着力消除反腐路上一切损害党的先进性和纯洁性因素，不断维护墨竹团结稳定、风清气正的良好局面。

（四）始终坚持打铁必须自身硬要求，强化自身建设，做党和人民的忠诚卫士。40年以来实践证明，纪检监察干部并非刀枪不入，纪检监察系统内部违纪违法问题依然存在，只有坚持不懈完善内控机制，做到自身廉洁过硬，才能忠实履行好党章和宪法赋予的重大职责。执纪者必先守纪、律人者必先律己，新时代，全体纪检监察干部要坚决贯彻落实打铁必须自身硬的政治要求，自觉接受监督、严格依纪依法、健全内控机制，以刀刃向内的政治自觉从严从重惩治纪检监察干部违纪违法行为，严防“灯下黑”，依纪依法忠诚履职，才不会辜负党和人民的信任，才能真正成为党内政治生态的“护林员”。

三、2019年工作重点

2019年是中华人民共和国成立70周年，是西藏民主改革60周年，做好纪检监察工作任重而道远。今年工作的总体要求是：以习近平新时代中国特色社会主义思想为指导，深入贯彻党的十九大和十九届二中、三中全会，坚决贯彻落实十九届中央纪委三次全会和九届自治区、拉萨市纪委四次全会部署要求，不忘初心、牢记使命，坚定践行“两个维护”，坚持稳中求进总基调，持续改革创新，忠实履行党章和宪法赋予的职责，以党的政治建设为统领，坚持纪严于法、纪在法前，着力从健全纪检监察体制机制、强化作风监督、巩固发展反腐败斗争压倒性胜利成果、打造忠诚干净担当的纪检监察铁军等方面持续发力，努力推进全县纪检监察工作实现高质量发展，为贯彻落实好党的十九大精神和中央及区市各项决策部署提供坚强保障，向中华人民共和国成立70周年和西藏民主改革60周年交一份高质量的答卷。

（一）以习近平新时代中国特色社会主义思想为指导，在学懂弄通做实上下功夫。

认真开展“不忘初心、牢记使命”主题教育。要

提高纪检监察干部政治站位和政治觉悟，把深入学习习近平新时代中国特色社会主义思想和党的十九大精神作为首要政治任务，联系实际学、持续跟进学、融会贯通学，以实际行动带头维护党中央权威和集中统一领导，带头贯彻执行党的路线方针政策，带头执行党中央和区市县各项决策部署。要强化学习实效，把主题教育同纪检监察工作结合开展，领导干部要充分发挥示范引领作用，带头学习研讨、带头讲党课、带头谈心得谈体会，严肃查办学习不深入、搞形式、走过场行为。

坚持稳中求进，坚决落实好“三个一以贯之”。坚守政治定力，自觉将“稳中求进”贯穿于纪检监察工作全过程。坚持稳扎稳打，分清轻重缓急，不忘初心，坚持党风廉政建设和反腐败工作力度不减、工作成效不降，不断巩固稳中向好发展态势；全面深化改革，围绕关键领域、薄弱环节，着力在提高监督质量、强化纪法贯通、精准审查调查、深化落实“三转”、依纪依法履职等方面开拓创新、积极作为。要一以贯之用习近平新时代中国特色社会主义思想分析解决问题，提高理论指导实践水平；要一以贯之践行“两个维护”，将党的各项方针政策和各级党委重要决策部署纳入监督检查、县委巡察等工作重点，推动大政方针落到实处；要一以贯之落实全面从严治党要求，推动党风廉政建设和反腐败工作各项任务贯彻执行到位。

（二）以党的政治建设为统领，坚决破除形式主义官僚主义。

认真践行“两个维护”。要牢牢抓住党委在政治建设中的主体责任，积极配合县委贯彻落实好十九大精神和习近平新时代中国特色社会主义思想，着力整治讲口号不抓落实、表态多行动少、上有政策下有对策、打折扣搞变通等问题，坚决做到中央和区市县重要决策部署到哪里，监督检查就跟进到哪里。

严明政治纪律和政治规矩。要严格执行《中国共产党纪律处分条例》，坚持审查调查首先从政治纪律查起，案件审理首先从政治视角分析，切实将党的政治纪律摆在首位。要严格执行反分裂斗争纪律和维稳工作纪律，严查“两面人”“两面派”，教育引导党员干部自觉同十四世达赖集团划清界限，坚决同一切反动分裂势力做斗争，对支持、参与分裂破坏活动行为一查到底、从重处理，绝不姑息。要不断坚定党员干部理想信念，对信仰宗教的党员加强思想教育，经教育仍未转变的劝其退党，劝而不退的予以除名，对利用宗教搞煽动活动的开除党籍，不断净化党员队伍。

深化整治形式主义官僚主义。要强化压力传导，督促各级党组织扎实履行主体责任，持续排查梳理问题、剖析原因、强化整改。要明确整治重点，严肃整治在贯彻学习各项决策部署方面表态多调门高、行动少落实差等突出问题，整治在服务群众过程中消极应付、门好进事难办，在履职中不担当、不作为、乱作为，在文风会风方面搞形式、走过场等突出问题。要严肃问责，对自查不到位、态度不端正、措施不实、整改进度缓慢导致执行各项决策部署大打折扣，严肃追责、绝不姑息。

严肃党内政治生活。要强化监督检查，督促各级党组织严格执行民主集中制、严肃党内政治生活，经常性开展批评与自我批评，自觉增强党的观念和纪律意识，严肃查处“一言堂”、党内政治生活不健康不积极、走形式等行为。要严格落实请示报告制度，加强对科级领导干部廉政档案的审核把关，督促党员领导干部如实报告个人有关事项，对欺报瞒报、弄虚作假等行为严肃问责。要做好党风廉政意见回复工作，严把选人用人政治关、品行关、作风关、廉洁关，将选人用人情况纳入日常监督、巡察监督重点，坚决杜绝“带病提拔”。

（三）持续推进体制机制改革，以制度优势深化治理成效。

持续推进纪检监察体制改革。要加强党对反腐败工作的统一领导，定期召开反腐败工作协调小组会议，加强监察机关与公检法司等部门的沟通协作，探索建立纪法衔接、法法衔接工作机制。要实现对所有行使公权力的公职人员监督全覆盖，充分调动各类监督力量，严查失职渎职等行为。要深入推进监察体制改革向基层延伸，赋予乡（镇）派出监察室权限范围内相应的监察职能，加强与上级监委的沟通联系，探索制作派出监察室职责手册，真正打通纪律、监察监督“最后一公里”，着力构建党统一指挥、全面覆盖、权威高效的监督体系。

持续提高巡察质量。要突出巡察重点，将群众反映强烈、问题线索反映集中、政治和腐败问题突出的单位纳入巡察重点单位，明确县委巡察是政治巡察的职责定位，从政治高度深入查找在强化党的领导、加强基层党组织建设、聚焦全面从严治党三大方面问题。要强化巡视巡察成果运用，将巡视巡察作为发现问题、解决问题的重要手段，以整改落实中央巡视反馈问题为契机，积极协助县委加强对全县巡视巡察反馈问题整改情况的督促，对责任不落实、整改不到位、问题解决不彻底、群众不满意的坚决问责，彰显政治巡察的严肃性和公信力。

（四）持续加强党的纪律建设，着力在强化监督上下功夫。

坚持监督的常态化和长期性。要深入开展经常性纪律教育。组织全县党员干部深入学习先进典型，定期观看警示教育片或忏悔录、参观廉政警示教育基地，不断筑牢拒腐防变廉洁自律底线。要抓好意识形态工作，提高信息化时代应变处置水平，牢牢把握网络主动权，营造惩恶扬善、风清气正的舆论氛围。要提高监督的政治效能，从政治高度创新监督举措，紧盯重点人、重点事，强化日常监督，定期开展约谈提醒、谈话函询、监督检查及整改督促工作，探索建立专项问题台账，全面掌握问题趋势，强化分析研判，科学施策，提高监督质量。

形成监督合力。要统筹纪律、监察、巡察监督力量，建立健全信息互通、数据共享、联合办案等工作机制，形成工作统筹考虑、力量统筹调配、成果统筹运用的良好格局。要坚持组织监督与民主监督、党内监督、司法监督、群众监督及舆论监督相结合，强化监督实效。

精准运用监督执纪“四种形态”。要深化运用第一种形态，坚持严管厚爱，经常性开展批评与自我批评，对发现的苗头性倾向性问题及时约谈函询、红脸出汗，防止小问题变成大错误。要精准把握“四种形态”适用范围和界限，坚持宽严相济，既要避免处置过轻、一谈了事，又要防止适用不当、一棒子打死。要强化处置成效，对顶风违纪、变本加厉行为要从严从重处理。

以严肃问责倒逼主体责任落实。要强化压力传导，定期检查考核下级党组织落实党风廉政建设主体责任情况，督促各级党组织切实将主体责任扛起来，把任务落实下去。要综合运用问责手段，严格执行上级机关出台的各类责任追究办法，多样化采取批评教育、约谈函询、诫勉谈话、通报曝光、组织处理等方式，促进责任归位。要强化问责震慑，坚持问责一起、通报一起，持续释放“有权必有责、失职必追究”的强烈信号。

（五）坚持落实中央八项规定及实施细则精神势头不减，持续正风肃纪。

严格落实中央八项规定及实施细则精神。要将贯彻执行中央八项规定及实施细则精神作为监督检查重点，与专项整治工作同部署、同开展，不断深化作风建设成效。要快查严办违反中央八项规定精神问题，持续释放越往后执纪越严的强烈信号，对党的十九大后初次违反中央八项规定及其实施细则精神的，一般要给予党内严重警告处分，顶风违纪、屡教屡犯的要从严从重惩处。

坚持问题导向，持续正风肃纪。要深挖细查“四风”问题隐形变异新表现、新动向，坚持一个节点一个节点坚守，一个问题一个问题突破，切实解决突出问题，坚决防止“四风”问题反弹回潮。要继续加强对“三公”经费、办公用房、干部住房及党员和国家公职人员大操大办、公车使用和管理等方面的监督检查，继续开展不作为慢作为、文山会海等形式主义官僚主义突出问题和党员领导干部利用名贵特产类特殊资源谋取私利问题集中整治，抓早抓小、动辄则咎。要严肃查处并坚决问责执法、监管、公共服务行业和领域党员干部吃拿卡要、不作为、慢作为、乱作为行为，建立健全作风建设长效机制，使“四风”问题无处遁形。

（六）坚守政治定力，巩固反腐败斗争压倒性态势。

聚焦重点、精准发力。要紧盯重大工程、重点领域、关键岗位，强化对权力集中、资金密集等部门和行业的监督，严肃查处贪污贿赂、滥用职权、玩忽职守、徇私舞弊等职务违法和职务犯罪行为。要严肃整治涉黑腐败，深入开展扫黑除恶专项斗争，对发现的黑恶势力“保护伞”问题优先办理，一查到底，绝不姑息。

坚持依纪依法反腐。要依法行使监察职能，学深悟透《党章》《中国共产党纪律处分条例》《中华人民共和国监察法》，严格审查调查使用权限和审批程序，全方位、全要素适用监察措施。要常态化开展对处分执行情况的监督检查，坚决纠正处分决定执行“打白条”等问题。要依纪依法安全文明办案，完善谈话室管理制度，加强谈话场所规范化建设，落实办案安全责任制，坚决做到零事故。要规范问题线索移交程序，健全完善问题线索排查机制，确保问题线索台账情况明、数字准、责任清，处置及时规范。

做细做实案件查办“后半篇文章”。要强化回访教育，定期了解受处分人员思想、工作、生活情况，对处分到期的及时予以解除。要深化以案促改，对发生在本辖区的反面典型案例必须在全县范围内通报曝光，强化警示教育，督促相关单位健全内控机制，强化问题整改，达到“查处一个、警示一片、治理一方”效果。要不断完善廉政风险防控机制，从源头上防治腐败。

（七）牢记宗旨，继续深化扶贫领域腐败和作风问题整治。

明确整治重点。要围绕脱贫攻坚任务，以强化整改中央脱贫攻坚巡视反馈问题为契机，紧盯扶贫资金使用管理、扶贫项目推进建设和效益发挥、扶贫部门职责履行，坚决纠正和查处贯彻执行脱贫攻坚政策不深入不彻底、落实脱贫攻坚任务搞形式做虚功、向扶贫领域“伸黑手”等行为。要明确职责定位，认真履行“监督的再监督”职责，制定详细举措，杜绝将专项治理混同于一般性工作、纪检监察机关代替履行行业监管责任等行为。要建立健全扶贫领域问题线索移送机制，加强同监管部门、“六脱”部门的联系，强化协作配合，形成监督合力。要加强对扶贫领域行使公权力的公职人员的监察，优先处置扶贫领域违纪违法问题，发现一起、查处一起。

深化整治成效。要将开展扶贫领域腐败和作风问题专项整治同查处基层“微腐败”问题联合开展。坚持问题导向，严肃查处在教育医疗、环境保护、食品药品安全等领域贪污侵占、截留私分、虚报冒领、优亲厚友等问题，对民愤集中、失职失责导致工作推动不力基层党组织严肃追责。要改进办案方式，成立以各乡镇纪委书记为组长的办案组，实行各乡（镇）之间交叉办案、联合办案，破除“熟人社会”干扰，勇于担当、敢于碰硬，忠诚履职，不辜负群众的信任和支持。

（八）严管厚爱，着力打造忠诚坚定、担当尽责、遵纪守法、清正廉洁高质量纪检监察队伍。

强化政治锤炼，提高政治修养。要带头践行“两个维护”，以开展“不忘初心、牢记使命”主题教育为契机，不断推进“两学一做”学习教育常态化制度化，不断强化“四个意识”坚定“四个自信”，忠诚履职。要注重加强班子建设，严格落实党的建设各项任务，注重加强基层党组织建设，严肃党内政治生活，定期开展党内政治和纪律教育，营造浓厚政治氛围，提升纪检监察干部政治修养。

深化落实“三转”，提升履职本领。要加强对乡镇纪委（派出监察室）的领导，坚持双重领导机制，在强化派出监察室职责履行、统筹基层纪检监察力量等方面建章立制。要提升纪检监察系统履职能力，借鉴区市纪委专题业务培训经验，探索举办本级培训班，创新培训考核方式，采取案例教学、模拟办案等方式，提高培训效率；要注重总结提炼监督检查、审查调查、谈话突破等好的经验做法，进行试点运用，进一步提高办案质量和效率；积极实行纵向跟班学习和横向轮岗交流工作机制，让纪检监察干部在不同岗位、不同部门接受锻炼，着力提升纪检监察干部综合能力。要健全激励机制，让纪检监察干部享受应有的休息休假、提拔任用等权利，经常性开展谈心谈话，力所能及解决其实际困难，不断激发纪检监察干部工作热情和履职担当。

强化自我监督，净化队伍建设。要不断完善内控机制，严格执行干部管理相关规定，以身作则，严防“灯下黑”。要主动查摆系统内部不作为慢作为、文山会海等形式主义官僚主义问题，自查纪检监察干部利用名贵特产类特殊资源谋取私利问题。要严格落实《监察法》《监督执纪工作规则》，定期排查梳理纪检监察干部违纪违法问题线索，主动接受外部监督，努力打造忠诚坚定、担当尽责、遵纪守法、清正廉洁的纪检监察队伍。

同志们，新时代，党和国家赋予我们的责任更加重大、任务更加艰巨，我们要更加紧密的团结在以习近平同志为核心的党中央周围，在上级纪委监委和同级党委的坚强领导下，牢记使命、忠诚履职，为贯彻落实好党的十九大精神及各项决策部署提供坚强保障，不断取得全面从严治党、党风廉政建设和反腐败工作更大成效。

墨竹工卡县人民法院工作报告

——在墨竹工卡县第十三届人民代表大会第四次会议上

墨竹工卡县人民法院院长 索朗多吉

（2019 年 2 月 28 日）

2018 年工作回顾

2018 年，我院以习近平新时代中国特色社会主义思想为指导，在县委的坚强领导下，县政府大力支持、县人大及其常委会有力监督、县政协民主监督、区市法院有力指导和社会各界关心支持下，全面贯彻落实党的十九大和十九届二中、三中全会精神，坚持司法为民、公正司法，不断提高审判质量效率、队伍素质能力和司法公信力，紧紧围绕县经济发展和社会稳定，狠抓各类审判工作，打响“用两到三年时间基本解决执行难”攻坚战，各项工作取得新成效。我院共受理各类案件 321 件（含旧存 4 件），审结 311 件，综合结案率为 95.69%，与去年同期相比，收案数增加 112 件，结案数增加 106 件。

一、落实从严治党方针，塑造法院队伍新面貌

以党建工作为引领，提高队伍政治素质。坚持“党建引领队伍成长”工作思路，不断加强党组织和党员队伍建设，以基层党组织标准化建设推动法院事业科学发展，确保党对法院工作的绝对领导，实现以党建带队建促审判的良性互动体系化建设。并积极建立健全各项内部监督制约机制，做到以制度管人，以制度管事，以制度管权。进一步明确了院党组成员的分工，建立健全《院党组议事规则》《重大事项报告制度》等民主集中、党内政治生活方面的重要制度。以推进“两学一做”学习教育常态化制度化、深化党员政治教育和政治纪律学习活动、实施基层党组织标准化建设为载体，结合“全面加强政治建警，打造过硬法院队伍”的专题教育整顿活动，进一步坚定干警理想信念，增强党组织凝聚力战斗力，切实统一思想、凝聚力量，始终确保干警树牢“四个意识”，坚定“四个自信”，践行“两个维护”，共开展党组理论中心组学习 9 次、集中学习研讨交流 41 次、“每月一课”视频学习 5 次，平均每名干警撰写学习笔记 40 篇、读书心得体会 4 篇，多形式组织“主题党日活动”12 次。同时，深化意识形态领域工作，成立以院党组班子成员为主要领导的意识形态工作领导小组，组织开展感党恩、反分裂、新旧西藏对比教育活动 9 次，并建立门户网站和微信公众平台，发布信息 15 篇，确保我院在意识形态领域绝对安全。

以廉政建设为依托，督促队伍廉洁司法。党组高度重视党风廉政建设和反腐败工作，担负起全面从严治党的主体责任，开展审判执行工作与党风廉政同安排同部署会 4 次。严格执行《党章》和新《准则》《条例》，认真贯彻落实中央八项规定精神，驰而不息纠正“四风”，坚持把纪律规矩挺在前面，加强作风建设，每逢重要节日节点传达学习纪委关于违反八项规定等党规党纪各类典型案例 6 次，促进司法作风持续改善，全院今年未出现任何违纪违规问题。将整治不作为慢作为、文山会海等形式主义、官僚主义突出问题作为全院整改落实工作的重点任务来抓，深入查摆整改全院在落实中央“八项规定”、自治区党委“约法十章”“九项要求”等方面存在的 4 类问题，制定整改措施 4 项，开展“回头看”1

次。同时，对院内各部门员额法官岗位风险点进行梳理，制定详细的防控措施并及时将相关信息录入法官工作平台中的廉政风险防控模块中，由廉政监察员进行集中统一的监督管理。并要求在每件案件流程办理中征求当事人对承办法官的廉政监督意见，填写廉政监督卡。

以社会各界监督为支撑，促进阳光司法。切实加强与人大代表、政协委员的联络工作，定期向“两代表一委员”汇报工作，听取代表意见建议，并改进法院工作，邀请人大代表、政协委员视察座谈、参与重要活动7次，旁听案件3件，参加监督发放执行案款572.6万元；邀请人民陪审员参审案件21件27人次。按新修订的《人民陪审员法》大力推动人民陪审员“倍增计划”，根据员额内法官配备比例，重新选任36名人民陪审员。接受区人大调研1次，区高院和市中院司法巡查和调研7次，将发现的问题及时整改并形成报告4次，努力提升各项工作质效。

以学习培训为抓手，提升队伍司法能力。积极选派干警参加区市县组织的各类培训，大力拓展参训人员的覆盖面，不断提高干警业务素养和工作能力，共选派干警参加习近平新时代中国特色社会主义思想和十九大精神专题、信息化深度应用、审判执行业务、党建业务、初任公务员等区内、区外培训29人次。

以基础建设为保障，筑牢司法阵地。在上级法院、对口援助法院和县委、县政府的援助和大力支持下，不断加强法院文化建设，严格按照要求，投入3.1万元将会议室改造为党员活动室；投入3.9万元建设投入使用干警体能训练室；投入6.8万元建设投入图书阅览室；投入4.9万元建设320平方米车棚，努力营造了风清气正，守土有责，拴心留人的工作生活环境。同时，投入资金432万元，建成工卡镇和日多乡派出法庭主体工程。

二、充分发挥法院工作职能，服务大局做出新贡献

依法妥善化解纠纷，服务经济稳定增长。主动适应经济发展新常态，落实“民商事审判六项原则”，共受理民商事案件223件（旧存2件），审结216件，结案率为95.56%。维护公平交易秩序，审结买卖合同纠纷案件23件，结案标的835.5万元；规范民间借贷行为，审结民间借贷案件19件，结案标的510.9万元；维护劳动者合法权益，审结建筑施工合同、劳务合同类纠纷案件40件，结案标的582.9万元。尊重契约自由，审结探矿权转让合同纠纷案件1件，结案标的350万元。充分发挥妇女儿童维权合议庭维权职能，加强妇女儿童权益保护，审结婚姻家庭、继承纠纷案件28件，发出法院离婚证明书3份和人身保护令1份。

坚决维护社会稳定，提升人民群众安全感。我院以维护社会稳定，服务大局，促进发展为己任，忠实履行审判执行职责，以让人民群众在每一个司法案件中感受到公平正义为目标，扎实推进各项工作。一是科学研判我县反分裂、维护社会稳定工作的态势和防线，准确把握司法审判领域影响社会和谐稳定的苗头性、关键性问题，突出打击重点，依法严惩各类刑事犯罪，共受理各类刑事案件9件，审结9件，结案率100%；其中审结“盗抢骗”案件5件，交通肇事罪2件，故意伤害罪1件，危险驾驶罪1件，判处罪犯12人。二是完善多元化解决纠纷机制，指导培训人民调解员21次，共开展矛盾纠纷排查24件。加大信访化解力度，协助县人社局、信访局等相关部门化解“双拖欠”、合同纠纷等各类矛盾纠纷10件，有效避免了群体性事件、治安案件的发生。三是大力推进“三个专项斗争”，成立工作领导小组，制定实施方案，组织专项学习4次，开展专项法宣6次。

推动解决执行难，保障当事人胜诉权。站在坚决维护宪法法律权威，破除实现公平正义最后一道藩篱的高度，坚持“一把手抓、抓一把手”，人财物向执行一线倾斜，增配人员，将人员力量和精力向执行聚集聚拢，切实打通胜诉当事人实现合法权益的“最后一公里”促进社会稳定、营造诚信环境。共受理执行案件89件（旧存2件），同比增加48件，执结85件，执结率为95.51%，实际到位936.44万元。紧盯“四个90%、一个80%”核心指标，通过强化执行举措，着力解决执行难：一是完善执行联动机制，由县委、县政府下发《关于墨竹工卡县人民法院健全和完善执行联动机制实施细则》的通知，明确了各协助单位对执行工作的协助流程和协助义

务，与26家联动单位已形成合力，建成执行工作联动机制，签订责任书。二是投入9.8万元建成使用“执行指挥中心”，利用执行指挥系统和查控系统，准确查找被执行人相关信息，加快解决执行难，实现内外联动、执行线索快速反应、重大执行远程指挥等，解决执行工作查人找物难问题。对存款、房屋、车辆等主要财产形成建立“总对总”“点对点”网络查控体系，三年累计查控被执行人账户325个，车辆26台，网络冻结27次，冻结金额415.6万元，网络划拨3次34.2万元。三是依法用好、用足各种强制执行手段，加强跨部门协调监管和联合惩戒，让失信被执行人处处受限，共列入失信被执行人19人(次)，限高14人，拘留2人，罚款5人次3000元。全面挤压规避执行者的活动空间，破解执行难题。四是进一步加大诉前、诉中保全执行力度，从源头上解决执行难，确保判决能执行。引入保险担保机制，降低担保比例，减轻当事人负担，提高了保全率，其中受理执行财产保全案件23件，保全金额308万元。五是进一步加强“阳光执行”工作力度，实行诉访分离，在诉讼服务大厅设立专门的涉执信访接待窗口，并安排2名干警为执行信访接待专员。同时，充分利用大数据平台，弥补款项和案件信息不对应，成功运行“一案一账户”，通过系统平台以收取执行案款13笔63万元。

三、坚持以人民为中心的发展思想，司法为民新作为

*完善立案窗口建设，深化便民诉讼服务。*固化立案登记制改革成果，现场登记立案案件223件，当场立案率100%，接待来信来访52次107人。加强民生权益保障，对经济困难的当事人减缓免交诉讼费30.2万元，让经济困难群众打得起官司。受理司法救助案件2件，发放执行救助金13.5万元，体现司法人文关怀。进一步推进案件繁简分流，在立案环节对案件进行甄别，对于能调解的案件分到速裁组并积极开展庭前调解工作，截至目前，民事调解撤诉案件125件，调撤率为57.87%。妥善调解伍征火诉四川中瑞达有限公司合同纠纷系列案件，立案标的199万元，结案标的130万元。

*丰富服务载体，拓展司法服务范围。*着力打造“智慧法院”，充分利用诉讼服务大厅、诉讼服务热线、车载流动法庭、法官包乡制、巡回办案等渠道，实行预约立案、上门立案，为当事人提供线上线下、方便快捷的诉讼服务。诉讼服务热线提供咨询、查询等服务121人次；车载流动法庭巡回办案24件71次，行程1.5万公里。加强普法宣传，以党员志愿服务队建设为抓手，结合人大代表和政协委员意见建议，覆盖全县乡中小学和七乡一镇40个行政村开展了集中法制宣传教育，共开展专项法制宣传33次，发放藏汉双语宣传资料1.2万份，发放洗衣粉、香皂、文具盒等法宣物资价值4935元，受教育群众达1.5万余人次，努力营造了各族群众遵法学法守法用法的浓厚氛围。

*全面落实司法公开，构建阳光司法机制。*充分发挥审判流程、裁判文书、执行信息和庭审“四大公开平台”作用，构建开放、动态、透明、便民的司法机制，共公开执行案件信息49次。在“中国裁判文书网”上公开裁判文书144份，公开信息108件；在“中国庭审网”上庭审直播13次。进一步规范审判流程管理，制定并严格按照“网上办案”的工作要求，通过审判管理系统案件的关键节点进行督办监控，确保各项审判数据100%真实准确；全面完成电子卷宗随案同步生成工作，实现电子签章100%全覆盖，并进行电子卷宗一季度归档工作。

*精心组织、精准发力，用实际行动开展群众工作。*安排院内22名党员与尼玛江热乡、唐加乡、扎雪乡的29户基层群众结对开展精准扶贫工作，按季度组织党员对结对群众开展入户调研、宣讲工作，撰写民情日记，发放慰问物资价值1.16万元。同时，派驻驻村工作队走村入户开展“党的十九大精神宣传”“精准扶贫政策宣传”“村党员政治教育”“四讲四爱”等共计11次，参与党员及群众780余人；法治宣传7场次，接受法律咨询25人次，发放宣传手册300余份，受教育群众达260余人；协同县乡相关部门办实事4件，落实各项惠民资金37.6万元，解决了生活用水和饮水问题。

四、坚持司法体制改革，审判体系和审判能力新提升。

*完善各项机制建设，推进司法体制改革。*一是

按照工作实际科学建立审判团队，由10名入额法官、2名法官助理、7名书记员组成1个综合审判团队，以速裁、刑事、民事、执行职能分组，同时加大协调配合力度受理我院各类案件。二是围绕“让审理者裁判，让裁判者负责”的核心要求，成立专业的法官会议，主要研究审判工作专业性问题，发挥资深法官业务专长，建立其为法官及合议庭正确认定事实证据和理解适用法律提供咨询的工作机制。同时，修订了《审委会工作规则》，明确规定审委会主要研究法律适用问题、总结审判工作经验和讨论解决审判工作普遍存在的问题。

严把案件质量关，保障司法公平公正。在规范电子卷宗管理的同时，切实提高评查效率，指定专人负责电子卷宗评查管理，同步制作电子卷宗165件，开展卷宗评查4次，评查卷宗225份，评查出的问题进行分析后整改并归档，并纳入年终绩效考核，并有效衔接考核结果与《法官员额退职机制》。同时，为优化司法职权配置、完善审判流程管理制度，有效减少在分案环节的人为因素、案件流转环节，规范案件分案工作，按照办案比例要求实行随机分案，促进法官审判业绩考评公平公正，保障司法廉洁。

各位代表，过去一年，我院稳中有进、运行良好，获得3个集体和3名个人市级以上表彰。虽然各项工作取得了一定的成绩，但也存在一些问题：司法体制综合配套改革需要进一步协同推进，新型办案团队建设、法官业绩考核评价、聘用制书记员等还需逐步完善，审判执行队伍综合素质有待提高，司法能力水平、群众工作和推进改革创新、促进科学发展、狠抓落实能力不强，派出法庭各项保障措施有待跟进，信息化建设和应用存在较多薄弱环节等。对此，我们将认真研究，争取各方支持，尽最大努力加以解决。

2019年工作思路

我院将继续高举习近平新时代中国特色社会主义思想伟大旗帜，深入贯彻落实党的十九大和区市县党委全委会精神，紧紧围绕“发展、稳定、生态”三件大事，坚持司法为民、公正司法，依法履行宪法法律赋予的神圣职责，锐意改革、砥砺前行，奋力开创我院工作新局面，为推进我县长足发展和长治久安做出新贡献。

一是坚持以习近平新时代中国特色社会主义思想为指引，确保正确政治方向。始终把落实“两个维护”作为第一位的政治要求，结合意识形态领域工作，不断强化“四个意识”，坚定“四个自信”，毫不动摇地坚持党对法院工作的绝对领导，确保党的路线方针政策得到不折不扣的落实。坚定不移走中国特色社会主义法治道路，自觉把握新时代法治中国建设规律特点，强化质效意识，切实增强办案紧迫感，坚持严格公正司法，发挥公正司法对社会公正的引领作用。坚持把以人民为中心的发展思想作为法院工作的根本立场，积极回应人民在新时代对司法工作新要求，努力让人民群众在每一个司法案件中感受到公平正义。

二是狠抓执法办案第一要务，全力维护社会公平正义。依法独立公正行使审判权，严格执行程序法和实体法，严格规范司法行为。坚决维护国家安全、政权安全、制度安全，严厉打击十四世达赖集团开展的各类分裂行为和犯罪。深入推进以审判为中心的刑事诉讼制度改革，充分保障人权、防范冤假错案。主动认识经济发展新常态、适应新常态、引领新常态，妥善审理好涉民生、经济领域各类案件，保障人民安居乐业。加强执行工作规范化长效机制建设，充分发挥执行联席会议制度的作用，坚持网络流程管理时限节点操作规范化、结案方式规范化和卷宗整理规范化。

三是紧扣中央决策部署和县委中心工作，依法履职尽责。认真贯彻落实总体国家安全观，扎实推进平安建设，依法惩治各类犯罪，维护社会和谐稳定和经济秩序发展。深入开展“三个专项斗争”，依法依规从严从快审理黑恶势力、非法组织犯罪，切实增强各族群众安全感。坚持五大发展理念，主动适应经济社会发展新常态，立足稳中求进、进中求好、补齐短板总基调，全力保障经济社会发展、服务创新驱动发展，切实增强服务高质量发展的针对性和时效性。

四是认真落实全面从严治党主体责任，努力打造忠诚干净担当的过硬法院队伍。坚持把党的政治建设摆在首位。抓好“关键少数”，带动“绝大多数”，努力在深入学习贯彻习近平新时代中国特色社会主义思想上做表率，在始终同以习近平同志为核心的党中央保持高度一致上做表率，在坚持贯彻落实党中央和区市县党委各项决策部署上做表率。加强基层党组织建设，充分发挥基层党组织和广大党员推进执法办案、深化司法改革、服务人民群众先锋模范作用。扎实推进“全面加强政治建警，打造过硬法院队伍”专项教育整顿活动，持之以恒正风肃纪，严格落实中央八项规定精神，大力开展集中整治“不作为、慢作为”等突出作风问题，坚决杜绝隐形变异、改头换面的“四风”问题。

各位代表，新时代、新征程，法院工作责任重大，使命光荣。我们将以县委坚强领导、县人大及其常委会有力监督和区市法院的有力指导下，坚决执行本次大会决议，以永不懈怠的精神状态和一往无前的奋斗姿态，不忘初心、牢记使命，锐意进取，埋头苦干，努力开创法院工作新局面，为我县全面建成小康社会和建设社会主义现代化墨竹做出新的更大的贡献。

名词解释

1. 四个意识：政治意识、大局意识、核心意识、看齐意识。

2. 四个自信：道路自信、理论自信、制度自信、文化自信。

3. 两个维护：坚决维护习近平总书记在党中央的核心、全党的核心地位；坚决维护党中央权威和集中统一领导。

4. 民商事审判六项原则：依法保护产权、尊重契约自由、坚持平等保护、坚持权利义务责任相统一、倡导诚实守信、坚持程序公正与实体公正相统一。

5. 三个专项斗争：扫黑除恶、打非治乱、扫黄打非。

6. 总对总、点对点：通过最高人民法院建立的网络专线，各级法院可以与人民银行、商业银行、工商、房地产、车管等协助执行部门的总部、总行、总局进行联通，查询涉案被执行人在全国范围内的财产情况、存款信息等。“点对点”指通过区高院建立的网络专线，与上述协助执行部门的省级单位进行联通，查询涉案被执行人在我区的财产状况、存款信息等。

7. 立案登记制：《中共中央关于全面推进依法治国若干重大问题的决定》中提出改革法院案件受理制度，变立案审查制为立案登记制，对人民法院依法应受理的案件要求做到有案必立、有诉必理，保障当事人诉权。2015 年 4 月 13 日最高人民法院审判委员会第 1647 次会议通过了《最高人民法院关于人民法院登记立案若干问题的规定》，对立案登记制的各项内容进行了明确规定。

8. 四大公开平台建设：是全国法院系统为进一步实现司法公开、提升司法公信力而实施的一项有力举措，包括审判流程公开、裁判文书公开、执行信息公开及庭审直播公开等四个平台的建设。

9. “让审理者裁判，由裁判者负责”：在最高人民法院于 2015 年 9 月 21 日发布的《关于完善人民法院司法责任制的若干意见》中被提出，是最高人民法院充分吸收审判权力运行机制改革试点法院的成熟经验而提出的改革举措，真正实现了审理者、裁判者、署名者、签发者的高度统一，把权利交给承办案件法官，同时也明确规定了法官应当对其履行审判职责的行为承担相应责任。

10. 智慧法院：在 2016 年的《国家信息化发展战略纲要》中被提出，是指依托现代人工智能，围绕司法为民、公正司法，坚持司法规律、体制改革与技术变革相融合，以高度信息化方式支持司法审判、诉讼服务和司法管理，实现全业务网上办理、全流程依法公开、全方位智能服务的人民法院组织、建设、运行和管理形态。

墨竹工卡县人民检察院工作报告

——在墨竹工卡县第十三届人民代表大会第四次会议上

墨竹工卡县人民检察院检察长　索朗旺杰

（2019 年 2 月 27 日）

2018 年工作回顾

2018 年，在上级检察机关和县委的坚强领导下，在县人大及其常委会有力监督下，在县政府的大力支持、县政协的民主监督和社会各界的关心支持下，我院坚持以习近平新时代中国特色社会主义思想为指引，全国全区全市检察长工作会议精神为指导，深入学习贯彻落实党的十九大、十九届系列全会精神，深入学习贯彻习近平总书记系列重要讲话精神和习近平总书记给隆子县玉麦乡群众的回信精神，全面贯彻落实中央、区市党委政法工作会议精神，全面落实区市党委九届三次、四次全会精神，结合“两学一做”学习教育和“全面加强政治建检、打造过硬检察队伍”专项教育整顿活动，不断明确职责定位、创新工作举措、改善工作作风，扎实履行法律监督职责，努力建一流队伍、创一流业绩、树一流形象，为加快建设美丽家园幸福墨竹提供强有力的法治保障。

一、突出政治建检和从严治检，把牢正确政治方向

把政治建设摆在首位。一是旗帜鲜明讲政治，坚持党对检察工作的绝对领导，坚定不移走中国特色社会主义法治道路。以开展“党员干警政治教育培训”为契机，深入学习贯彻习近平新时代中国特色社会主义思想和党的十九大精神，扎实开展专题党课、研讨交流、专题培训、集中学习等活动，把学习成果转化为工作举措。二是按照县委统一部署要求，我院在岗干警的 77% 已参加全县党员政治教育培训，并顺利通过考试。三是全院干警通过参加区、市检察机关“全面加强政治建检、打造过硬检察队伍”专项教育整顿活动动员部署会议后，我院及时在 2018 年 10 月 31 日，组织召开关于开展“全面加强政治建检、打造过硬检察队伍”专项教育整顿活动动员部署会议，并制定《墨竹工卡县人民检察院“全面加强政治建检、打造过硬检察队伍”专项教育整顿活动实施方案》，成立领导小组。四是持续推进“两学一做”学习教育常态化制度化，积极开展学习教育活动 30 余次，教育引导全体检察干警牢固树立“四个意识”，坚定“四个自信”，做到“两个坚决维护”，自觉把各项检察工作融入党和国家工作大局中谋划推进，严密防范和严厉打击各种敌对势力渗透颠覆破坏活动，把党支部战斗堡垒作用和党员先锋模范作用发挥在检察为民的第一线。

牢记打铁必须自身硬。层层压实“两个责任”和“一岗双责”，把管检治检要求与司法办案有机融合、统筹推进，着力完善权力运行监督制约机制，完善与修订制度手册 1 本，涵盖 11 个方面的内容；在全院实行党风廉政建设目标责任制，层层签订党风廉政建设责任书 17 份，形成检察长亲自抓、分管领导具体抓，一级抓一级的领导体制和齐抓共管的工作局面。严格执行八项规定，驰而不息纠正“四风”，探索八小时内外监督方式，用好监督执纪“四种形态”，突出“红脸出汗”常态化，让全院干警习惯在规则中工作和生活。

二、立足检察职能，维护社会安全稳定

严厉打击各类刑事犯罪。切实增强贯彻落实党的十九大精神的责任感和使命感，把维护国家安全和社会稳定作为检察工作的重中之重，加强与侦查、审判机关的司法协作与监督，充分行使审查逮捕、审查起诉等检察职能，2017 年 11 月 25 日至 2018 年 11 月 25 日，受理提请批准逮捕的各类刑事案件 11 件 18 人，案件数同比上升 25%，人数同比上升 88.9%；批准逮捕 10 人，同比上升 25%；受理移送审查起诉（不起诉）案件 13 件 19 人，案件数同比上升 50%；提起公诉 10 人，同比上升 42.8%；正在审查 3 件 4 人，对 3 件犯罪情节轻微、主观恶性不大的案件，积极引入刑事和解办案新机制，协助当事人达成刑事和解，努力确保司法公正。

积极开展法治宣传教育工作。为提高人民群众对社会治安的满意率、对“平安墨竹”创建活动的知晓率、对检察机关的满意度和进一步落实“谁执法谁普法”的责任制度，院党组将“法律七进”工作作为我院一项亮点性工作加以推进，专门向县委、县政府申请增加 2018 年的法治宣传经费，编印法治宣传手册 3 类 9000 册，订购宣传伞 500 把，定制文具袋 2000 个、卡通笔 3000 支、围裙 2000 个、布袋 5000 只，共计 20 余万元，进一步丰富了法治宣讲的形式与载体。同时，为增强普法工作的感染力和说服力，不断提高广大干部群众学法、守法、尊法、用法的能力，及时调整了普法工作领导小组，配齐配强法治宣讲员 4 名，院党组牵头制定《2018 年法治宣传教育工作方案》1 份，印发《墨竹工卡县人民检察院关于建立“谁执法谁普法”责任制制度》和《墨竹工卡县人民检察院“谁执法谁普法”责任清单》各一份。班子成员带领干警分别深入到 11 个寺庙、4 所学校进行集中法治宣传活动，共计 15 次，推进“法律进乡村”覆盖率达到了 87.5%，散发宣传资料 1000 余份，在 318 国道开展法治宣传活动 10 余次，发放宣传资料 1000 余份。此项活动连续两年得到全县人大代表的一致好评。

强化未成年人司法保护。积极汇聚司法与社会力量，优化青少年成长环境，正式成立了未检团队，团队成员 4 人，设计未检团队徽标 1 枚，编订未成年人法治宣传手册 1 本，与团县委、县妇联形成长期合作机制，常态化开展法治教育活动，着力打造立体式防范未成年人犯罪的保护机制，牵手团县委“红领巾相约中国梦”民族团结征文、绘画活动 1 次，开展预防未成年人犯罪专题宣讲活动 5 次，提供法律咨询 2 次，促进青少年在德、智、体、美、劳等各方面全面发展。

强化刑罚执行监督。持敢于监督、善于监督的工作要求，加强对社区矫正各执法环节的日常监督，开展社区矫正专项检察 4 次，重点监督纠正和预防社区服刑人员脱管、漏管等问题，促进社区矫正依法进行。截至目前，辖区内社区矫正人员共有 3 人，依法解除社区矫正人员 1 人。办理上级交办案件 1 件，使涉检信访人员的诉求依法得到妥善处理。

强化刑事诉讼监督。认真开展破坏环境资源和危害食品药品安全犯罪立案监督工作，先后多次走访县环保局、县食品药品监督管理局，对其履职情况进行监督，切实保障食品药品安全，保护生态环境；加强对公安派出所刑事侦查活动的监督，实现监督重心前移，开展立案监督 23 次，对侦查活动中的违法行为口头纠违 6 次；积极推进量刑规范化工作，向县法院提出量刑建议 10 人次，进一步促进了司法公正。

三、全面开展检察专项工作，发挥检察利剑作用

坚持创新驱动不停步，持续激发检察工作活力，以强烈的责任感和使命感，不断夯实检察工作根基。

保障群众舌尖上的安全。为深入贯彻党中央和高检院关于推进健康中国建设的战略部署，顺应人民群众对食品安全的新期待，根据 2016 年 9 月 26 日最高人民检察院印发的《关于全面履行检察职能为推进健康中国建设提供有力司法保障的意见》、上级检察机关和县委的工作部署，我院积极组织开展“保障千家万户舌尖上的安全”专项监督活动，及时制定活动方案，成立领导小组，先后走访甲玛乡、唐加乡、扎西岗乡、工卡镇等 4 个乡镇 20 多家食品销售点，抽查范围达到了全县的 50%，被抽查的销售点 90% 都存在食品安全问题，其中 4 家销售点涉及的食品安全问题较为严重，鉴于目前我县

正在创建国家食品安全城市，为使该项工作顺利开展，给全县人民提供一个干净、安全放心的食品环境，我院将检查过程中发现的问题，及时向县委书记做了汇报，根据劳明伟书记的重要指示，我院已向县食药局反馈了我县范围内食品安全存在的问题情况，并与县食药局建立了常态化联系机制，开展不定期的专项检查，共同打击侵害消费者合法权益的违法行为，保障千家万户“舌尖上的安全”。

积极参与扫黑除恶打非治乱专项工作。为深入贯彻落实党中央、国务院发出的《关于开展扫黑除恶专项斗争的通知》及区、市、县召开的扫黑除恶打非治乱专项斗争会议精神，我院积极响应党中央、区党委、上级检察机关的号召，专门安排2名干警负责扫黑除恶打非治乱专项工作，坚持每周开展涉黑线索排查工作，建立完善工作台账，并广泛宣传扫黑除恶打非治乱专项斗争内容和重要意义，铲除黑恶势力滋生的土壤。2018年3月11日，我院驻扎西岗乡加尔多村工作队成功端掉了一个潜伏在群众身边的制假团伙，整套非法制造乙炔气体的相关设备和81罐乙炔气罐，悉数收缴并移交相关部门处理。此事件得到县委书记劳明伟同志的高度赞扬，并做出重要批示，要求全县党员干部向检察干警学习。

“生态检察”守护青山绿水。紧紧围绕县委及上级检察机关安排部署，秉持“绿水青山就是金山银山”的理念，充分发挥法律监督职能，牢牢守住生态和发展两条“底线”，积极深入扎西岗乡、工卡镇、门巴乡等乡镇，摸排案件线索3起，针对工卡镇格桑村6组一处非法制造乙炔作坊随意排放废水、废渣、固体废物严重破坏环境的情况，且其生产设备简陋有导致爆炸的危险后，向县环保局发出行政公益诉讼检察建议1份，向县安全生产监督管理局发放检察建议1份，要求行政执法机关积极履职，消除影响，有力维护了国家和社会公共利益。

四、围绕县委中心工作，服务和保障民生

紧紧围绕县委工作部署，准确把握履行检察职能与服务大局的结合点，把检察工作放在大局中谋划和推进，依法履职，精准服务，为全县中心工作提供优质高效的司法保障。

深入开展驻村工作。按照县委统一部署，我院选派4名检察干警组成驻村工作队于2018年1月10日进驻扎西岗加尔多村开展驻村帮扶工作。向有关单位争取到民生项目3个，涉及资金58万余；开展向贫困户和学生进行慰问活动7次，涉及资金6900元；走访了全村212户912人，建立完善了一户一档工作；开展党的十九大精神宣讲活动5场次，采取以案释法法治宣讲活动4次，入户宣讲十九大精神和各项惠民政策达94户500余人，开展“四讲四爱”宣讲活动8次，组织主题讲座1次，主题演讲1次。2018年被评选为自治区级优秀组织单位。

扎实开展脱贫攻坚工作。在做好各项检察工作的同时，积极参与全县中心工作，与扎雪乡米洛村、扎西岗乡加尔多村的26户贫困户进行结对帮扶。通过定期走访、献爱心、送温暖等活动，积极宣传和落实各项扶贫脱贫政策，掌握每个家庭脱贫后的生产生活情况，落实好“两不愁、三保障”，不断提升困难群众的生活质量。

五、强化队伍建设，打造过硬检察队伍

以习近平总书记系列重要讲话精神为引领，牢牢把握“五个过硬”总要求，坚持中国特色社会主义检察队伍正规化、专业化、职业化方向，坚持推进全面从严治党新要求，努力建设一支信念坚定、司法为民、敢于担当、清正廉洁的检察队伍。

实施人才兴检战略。大力推进队伍正规化专业化职业化建设，以培养专门型、实战型人才为重点，分类别、分批次参加检察业务培训和技能竞赛共34人次，参训率达到100%；突出加强青年检察人才培养，充分发挥“传、帮、带”的作用，以检察官带教、岗位交流等多种形式，促进青年干警进乡村、进企业、上讲台，推动其快速成长。

增强班子的凝聚力和向心力。队伍建设的核心是抓好班子建设，我院加强班子建设主要以提高素质、改进作风和增强团结为重点，一是加强政治理论学习，坚持在重大政治问题上立场坚定、旗帜鲜明。年初我院既制定了党组中心组学习制度，进一步深入学习贯彻党的十九大、十九届系列全会精神，坚持用正确的科学发展观理论指导检察工作实

践；同时认真学习钻研检察业务，提高对复杂疑难和重大案件的准确把握能力及对检察业务工作的正确领导和指导。二是加强和改进我院党组织建设，注重从组织、制度、措施等方面加以落实，坚持党内生活制度，扎实有效地抓好思想政治工作。三是坚持民主集中制原则，班子成员间既分工明确又团结协作，大事集体讨论决定，小事及时沟通，在工作中互相理解、互相支持，互相尊重，充分发挥整体作用，班子的凝聚力、向心力和战斗力进一步增强，真正起到了领导核心作用。

坚持党的领导，自觉接受监督。坚持把检察工作置于党的绝对领导之下，自觉接受人大权力监督、政协民主监督和社会监督、新闻舆论监督。坚持重大事项向县委人大请示报告制度，严格执行人大各项决议。2018 年，我院先后主动向拉萨市人民检察院专题汇报工作 4 次、向县委汇报 5 次、向县人大汇报 4 次。积极拓展联络渠道，切实加强与代表委员的联络，主动开展走访座谈，邀请代表委员视察工作、案件评查、参加“检察开放日”等活动，诚恳接受代表委员意见建议。

六、全面深化检察改革，推进司法能力现代化

深化监察体制改革。坚持“三个到位”，认真贯彻自治区深化国家监察体制改革试点工作会议精神，以高度的思想自觉和行动自觉确保党中央重大决策部署落到实处。一是思想认识到位。深入学习党的十九大精神，坚决拥护、坚定支持国家监察体制改革，利用干部大会、支部党员学习会议，及时传达学习国家监察体制改革试点工作的文件精神，准确掌握上级关于监察体制改革试点工作的部署要求，建立与县监察委员会的协调衔接机制，确保改革试点工作顺利推进；二是宣传教育到位。院党组多次召开会议，专题研究转隶干警关心的实际问题，与转隶人员谈心谈话 6 次，使检察转隶人员端正态度，凝聚改革共识，积极营造坚决拥护改革、积极参与改革的良好氛围。三是组织落实到位。严明组织纪律，做好职能划转、案件线索清理、结案与移交等过渡期各项工作的有效衔接，全力配合完成 3 名转隶人员的考察工作，划转编制 6 名，保持各项工作的连续性，走在了全市的前列。

深化司法责任制改革。我院现编制数 21 名，实有干警 17 名，员额检察官 7 名，占编制数 33%，占实有干警 41.2%；均分别配置在公诉侦查监督、控告申诉检察等业务工作岗位，综合性部门未配置员额检察官。2018 年 1 月兑现检察官职务等级工资，平均增资 2317 元，2018 年 5 月已按照墨竹工卡县人民检察院绩效考核分配办法和细则向员额检察官和司法辅助人员兑现了 2017 年度绩效考核奖。在内设机构的设置上严格按照《关于加强法官检察官正规化专业化职业化建设全面落实司法责任制的意见》要求，坚持精简、务实、效能的原则，设 5 个内设科室，不存在超编的现象。每个业务科室下设 2—3 个办案组，并依照《基层人民检察院检察官权力清单》进行配权和办案。

七、提升检务保障能力，最大限度地服务和方便群众

完善规章制度，规范检务保障管理。为了使检务保障工作有章可循，我院先后制定了《财务管理制度》《办公用品购买审批制度》《装备管理制度》《公务车辆管理制度》等制度，明确规定了保障工作的审批权限和统一程序，对单位的水、电、文印、采购、公务用车等方面，强化了日常管理，促进了后勤保障工作规范有序开展。

深化综合性法律服务。自 2018 年 2 月 27 日，最高人民检察院召开以“12309，检察服务解民忧”为主题的新闻发布会以来，我院领导高度重视“12309”的转型工作，迅速组织各科室负责同志对原有的“一站式”便民服务大厅进行升级改造，7 月 30 日完成实体大厅的建设工作，该大厅整合了业务咨询、控告申诉、国家赔偿与国家司法救助、案件管理等四类工作区域于一体，能够让人民群众享受检察机关“一站式”服务。已处理群众来信来访 5 件 8 人，检察长接待群众 6 人次，最大限度地服务和方便群众。

一年来，虽然取得了不少成绩，但我们清醒地认识到，检察工作仍然存在不少突出问题：一是对新时代新战略深入研究不够，服务大局的针对性实效性需要进一步增强；二是法律监督职能作用发挥还不够充分，不同检察业务发展层面不够均衡，检

察监督机制有待完善；三是司法改革任务仍然艰巨繁重，综合配套制度精细化不够，队伍专业化水平还有待提高；四是科技强检依然存在短板，信息化基础建设有待加强。对于上述问题，我们将高度重视，加快推进，予以解决。

2019 年工作计划

2019 年，我院将深入学习贯彻党的十九大精神，以习近平新时代中国特色社会主义思想为指引，在完成上级检察院交办的各项工作任务的同时紧紧围绕县委中心工作，聚焦均衡化、专业化、规范化、信息化，全面强化检察监督，纵深推进司法改革，深入实施科技强检，着力建设过硬队伍，做到正视差距、补齐短板、厚植优势、再创佳绩。

*在建设过硬队伍上有成效。*始终坚持党对检察工作的绝对领导，深入学习贯彻习近平新时代中国特色社会主义思想和党的十九大精神，坚持巩固“两学一做”学习教育成果，深入开展“不忘初心、牢记使命”主题教育、“党员干警政治教育培训”和“全面加强政治建检打造过硬检察队伍”专项教育整顿活动，积极培养新时代高素质检察人才。以永远在路上的韧劲和恒心抓实抓牢队伍作风建设和政治纪律建设，把全面从严治党落实到每个检察环节，确保各项纪律和规矩严起来、立起来。

*在护航发展大局上有新贡献。*聚焦县中心工作，坚持把化解社会矛盾贯彻于执法办案始终，更加重视对侵害民生犯罪的打击。坚决打击黑恶势力犯罪、严重暴力犯罪、“两抢一盗”等多发性侵财犯罪，切实维护人民群众权益，保障人民群众生命健康安全，增强人民群众安全感。

*在强化法律监督上有新作为。*牢牢把握新修订宪法的定位，聚焦法律监督主责主业，充分发挥检察机关在依法治国进程中的重要作用，完善刑事立案、侦查、审判和刑事执行监督机制，更好地打击犯罪、保护人民、维护稳定。并着力破解在行政执法监督、公益诉讼等方面的难题，补齐短板，突出办理人民群众反映强烈的食品、药品、环境、精准扶贫等领域案件，努力当好公共利益的代表。

*在深化司法改革上有新突破。*建立与监察委员会有效衔接工作机制，实现监察委员会调查与检察机关刑事诉讼程序无缝对接。深入推进以审判为中心的诉讼制度改革。以落实司法责任制为核心，完善检察官业绩考核和司法档案工作机制，把办案质量终身负责制落到实处。

*在主动接受监督上有新举措。*自觉接受人大监督、民主监督和社会监督，完善接受人大及其常委会监督制度，深化与人大代表、政协委员的常态化联络机制。坚持把深化检务公开作为加强和改进检察工作的重要抓手，充分运用新媒体深入开展检察宣传，不断增强人民群众对检察工作的感情和价值认同。

各位代表，新的一年，我们将更加紧密团结在以习近平同志为核心的党中央周围，以习近平新时代中国特色社会主义思想为指导，认真学习贯彻党的十九大精神及十九届系列全会精神，认真执行贯彻落实中央、区、市、县党委重大决策部署，不忘初心，牢记使命，认真落实本次人大会议部署，自觉接受人大监督、民主监督和社会监督，忠实履行宪法法律赋予的法律监督职责，扎实工作、奋发有为，为实现中华民族伟大复兴的中国梦做出新贡献。

名词解释

1、“两学一做”学习教育：是指学党章党规，学系列讲话，做合格党员学习教育。

2、公益诉讼：公益诉讼包括民事公益诉讼和行政公益诉讼。检察机关根据法律规定，在生态环境和资源保护、食品药品安全、国有财产保护、国家土地使用权出让等四大领域，对造成国家和社会公共利益损害或者损害危险的违法行为，可以提起公益诉讼；针对行政机关在国家和社会公共利益遭受损害过程中的不当履职、怠于履职行为，检察机关通过制发检察建议履行诉前程序，督促行政机关依法履行保护公益职责，督促无效后检察机关可以向人民法院提起行政公益诉讼，确保国家利益和社会公共利益得到有效保护。

3、刑事审判监督：人民检察院依法对人民法院的刑事审判活动是否合法以及所做的刑事判决裁定是否正确进行的法律监督。主要手段：提起抗诉，对违法情况提出纠正意见。

4、社区矫正：是指针对被判处管制、宣告缓刑、裁定假释、暂予监外执行这四类犯罪行为较轻的对象所实施的非监禁性矫正刑罚。

5、行贿档案查询：是指检察机关为预防贿赂犯罪，促进社会信用体系建设，运用计算机对行贿犯罪信息进行分类录入、存储和管理而形成的档案。

6、"两微一端"：是指微博、微信及新闻客户端。

7、监察体制改革：2017 年 11 月 4 日，全国人大常委会通过在全国各地推开监察体制改革试点工作的决定。是将人民政府的监察厅（局）、预防腐败局及人民检察院查处贪污贿赂、失职渎职以及预防职务犯罪等部门的相关职能整合至监察委员会。

8、12309 检察服务中心：12309 检察服务中心是全国检察机关统一对外的智能化检察为民综合服务网络平台，通过 12309 网站、12309 检察服务热线、12309 移动客户端和 12309 微信公众号四中渠道，向社会提供更加便捷高效的"一站式"检察服务。主要包含 3 大模块 13 项具体功能，即：检察服务（包括：控告、刑事申诉、民行申诉、国家赔偿、司法救助、其他信访、法律咨询）；案件信息公开（包括：案件程序性信息查询、辩护与代理网上预约、重要案件信息、法律文书公开）；接受监督（包括：人大代表政协委员联络平台、人民监督员监督服务、群众意见建议箱）。

关于墨竹工卡县2018年国民经济和社会发展计划执行情况及2019年国民经济和社会发展计划草案的报告

——在墨竹工卡县第十三届人民代表大会第四次会议上

墨竹工卡县发展和改革委员会

（2019年2月26日）

2018年国民经济和社会发展计划执行情况

2018年，在以习近平同志为核心的党中央亲切关怀下，在区市县党委、政府的坚强领导下，在县人大依法监督和县政协民主监督下，在南京市人民的无私援助下，深入贯彻落实党的十九大精神，以习近平新时代中国特色社会主义思想为指导，按照市委九届三次全委会和经济工作会议安排部署，正确处理好“十三对关系”，坚持稳中求进、进中求好、补齐短板工作总基调，以提质增效为中心，以供给侧改革为主线，深入实施“六大战略”，严守“三条底线”，牢固树立以人民为中心的发展思想，共创团结美丽健康幸福新墨竹。

2018年，完成地区生产总值34.53亿元、同比增长9.8%，全社会固定资产投资同比增长17.7%，社会消费品零售总额4.2亿元、同比增长13.5%，一般公共预算收入4.11亿元、同比增长8.18%，规上工业增加值同比增长4.6%，农村居民人均可支配收入14300元、同比增长10.58%。

一、聚焦转方式促增量，特色产业协调发展

全县三次比重为10：80：10。

农业经济稳中向好。净土健康产业快速发展，完成农作物播种11.12万亩，种植粮食作物6.16万亩（其中青稞5.52万亩、冬小麦0.64万亩），实现粮食总产量2.47万吨，种植经济作物3.88万亩，种植饲草1.08万亩，粮经饲比例达到55：35：10。投资6048万元实施的现代农业产业示范园工程接近尾声，投资1.3亿元的标准化奶牛养殖项目进入招标阶段。斯布牦牛通过国家农产品地理标志登记。新生仔畜3.75万头（只、匹），仔畜成活3.62万头（只、匹），成活率96.53%，畜禽出栏6.02万头（只、匹）。全年实现农牧业总产值实现5.97万元，农林牧业增加值实现3.32亿元、增长9.12%。

工业经济平稳向好。完成招商引资项目17个，项目总投资39.95亿元，累计到位资金28.19亿元，同比增长18%。工业总产值40.96亿元，同比增长30.88%。启动编制《墨竹工卡县甲玛矿区自治区级绿色矿山示范县规划》和《墨竹工卡县全县矿山行业发展规划》。

服务产业加快成长。启动编制《墨竹工卡县全域旅游发展规划》，成功举办首届油菜花艺术节、“醉墨竹”非遗旅游文化艺术节、“思金拉措”徒步游等活动。首届跨喜马拉雅自行车极限赛墨竹段赛事获得区级优秀组织奖。依托非遗文化制作旅游文创产品，全年接待游客137.5万人次，实现旅游总收入3025万元，分别增长4.88%和2.92%。

二、聚焦新动能提质量，发展质量日益优化

重点项目进展顺利。2018年全县计划建设项目共172个、计划总投资44.83亿元，开复工项目153个，完工项目99个，开工率和完工率分别达到89%、58%，完成固定资产投资18.64亿元，完成民间投资12.05亿元，占比65%。扎实推进嘎则新区易地扶贫搬迁安置点、驱龙铜多金属矿、县城污水处理收集系统和扎西岗乡生活垃圾无害化处理设施4个市重点项目，年度完成投资13.43亿元。

受援工作持续增效。充分利用援藏项目资金，促进资源互惠、优势互补。落实年度援藏项目资金0.89亿元，实施“金陵映象”高原生态藏茶、波朗村幼儿园、县医院提升改造工程等项目20个。深化宁墨交流，聘请南京教育专家120余人次开展交流活动3次，2批次10名墨竹工卡县民间艺术团人员赴南京开展交流，1批次17名学生赴南京开展民族团结手拉手夏令营活动，组织7批次166名教师、医务人员、基层干部、干警赴南京参加培训学习、挂职锻炼，不断提高工作业务水平和服务群众能力。开展对口帮扶，落实帮扶资金836万元、援助价值106万元的物资。

创新创业持续发力。建立众创空间，落实“双创”切块资金1000万元，发放创业大赛扶持资金25.5万元，完成专利申请1项，依托良好的西藏特殊优惠政策，274家小微企业享受税收优惠2.92亿元，政策受惠面达100%。

三、聚焦保民生促发展，人民生活不断改善

教育事业成效显著。投入6544万元实施3个中心小学供暖、3所村级幼儿园和门巴乡小学风雨操场等25个项目，教学基础设施显著改善。投入1560万元实施县乡村学校安保监控系统工程，进一步加强校园安保措施。顺利召开拉萨市“五个100%”教育目标任务现场推进会。全县小升初成绩再创佳绩，32名墨竹籍学生考入内地西藏初中班。正式揭牌南京实验幼儿园，学前三年双语教育入园率达到95.11%。县本级投入补助资金1154万元资助学生2070人次，为8955名师生购买人身意外伤害保险。选派74名运动员参加拉萨市首届运动会暨民族传统运动会并取得可喜成绩，成功举办县级首届运动会暨民族传统体育运动会。

卫生健康事业快速发展。投入5300万元实施卫生基础设施项目9个，120急救中心、甲玛乡扎雪乡卫生院和苏拉远程会诊等相继投入使用。建立分级诊疗体系，乡镇卫生院实行托管机制。县医院成功完成首列腹腔镜下阑尾切除手术，创建县级“二甲”医院预评审工作圆满完成。开展包虫病综合防治工作，完成“三病”防治筛查3.92万人次。跟踪推进家庭医生服务，两批次36名先心病、髋关节脱位、脑瘫等患儿在南京得到及时免费救治。全年农牧民患者报销4387人次，金额5046.06万元。统筹318万元设立农牧民群众大病救助基金，统筹200万元设立干部职工重特大疾病救助基金。

统筹做好社会保障。投入800万元的帮萨寺和直孔替寺天葬台道路改扩建顺利推进，投入500万元的县城老人日间照料中心完成工程总量的50%。加强社会救助，为1896名农村城镇低保对象发放资金736.71万元，为12名退役士兵发放一次性自主就业扶持金114.24万元，为2108名高龄老人发放健康补贴167.64万元，为3976名60周岁以上老人发放幸福养老金1714.68万元，为17名群众结算“一站式”医疗救助费用26.63万元，挂牌成立乡镇民政所，规范制度化建设，开展依法治村、村民自治工作。

公共文化取得新成果。投入2165万元实施县公共文化服务设施建设项目、县广播影视中心建设工程和县级广播电视播出机构制播能力建设工程3个项目，不断健全公共文化基础设施水平，顺利通过第三批国家公共文化服务体系示范区创建成果实地考核。完成“云图书馆”书籍录入85012册。加大文化遗产探索保护力度，新发现野外文物点60处，积极参与区内外各类非遗巡展活动。突出文化引领，巡回放映爱国主题电影520余场，观影人数达13.38万余人次，文艺演出达66场次，参与人数达47128人次。

食药安全形势稳中向好。开展食品安全培训28期，强化执法人员专业水平，提高安全责任意识，择时择地择内容开展食药专项检查整治，下达责令改正通知书15份，办理违法违规案件9起，全县食药市场实现持续净化，创建国家食品安全城市各项

工作稳步推进。

四、聚焦补短板强弱项，三大攻坚战扎实推进

精准脱贫攻坚战取得重要成就。2018年统筹各类资金，整合各方力量，突出攻坚重点，精准靶向施策。坚持易地扶贫精准搬迁，完成搬迁入住565户2387人，落实“三岩”政策，完成昌都35户197人跨地搬迁。坚持生态补偿促脱贫，安排生态岗位2937个，落实生态补助资金1025.6万元，为2803人发放定向补助资金72.88万元。坚持发展教育促脱贫，将扶贫与扶志、扶智相结合，为300余名建档立卡贫困户大学生发放资助金160余万元。坚持就业转移促脱贫，开展技能技术培训28期，转移就业854人。坚持社会保障促脱贫，率先实现“两线合一”，累计发放农村低保金和“两线合一”补贴资金269.86万元。坚持医疗救助促脱贫，为170名建档立卡贫困户报销医疗费用278.41万元，开辟贫困群众住院治疗绿色通道。坚持产业项目促脱贫，投入1.86亿元实施扶贫产业项目16个，完成投资6531.6万元，实现分红15.2万元、受益99户445人。顺利通过国务院委托的精准扶贫精准脱贫第三方评估检查验收，实现脱贫摘帽，全县贫困发生率降至0.01%。

污染防治攻坚战持续深化。开展“绿盾2018”监督检查、全国第二次污染源普查、燃煤锅炉整治淘汰等各类专项行动，强化大气、水、土壤三大污染防治。全区率先实施垃圾分类、集中处理，打造3处垃圾回收兑换点，扩容人工湿地污水处理厂，开工建设嘎则新区污水处理收集系统工程，建成公共厕所45座。推进中央环保督察反馈问题和信访案件整改工作，巨龙、天仁矿业公司环境问题挂牌督办事项顺利摘牌。

防范化解重大风险攻坚战稳妥推进。完善《墨竹工卡县政府性债务管理办法》，加强防控能力，严格遏制增量、化解存量，偿还拉萨市精准扶贫统一融资贷款2631.84万元。

五、聚焦激活力添动力，改革进程不断加快

完成9595宗农村宅基地和集体建设用地前期实地调查存档工作，发放农村宅基地不动产权证7503本，发证率达到91%，完成341宗集体土地所有权确权登记发证并顺利通过区市考核验收。以简政放权为核心，重点推进“放管服”改革，优化审批流程，办事效率明显提升，全力推进县乡村三级政务服务中心规范化建设及财政信息化建设，出台完善《墨竹工卡县基本建设项目管理办法（试行）》《墨竹工卡县政府采购管理办法》等制度。完成国税地税征管体制改革。全区成功试点推行农机加油一卡通，集体林权改革前期工作顺利推进，完成思金拉措景区门票价格认定，实现我县公共收费价格认定零的突破。

六、聚焦补短板发后劲，乡村振兴全面启动

基础设施显著改善。全年改扩建公路52.95公里，农村公路通车总里程达到546.42公里，投资2.88亿元实施G349、S507提升改造项目有序推进，组建墨竹工卡县天墨交通客运公司，开通农村客运班线4条，乡镇、行政村客车通达率分别达100%、80%。投入1261.77万元实施农村安全饮水改造工程。成功打造帕热组全区首个人居环境整治示范点，广播电视覆盖率已达到99.6%。中国银行墨竹工卡县支行挂牌营业。

生态文明逐渐好转。大力开展植树造林，扎实推进国土绿化，投入1500万元开展消除“无树村、无树户”工作，完成植树造林3314亩，封山育林2100亩，防沙治沙6053亩，全县森林覆盖率达43%。生态红线划定工作顺利推进。全面落实河长制，建立墨竹工卡县河（湖）长制基础资料信息，大力开展“清四乱”河湖整治专项行动，有效改善全县水生态环境。

社会就业更加完备。开展农牧民转移就业培训1383人，实现就业875人，开发就业岗位870个，实现城镇新增就业936人，小微企业吸纳就业4012人，应届高校毕业生就业394人，就业率达到90.6%。城镇登记失业率控制2%以内。

七、聚焦保稳定促和谐，社会局势安定祥和

以构建和谐稳定墨竹为主线，筑牢维稳防线，健全完善社会治安防控体系，扎实做好实有人口和特殊人群动态监管，有效发挥“双联户”、群防群治力量，强化应急处突能力。纵深推进“三个专项斗争”，成功捣毁3家非法制造乙炔“黑窝点”。办结

群众来信来访98件，办结率97%，深化矛盾纠纷排查化解，调处矛盾纠纷53起，化解率达100%。协调解决拖欠款项及巨龙“双拖欠”等1.1亿元。对照“遵行四条标准，争做先进僧尼”教育实践活动，全面贯彻党的民族宗教政策，开展模范寺庙、先进僧尼表彰活动。持续加大道路交通、建筑施工、非煤矿山、危化品、寺庙景点等安全监管力度，开展拉网式安全生产大检查、大排查、大整治，深化安全生产责任，聘请安全生产专家开展两轮安全隐患排查，隐患整改率达94%，工矿领域事故发生率、死亡率均下降66.7%，全年未发生洪涝灾害及较大以上生产安全事故，社会局势总体实现稳中趋好。

在肯定成绩的同时，我们也清醒地认识到，我县经济社会发展还存在不平衡不充分的突出问题，需要进一步改善和解决。突出表现在：农业现代化进展缓慢，城镇化水平较低，公共服务能力不足，非公经济仍是短板，农牧民就业渠道狭窄，劳动力素质低，重点项目助推经济社会发展作用薄弱，生态环境治理任务艰巨，社会管理水平有待进一步提升。对此，我们要心系党和人民重托与期盼，勇于担当、真抓实干、攻坚克难、切实解决。

2019年国民经济和社会发展计划

2019年是新中国成立70周年、西藏民主改革60周年，也是全面完成“十三五”规划和全面建成小康社会至关重要的一年，我们要牢固树牢“四个意识”、坚定“四个自信”，做到“两个维护”，紧紧围绕乡村振兴战略目标，牢牢抓好发展、稳定、生态三件大事，坚定决心，攻坚克难，抓住用好重要战略机遇期。

今年全县经济工作总体要求是：以习近平新时代中国特色社会主义思想为指导，全面贯彻落实党的十九大、十九届二中三中全会和中央第六次西藏工作会议精神，贯彻中央、区市县党委经济工作会议精神，贯彻总书记治边稳藏重要论述和系列重要指示批示，统筹推进“五位一体”总体布局，协调推进“四个全面”，坚持以人民为中心的发展思想，坚持稳中求进、进中求好、补齐短板工作总基调，坚持新发展理念，坚持推动高质量发展，坚持以供给侧改革为主线，以处理“十三对关系”为根本方法，继续打好“三大攻坚战”，特别是脱贫攻坚战，突出保障和改善民生，扎实做好稳增长、促改革、调结构、惠民生、防风险工作，增强人民群众获得感、幸福感、安全感，促进经济快速健康发展和社会和谐稳定，为全面建成小康社会打下决定性基础。

2019年经济社会发展的主要预期目标是：地区生产总值增长8%以上；一般公共预算收入完成3.5亿元；固定资产投资增长8%以上；规模工业增加值增长10%以上；社会消费品零售总额增长13%以上；农村居民人均可支配收入增长13%以上。

一、统筹抓好项目建设和设施改善，坚定不移地推动区域一体化发展

认真实施乡村振兴战略方案，积极推进农村农业优先发展，加快完善农村基础配套设施，培育农业现代化，提升农牧民综合素质，全力打造美丽乡村。增强投入拉动力，全力实施总投资47.42亿元的132个计划建设项目，以项目的大投入助推发展的大提速。投入800万元建成并运营县城客运站，推进国省道改扩建工程，做好“四好”农村公路建设，投入5700万元建成7个乡级污水处理厂，投入7274万元建成经二路、南京路向北延伸段和江宁路等6条市政道路建设，投入818万元建成嘎则新区堪巴林景观公园，新建、改造城镇农牧区厕所16座。争取实施6个乡镇生活垃圾无害化处理设施项目、10个人居环境整治试点村及集中搬迁点人居环境整治和试点实施门巴乡高效节能供暖工程。推进总投资7643万元的尼玛江热乡灌区等3个重点水利设施工程。围绕“十三五”规划和国家投资方向，继续坚持分管领导、部门负责同志、具体工作人员“三位一体”的工作方式，形成谋划一批、储备一批、开工一批的良好格局。发挥政府投资的导向，吸引更多的社会资本参与重大项目建设。不断完善基础设施建设，积极引领全县经济快速增长和高质量发展。

二、统筹抓好产业发展和转型升级，坚定不移地加快现代化产业步伐

立足提质增效，在盘活存量上狠下功夫。以农

牧业供给侧结构性改革为主线，构建现代化农牧业为载体，实现提制增效为目标，转变农牧业发展方式，调优产业结构，推进净土健康产业规模化、标准化、高效化发展。强化粮食安全基础保障，严守耕地红线，严保粮食安全底线，大力推广农业机械化，加大农田草害综合防治工作力度，建立高产农田区，建成使用现代农业示范园基地，维修启用温室大棚472栋，提升农产经济效益。推进“万户百场十中心”工程，开工建设投资1.3亿元标准化奶牛养殖项目，积极发展标准化养殖小区、养殖场（户）。进一步推进牦牛短期育肥，做好接羔育幼，鼓励扶持农户种植优质牧草，努力实现草畜基本平衡，加强动物疫病防控能力。加大绿色产品注册认证力度，引导更多企业专合组织申报绿色、有机食品认证，培育特色优势品牌。

*围绕增强后劲，在做优增量上持续加力。*投入2000万元建设直孔和德仲2个景区基础设施建设项目，以《墨竹工卡县全域旅游规划》为指导，投入100万元打造智慧旅游平台，争取建设乡村旅游示范点，围绕重点旅游景点适时开通主题旅游路线，依托帕热组打造特色民宿。举办各类旅游文化节庆活动，与南京市开展文化资源展览，制作文化旅游产品，加大文化旅游对外宣传，寻求文化旅游深度融合。建成县城综合商场、物流仓储中心项目，加快发展现代服务业。

*依托优势产业，在转型升级上做好文章。*依托丰富的自然资源禀赋，发展绿色和谐富民的矿产业，加快华泰龙二期投产运营，扎实推进投资25亿元的巨龙生产线项目、争取建成10万吨选矿厂，启动甲玛乡特色园区规划，打造矿山服务配套产业集聚区。

三、统筹抓好民生改善和社会管理，坚定不移地推进和谐社会建设

*推动脱贫巩固，建设小康墨竹。*把脱贫巩固作为今后工作的第一要务，继续深化“六脱”措施，妥善处置迁出区域土地承包经营权、生产资料流转和宅基地及房屋财产权处置，完成昌都“三岩”跨地区搬迁，落实户籍等配套政策。完善产业扶贫利益联结机制，确保产业项目见效分红。深化帮扶措施，妥善解决贫困户就学、就医，确保建档立卡贫困户政策保障。切实发挥东西部扶贫协作，推进志智双扶，加强职业技能培训，动用基层党组织、驻村工作队力量，持续抓好脱贫攻坚任务，确保与全国携手奔小康。

*推动教育事业，建设文化墨竹。*一是优先发展教育事业。提升教育资源供给能力，推进学校布局调整，加快标准化建设，投入600万元新建幼儿园2所，投入1200万元实施扎西岗乡、甲玛乡、唐加乡中心小学和南京实验幼儿园供暖项目，扎实推进“5个100%”教育成果，深化教研教改工作，落实“五环节”制度，规范学校教学常规管理，加大课堂教学监控力度，着力提升教育教学质量。深化教育人才组团式援藏，更好发挥援藏团队传帮带作用。二是强化公共文化服务供给。加快推进国家公共文化服务体系建设，实施文化惠民工程，配套完善县乡公共文化综合服务中心，建立以县级馆为中心、乡镇综合文化站为辐射、村级文化阵地为延伸的总分馆式的公共文化服务网络。组织开展“文化下乡”“广场文化”等文化活动，丰富人民群众业余文体生活。扩大有线数字电视网络覆盖面，加强专业技术人员培训，进一步提升电视制作水平，继续开展农牧区电影放映工程，不断向基层传递“爱国主义”情怀。

*推动卫生事业，建设健康墨竹。*提升公共卫生服务水平，投入1640万元新建门巴乡、日多乡和唐加乡卫生院项目，投入250万元改善日多乡和扎西岗乡住院病房。继续落实妇幼两个死亡率控制干预措施，巩固包虫病防治工作成果，持续加大“三病”筛查救治力度，深化家庭医生签约服务，深化医疗人才组团式援藏。成功创建首个县级“二甲”医院。不断完善县、乡、村级食品药品安全监管体系，争取顺利创建国家食品安全城市。

*推动共建共享，建设幸福墨竹。*持续提升养老服务质量，争取实施投资1130万元残障康复中心、县级避难场所和五保供养中心系统升级改造。全力落实优抚安置政策，努力提高双拥共建工作水平。投入300万元新建门巴乡等3个乡级农牧业防抗灾物资储备库，深化防灾减灾体系建设，不断

提升防灾减灾救灾能力。改善县乡住房条件，开工实施344套公租房建设项目，争取实施投资6500万元的工卡村3组整体搬迁工程和投资2000万元的工卡村1、2组棚户区基础设施改造工程，有序推进老县城住宅小区综合整治。

推动转移就业，建设自力墨竹。坚持就业优先战略和积极就业政策，以高校毕业生、建档立卡贫困户、农牧区富余劳动力等群体为重点，制定完善更加积极的就业创业政策，推进更高质量和更充分就业。2019年完成农牧民转移技能培训1250人，农牧民转移就业910人，开发就业岗位1050个，职业介绍850人，力争高校毕业生就业率达到90%以上。巩固扩大社会保险参保率，争取养老、医疗、生育、失业保险参保率达到100%，工伤保险参保率达到100%。加大劳动监察执法力度，全面实行用工单位劳动合同制和劳动用工备案制度，工矿企业和政府在建项目实行分账管理制度，力争劳动合同签订率达到95%以上。

推动群众增收，建设富裕墨竹。以乡村振兴为依托，围绕农牧民增收24字方针，统筹融合农村产业资源，聚焦农牧民技能培训，巩固政策性转移性收入，做好重大项目带动工资性收入，开展农牧区综合配套改革，全力完成农牧民年度增收目标。

四、统筹抓好深化改革和鼓励创新，坚定不移地激发内生发展动力

持续深化“放管服”改革。按照中央和区市统一要求，深化机构行政管理体制改革，调整机构设置。投入1500万元新建政务服务中心，推进三级政务服务标准化、规范化。深化“互联网+政务服务”建设，推进重大项目联审联批，加强权责清单管理和监督检查，实现政务公开和行政权力网上公开透明运行。

加大农村土地综合改革。继续抓好农业行政综合执法、农产品质量安全管理、农村土地经营权流转等体制改革，建立健全各级管理服务体系、流转市场、信息平台、仲裁机构、乡镇土地流转服务中心，积极稳妥地推进全县土地流转工作规范有序进行。

迈出园区经济建设步伐。持续积极发展园区经济和其他产业，把产业园区作为全县经济发展的排头兵，启动三个园区规划设计，大力发展实体经济，加快产业转型升级。设立文化旅游创业园，集聚非遗等文旅资源。设立甲玛特色工业园区，打造智能矿区、服务矿区的园区经济。设立现代农业产业园区，实现产业集群、互补发展的功能布局。积极营造良好营商环境和高效政务服务环境，加强招商引资，深化对口受援合作，承接东部优质产业企业，做到精准招商、点对点招商，加快对接重点投资项目，大力发展非公经济，支持民营企业发展，激发各类市场主体活力。

五、统筹抓好社会发展和环境改善，坚定不移地构建生态墨竹

加大环境综合治理力度。加强生态创建保护，正确处理保护生态和富民利民的关系，牢固树立绿水青山就是金山银山的理念，稳步推进生态文明建设，建立健全生态公益林管理保护机制。落实主体功能区规划。贯彻实施国家、自治区主体功能区规划，按照县域社会经济发展需求，立足实际，完成生态红线、粮食功能区和乡镇村体系规划划定，加强对接争取完成黑颈鹤保护区调规，科学合理划定城镇、农业、生态三类空间，强化空间管控。加大国土绿化力度。实施“两江四河”造林3000亩，2018年重点防护林人工造林100亩、封山育林2100亩。完成海拔4300米以上6个村苗木栽植科学试种，继续开展6个乡镇花椒树科学试种工作，做好野生动物肇事补偿工作。加大基本农田保护力度。全面推进全国第三次土地调查，组织申报2019年用地报件，加强城市土地节约集约利用，清理收回闲置用地，优化国土空间开发布局，全面开展城乡建设用地增减挂钩工作。

打赢污染防治攻坚战。坚决打好蓝天、碧水、净土保卫战，开展好“水、气、土”污染防治专项整治，切实巩固扩大“禁白”“绿盾2017”专项检查工作成果，完成第二次污染源普查。认真整改好中央环保督察组反馈问题及转办案件，始终做好矿山生态恢复治理，落实“绿色矿山、智慧矿山”建设工作。

扎实推进执法监管。加大对重点建设项目、重点污染源、重点监控企业执法监管力度，推动“环境网格化”体系建设，严格落实环境保护“一票否

决制”，严禁“三高”企业和项目进入墨竹。加大饮用水水源地保护力度，从源头确保城乡居民用水安全。严格按照“一河一策”实施方案，纵深发展河（湖）长制工作，显著改善全县河湖生态环境。

六、抓好社会管理和综合治理，坚定不移地构建稳定幸福墨竹

扎实推进依法治理工作，强化公共法律服务体系建设，深入开展民族团结“七进”活动，深化社会治安综合治理，坚持和谐稳定发展理念，建设“美丽墨竹、平安墨竹”。一是强化社会综合治理。依法加强宗教事务管理，积极引导宗教与社会主义社会相适应，全面落实利寺惠僧政策，进一步改善广大僧尼修行生活条件，不断巩固创新寺庙管理成果。二是积极推进依法治县。全面开展“七五普法”“政治建警，打造过硬政法队伍”专项教育整顿活动。严格落实十项维稳措施，深化“网格化”和“双联户”服务管理模式，完善社会治安防控体系，严厉打击赌博和高利贷行为。强化现代科技支撑，加快推进“雪亮工程”，有效提升社会综合治理工作水平。深化“联合接访”工作，依法化解信访突出问题。三是保障社会公共安全。突出抓好社会公共安全管理，继续加大非煤矿山、道路交通、危险化学品、建筑施工企业、食品药品及学校周边的现场监管整治力度，严防重特大安全事故发生，落实重大项目风险评估机制，健全突发事件处置机制和体系，切实维护人民群众生命财产安全。

各位代表，做好2019年社会经济发展工作，任务艰巨，责任重大。让我们在县委、县政府的坚强领导下，坚持以习近平新时代中国特色社会主义思想和党的十九大精神为指引，凝心聚力、真抓实干、开拓创新，为决胜全面建成小康社会，奋力谱写富裕美丽幸福现代化墨竹篇章而努力奋斗，以优异成绩向新中国成立70周年和西藏民主改革60周年献礼。

关于墨竹工卡县财政2018年决算执行和2019年预算(草案)的报告

——在墨竹工卡县第十三届人民代表大会第四次会议上

墨竹工卡县财政局局长 达瓦罗布

(2019年2月25日)

一、2018年财政预、决算执行及财政工作情况

2018年全县财政工作在县委、县政府的正确领导下,以习近平新时代中国特色社会主义思想为指导,紧紧围绕中央十九大精神深化财税体制改革,坚持稳中求进的总基调,抓住国家实施西部大开发和国家赋予西藏积极的财政政策有利时机,抓住发展和稳定两件大事,全力保障“六大战略”实施和县委、县政府总体工作部署,积极应对严峻复杂的宏观经济形势,本着“保增长、保稳定、保建设、保发展”的思想理念,解放思想、凝心聚力、开拓进取、攻坚克难,全力以赴抓收入,多措并举优支出,全力改善民生、确保精准扶贫和重点建设支出需求,为我县经济社会快速、和谐、健康、持续发展提供了坚强的财力保障,财政预算执行情况良好。

二、2018年财政预算执行总体情况

经墨竹工卡县第十三届人民代表大会第三次会议批准:2018年度年初财政预算为:2018年初市级下达的总财力为95242.29万元,比去年预算增长1.34%,其中本级一般财政收入39150万元,上级转移性收入55592.29万元,调入预算稳定调解资金500万元;上年结余结转5994万元;政府性基金收入为500万元。

在预算执行过程中,结合2018年预算执行的实际情况和资金需求,为不断提升本县财政预算资金有效运行,保障本县各类项目及其他配套能及时落实,经报请县人民政府同意,动用预备费1915万元用于风湿病、结核病、肝炎筛查、村级组织活动场所标准化阵地建设功能设置配套、嘎则新区易地搬迁120名公共服务岗位资金、七所卫生院购置彩超、扎雪乡和甲玛乡卫生院办公服务器及医疗设备购置、全县医联体和分级诊疗信息系统、宗教领域深入开展“遵行四条标准争做先进僧尼”教育实践活动、县G349沿线街道改造项目及财政改革信息化系统建设。

根据上级财政及本级财政追加等财力因素发生变化和2018年上级下达的最终财力实际,经我局报请县人民政府同意,县十三届人大常委会第二十次会议批准,年终对预算进行了调整,调整后的预算执行结果为:2018年度全县总财力为145111.87万元,比上年决算增加了20.74%,其中全县地方财政收入完成41123万元,比上年决算增长8.18%;税收返还数为13509.86万元,比上年决算增长0.7%;上级转移性及各专项补助收入89979.01万元,比上年决算数增长了33.3%;预算稳定调节基金500万元。上年结余结转33034.47万元。累计总计财力178146.34万元。

2018年总计支出为149002.03万元，达到年初预算156.44%，达到当年预算执行序时进度的100%；累计结余结转29144.31万元，(主要为已分配未使用的项目资金及纳入预算稳定调节基金1993万元)

政府性基金收入4775万元(含上年结转资金2309万元，)，比上年决算数增长63.53%。支出为3966.72万元(含上年结转支出2309万元)。达到年初预算565.6%，

2018年财政工作情况：

一年来，面对各种困难和压力，财税部门紧紧围绕全县工作大局，按照“创新、协调、绿色、开放、共享”的发展理念，强化预算资金管理，提高各部门预算执行的监控力度，加强财税征缴的协调沟通和税收优惠政策的规范管理，在困难中谋发展，在挑战中求突破，财政各项工作取得了明显成效。

(一)强化财税征缴力度，促进收支规模稳定增长

我们紧紧围绕中央和区、市党委经济工作会议精神和县委、县政府提出的总体工作部署，不断发挥财政协调监督职能，切实做好开源节流，狠抓落实，全面完成年初预算上级下达的地方财政奋斗收入目标。2018年12月完成本级财政收入为41123万元。其中税收收入29132万元、非税收入为11991万元。从收入结构分析，与去年同期相比，收入质量有了明显改善，税收收入占到了主导地位。税收与非税占比为7∶3。

(二)加大民生投入，促进社会事业稳步发展。

1.全面推进强农惠农政策落实，改善农牧民生产生活水平。

为进一步改善农牧区基础设施，解决农牧民群众所期所盼，结合县委、县政府实地调查审议和财政投入安排，2018年投入强农惠农资金18657.34万元，占本级收入的45.37%。通过一系列资金的投入切实推进了农牧区村镇规划和建设，改善了农牧区生产、生活条件，拓宽了农牧民增收渠道，为建立和谐稳定的社会局势，加快建设“六个墨竹”奠定了良好的社会基础。

2.理财思路明显转变，不断促进社会事业协调发展

一是加大了教育事业的投入力度，2018年我县教育事业支出达到31419.22万元，同比增长了16.95%，其中，县本级对教育事业的投入达到8336.68万元、大学生教育资助1154万元。二是为保障文化事业进一步发展，民族传承文化得到进一步保护，文艺服务基层、服务农牧民群众的工作得到切实落实，财政用于支持文体广播事业发展的支出达到896.18万元。三是财政用于支持卫生事业发展的投入达到13810.98万元，切实解决广大人民群众就医难问题，提高了县乡医疗机构硬件及软件设施，提升农牧民基本医疗保障能力，公共卫生服务体系得到不断健全。四是针对我县乡镇存在的实际困难，为提高乡镇的工作积极性，县政府加大了乡镇的转移支付力度，投入1098万元用于支持乡镇基层政权建设，改善乡镇基础条件，有力促进了县域各项事业整体和谐发展。五是财政用于支持民政事业投入4179.09万元，有力地促进了医疗救助制度的落实，做到了“老有所依、老有所养”，福利院各项工作顺利实施。

3.保障精准扶贫“六脱”工作开展，为脱贫摘帽保驾护航。

找准点、把准脉是保障精准扶贫各项资金合理有效使用的前提，县财政根据精准扶贫要求和本县财力实际，积极与各方协调，及时组织力量强化对精准扶贫各项资金的落实，在中央、自治区下达精准扶贫产业项目资金7536.5万元、市级下达1596.4万元(资金指标未下达)的基础上，年初预算中及时安排了精准扶贫资金4698万元，占本级一般公共预算收入的12%，比上年增长7.26%。落实精准扶贫信贷还款资金2631.84万元，安排培训资金300万元及易地搬迁家具、展销柜台费用、业务开展经费等710万元的同时，制定出台了2018年度《墨竹工卡县统筹整合涉农资金推进精准扶贫实施方案》，统筹整合各项涉农资金6028万元(未含精准扶贫12%配套为4698万元)，占本级收入的14.66%。并结合精准扶贫各类项目内容，及时将资金按需进行有效分配，保障资金安全使用和在阳光下运行。

（三）强化维稳防控，促进社会和谐稳定发展

以习近平总书记治边稳藏重要论述和一系列重要指示精神及第六次西藏工作座谈会精神为指导，树立稳定压倒一切的思想，积极支持政法系统各项工作有序开展。2018年财政用于政法部门等方面的支出达到11364.95万元。同时，为进一步加强宗教事务管理，保障依法管理宗教事务、加强寺庙法制宣传教育、积极引导宗教与社会主义社会相适应，2018年落实宗教事务经费3756.66万元。

（四）加强财政资金管理，不断强化资金使用效益

有力维护财经纪律、促进财政资金安全运行是不断规范我县财政工作有序发展的根本保证。县财政始终坚持按《预算法》办事，坚持集体领导下的一支笔经费审批制度，杜绝超预算、超财力办事；严格执行“收支两条线”规定，完善财政监督机制，把事前、事中和事后监督有机结合起来，确保各项资金合理、合规使用，切实发挥财政资金最大效益。

一是为适应新时代财税改革发展需求，切实推动本县财政事业走出一条以改革促发展，符合县情实际，具有县域特色的财政集中管理发展道路，从全面公开预决算管理、规范地方政府举债行为、增强财政绩效和全面落实国库集中支付全覆盖等出发，按照“村财乡管、乡财县管”要求，成立县、乡、村统管的财政支付中心，实现资金财政代理核算，代理审核，乡级按照预算具体执行。

二是为进一步规范县、乡级财政管理力度，切实推进乡级财政建设工作，保障本县财政各项资金做到公开、安全、有效，我局进一步完善了《墨竹工卡县乡（镇）财务管理制度》《墨竹工卡县村级财务管理制度》的同时，从信息化建设入手，2018年10月份以购买第三方服务的方式，逐步推动建设适合本县实际的财政信息化管理系统，最终实现上级财政系统与本县购置系统间的有效衔接，人员各项资金在查询终端随时查询。

三是积极培育新时代财务人员，根据上级财政要求，本局选派县乡财务工作人员到内地及区市参加业务培训，截至目前，参加内地培训共计9人/次，并根据2018年工作目标任务业务培训计划，积极组织财政骨干人员对县、乡镇及卫生院财务工作进行业务指导培训，共计40余人参加培训。

四是为进一步加强行政事业单位公务车辆规范化、制度化管理，推动节能减排，降低行政成本县财政局组织专人对我县行政单位61家、事业单位14家公务车辆情况进行全面清理核查，并报上级业务部门审核通过，目前本县公务用车编制数为152辆，实有数为143辆；专用车辆共计26辆。

五是积极落实惠民资金“一卡通”保障惠民资金安全有效运行。县财政局结合全县实际，对实施惠民政策“一卡通”工作进行前期的调研基础上，及时与县农行、藏行衔接建立有效的惠民资金落实平台，并要求县各部门根据自身实际，逐步落实“一卡通”工作，切实实施资金的封闭式管理，杜绝资金的挤占、挪用、截留及防止出现大额现金提取和发放等安全隐患。

六是强化财政资金监管水平和提升部门廉洁自律意识。1、保障我县资金合理、合规使用，财政联合县发改委对2013年至2018年江苏省援藏资金和援藏项目使用落实情况进行了全面自查；2、根据上级财政要求，邀请第三方对2015年以来各部门的基建项目开展财政投资评审工作及对历年来基建项目各项结转结余资金进行了全面清查；3、2018年9月邀请第三方会计师事务所对7乡1镇40个行政村2016年至2018年7月财政各项资金及民宗统战各项资金执行情况进行全面监督审查。

七是为增强本县固定资产使用效率，不断规范国有资产管理，县财政根据县委、县政府工作部署，建立房屋外租制度，盘活老城区国税局、农发办、南京宾馆及老城区武装部等资源；县国资委严格落实成立公司资料审核工作，规范国有公司管理，目前我县已成立13家国有企业。

八是根据拉萨市政府采购有关文件精神，结合本县实际，财政调整充实《墨竹工卡县政府采购管理办法（暂行）》《墨竹工卡县政府采购工作领导小组》，进一步规范全县开展政府采购行为，明确政府采购范围和流程，并通过县政府县长办公会议的基础上，加快推进县政府购买服务工作开展，逐步探索出一条适合本县的政府购买服务模式，制定了《墨竹工卡县推进政府购买服务工作方案》《政府购买服务协议》《墨竹工卡县政府向社会力量购买安全生产技术服务实施细则》，形成政府主导，财政具体实施，各部门协同配合和监察、人大及社会监督的机制。

2018 年全县开展政府性采购 55 次，总计支出资金 4084.08 万元，实现资金节约 232.63 万元；以邀请政府采购代理社会中介机构以公开招标及询价等方式购买社会服务项目 6 个，年初预算资金为 533.61 万元，实际支出总计 516.03 万元。

九是为节约开支，提高资金的使用效率，切实把各项资金用在刀刃上，财政严格按照财务管理各项法规、制度，有效的遏制各部门利用公款进行宴请、送礼、公车私用等行为，推动财政各项工作走向规范化、制度化。2018 年“三公”经费支出合计 873.33 万元比 2017 年同期相比增加了 17%，主要因本年公务车辆购置有所增加（其中公务接待支出 33.13 万元比同期相比增长 23%；公务用车运行经费 727.5 万元比同期相比增长 1%；公务用车购置 112.7 万元比同期相比增长 100%）。

三、2019 年财政预算草案

根据新《中华人民共和国预算法》《国务院关于编制中央预算和地方预算的通知》的规定和要求，结合我县实际，认真编制完成了 2019 年县财政预算草案。

（一）预算编制指导思想

全面贯彻落实党的十九大和十九届二中、三中全会精神，习近平总书记系列重要讲话精神，中央和区、市党委经济会议精神，树牢新理念、适应新常态、引领新发展，坚持以人民为中心的发展思想，紧紧围绕为民务实清廉，抢抓机遇，深入推进财税制度改革，进一步转变作风、接地气、重实干、求实效、勇负责、敢担当、扎扎实实推进各项工作，以确保全面完成既定目标任务为重点，全力保障实现稳增长、促改革、调结构、惠民生、防风险的宏观调控目标，不断优化支出结构，集中财力资源，在保工资、保正常支出的基础上，重点支持“三农”、科技、文化、教育、公共卫生、社会保障、稳定局势、精准扶贫等工作发展，牢固树立勤俭节约、“过紧日子”的思想，从严控制一般性支出，坚持以依法理财、统筹兼顾和增收节支的理念，不断增强财政科学管理，提高财政资金使用效益。

（二）2019 年财政预算财力情况

2019 年上级下达的全县财政预算总财力为 103308.46 万元，与去年预算同期增长 8.47%，其中，本级一般财政收入 35000 万元，上级转移性收入预计 66308.46 万元（含税收返还 6450 万元、一般性转移性收入 53150.82 万元、专项转移收入 6707.64 万元），动用预算稳定调节金 2000 万元。

财政收入增量部分，主要考虑对教育、民政、卫生、人社等民生项目的支持；专项增量部分将用到指定的项目；税收返还和转移支付增量主要考虑兑现各项政策性增资、新增人员工资和支持全县各项社会事业发展等方面。

（三）财政支出预算初步安排情况

1、财政支出预算安排总体。

2019 年预算安排资金为 103308.46 万元，与上年预算增长 8.47%，根据我县实际情况，总财力预算支出主要体现在以下几个方面：一是工资支出 18660.8 万元，较上年预算增长 5.42%；二是公用经费为 3287.6 万元，较上年预算增长 7.12%（人员增加）；三是各项法定支出 19457.35 万元，较上年预算增加 2.91%（含教育配套、免费医疗、城市维护、三农、住房公积金、各项社保配套等支出），占总财力的 19.68%；四是预备费 1550 万元，为总财力的 1.5%；五是小型专项经费为 53738.04 万元，与上年预算相比增长了 31.4%；六是其他项目支出 2694.99 万元，与上年预算相比减少 73.36%（其中含维稳支出、各项专项、基础设施、涉农政策性保险、驻村、驻寺工作组、民生经费等）；七是冲抵上年预拨款 3919.68 万元，比上年预算增长 48.64%。

盘活存量资金 6520.48 万元，计划用于公共安全：流浪狗专项整治工作经费 30 万元；公安民警节假日加班费 203.63 万元；公安民警执勤岗位津贴 229.44 万元；辅警工资含财政配套五险一金 357.2 万元（按实际进行配套）；公安网格化管理经费 200 万元。民宗宗教事务：活佛管理教育经费

75万元；寺管会僧尼补助72万元；民族团结经费30万元；驻寺干部生活补助58.68万元；联僧联户长13.44万元；遵行四条标准争做先进僧尼经费20万元；驻寺人员岗位津贴268.2万元。农牧业发展：现代化农业园区发展运营经费100万元（含净土公司及农业园区人员工资81.31万元）；动物卫生监督及快速检测试剂经费5万元；牲畜包虫病防治及家犬驱虫投药费20万元；农畜产品质量检测设备5万元；脱贫攻坚指挥部及办公室业务经费100万元。人员基本保障：全县财政供养临时工养老保险200万元；培训经费300万元；异地搬迁联户长及组长工资8万元；全县慰问200万元；乡镇环卫人员经费100万元；财政供养临时工社保160万元。基础设施：保护集中供养换填土28.57万元；嘎则新区政府搬迁附属工程竣工决算审增资金194.84万元；重点区域生态公益林建设配套171万元；生活垃圾分类试点工程200万元；生活垃圾处置经费200万元；扶贫办2018年农发土地治理项目县级配套资金674万元；日多村级修桥小型工程经费60万元；B区附属工程缺口资金251.76万元；文化交流活动室45.81万元；污水处理场运转经费150万元；公安业务技术大楼附属项目资金174.95万元；人武部基础设施建设经费12万元。其他支出：援助交流专项资金150万元（宁墨）；重症及特殊传染病（癌症后期及结核病）治疗基金100万元；工卡镇环卫车辆及填埋场运营经费50万元；县级考核奖励资金140万元。

2、2019年本级预算安排的重点

预算安排103308.46万元支出中，除优先保证人员工资和行政事业机构的正常运转外，重点支持全县各项中心工作有效开展，按照“创新、协调、绿色、开放、共享”的发展理念，支持全县经济社会协调可持续发展，支持各项民生政策全面落实。

⑴加大强农惠农投入，进一步推进城乡一体化发展水平。

安排支持农业投入17246.3万元。

一是继续加大惠农工程投入，将解决群众最关心、最期盼的问题作为政府财政工作的出发点和落脚点，确保区、市各项惠农资金落实到位的基础上，本级安排精准扶贫专项4200万元、精准扶贫贷款贴息50万元、林业绿化业务经费40万元、林业绿化及林业建设费500万元、草场确权及两区划定82.6万元、森林管护补助103.6万元、耕地地方保护补贴资金308.83万元、森林生态效益补偿1318.2万元、病虫害防治监测经费8万元、绿化队装备费10万元、河长制业务经费50万元、人饮工程及专项经费550万元等强农惠农资金7221.23万元；二是大力支持积极的就业政策和扶持创业政策，积极做好农牧民就业及农牧业种植等培训，不断增强增收致富技能，安排农牧民培训经费300万元；三是不断加快现代农业发展，增强农牧业综合生产能力，安排三农资金1000万元、现代化农业园区发展运营经费100万元；动物卫生监督及快速检测试剂经费5万元；牲畜包虫病防治及家犬驱虫投药费20万元；农畜产品质量检测设备5万元；科技特派员生活补助48万元、动物疾病防治10万元、乡镇动物防疫工作经费8万元、重大动物疫病强制免疫疫苗县级配套4万元、重大动物疫病防治防控监测设备及实验室维修15万元、农业测产经费4万元、耕地捡石促耕及深松整地经费200万元、田间草害治理50万，农机具购置500万元、共计1969万元。支持现代农业生产，农牧民专业合作组织，农牧业特色产业和农牧民保险配套；四是继续做好农牧区基础配套，不断推动农牧业整体规划及防灾减灾能力，安排各类配套资金2337万元，其中中央财政绿色高效技术推广服务补助资金110万元、增减挂钩管理方案编制100万元、土地储备资金1600万元、土地污染方案编制和污染土壤治理经费50万元、不动产统一登记200万元、地质灾害防控经费50万元、规划修编80万元、地质灾害防治和调查项目资金125万元、山洪灾害预警系统运行22万元；五是进一步推进农村综合改革力度，不断提高基层农牧业服务力度，安排2758.07万元，其中农村税费改革260万元，村级公用经费补贴80万元，村医、兽医补贴307.6万元、联户代表专项经费335.23万元、村两委基本报酬及业绩考核奖1615.24万元（含村小组组长216万元）、乡镇转移支付160万元；六是为不断提高农牧业发展水平，强化农牧民增收致富渠道，安排产业发展资金1500万、强基惠民项目业务经费51万元、涉农法定支出1110万元，共计2661万元。

⑵加大民生投入，不断推进城乡社会保障体系建设。

投入民生资金22449.2万元，用于进一步深化医药卫生体制改革，加快覆盖城乡的公共卫生体系建设，稳步实施县级公立医院综合改革，不断提升农村医疗管理工作、城镇居民基本医疗保险、城乡医疗救助等制度；切实解决农村大学生就学难；增加社会保障投入，保障失业人员、城乡低收入群体、农村困难群众、优抚对象等基本生活；提高新型城乡社会养老保险覆盖率、保障“老有所依、老有所养”和有效解决农牧民群众迫切需求的民生问题，全面提升农牧民的幸福指数。农牧民医疗保障经费3000万元，大学生学费、生活费资助金800万元，60岁以上老人“幸福养老金”1800万元。城乡居民暨在编僧尼健康体检补助经费231万元、先心病、髋关节脱位等复查救治25万元，高危孕产妇待产20万元，残联经费5万元，残疾人生活和护理补贴255.12万元，严重精神障碍患者监护人监护补贴4.32万元，城市、农村最低生活保障金517万元，“两线合一”补贴73万元，经济困难高龄失能等老人补贴13.1万元，农村特困人员救助供养110.33万元，义务兵优待及自主择业士兵一次性补助114.24万元，高危孕产妇提前住院及福利院补贴652.11万元，民政救灾抚恤事业费378.43万元，本级教育配套8635万元，新型合作医疗9.92万元，医疗、失业、养老、生育、工伤保险等5439万元，人大、政协为民办实事250万元、重症及特殊传染病（癌症后期及结核病）治疗基金100万、村干部意外伤害险16.63万元。

⑶巩固维稳基础，促进经济社会和谐稳定发展

巩固和加强基层社会管理和服务体系建设，夯实党在基层的执政基础和执政能力，坚持保障“三条底线”不放松。安排公共安全经费3993.84万元，其中公检法司、民宗等各部门经费2397.89万元，公检法司业务装备费785.17万元及各项公检法司、驻寺及僧尼补助和奖励810.78万元等。从而将进一步保障我县各级政法部门办案、装备、基础设施及维护稳定的各项需求。

各位代表，新的一年，站在新的起点。我们将以习近平新时代中国特色社会主义思想为指导，全面贯彻落实党的十九大会议精神及总书记系列讲话精神，统筹推进“四个全面”战略布局，在县委、县政府的正确领导下，自觉接受人大代表监督，虚心听取政协委员的意见和建议，继续加强和改善财政宏观调控，深化财税制度改革，完善预算管理制度，狠抓预算执行管理，强化基层财务管理和财政监督，推进财政科学化精细化管理，开拓进取，扎实工作，确保2019年预算执行圆满完成。

综 述

【概况】 墨竹工卡县位于西藏中部、拉萨河中上游，地理坐标为北纬 29° 8′ 、东经 91° 77′ 。东与林芝市工布江达县相邻，西靠拉萨市达孜区、林周县，北连那曲市嘉黎县，南接山南市乃东县，交通区位优势较为明显，川藏公路（318国道）横穿而过。县域面积 5492 平方公里，属以农为主的半农半牧县。全县辖 7 乡 1 镇，40 个村委会，总人口 5.7 万人，平均海拔 4200 米。墨竹工卡县素有“天边之乡”的美誉，野生动植物资源有黑颈鹤、斑头雁、虫草、雪莲花、红景天等，矿产资源有铜、铅、锌、金、钼、铬、大理石等。境内名胜古迹众多，旅游资源得天德厚，距今 850 多年历史的直孔替寺闻名国内外，日多温泉、德仲温泉和有财神湖之称的思金拉错等自然景观独具魅力，直孔水磨糌粑、斯布牦牛等农畜产品驰名区内外，以松赞拉康、松赞干布纪念馆、霍尔康庄园、甲桑古道徒步为重点的藏王松赞干布出生地甲玛景区已完成松赞干布纪念馆建设并对游客开放。

【经济和社会发展】 2018 年，全县地区生产总值实现 34.53 亿元，同比增长 9.8%；全社会固定资产投资同比增长 17.7%；一般公共预算收入达到 4.11 亿元，同比增长 8.18%；规模以上工业增加值同比增长 4.6%；社会消费品零售总额达到 4.2 亿元，同比增长 13.5%；农村居民人均可支配收入达到 14300 元，同比增长 10.58%。

【脱贫攻坚】 2018 年，统筹整合各级涉农资金 2.27 亿元，在全区实现高质量、高标准整体脱贫摘帽。7418 名建档立卡户达到脱贫标准，年人均可支配收入达到 9459.86 元，贫困发生率降至 0.01%。顺利通过国家扶贫办组织的第三方评估，实现脱贫摘帽，脱贫攻坚工作连续两年被自治区评为优秀。

【工业经济】 2018 年，狠抓经济运行监控，华泰龙二期、巨龙一期采矿业项目建设完成。全年完成工业投入 12.31 亿元、同比增长 76.7%，工业总产值 40.96 亿元、同比增长 30.88%，工业税收 5.49 亿元、同比增长 24.81%。完成招商引资项目 17 个，中国银行成功入驻墨竹。发展壮大国有企业，成立建材公司、砂石公司、砖厂，稳定建材供应，三大国有企业实现收入 3632.85 万元。

【农牧业】 2018 年，农作物播种面积 11.12 万亩，连片种植墨竹小油菜 1.04 万亩，粮食总产量达 2.47 万吨。采集虫草 876.59 斤，实现创收 6399.09 万元。牲畜存栏 14.55 万头（匹、只），出栏率达 38.85%。黄牛改良 2000 头，斯布牦牛通过国家农产品地理标志登记。净土产品销售点入驻拉萨商贸中心，现代农业示范园、墨竹小油菜榨油厂、“万户百场十中心”等农牧业项目有序推进。

【旅游业】 2018 年，思金拉措景区规范运营，成功举办首届油菜花艺术节、“醉墨竹” 非遗旅游文化艺术节，配合完成跨喜马拉雅自行车极限赛，并获得全区优秀组织奖。全年累计接待游客137.5万人次，同比增长4.88%，实现旅游综合收入3025万元，同比增长2.9%。

【基础设施】 2018年，投资6563.39万元改建农村道路52.95公里。投资2576.63万元对阿沛桥、巴洛桥等13座危桥进行维修。投入800万元成立客运公司，开通客运班线4条，乡镇和行政村覆盖率分别达100%、80%。改善扶贫搬迁点基础设施，投入3700万元建设市政道路4条。加快农网改造，新建和改造高低压线路106.9公里。投入1261.77万元完成27处农村饮水安全巩固提升工程，受益群众2288户、14332人。

【城乡环境】 2018年，以人居环境改善为重点，全区人居环境整治工作在帕热组试点成功，工卡镇垃圾焚烧站试点推进，扎西岗乡垃圾转运站建设完成，试点村组配备垃圾分类箱1100个，县城和2个村建立垃圾分类兑换站，成为全区第一个垃圾分类村，城乡生活垃圾处理率达到90%以上。推进“厕所革命”，建设完成公共厕所45座。投入800万元，完成尼玛江热乡宗雪村村容村貌整治。加快甲玛乡特色小城镇建设，投入7780万元完成风貌改造、棚户区改造等项目，孜孜荣村（二期）搬迁安置工程完成主体建设。

【污染防治】 2018年，开展“绿盾2018”专项行动。推进全国第二次污染源普查，强化水、大气、土壤三大污染防治。加快污水设施建设，投入1000万元对老城区污水处理厂提标改造，投入2690万元新建新区污水处理厂。对县域15处重点流域及县城集中式饮用水源和大气每季度监测1次，6家重点排污单位定期自行监测并备案。300平方米以上餐饮店全部安装油烟净化设备，4家加油站完成油气回收设备改造。划定永久基本农田保护区12.38万亩，化肥和农药使用量实现负增长。

【绿色矿山】 2018年，投入1070.8万元打造“绿色矿山示范县”、甲玛乡绿色矿区生态隔离带。委托第三方启动编制《墨竹工卡县矿山行业发展规划》和《墨竹工卡县甲玛矿区国家级绿色矿山建设规划》。在甲玛沟成功举办中国黄金集团绿色发展论坛。聘请环保专家团队，对全县矿山企业开展两轮环境监察，有力推进了环境问题整改。

【国土绿化】 2018年，投入1500万元消除“无树户”2982户，在门巴乡等高海拔地区试种苗木。完成绿化造林3314亩、封山育林2100亩、防沙治沙6053亩，森林覆盖率达43%。启动国家级生态县创建，完成斯布村、其朗村、章达村生态文明村建设工作，生态创建在全区率先全面实现“三级同创”。

【改革开放】 2018年，全力推进“放管服”改革，行政职权事项取消38项、承接34项，将32项精简合并为12项。加快推进“互联网+政务服务”，优化政务服务事项审批办理流程，梳理完成服务事项263个。全面启用政务服务网络平台，144个事项可实现网上办理。推进商事制度改革，实施“三十三证合一”登记制度改革、“一审一核登记制”。企业开办时间有效压缩，全县各类市场主体达到2856户，同比增长41.2%。加强企业监督管理，“双随机”抽查各类市场主体97家。完成国税地税征管体制改革，启动环保税征收工作，社保费和非税收入征管职责顺利划转。深化国库集中支付改革，实现资金统一核算管理。完成7672户土地承包经营权确权登记颁证、40个行政村198个村小组清产核资工作。完成9595宗农村宅基地和集体建设用地不动产登记，发放不动产权证7503本。推进林权制度改革，完成林地勘界215块。

【援藏工作】 2018年，南京市以项目、产业、民生、人才“四位一体”的帮扶格局，不断加强对墨竹的关心关注关怀力度。先后实施“金陵映象”高原生态藏茶、波朗村幼儿园、县医院提升改造等援藏项目20个。开展第二批组团式医疗援藏，先天性心脏病、髋关节脱位等患儿赴南京免费治疗累计达到115名。苏拉远程会诊为40余名患者提供治疗方案，治愈率达 90% 以上。在南京市的大力关心下，成功举办首届春节藏历新年灯会展。

【教育事业】 2018 年，全面落实《墨竹工卡县振兴教育教学质量三年行动计划》。投入 6544 万元实施教育项目 25 个。全面普及农牧区学前三年双语教育，入园率达 95.11%。适龄儿童入学率、初中毛入学率分别达 99.96%、104.83%，义务教育巩固率达 95%，32 名墨竹籍学生考入内地西藏初中班。为 8955 名师生购买人身意外伤害保险，成功举办首届运动会暨民族传统体育运动会。

【卫生事业】 2018 年，启动创建全市第一家县级“二甲”医院并通过预评审。县医院 120 急救中心、苏拉远程会诊项目投入使用。加快乡卫生院规范化管理、标准化建设，投入 1335 万元购置移动体检、彩超等医疗设备，甲玛乡、扎雪乡卫生院正式投入使用。投入资金 746 万元，高质量完成包虫病综合防治，筛查率、救治率均达 100%，“绝不把包虫病带入小康社会”的承诺有效兑现。投入 176 万元开展结核病、肝炎和风湿病综合防治，筛查 3.92 万人。实施白内障“免费复明”工程，累计救治达到 335 人。统筹 518 万元分别设立农牧民和干部职工大病救助基金。投入 205 万元推行校园食堂升级改造和色标管理，建成农贸市场食品安全检测室，群众食品安全有效保障。

【文化事业】 2018 年，公共文化服务体系示范区创建有效推进，文化惠民演出 66 场次。完成第一期广播电视数字化改造，广播电视安全播出全年零事故。“天边之乡”数字影院并入全国院线，“2131”电影放映播放 520 场次。加强文物保护和文化传承，直孔替寺“扎西果芒”殿和唐加寺保护工程基本完工，非遗团队赴南京参加文创西藏精品巡展活动。

【社会保障】 2018 年，推进全民参保，人数达到 3.9 万人次，发放首批居民社保卡 2.5 万张。社会救助做到应退尽退、应助尽助，兑现各类救助资金 1966.59 万元。为农牧民群众累计报销住院医疗费用 5046.06 万元、受益 4387 人次；为 2072 名大学生报销学杂费并发放生活补贴 1154 万元；为 3976 名农牧区 60 周岁以上老人发放幸福养老金 1714.68 万元。大力改善群众居住条件，投入 1200 万元完成 65 户困难群众住房提升改造。

【社会治理】 2018 年，规范“双联户”管理，增加“双联户”单位 57 个。深入开展扫黑除恶、打非治乱、扫黄打非专项行动。排查矛盾纠纷 53 起，调解率达 100%，化解信访案件 98 件，化解率达 97%。食品抽检 106 批次，合格率达 95.5%。聘请安全生产专家开展两轮安全隐患排查，隐患整改率达 94%。及时完善防汛应急、非煤矿山、道路交通、非洲猪瘟等各类突发事件处置预案，全年未发生洪涝灾害及较大以上生产安全事故。

【作风建设】 2018 年，墨竹工卡县政府认真履职，切实加强自身建设。牢固树立“四个意识”，坚定“四个自信”，切实做到“两个维护”，始终在思想上政治上行动上同以习近平同志为核心的党中央保持高度一致，党的路线方针政策在政府工作中全面贯彻落实，国务院决策部署在政府工作中全面贯彻落实区市党委、政府和县委决策部署在政府工作中全面贯彻落实。自觉接受人大、政协和社会监督，办理人大建议 68 件、政协提案 62 件，办结率分别达到 64.7%、72.6%，答复率均达到 100%。办理“12345”政府服务热线群众反映问题 160 件，办结率达 100%。“十件民生实事”全面完成，“十项重点工程”扎实推进。严格落实中央“八项规定”实施细则，扶贫领域、项目建设、乡镇财务收支等方面开展财务检查和审计监督 7 次。“两学一做”常态化制度化全面开展。政府 570 项工作清单扎实推进，完成率达 93%。

（土旦旺久）

大事记

1月

3日 利用半个月时间,完成全县有寺有僧29座寺庙中共十九大巡回宣讲活动,共计560余名僧尼参加宣讲活动,实现寺庙全覆盖。

5日 召开墨竹工卡县经济工作会议,会议总结表彰2017年经济工作开展情况并对2018年经济工作进行安排部署。县委书记劳明伟出席会议并作重要讲话,县委副书记索朗多吉主持会议。

同日 召开墨竹工卡县2018年度全县社会治安综合治理工作会议,总结2017年社会治安综合治理工作、分析形势并安排2018年社会治安综合治理工作。

7日 召开墨竹工卡县"两会"党员大会,动员"两会"党员代表、委员,进一步统一思想,明确任务,强化责任,充分发挥各位党员的先锋模范作用和党组织的战斗堡垒作用,团结引领其他代表和委员,同心同德、共商大计,确保"两会"取得圆满成功。县委书记劳明伟,县人大代表、政协委员中的党员参加会议,县委副书记索朗多吉主持会议。

同日 中国人民政治协商会议第二届墨竹工卡县委员会第三次会议隆重开幕。

8日 墨竹工卡县第十三届人民代表大会第三次会议开幕。

同日 墨竹工卡县委书记劳明伟带队"四大班子"领导到县"两会"代表、委员驻地,看望慰问出席墨竹工卡县第十三届人民代表大会第三次会议的人大代表和中国人民政治协商会议第二届墨竹工卡县委员会第三次会议政协委员们。

9日 中国人民政治协商会议第二届墨竹工卡县委员会第三次会议闭幕。

10日 墨竹工卡县第十三届人民代表大会第三次会议闭幕。

11日 召开墨竹工卡县新一届村组织班子成员谈心谈话座谈会,切实帮助新一届村组织班子成员明晰建强基层组织、发展经济、维护稳定等工作面临的新形势、新任务,提高政策理论水平和法制观念,增强履职能力。县委书记劳明伟,县委副书记索朗多吉,县委常委、组织部部长平措朗杰出席会议,全县新一届村党组织第一书记、书记、副书记、组织委员和村委会主任参加会议。

15日 县委副书记、县长旦增尼玛主持召开第十三届墨竹工卡县人民政府2018年第一次党组扩大会议暨第14次政府常务会议。

17日 中华全国总工会书记处书记、党组成员、组织部部长张茂华率慰问团到墨竹工卡县开展送温暖活动。自治区总工会党组成员、巡视员边巴次仁,拉萨市总工会党组成员、副主席冉龙平参加慰问。

18日 召开墨竹工卡县安全生产专题会议暨2018年度安委会第一次全体(扩大)会议。县委副书记、县长旦增尼玛,县委常委、政法委书记、公安局局长其米多布杰,县人大常委会副主任、扎雪乡党委书记普桑，副县长索朗多吉，巴桑及各乡镇、县直各部门负责人，各派出所所长、警务站站长，矿山企业、建筑施工企业、危化品经营单位负责人参加会议。会议由县委常委、副县长张家松主持。

同日 墨竹工卡县召开环境保护工作专题会议。县委副书记、县长旦增尼玛，县委常委、政法委书记、公安局局长其米多布杰，县人大常委会副主任、扎雪乡党委书记普桑，副县长索朗多吉，巴桑及各乡镇、县直部门、相关企业主要负责人参加会议。会议由县委常委、副县长张家松主持。

29日 墨竹工卡县“格桑花开”爱心基金搭起宁墨桥梁谱写藏汉友谊，“格桑花开”爱心基金共投入384.654万元爱心帮扶资金，受惠农牧民、学生、贫困残疾人422人。

2月

1日 县委副书记、县长旦增尼玛实地查看甲玛乡水厂水源地项目运行情况，并主持召开专题会议，协调解决甲玛乡供水问题。

近日 墨竹工卡县委副书记、县长旦增尼玛，县委常委、副县长汤官中，副县长索朗多吉及相关县直单位负责人一行到墨竹工卡县城污水处理厂、尼达生态园斑头雁养殖厂，扎西岗斯布村水治理工程项目点、思金拉措景区，实地督导中央环保督察反馈问题整改落实情况。

5日 墨竹工卡团县委和交安驾校联合举办青年农牧民汽车驾驶暨装载机驾驶培训班，并举行开班仪式。本期培训班共有75名基层农牧民青年将在交安驾校参加为期3个月的培训。

26日 墨竹工卡县召开2018年全县干部节后收心暨转变作风强化担当工作部署会，会议由县委副书记索朗多吉主持，县委副书记、县长旦增尼玛出席会议并作重要讲话。

27日 墨竹工卡县人大常委会党组班子召开2017年度民主生活会，政协墨竹工卡县委员会党组班子召开2017年度民主生活会。

同日 为深入学习贯彻习近平总书记重要指示和《中共中央国务院关于开展扫黑除恶打非治乱专项斗争的通知》精神，贯彻落实全国扫黑除恶专项斗争会议和区市扫黑除恶打非治乱专项斗争精神。墨竹工卡县召开扫黑除恶打非治乱专项斗争会议。

3月

1日 墨竹工卡县召开政府党组班子2017年度专题民主生活会。会议由县委副书记、县政府党组书记、县长旦增尼玛主持。

2日 拉萨市安委办组织督导组到墨竹工卡县对拉网式安全生产大检查、大排查、大整治工作开展情况进行督导。

4日 召开墨竹工卡县2018年林业工作会议。会议传达学习自治区林业会议精神，对墨竹工卡县2018年林业工作特别是国土绿化、消除“无树户”等重点工作进行统筹安排。会议由县委常委、副县长汤官中主持，县委副书记、县长旦增尼玛出席会议并作重要讲话。

5日 墨竹工卡县妇联开展“三八”妇女节系列活动之“创业建功、妇女致富带头人”交流座谈会。

7日 墨竹工卡团县委到日多乡中心校和唐加乡中心校分别开展“关爱儿童情暖墨竹”爱心捐赠活动，将团市委通过多方沟通协调，为墨竹工卡县筹措近5万余元的暖冬衣物及3万余元的书本送到贫困学生手中

同日 在区市妇联、县委、县政府的高度重视下，在县妇联的精心组织下，于第108个“三八”国际劳动妇女节来临之际，墨竹工卡县首批农牧民妇女驾驶技能培训班开班。

9日 拉萨市副市长郑卫国一行到墨竹工卡县华泰龙矿区开展实地调研，市安监局局长孙文斌及工作人员陪同调研。

同日 墨竹工卡县在甲玛乡孜孜荣村召开消除“无树户”现场工作会。

13日 为推进公安交管改革，落实便民利民措

施，加强执法规范化、信息化建设，完善交通违法处理工作机制，墨竹工卡县“警邮合作”交管便民服务点启动仪式在墨竹工卡县邮政大门口举行。

15 日 为进一步加强和规范墨竹工卡县大型户外广告牌管理，配合好墨竹工卡县各项重点中心工作的氛围宣传，营造积极健康的县域环境，县委常委、宣传部部长丁剑带队，墨竹工卡县委宣传部利用 2 天时间对米拉山至甲玛乡 318 国道沿线大型广告牌的设置及管理情况进行登记和排查。

19 日 召开墨竹工卡县三大矿山中央环保督察反馈问题整改联席会暨中央环保督察转办案件第七次推进会。会议由县委副书记、县长旦增尼玛主持。

21 日 墨竹工卡县在工卡镇塔巴村农业产业园区举行 2018 年 100 个项目暨援藏项目集中开工仪式，全面开启墨竹工卡县新一年项目建设的新征程。拉萨市委常委、常务副市长王念东，市人大常委会党组副书记、市总工会主席平措朗杰，副市长王国臣，市发改委副主任、江苏援藏前方指挥部项目组组长李泓君，市住建局副局长、江苏援藏前方指挥部项目组副组长齐朝辉出席仪式，并为项目奠基。

23 日 墨竹工卡县以“法律进宗教活动场所”为主题，开展在编宗教教职人员法律知识考试。墨竹工卡县委统战部（民宗局）、司法局工作人员带领考务工作组到各寺庙对考试进行监督。全县共计 581 名在编宗教教职人员参加法律知识考试，各寺庙宗教教职人员参考率在 96% 以上，参加考试的宗教教职人员分数全部达标。

24 日 墨竹工卡县整改办组织县环保局、国土局、水利局、林业局、安监局、甲玛乡政府主要负责同志，到西藏华泰龙矿业开发有限公司、西藏巨龙铜业有限公司开展中央环保督察反馈问题整改进展联合督查暨矿山领域联合执法检查。此次联合督查由县委常委、副县长张家松带队。

26 日 墨竹工卡县召开县委理论学习中心组“两学一做”学习教育 2018 年第三次集中学习研讨（扩大）会，会议由县委书记劳明伟主持。县委理论中心组全体成员、各乡（镇）党委书记和县直各单位主要负责人参加会议。

同日 拉萨市环境保护局副局长德吉央宗带领市整改办检查组一行到墨竹工卡县开展中央环保督察问题整改“回头看”工作。拉萨市人大常委会党组副书记、市总工会主席平措朗杰现场指导，县委副书记、县长旦增尼玛，县委副书记索朗多吉全程陪同。

31 日 西藏自治区党委常委、拉萨市委书记白玛旺堆到墨竹工卡县驱龙铜多金属矿区调研指导工作。市委副书记、组织部部长庄红翔，县委书记劳明伟，县委副书记、县长旦增尼玛以及市县相关单位负责人陪同。

同日 由县农牧局推广站技术人员对工卡镇、唐加乡、扎西岗乡、尼玛江热乡、扎雪乡农牧民进行农田草害综合防控和农业投入品安全使用培训。此次培训，共计 295 人参与，发放宣传资料 295 份。

4月

1 日 根据《墨竹工卡县全面推行“河长制”的实施方案》和《墨竹工卡县全面推行“河长制”督导检查方案》要求，县政协党组书记、主席索朗桑布带队，到门巴乡、甲玛乡、日多乡、扎西岗乡，利用 2 天时间，实地督查“河长制”推行情况，查阅乡级资料，指导、督促各乡（镇）落实推进“河长制”工作。

3 日 拉萨市政府副秘书长张志军、市林业局副局长陈礼带队拉萨市环境保护督察整改督办领导小组第三组一行到墨竹工卡县督导调研工作。

4 日 墨竹工卡县举行县委党校 2018 年开学典礼暨科级及以上干部学习贯彻习近平新时代中国特色社会主义思想和党的十九大精神专题培训班开班仪式。

12 日 按照中央环保督察反馈问题和转办案件要求，根据区市党委、政府工作部署，督促各企业进一步强化主体责任，加快生态治理和植被恢复，以实际行动践行绿色发展理念，特别是践行习近平总书记提出的“绿水青山就是金山银山”的重要思想。墨竹工卡县举行 2018 年生态修复暨植被恢复启动仪式。

16日 墨竹工卡县召开迎接国家考核验收动员暨2018年脱贫攻坚工作安排部署大会。会议由县委副书记、县长旦增尼玛主持。

17日 南京市栖霞区人大常委会党组书记、主任陈波，南京市栖霞区委常委、组织部部长徐春率领栖霞区考察团一行到墨竹工卡县看望援藏干部，考察指导工作，深化两地合作交流，共续援建友谊。

19日 墨竹工卡县举办2018年“春风行动”暨高校毕业生专场招聘会。

同日 为深入学习贯彻习近平新时代中国特色社会主义思想和党的十九大精神，弘扬爱国情怀，提升民族自豪感，墨竹工卡县开展县委理论中心组“两学一做”学习教育2018年第五次集中学习会，组织中心组成员、县（直）各单位主要负责同志集中观看大型纪录影片《厉害了，我的国》。

同日 全市村级组织活动场所标准化建设工作现场推进会在墨竹工卡县举行，全市8县（区）及3个园区管委会组成的学习观摩团共40人到墨竹工卡县赤康村、羊日岗村现场观摩学习。

24日 西藏自治区科技厅副厅长王俊杰为组长的自治区总河长办第一督导检查组一行到墨竹工卡县对全面建立河长制工作进行督导检查，县委副书记、县级总河长索朗多吉，拉萨市水利局副局长王佰伟，县委常委、副县长汤官中，县水利局负责人全程陪同。

同日 拉萨市副市长陆从福一行到墨竹工卡县督导调研“双创”工作开展情况。

25日 墨竹工卡县村“两委”班子成员及村务监督委员会成员学习贯彻中共十九大精神专题培训实现全覆盖，参训学员达303人。

同日 墨竹工卡县召开迎接西藏自治区2018年脱贫攻坚第一次综合督查汇报会议。会议由县委副书记、县长旦增尼玛主持。第一督查组组长、自治区教育厅副厅长、区脱贫攻坚指挥部教育脱贫组副组长朱赟，拉萨市扶贫（农发）办主任李海云出席会议。

26日 西藏自治区商务厅党组副书记、副厅长周慧一行到墨竹工卡县调研督导商务工作。

28日 召开市委巡察三组巡察墨竹工卡县民政系统、农牧系统党组织工作动员会，市委巡察三组将对墨竹工卡县民政系统和农牧系统党组织开展为期60天的“提级巡察”。

同日 墨竹工卡县召开“中国梦·劳动美”五一劳动节座谈会，副县长谢雪梅出席会议，6名全县各行各业的劳模、七乡一镇工会主席参加会议。

5月

2日 县委副书记、县长旦增尼玛到扎雪乡主持召开扎雪乡脱贫攻坚工作现场会。

3日 墨竹工卡县召开省道507与国道349工程建设动员部署会议。

4日 墨竹工卡县科级及以上干部学习贯彻习近平新时代中国特色社会主义思想和党的十九大精神专题培训班（第二期）圆满结束。

8日 拉萨市委副书记、市长果果，市委常委、常务副市长暴剑到墨竹工卡县实地督察调研矿山领域环境问题整改和污水处理厂建设情况。县委书记劳明伟，县委副书记、县长旦增尼玛，县委副书记索朗多吉，县委常委、副县长汤官中，副县长索朗多吉陪同调研。

7—9日 按照墨竹工卡县委、县政府工作安排部署，县政协党组书记、主席索朗桑布，副县长巴桑先后到工卡镇、甲玛乡、唐加乡、日多乡、尼玛江热乡、门巴乡等地召开脱贫攻坚专题部署会议。各乡镇全体干部职工，各村第一书记、书记、主任，驻村工作队队长，村小组组长，乡完小，卫生院，派出所主要负责人参加会议。

9日 西藏华泰龙矿业开发有限公司举行精准扶贫建档立卡户安置就业岗前培训，50名墨竹工卡县精准扶贫对象参加培训。

10日 拉萨市副市长雷涛一行到墨竹工卡县调研小微企业工作开展情况。

同日 拉萨市环保整改办督办一组副组长、市环保局副局长德吉央宗一行到墨竹工卡县督导调研环保整改工作，副县长索朗多吉陪同调研。

同日 墨竹工卡县召开总工会第六次代表大

会，会议由县委常委、组织部部长平措朗杰主持。县委常务副书记汪东明，县人大常委会副主任刘登贵，副县长巴桑，县政协副主席杨传志出席会议。97 名代表，4 名特邀代表参加会议。

15 日　在第 25 个“防治碘缺乏病日”，墨竹工卡县在 318 国道沿线开展以“‘碘’亮智慧人生，共享健康生活”为主题的防治知识宣传活动。

16 日　墨竹工卡县召开 2017 年冬虫夏草采集服务与管理工作总结暨 2018 动员部署会。

同日　拉萨市林业局副调研员严芳一行到墨竹工卡县检查指导病虫害防治工作开展情况。

17 日　县委副书记、县长旦增尼玛先后到县城污水处理厂、工卡镇帕热组实地调研人居环境整治工作推进情况，并在帕热组就地召开现场办公会。

18 日　西藏自治区党委常委、常务副主席姜杰到墨竹工卡县督查贯彻落实全国农村人居环境整治工作会议精神情况，并现场调研指导农村人居环境整治等工作。

20 日　西藏自治区副主席江白到墨竹工卡县实地察看“三岩”片区易地扶贫搬迁工程和重点区域造林项目，考察消除“无树村、无树户”情况。

同日　墨竹工卡县组织开展村级组织活动场所标准化建设现场观摩学习会，由县委常委、组织部部长平措朗杰带队，现场观摩学习尼木县普松乡如白村、普松村，曲水县才纳乡白堆村村级组织活动场所标准化建设。各乡（镇）党委书记、部分村第一书记代表共 20 人参加。

21 日　南京市汇海建筑劳务有限公司董事长庄林军带队爱心捐赠人士一行 4 人到墨竹工卡县扎雪乡中心小学开展爱心捐赠活动。

21—24 日　墨竹工卡县组织开展规范教学五环节、优化教学管理培训活动，此次活动共计 200 余名教师参加。

23 日　拉萨市委宣传部副部长张碧芳一行到墨竹工卡县调研“五有五好”文明村镇创建工作开展情况。

24 日　为促进墨竹工卡县创建第三批国家公共文化服务体系示范区，更好地服务文化需求，县委宣传部联合县文旅新广局创建办到县武警中队首次举办“图书漂流”活动。

30 日　墨竹工卡县交通局和协调领导小组按照县委、县政府安排部署，联合组织 507 省道沿线乡政府、村委会及项目指挥部、施工队、设计方等正式开展征地拆迁测量工作。

31 日　拉萨市发改委副主任王良良一行到墨竹工卡县考核 2017—2018 年度政府质量工作情况，并在政府三楼会议室召开座谈会。县委副书记、常务副县长郭昌标，副乡长龙刚及 19 个成员单位负责人参加会议。

6 月

3 日　江苏援藏前方指挥部指挥长、拉萨市委副书记、常务副市长胡洪到墨竹工卡县调研农业产业发展情况、援藏项目建设情况及寺庙文物保护工作，并到贫困户家中了解脱贫状况。

4 日　县委书记劳明伟一行到虫草采挖各驻点慰问一线工作人员并调研基层党建工作

5 日　墨竹工卡县人民政府联合西藏华泰龙矿业开发有限公司，围绕“美丽墨竹，我是行动者”宣传主题，共同举办“第 47 个世界环境日宣传活动”。

同日　县委常委、副县长张家松带领县住建局工作人员一行，对墨竹工卡县嘎则新区自来水厂、老城区自来水厂等地进行实地查看调研。

同日　为积极响应全国第 17 个“安全生产月、安全生产万里行”活动，进一步弘扬安全文化，普及安全知识，提升安全素养。根据县委、县政府的总体安排部署，县安委会组织县安监局、县环保局、县工信局、县治安大队、县林业局等相关成员单位在巨龙铜业有限公司举行“安全生产月暨安全生产墨竹行”启动仪式并进行安全宣传活动。

4—6 日　墨竹工卡县在虫草采集区集中开展法律宣传教育活动。此次法宣教育活动，设置宣传展板 20 余个，受教育联户代表 200 余人，受教育群众 5000 余人，受教育虫草收购人员 30 余人，赢得广大群众的支持和配合。

6 日　西藏自治区政协党组成员、副主席王亚蔺为总指导，区政协经济和人口资源环境委员会主任赤列多吉带队自治区政协调研组一行到墨竹工卡县，围绕“西藏农牧区精准扶贫中精神贫困现象及实质的对策建议”以实地走访贫困户、视察企业、与群众交谈等方式开展调研。拉萨市政协党组副书记、副主席、秘书长张勤，墨竹工卡县委书记劳明伟，县委副书记、县长旦增尼玛，县政协党组书记、主席索朗桑布等有关同志陪同调研。

同日 西藏自治区工信厅副巡视员肖烟带领拉萨市工信局一行对墨竹工卡县2家民爆企业中国葛洲坝集团易普力股份有限公司墨竹工卡分公司和西藏中金新联爆破工程有限公司进行安全生产隐患排查和调研

同日 墨竹工卡县“四讲四爱”群众教育实践活动宣讲团在门巴乡贴朗村虫草采集点开展“四讲四爱”群众教育实践活动巡回宣讲。

7日 墨竹工卡县人民政府召开第43次县长办公会议暨环境保护专题会，会议主要任务是对全县突出环境问题整改工作再调度、再部署、再推进，进一步传导压力，明确责任，强化措施，全面整改，确保全县突出环境问题整改到位。会议由县委副书记、县长旦增尼玛主持，在岗副县长出席会议。涉矿乡（镇）、县直相关部门负责同志，三大矿山企业负责人参加会议。

同日 县委副书记、县长旦增尼玛主持召开墨竹工卡县2018年脱贫攻坚指挥部工作例会暨迎国检专题部署会议。

同日 拉萨市人社局党组书记彭丽华一行到墨竹工卡县人社局调研督导高校毕业生就业创业工作开展情况，副县长谢雪梅陪同调研。

8日 南京广电猫猫新媒体有限公司总经理、全国青联委员、江苏省青联委员、南京市青联委员曹畅及其爱心团队一行4人到墨竹工卡县开展“凝聚青春力量、传递东西情谊精准扶贫、江苏青联在行动”活动。

11日 拉萨市总工会联合县总工会在华泰龙公司开展以“送温暖、送文化、送法律、送政策、送医送药”为内容的“学习贯彻十九大，工会服务在基层”系列服务职工活动。

12日 拉萨市政协党组副书记、副主席、秘书长张勤一行到墨竹工卡县日多乡、扎西岗乡调研村级活动场所建设及村集体经济发展情况。县委书记劳明伟，县委常委、组织部部长平措朗杰陪同调研。

13日 西藏自治区司法厅法宣处副处长边巴次仁一行到墨竹工卡县开展“七五”普法中期工作推进情况调研。

同日 为全面推进“河长制”工作，切实落实绿色发展理念，全面、及时掌握墨竹工卡县各乡（镇）河长制工作落实情况。根据县委、县政府安排部署，由县政协党组书记、主席索朗桑布带队，水利局、林业局、环保局等相关单位组成的河长制督导检查组，以实地查看、座谈交流、查阅资料等方式对扎雪乡、尼玛江热乡、唐加乡、工卡镇、甲玛乡的河长制工作落实情况进行督导检查。

14日 西藏自治区人大常委会副主任李文汉带领自治区人大常委会调研组到墨竹工卡县调研“两院”全面深化司法改革情况。拉萨市人大常委会党组副书记央金卓嘎，县委书记劳明伟，县委副书记索朗多吉，县委副书记普布，县委常委、政法委书记、公安局局长其米多布杰，县人大常委会副主任刘登贵，县法院党组书记、院长索朗多吉陪同调研。

同日 墨竹工卡县召开全县汛期安全生产工作专题会议。副县长索朗多吉受县委副书记、县长旦增尼玛委托出席会议并做重要讲话。县安委会相关成员单位主要负责同志、企业主要负责人共50余人参加会议。

同日 拉萨市统计局副局长郝思军带队到墨竹工卡县调研经济形势和统计工作。市统计局工交投资科、贸易服务科有关负责人陪同调研。

15日 举办“我们的节日·端午”民俗文化活动。西藏自治区文明办综合组调研员曲绍东，县委副书记普布出席活动。流动人口党支部志愿服务队代表、先进寺庙僧尼代表、医务工作者代表、公安干警代表、县中学学生代表共计300余人参加活动。

同日 墨竹工卡县联合执法检查组到甲玛矿区开展环保整改“回头看”工作。

18 日 为深入贯彻落实西藏自治区第九次党代会及区、市、县 2018 年度教育工作会议精神，有效推动“五个 100%”教育目标任务、教师岗位技能大练兵活动，切实增强基层教师业务知识水平、教育教学能力的提升。墨竹工卡县组织 10 名基层教师到南京市溧水区培训学习。

19 日 墨竹工卡县委常委、组织部部长平措朗杰到县委党校为全县 2018 年各乡镇、县直部门入党积极分子专题培训班学员上党课，全体参训学员、县委组织部及县委党校有关人员，共计 60 余人聆听本次党课。

同日 墨竹工卡县召开考点考务工作和考务人员专题培训会议，县委常委、副县长张德才，拉萨市教育局下派考务指导马继梁、副主考拉萨市第三高级中学副校长普琼，拉萨市教育局下派交叉巡视员达孜区中学书记黄始全出席会议。

21 日 西南监督站辐射环境监督与督查处处长何寿强带队调研组一行到墨竹工卡县华泰龙矿区开展全国第二次污染源普查伴生矿调研工作。

同日 墨竹工卡县宗教领域召开“遵行四条标准、争做先进僧尼”教育实践活动和深化“四讲四爱”群众教育实践活动动员部署暨第一期宣讲员培训会。

22 日 县委副书记、县长旦增尼玛先后到尼玛江热乡、扎雪乡、扎西岗乡调研指导精准扶贫精准脱贫工作。

23 日 为确保 2018 年青稞单产在 2017 年的基础增长 12 斤的目标，积极落实《拉萨市农田草害综合防控工作方案》和《墨竹工卡县农田草害综合防控工作方案》的要求，墨竹工卡县积极开展农田草害综合防控实地培训工作，此次培训共计 590 余人参加。

25 日 南京市志办考察组闫文献一行到墨竹工卡县考察交流。

同日 拉萨市委常委、统战部部长阿努次仁到门巴乡仁多岗村看望结对户，并检查指导仁多岗村精准扶贫等各项工作。

同日 为营造“大众创业、万众创新”的良好氛围，墨竹工卡县“创业英雄汇”海选拉萨站墨竹工卡县初赛在县政府主楼 102 会议室举行。

26 日 西藏自治区党委常委，区政协党组副书记、副主席，区党委统战部部长旦科率调研组到墨竹工卡县，就 2018 年上半年统战民族宗教工作，特别是学习宣传新修订《宗教事务条例》和“遵行四条标准、争做先进僧尼”教育实践活动等内容推动落实情况进行座谈调研。市委常委、统战部部长阿努次仁，县委副书记、县长旦增尼玛，县委常委、统战部部长扎巴桑珠陪同。

同日 墨竹工卡县聘请安全生产技术服务甲级资质的北京华夏诚智安全环境技术机构的官涛等 4 名资深高级安全工程师组成专家组，对全县非煤矿山企业组织开展安全隐患专项排查及安全技术服务指导工作，此次综合检查技术服务期限为 20 天。

同日 全面启动《墨竹工卡县 2018 年环境保护专家团队服务项目 6 月环境联合监察执法工作方案》，此次环境联合监察执法将利用 15 个工作日对 7 家国控企业进行联合执法检查，全面排查企业履行环评手续、污染治理设施运行、“三同时”制度执行、环境保护责任制度建立、监测设备建设和运行、突发环境事件应急预案制定和落实、扬尘治理措施落实、大气污染防治设施建设和运行、矿山固废防治设施运行等情况，并形成联合执法检查结果报告。

28 日 拉萨市交通运输局领导一行到米墨项目指挥部，组织召开林拉高等级公路建设二期工程米墨段遗留问题处理协调推进会。

同日 南京富凯华轻纺有限公司总经理丁起杉一行到墨竹工卡县日多乡中心小学开展爱心捐赠活动。

同日 为加快推进创建国家第三批公共文化服务体系示范区，为广大群众提供更加便捷高效的公共文化服务，墨竹工卡县集中组织县文化馆、各乡（镇）文化站、40 个行政村“农家书屋”的图书开展“云图书馆”录入。录入书籍共 85012 册，基本建成以县级馆为中心、各乡镇综合文化站为辐射，村级文化阵地为延伸的总分馆式的公共文化服务网格。

29 日 南京大学教授赵曙明到墨竹工卡县，为20名优异中小学生颁发“赵曙明奖学金”共计1万元，捐赠书籍900本，并举行座谈会进行交流。思谋会秘书长赵宜萱，江苏和睦家投资管理有限公司颜舟燕，拉萨市教育局副局长缪榕楠，县委常务副书记汪东明，县委常委、副县长张德才参加座谈会。

7月

1 日 为迎接党的97岁生日墨竹工卡县“四讲四爱”活动办组织开展“国旗飘起来、国歌唱起来”活动。此次活动发放国旗500面，发放“四讲四爱”群众教育实践活动小礼品毛巾2000条，受益群众2300余人。宣讲脱贫攻坚政策380场，受益群众22000余人。

同日 南京市政协副主席吴卫国一行到墨竹工卡县，对援藏项目、基层组织建设、旅游开发、文物保护情况和精准扶贫精准脱贫进行实地调研。墨竹工卡县委书记劳明伟，南京市援助墨竹工卡县工作组组长、县委常务副书记汪东明，工作组副组长、县委副书记、常务副县长郭昌标，县政协党组书记、主席索朗桑布，工作组成员、县委常委、副县长张德才陪同调研并举行欢迎仪式。

2 日 西藏自治区林业厅副厅长索朗旺堆一行到墨竹工卡县实地督导调研矿山环保整改工作。拉萨市副秘书长张智军，副县长索朗多吉及市县直相关单位负责人陪同。

同日 墨竹工卡县委老干部局和县民政局组织选派38名离退休老干部参加拉萨市老龄办主办的拉萨市第三届老年人运动会。

3 日 拉萨市国土局牵头，区测绘局、区国土资源规划开发研究院、市林业局、市民政局、市农牧局、市水利局、四川测绘地理信息局测绘技术服务中心10余人，在市国土局地籍科科长边巴卓玛带领下，对墨竹工卡县集体土地所有权确权登记发证成果进行市级检查验收。县委常委、副县长张家松，县直相关部门主要负责人参加验收。

4 日 组织全县范围内寺庙僧尼和驻寺干部，利用10天时间先后在县人民医院开展免费体检活动，包括生化全套、两对半、胸透、内外妇科等常规检查，并建立健康档案。

5 日 西藏自治区人大常委会副主任维色一行到墨竹工卡县开展2018年上半年经济运行情况调研。此次调研目的在于分析存在的困难和问题，提出意见、建议。拉萨市人大常委会党组副书记、副主任达瓦，副市长陆从福，市政协副主席、市发改委党组书记达娃，县委书记劳明伟，县委副书记、县长旦增尼玛等陪同调研并出席座谈会。

7 日 西藏自治区党委常务副书记、区政协党组书记、自治区环境保护督察组拉萨组组长丁业现在拉萨市调研督导环保问题整改情况，并出席拉萨市中央环保督察反馈问题和自治区本级环保督察发现问题整改工作情况汇报会（调研地点华泰龙）。

9 日 收到强降雨蓝色预警信号后，县委副书记、县长旦增尼玛第一时间在306会议室主持召开墨竹工卡县防汛工作紧急部署会，安排部署防汛相关事宜。防汛抗旱指挥部领导小组成员参加会议。

同日 南京市栖霞区委副书记、区长黎辉带领南京市栖霞区代表团一行到墨竹工卡县看望援藏干部，深化两地合作交流。

10 日 为弘扬中华民族的传统美德，让敬老、爱老、助老的良好社会风尚进一步在墨竹传承、发扬，墨竹工卡县尼玛江热乡宗雪藏戏团到县敬老院，给老人们送去丰富多彩的节目。

11 日 南京市教育局副局长祁寿东带队一行8名教育专家到墨竹工卡县开展师资培训交流活动，并在南京实验小学举行培训开班仪式。

12 日 南京市经济技术开发区管委会主任高德臣一行到墨竹工卡县公安局开展对口支援工作，为公安局捐赠2辆尼桑皮卡、2辆尼桑途达，并召开对口支援座谈会。

13 日 墨竹工卡县召开2018年全面推行河长制湖长制工作部署大会。

同日 为进一步加强党风廉政建设，筑牢拒腐防变思想防线，强化“预防为主”的理念，增强反腐倡廉的影响力。县纪委组织新任村“两委”班子成员共计51人到墨竹工卡县党风廉政建设和职务犯罪警示教育基地参观学习。

16 日　西藏自治区政协原副主席益希单增到墨竹工卡县，围绕“新旧西藏对比”“民间传奇事件和人物”以及“旅游业开发、文物保护”主题，以实地走访、座谈交流等方式开展考察调研工作。县政协党组书记、主席索朗桑布陪同考察调研。

同日　墨竹工卡县唐加乡卓尼村孜尼麦组群众每家每户派出代表，身着盛装，背着经书，手持麦穗依次围着农田转圈祈祷，唱起悠悠古老的丰收歌谣，举行转田祈福活动，拉开一年一度的“望果节”序幕。

18 日　墨竹工卡县召开“三病”筛查工作第六次推进会，副县长益西，县卫计委、县人民医院、县疾控中心及各乡（镇）卫生院负责人及分管卫生工作的副乡（镇）长参加会议。

19 日　南京市秦淮区卫计局工委书记苏宁一行到墨竹工卡县人民医院开展交流学习，看望慰问援藏医疗队专家，并召开对口援助座谈会。

22 日　墨竹工卡县按照自治区文化厅、拉萨市文化局要求精心组织尼玛江热乡其玛卡藏戏队，到拉萨市宗角禄康公园开展为期一天的藏戏公益演出活动。

26 日　墨竹工卡县组织开展 2018 年高校毕业生创业引导培训会。

27 日　墨竹工卡县第二届青年创新创业大赛决赛在双创基地（净土楼）举行。县委书记劳明伟，县委常务副书记汪东明，县人大常委会党组书记、主任张尚福，副县长巴桑等领导出席，团县委、工信局、扶贫办、卫计委、人社局、西藏银行等单位主要负责人担任此次活动的评委。

同日　以“尚德守法、食品安全让生活更美好”为主题 2018 年墨竹工卡县食品安全宣传周启动仪式在尼玛江热乡宗雪村委会举行。副县长、食安办主任益西，县工商局、县食药监局、县医院主要负责人参加启动仪式，并邀请 400 余名当地群众观看启动仪式。

30 日　墨竹工卡县召开 2018 年度民族团结表彰大会。会议由县委副书记、县长旦增尼玛主持。县委书记劳明伟，县委副书记索朗多吉，县委副书记、常务副县长郭昌标，县人大常委会党组书记、主任张尚福出席会议。在岗县级领导，各乡（镇）、县直各单位、驻村工作队、寺庙管委会主要负责人，各村第一书记或支部书记、受表彰的民族团结模范集体和模范个人代表参加会议。

8月

1 日　县委书记劳明伟带队，县委副书记索朗多吉，县人大常委会党组书记、主任张尚福，县委常委、武装部政委蒋万刚，副县长益西，县政协副主席杨传志一行集中看望慰问县消防大队、武装部、武警中队驻县官兵。

2 日　墨竹工卡县圆满完成 2018 年内地西藏班招生考试工作，并取得优异成绩。墨竹工卡县内地西藏初中班考生 372 人，其中县域外考生 67 人，县域内考生 305 人，最终达到录取分数线的 34 人。同比 2017 年，就读县域内小学达到内地西藏初中班录取分数线的增加了 8 人，同比增长率达 47%。

3 日　墨竹工卡县召开深化国家监察体制改革试点工作领导小组会议。会议主要任务是通报全县深化监察体制改革试点工作进展情况，研究解决工作中遇到的问题。县委书记劳明伟，县委常委、纪委书记、监委主任张子成，县人大常委会副主任刘登贵，县人民检察院党组书记、检察长索朗旺杰及深化国家监察体制改革试点工作小组成员单位主要负责人参加会议。县委常委、政法委书记、公安局局长其米多布杰主持会议。

7 日　南京市政府党组成员、高淳区委书记霍慧萍一行到藏深化宁墨两地合作交流，推动高淳区与尼玛江热乡对口帮扶协作工作，并参加高淳区—墨竹工卡县对口帮扶协作工作座谈会。墨竹工卡县委书记劳明伟主持座谈会，县委副书记、县长旦增尼玛，县委常务副书记、南京援助墨竹工卡县工作组组长汪东明，县委副书记、常务副县长、工作组副组长郭昌标，县委常委、副县长、工作组成员张德才，尼玛江热乡党委书记次达及相关部门人员参加。

同日　西藏自治区安监局副局长拉增带队对

墨竹工卡县进行安全生产督导检查。

9日 拉萨市财政局党组书记旦增曲扎一行到墨竹工卡县对县财政各项工作开展情况进行全面调研，并召开座谈会听取墨竹工卡县财政工作情况。

同日 墨竹工卡县文旅新广局邀请尼玛江热乡其玛卡民间艺术团，到尼玛江热乡小学开展送“藏戏”迎“雪顿”文艺下乡活动。

10日 组织36名干部参观墨竹工卡县党风廉政建设和预防职务犯罪警示教育基地。

11—17日 组织20个具有代表性的专业合作社参加拉萨市2018年雪顿节名优商品交易会。

17—18日 墨竹工卡县教体局分两组对全县1所初中、8所小学、县一幼、二幼、部分乡中心幼儿园及村级幼儿园进行秋季开学专项检查工作。

19日 墨竹工卡县举行南京实验幼儿园揭牌仪式，这是南京市对口援助墨竹工卡县的又一重要民生工程，标志着学前教育又迈入一个新的阶段。南京市人大常委会党组书记、主任龙翔，南京市委常委、宣传部部长陈勇出席仪式并为墨竹工卡县南京实验幼儿园揭牌，县委书记劳明伟主持仪式。南京市人大常委会机关党组书记、副秘书长邵建光，南京市教育局局长孙百军，墨竹工卡县委常务副书记汪东明，县委副书记、常务副县长郭昌标，县委常委、副县长张德才以及县教育局负责人、幼儿园教师代表、学生代表参加揭牌仪式。

21日 锦创科技股份有限公司党支部书记、副总裁李谊忠，南京市秦淮区统战部副部长、工商联党组书记张毅一行到墨竹工卡县扎西岗乡南京希望小学开展奖教金捐赠活动，捐赠仪式在南京希望小学阶梯教室举行。

27日 南京市栖霞区人大常委会副主任胡达贵一行到墨竹工卡县考察指导工作，看望援藏干部，深化两地合作交流，共续援建友谊。并召开座谈会。

同日 拉萨市验收组到墨竹工卡县验收农村集体资产清产核资工作。

28日 墨竹工卡县文旅新广局、门巴乡人民政府、德冲村委会共20余人到德仲温泉开展环境卫生整治活动。

30日 邀请环境保护部华南环境科学研究所王振兴博士一行到甲玛矿区，开展绿色矿山甲玛矿区（试点）规划调研工作。

31日 墨竹工卡县组织召开《习近平谈治国理政》专题辅导宣讲报告会。会议由县人大常委会党组书记、主任张尚福主持。

同日 南京市雨花台区副区长余清一行到墨竹工卡县考察指导工作，看望援藏干部，深化两地合作交流，共续援建友谊，并召开雨花台区对口支援墨竹工卡县座谈会。

9月

3日 西藏自治区林业厅厅长云丹、拉萨市林业局局长次达一行到墨竹工卡县检查村容村貌整治及国土绿化工作，并对湿地保护区管理工作及工卡镇塔巴村帕热组村容村貌绿化工作情况进行检查。县委书记劳明伟，县委常委、副县长汤官中，县林业局局长唐耀军陪同。

4日 墨竹工卡县首届运动会暨民族传统体育运动会在县中学隆重开幕。

6日 西藏自治区人大常委会党组副书记、副主任多托，自治区人大常委会副主任其美仁增，以及区市相关部门负责人到墨竹工卡县开展2018中华环保世纪行—西藏行活动。此次活动旨在检查习近平生态文明思想贯彻落实情况，同时调研中央环保督察反馈问题整改情况。

7日 墨竹工卡县召开庆祝第34个教师节表彰大会。

9日 九届拉萨市委第六轮巡察组进驻墨竹工卡县，召开巡察寺庙管委会进驻动员会。会议由县委常委、副书记普布主持，市委巡察领导小组成员、市委巡察组、宗教工作领导小组、被巡察单位班子成员、僧尼代表等70余人参加会议。

10日 西藏自治区政协副秘书长王新会一行到墨竹工卡县就政协系统党建工作开展专题调研。调研组一行对唐加乡“政协委员之家”创建情况和运行情况进行实地走访和查看，与基层政协委员和干部就强化党的建设工作进行深入交谈。

同日 墨竹工卡县宗教领域活动办组织全县寺庙僧尼深入开展“遵行四条标准、争做先进僧尼”暨深化“四讲四爱”群众教育实践活动藏文书法比赛。

13日 墨竹工卡县开展2017年“金秋助学金发放”活动，受助学生共计有151名，发放助学金共计516000元。

同日 墨竹工卡县举办“说好普通话，迈进新时代”为主题推普周活动，共发放宣传册、标语、图片等文本资料800余册。

19日 墨竹工卡县副县长益西带队，县文旅局协同日多乡人民政府、县公安局、县卫计委、县交通局、县消防大队、县工商局开展米拉山环境卫生联合专项检查工作。

20日 西藏自治区安监局一处处长井光富组织安全生产专家到墨竹工卡县金和矿业帮浦矿区督导检查安全生产工作。

同日 拉萨市打假工作领导小组一行到墨竹工卡县开展专项联合检查。县工信局、县安监局、县公安局等8家单位工作人员陪同检查。

同日 墨竹工卡县人大常委会组织常委会委员、人大代表开展国土绿化、消除“无树村”“无树户”视察。

18—20日 墨竹工卡副县长谢雪梅带领县人社局工作人员到各乡（镇）开展高校毕业生就业创业督导检查工作。

26日 墨竹工卡县组织开展“两学一做”凝聚力庆改革开放40周年参观爱国主义教育基地活动，组织群众、党员及驻村工作队代表48人参观自治区自然科学博物馆和自治区军史博物馆。

28日 墨竹工卡县举行第二批学习《中华人民共和国监察法》（后简称《监察法》）专题培训。邀请中共拉萨市委讲师团成员，中共拉萨市委党校马列教研室讲师，博士研究生陈乐为墨竹工卡县各乡镇、县直各单位、中区直单位、宗教领域管理人员及教育、医疗卫生单位中从事管理人员共计187名讲解《监察法》。

10月

9日 拉萨市公安局反恐办联合墨竹工卡县公安局在县中学内开展反恐法制宣传活动。

同日 南京青年联合会徐睿、马连平等6名代表到墨竹工卡县开展“一人一水杯”项目捐赠活动，为墨竹工卡县学生捐赠保温杯7000个，价值245000元。

同日 召开墨竹工卡县乡村振兴第四次推进会。

11日 西藏自治区国土资源厅党组成员、副厅长布琼带领自治区集体土地所有权确权登记发证领导小组到墨竹工卡县开展集体土地所有权确权登记发证成果自治区级检查验收工作。

12日 西藏自治区总工会党组书记、常务副主席王纯丁带队调研组一行到墨竹工卡县调研工会工作。自治区总工会副巡视员、组织部部长边巴次仁，拉萨市总工会党组书记余刚一同调研。县委常务副书记汪东明，县政府副县长谢雪梅及县工会负责人陪同调研。

同日 墨竹工卡县召开2018年首届跨喜马拉雅自行车极限赛活动协调会。会议由县委副书记、县长旦增尼玛主持。

16日 南京市总工会党组成员、副主席陈慧男带队南京市总工会代表团一行到墨竹工卡县对接工会对口援助工作。

21日 拉萨市城关区委常委、人大常委会主任、城关区农村工作领导小组组长尼玛云丹带队城关区街道（乡）党委书记、村组织第一书记共计50余人到墨竹工卡县工卡镇塔巴村帕热组考察人居环境整治工作。

22日 墨竹工卡县召开第四次全国经济普查清查工作推进会。会议由县委副书记、常务副县长郭昌标主持。县经普办、各乡镇主要负责同志参加会议。

同日 墨竹工卡县委副书记、常务副县长郭昌标带领县环保局、县交通局（协调办）、县农牧局等相关单位负责人到门巴乡对嘉黎县措多乡经波浪村至墨竹工卡县门巴乡公路改建工程建设项目存在的草场破坏、网围栏损坏等问题进行现场查看，并明确整改方案及时限。

同日 墨竹工卡县召开欢送第二批南京供电公司援藏干部暨迎接第三批援藏干部座谈会。

24日 墨竹工卡县召开甲玛矿区（试点）国家级绿色矿山建设规划工作推进会议，听取工作进展，对下一步工作进行研究安排部署，进一步统一思想，明确责任，狠抓落实，确保甲玛矿区（试点）国家级绿色矿山建设规划工作稳步推进。县委副书记、县长旦增尼玛出席会议，并作重要讲话。

25日 由墨竹工卡县文化旅游新闻出版广播（文物）局、甲玛乡人民政府、墨竹工卡县旅游公司、墨竹工卡县农牧业净土产业发展有限公司、县城投公司、甲玛乡赤康村委会共同举办的天边之乡松赞故里—2018首届“醉墨竹”非遗旅游文化节在甲玛乡霍尔康庄园隆重开幕。

31日 墨竹工卡县举行以“四讲四爱”为主题的第五届“传承民族文化、弘扬体育精神”校园锅庄舞大赛。

11月

1日 中共墨竹工卡县第九届委员会第七次全体（扩大）会议召开。

同日 墨竹工卡县消防大队组织辖区内12座区级寺庙安全负责人开展集中约谈、消防安全知识火灾防控讲座、消防灭火装备配发仪式和灭火装备使用培训等活动，全力做好“119宣传月”活动。

2日 根据全区党员教育培训工作电视电话会议部署和全县党员队伍政治教育培训计划（2018—2020年），全县2018年党员政治教育第四期培训班在县会议中心完成结业考试后圆满结束，这也标志着墨竹工卡县各乡镇、单位科级干部政治教育圆满完成，达到预期效果。

3日 南京团市委副书记、青联副主席石磊率领南京市青年代表团一行到墨竹工卡县进行交流考察，并在扎西岗乡南京希望小学举行“全团对口支援西藏三年计划”2018年专项资金捐赠仪式。

5日 墨竹工卡县委副书记、县长旦增尼玛到县医院调研，并指出提高医疗硬件及服务水平，办群众满意的医院。

2—6日 县委书记劳明伟带队墨竹工卡县2018年重点工作检查考评工作小组从维护稳定、宗教工作、民族团结、精准扶贫精准脱贫、乡村振兴、经济发展、民生改善、人居环境、村级活动场所标准化建设、基层党建、党风廉政建设等重点领域对墨竹工卡县七乡一镇及所辖行政村、寺庙进行检查考评，县委副书记普布、县政协主席索朗桑布、县委常委其米多布杰，各乡镇党委书记、县直各相关部门负责人陪同检查。

7日 中国银行墨竹工卡县支行举行开业庆典，墨竹工卡县委书记劳明伟，中国银行西藏分行党委委员、副行长谢尔京为中国银行墨竹工卡县支行揭牌。

13日 墨竹工卡县首家派出监察室暨尼玛江热乡派出监察室正式挂牌成立。

同日 拉萨市审计局局长彭多带队调研组到墨竹工卡县调研和指导审计相关工作，并召开座谈会。县委副书记、县长旦增尼玛，县委副书记、常务副县长郭昌标，副县长益西，巴桑出席会议。

15日 墨竹工卡县妇女第六次代表大会在庄严的国歌声中开幕。

同日 墨竹工卡县“扫黄办”工作办公室牵头县综合文化执法大队、县公安局治安大队等相关部门组成“扫黄打非”联合执法专项整治小组，在县城范围内开展“扫黄打非”专项行动。

同日 墨竹工卡县人民医院创建“二级甲等”医院预评审工作圆满完成。

5—16日 第三方服务机构北京华夏诚智安全环境技术服务有限公司对辖区内7家非煤矿山企业进行第二轮安全生产专业技术服务。

16日 墨竹工卡县召开今冬明春防火工作安排部署会。

20日 墨竹工卡县召开2018年“遵行四条标准、争做先进僧尼”表彰大会。

26日 仁多岗村母畜养殖项目、短期育肥项目、村委会商品房项目产业分红现场会在仁多岗村委会举行。门巴乡人主要负责人、村“两委”班子、村务监督委员会、驻村工作队、下沉干部、建档立卡户参加分红现场会。

29日　墨竹工卡县医院顺利完成首例腹腔镜下阑尾切除术。

12月

3日　墨竹工卡县召开“三个专项斗争”专题会议。

4日　在我国第五个国家宪法日，为进一步弘扬宪法精神，维护宪法权威，推动全社会“尊崇宪法、学习宪法、遵守宪法、维护宪法、运用宪法”，墨竹工卡县司法局牵头县委宣传部、检察院、法院、文旅局、食药局、路政局等30家单位，到318国道沿线开展“12·4”国家宪法日宣传活动。

5日　拉萨市落实“五个100%”教育目标任务现场推进会在墨竹工卡县召开。

6日　西藏自治区环保厅厅长罗杰、副厅长张天华、拉萨市环保局局长格桑巴珠到墨竹工卡县调研指导矿区生态恢复工作。县委副书记、县长旦增尼玛，县委常委、副县长汤官中，县直相关部门负责人陪同调研。

7日　昌都市贡觉县“三岩片区”跨市整体易地搬迁35户197位群众搬迁至墨竹工卡县。

29日　墨竹工卡县召开岁末年初重点工作推进会，会议由县委副书记、县长旦增尼玛主持。县委、人大、政府、政协在家县级领导，县直各单位、各乡镇负责人参加会议。

政 

中共墨竹工卡县委员会

【概况】 2018年，墨竹工卡县委始终高举习近平新时代中国特色社会主义思想伟大旗帜，坚持一个核心，牢固树立“四个意识”，坚定“四个自信”，坚决做到“两个维护”，认真贯彻党的十九大、十九届二中、三中全会精神和区市党委九届三次全会精神，以召开重大会议为抓手，统一思想、明确目标任务，以实际行动认真贯彻落实中央、区市决策部署，沉下心抓落实，确保中央、区市党委决策部署要求落地生根。2018年，召开县委全委会议2次，召开县委常委会议19次，涉及议题115项，其中，学习中央、区市会议文件精神36项80份，制定研究墨竹工卡县相关贯彻落实意见及实施方案30余份；县委理论中心组共召开14次主题鲜明的学习研讨会。县委主要领导多次深入一线，对重点工作进行自查自评，共开展督查160余次，平均每月至少13次督查相关工作落实情况，上报工作落实督查专报66期、领导批示28期，下发督查通报6期、督查通知14期。

2018年8月29日，县委书记劳明伟、县委副书记索朗多吉到矿山调研环保督查整改落实工作

2018年，实现地区生产总值34.53亿元，同比增长9.8%；全社会固定资产投资同比增长17.7%；公共预算财政收入完成4.11亿元，同比增长8.18%；规模以上工业增加值同比增长4.6%；社会消费品零售总额完成4.2亿元，同比增长13.5%；农村居民人均可支配收入完成14300元，同比增长10.58%。

【农牧业】 年内，农作物总播种面积达11.12万亩，实现粮食总产量2.47万吨。牦牛短期育肥和接羔育幼进展顺利，斯布牦牛完成地理标志认证及商标注册，牲畜存栏14.55万头(匹、只)，畜禽出栏率达38.85%。净土产品销售点成功入驻拉萨商贸中心，现代农业示范园、标准化奶牛养殖中心、墨竹小油菜籽榨油厂建设项目有序推进。

【工业经济】 年内，狠抓工业经济运行监控，完成招商引资项目17个（其中新建4个，续建10个，正在对接洽谈3个），项目总投资37.01亿元，累计到位资金25亿元，完成全年招商引资目标任务的65.05%，同比增长50%。全年完成工业投入12.31亿元，同时增长76.7%。工业总产值40.96亿元，同比增长30.88%，工业税收5.49亿元，同比增长24.81%。

2018年2月5日，县委副书记、县长旦增尼玛一行到门巴乡检查“环境保护回头看”工作

【旅游产业】 年内，组织编纂《墨竹工卡县全域旅游规划》，完成直孔景区、德仲景区建设项目申报工作；完成思金拉措景区门票价格认定，实现门票收入43.6万元；成功举办首届油菜花艺术节、首届“醉墨竹”非遗旅游文化艺术节、“思金拉措”徒步游，累计接待游客1375万人次，同比增长4.88%，实现旅游综合收入3025万元，同比增长2.9%。全力以赴完成“2018首届跨喜马拉雅自行车极限赛”墨竹段赛事，获得区级优秀组织奖，墨竹旅游资源得到广泛宣传，两家旅游公司先后与塔巴村30户群众签订旅游合作协议，实现增收50余万元。

【基础设施建设】 年内，投资2.88亿元提升改造G349、S507项目顺利推进，改建农村道路52.954公里，投入2576.63万元对阿沛桥等13座桥进行维修，投资4470万元的4条市政道路开工建设，顺利启动农村客运班线，乡（镇）、行政村覆盖率分别达100%、80%，成为群众出行的第一批农村“公交”班线。实施农网改造，新建和改造高低压线路106.9公里。投入1261.77万元，完成农村饮用水安全提升巩固工程，实现全县2288户、14332人安全饮水。

【环境治理】 年内，认真抓好中央环保督察反馈问题整改工作，梳理出涉及墨竹工卡县整改任务26大项101子项。截至年底，整改完成率48%，中央环保督察组进驻西藏期间转办信访案件整改完成率67%；定期开展矿山联合执法，天仁矿业公司环境问题挂牌督办事项顺利摘牌；全面开展“绿盾2018”国家级自然保护区监督检查、全国第二次污染源普查等专项行动；聘请第三方机构，重点围绕“五大矿山”建设，开展环境、安全生产综合技术服务，编制《墨竹工卡县甲玛矿区自治区级绿色矿山示范县规划》，加快推进华泰龙公司、巨龙公司在线监控系统安装使用。

【人居环境持续改善】 年内，工卡镇帕热组打造为全区首个人居环境整治示范点，辐射开展全县人居环境整治工作，试点推进垃圾分类、集中处理。嘎则新区县城污水处理及收集系统建设项目完成主体建设；投入1000万元对人工湿地污水处理厂进行提标改造，污水处理工艺在全区得到推广；投入7200万元率先在全区实施覆盖7个乡的污水处理厂及收集管网建设，实现乡污水全收集、全处理。不断加大村容村貌整治力度，大力实施甲玛乡特色小城镇风貌改造、尼玛江热乡宗雪村村容村貌整治等项目；加大“厕所革命”建设力度，完成45座厕所建设；投入1500万开展消除“无树村、无树户”工作；完成植树造林3314.5亩，封山育林2100亩，

2018年10月22日，县委常务副书记汪东明到唐加乡莫冲村调研

封沙育林育苗6053亩，全县森林覆盖率达43%；全力推进国家级生态县创建筹备工作。

【精准扶贫】 年内，投入1.94亿元实施2018年扶贫产业项目16个，开工14个、完工9个，完成投资6531.6万元；投资1.94亿元购买建设嘎则新区易地扶贫搬迁安置房及拉萨文创园易地扶贫搬迁安置房661套，实现661户2785人贫困户搬迁入住，协调解决2个搬迁点的952名搬迁户子女实现就近就便入学，为易地扶贫搬迁群众对接就业岗位870个，所有搬迁群众均实现“一户一岗”；安排生态岗位2924个，落实生态补助资金1023.4万元，定向补助2803人，发放资金72.88万元，有效解决贫困户因病、因学致贫问题，实现贫困户稳定增收；投入140万元，在城关区集中租赁房屋并配备基本生活用品，着力解决近百余名拉萨市就业群众的住宿问题；通过对贫困群众教育引导，1376名贫困群众实现稳定就业。

【“双创”工作】 年内，调整充实“双创”暨高校毕业生就业创业工作领导小组，完善《墨竹工卡县小微企业创业创新基地认定奖励办法(试行)》等制度；投资461.36万元实施“双创”楼载体建设、支持“双创”企业成长等5个项目，初步完成墨竹工卡县众创空间和墨竹直孔印象园创业基地、墨竹宗穆夏民族手工艺创业基地建设；成功举办墨竹工卡县第二届青年创新创业大赛，为9个参赛项目发放扶持资金25.5万元，全力支持大学生及农牧民群众创业。

【教育事业】 年内，在全区率先启动农牧区学前三年双语教育，学前三年双语入园率达95%，适龄儿童入学率、巩固率分别达99.87%、100%，初中入学率、巩固率分别达101.83%、100%；县域内就读学生考上内地西藏初中班20人，同比提高11%；投入6544万元实施教育项目25个，完成全市“五个100%”教育目标任务推进会及自治区三类城市语言文字工作评估验收筹备工作；组织74名运动员参加拉萨市首届运动会暨民族传统运动会并取得可喜的成绩；成功举办墨竹工卡县首届运动会暨民族传统体育运动会。大力推行校园食堂色标管理工作，投入190万元完成唐加乡中心校及县中学食堂升级改造工程。

【卫生事业】 年内，完善县、乡、村三级医疗卫生服务网络和公共卫生服务体系建设，墨竹工卡县人民医院120急救中心及苏拉远程会诊项目相继投入使用；大力推进乡卫生院规范化管理及标准化建设，甲玛乡、扎雪乡卫生院投入使用；投入1335万元用于购置移动体检、各乡卫生院彩超等设施设备；累计投入746万余元开展包虫病综合防治工作及结核病、风湿病、肝炎“三病”防治筛查工作，完成包虫病筛查50339人，筛查率达到100%，对64名患者进行手术治疗、33名患者进行药物治疗。“九苗”接种率、孕产妇住院分娩率分别达99.48%、100%，新生婴儿死亡率控制在11.8‰；投入10余万元完成驻农贸市场食品安全检测室建设，累计开展40余次快速检测工作，合格率达96%以上。

【文化事业】 年内，完成500户有线电视数字化工程网上录入、中央广播电视节目无线数字化工程建设的配电系统改造、全县43座寺庙、拉康、日追等的安防设备配备等工作，广播电视“村村通”“舍舍通”“户户通”覆盖率均达到99.6%；成功申请直孔藏香制作技艺、直孔噶举派音乐、直孔噶尔羌姆等国家级非遗项目保护经费110万元；组织非遗传承人及唐加卓舞非遗团队赴南京参加“高原巧手圣地匠心”文创西藏精品巡展活动；其玛卡藏戏、宗雪藏戏受邀参加拉萨市雪顿藏戏演出季活动。

【社会保障】 年内，为墨竹工卡籍农牧民累计报销住院费用5046.06万元、受益4387人次；为2072余名大学生报销学杂费并发放生活补贴1154万元；为3976名农牧区60周岁以上老人发放养老补贴1714.68万元，实现农牧区群众“看病不花钱、上学不花钱、养老不花钱”。进一步完善五保供养人员管理办法，投入140万元用于改善老年人居住环境；落实“两线合一”资金72.24万元；兑现低保资金736.71万元；为700名城乡居民核报销医疗救助金367.958万元；为17名群众开展医疗救助“一站式”结算服务26.63万元；全面落实重点优抚对象抚恤补助政策，为全县11名重点优抚对象及退役士兵发放抚恤补助金及自主就业扶持金144.95万元；建立健全救灾工作联动、灾害预警预报等制度，改扩建县级救灾物资储备库，储备500余万元的各类救灾物资；抓好农牧民技能培训和劳动力转移就业工作，完成农牧民转移就业培训1210人，实现转移就业873人；开发就业岗位870个，城镇新增就业936人，城镇登记失业率控制在2%以内。

【援藏工作】 年内，共实施“金陵映象”高原生态藏茶、波朗村幼儿园、县医院提升改造工程等援藏项目20个（新建项目12个，续建项目8个），项目总投资12490万元（1‰以内资金11790万元，1‰以外资金700万元）。截至年底，全部开工建设，完工12个。第二批5名组团式医疗援藏医生开展新一轮的医疗援藏工作。2批次27名先天性心脏病、髋关节等患儿赴南京接受免费治疗，实现南京免费救治患儿突破100名。苏拉远程会诊共为40余例明确诊断和治疗方案，涉及心血管、呼吸、消化等各个专业，治愈率达90%以上。2018年，江苏省委常委、常务副省长、省委秘书长樊金龙，南京市人大常委会党组书记、主任龙翔等率领的30个党政代表团到墨竹工卡县开展对口帮扶，落实帮扶资金836万元、价值106万元的物资援助。2批次10名墨竹工卡县民间艺术团人员赴南京开展交流，1批次17名学生赴南京开展民族团结手拉手夏令营活动；组织7批次121名教师、医务人员、基层干部、干警赴南京参加培训学习、挂职锻炼，不断提高工作业务水平和服务群众能力。

2018年9月10日，县委副书记索朗多吉在第34个教师节表彰大会上为获奖教师颁奖

【政治建设】 年内，通过举办专题培训、理论中心组学习、开展主题教育等，引导广大党员干部进一步树牢“四个意识”，坚定“四个自信”，做到“四个服从”。县委举行理论中心组“两学一做”学习教育集中学习14次，撰写交流发言材料42篇，邀请自治区、市党校教授专家赴墨竹开展专题讲座3次。充分发挥县委党校主阵地作用，举办学习贯彻习近平新时代中国

特色社会主义思想和党的十九大精神专题培训班13期，培训人次达858人，其中全县科级及以上干部培训班5期，副县级及以上32人，科级及以下292人参训，撰写心得体会320篇；村组织专题培训班4期，303人参训；后备干部专题培训班2期，104人参训；入党积极分子培训班2期，127人参训。开展“面对面点对点落实党的十九大精神进万家”宣讲活动，整合下沉干部、驻村工作队、村“两委”、农牧民等宣讲员力量，走村入户、深入各虫草采挖点，解读党的十九大内容，宣讲强农惠民政策，集中宣讲362场次、派出宣讲员754人次、受教群众达3万余人次。制定出台《全县党员队伍政治教育培训计划2018—2020年》《关于举办2018年全县党员政治教育示范培训班的通知》，规划党员政治教育集中培训班7期340人。

2018年6月19日，县委副书记普布到扎西岗乡调研综治维稳安排部署工作

【作风建设】 年内，认真落实党员领导干部民主生活会、“双重组织生活”、支部组织生活会和民主评议党员等党内政治生活制度，坚持把全面从严治党要求贯穿于政治生活的各个环节。全县各级党组织按照《关于做好墨竹工卡县2017年度民主生活会工作的通知》，于2月底全部完成对照检查。同时，各级党组织10月底全部召开政治纪律教育专题组织生活会，政治纪律教育至今，累计收集心得体会380余篇，60余家党组织扎实开展书记讲党课活动，对4家单位开展政治纪律专项检查，发现问题3个。紧盯“四风”问题新变异、新变种，突出抓好元旦、春节、藏历新年等重要节点，提出纪律要求，向200余名党员干部发送廉政短信23条，利用“廉洁墨竹”微信公众号发布典型案例12期，充分发挥警示教育作用。对全县717家单位、23家餐饮娱乐场所开展监督检查，检查公车1315台，现场查纠问题57个。1至10月，县纪委监委共处置问题线索9件，了结3件；继续办理2017年未办结的8件问题线索，其中立案3件，了结5件。给予党纪处分4人，政务处分1人，组织处理13人。

年内，重点检查各单位是否认真贯彻落实各级党委、政府的决策和项目是否按期完工等情况14次，发现即知即改问题38个。认真组织各单位对每一笔资金、每一个项目逐项自查自纠，对扎西岗乡、门巴乡进行实地检查，书面反馈问题20个。根据中共中央、国务院《关于开展扫黑除恶专项斗争的通知》要求，把扫黑除恶与反腐败斗争和基层“拍苍”结合起来，深挖黑恶势力“保护伞”，重点检查群众身边的涉黑涉恶腐败、充当黑恶势力“保护伞”、工作推动不力等问题。完成市委巡察组对墨竹工卡县农牧局党支部、民政局党支部、直孔替寺等4个寺管会党组织的提级巡察，开启九届二轮巡察和扶贫领域专项巡察。

【基层组织建设】 年内，大力开展基层党组织标准化建设，制定印发《墨竹工卡县基层党建三年行动计划总体方案》《2018年墨竹工卡县基层党组织标准化建设年暨实施党建“6+1”工程的实施方案》，坚持“一年建设、两年规范、三年提升”，将基层党组织标准建设系统分解为健全一套完整班子、健全一套标准要素、确定一个党员服务中心、完善一套党员服务管理制度、建立一支党员志愿服务队伍、打造一项党建品牌和围绕乡村振兴、发展壮大村级实体集体经济，把建设标准固定化、具体化，使每个基层党组织都能对标查摆自身不足，做到有据可依、有矩可循。有步骤、有计划逐条逐项抓好党建“6+1”工程各项工作任务，持续稳步推动基层党组织标准化建设，评定出软弱涣散基层党组织10个。大力抓“两新”组织建设，截至年底，全县共有非公有制企业17家，从业人员473名、党员35名，均挂靠建立党组织，党组织覆盖率达100%。发展壮大村级集体经济，40个行政村村级集体经济收入中，100万元以上的村1个、50万元～100万元的村2个、10万元～50万元的村9个、5万元～10万元的村8个、5万元以下的村20个。

【提前实现脱贫摘帽】 年内，按照“两年脱贫、三年巩固”的目标任务，墨竹工卡县通过国务院扶贫开发领导小组2017年贫困县退出专项评估，1641户7373人达脱贫条件，提前全面完成脱贫攻坚任务。

（冯晓丽）

【领导名录】

书　记

　　劳明伟

副书记、县长

　　旦增尼玛（藏族）

副书记

　　索朗多吉（藏族）

常务副书记

　　汪东明（江苏援藏）

副书记、常务副县长

　　郭昌标（江苏援藏）

副书记

　　普　布（藏族）

中共墨竹工卡县委办公室

【概况】 2018年，墨竹工卡县委办公室认真执行“三会一课”制度，坚持每月召开支委会、党员大会，加强党员干部纪律规矩意识，坚决维护党中央权威。办公室党支部按照规定认真开展“两学一做”专题组织生活会、党的政治纪律专题组织生活会各1次，通过开展征求意见、谈心谈话、批评与自我批评等方式，共查摆问题28条，确定整改任务25项，整改措施25条，建立制度3个，修改完善制度1个，现已全部整改落实到位并长期坚持。办公室党支部开展集中学习16次，开展专题讨论2次，支部成员做交流发言25人次，撰写交流发言材料25份，支部书记带头讲党课4次。截至年底，共收缴党费4290.5元，坚持每月公示。

【党建促脱贫攻坚】 年内，16名党员干部与24户贫困户结对子、“认亲戚”，每名党员干部每年至少走访2次。截至年底，县委办支部班子成员到定点乡村调研73人次，开展结对帮扶慰问15次，慰问品及慰问金折合金额12000元。全年选派挂职扶贫干部2人（含驻村第一书记1人）。县委办全体党员干部共送去慰问品及慰问金折合金额16000元左右。与此同时，坚持“扶贫必扶智，扶贫必扶志”原则，通过精神扶贫、智力扶贫、信心扶贫等形式，在入户走访中积极鼓舞困难群众，使其坚定脱贫信心，点燃脱贫致富希望，让贫困群众在思想认识上从被动的“要我脱贫”转变为主动的“我要脱贫”，破除贫困群众“等、靠、要”思想，坚定感党恩、跟党走的信心和决心。

2018年7月1日，墨竹工卡县委办公室党支部开展“七一”主题党日活动

2018年3月21日，墨竹工卡县委办公室党支部组织观看《西藏民主改革60年》

【党建促团结】 年内，通过谈心谈话，广泛听取意见，办公室凝聚力和向心力有了大幅度提高。拿出党建经费2000元购置图书，初步建成党支部图书角，着力营造浓厚的读书学习氛围，广大党员读书热情高涨。

【办文办会】 年内，超前思维，科学谋划，撰写审核县委全会、教师节表彰大会和政法、信访、组织、宣传工作会议以及区、市主要领导到墨竹视察调研等重要会议和重要活动的讲话、汇报、总结、经验材料等200余篇，及时高效完成领导交办的文字工作任务。细致周到认真组织每一次会议和活动，确保近百场会议和活动的规范有序。全年累积电话通知2000余人次；完成会务接待任务30余场次。

【信息质量】 截至年底，共上报市委信息科动态信息771条、专报67篇，编发《党办信息》34篇，完成各类约稿动态10篇；上报市委改革办全面深化改革信息168期，全面深化改革月报11篇；上报市委政研室（农工办）农村改革月报11篇，编制墨竹工卡县大事记11篇，为各级领导决策部署提供了有力依据。同时坚持和规范信息报送、筛选、沟通、通报、评议“五步”工作法，强化紧急信息应急报送机制，实行重要紧急信息报送工作24小时值班制度。信息工作的功能与作用不断增强，信息服务的内容与方式不断创新，信息的针对性和有效性不断提高。

【督查督办】 年内，制定督查工作计划，重点围绕县委、县政府工作部署，切实整合资源，坚持“既督事、又督人，既督结果、又督过程”的原则，把经常性督查、阶段性督查、综合性督查、专项性督查等有机结合，灵活运用分解立项、督查调研、催办督办，联合督查、跟踪督查、书面督查、电话督促等多种形式，对脱贫摘帽、环境保护、安全生产及人民群众反映的热点难点问题进行重点督查，形成“议而决、决而行、行必果、果必报”的决策督查运行机制和“批必查、查必果、果必报”的专项督查运行机制。年内，先后督办区市县党委、政府交办事项及主要领导批示共33件，督办区市人大代表建议和政协委员提案24件，督办县人大代表建议87件，督办县政协委员提案75件，上报督查专报55期，开展各类专项督查200次，下发督查通知23份、督查通报9份，责成限期整改30次，整改率达100%。

【保密管理】 年内，严格按照《中华人民共和国保守国家秘密法》等有关法律、法规，不断加大保密宣传教育、监督管理和技术防范力度，健全各项管理制度和工作责任制，加强对涉密人员的管理，努力提高保密工作法制化和规范化水平，保密工作取得一定成效。始终把保密工作作为一项政治任务来抓，列入办公室的重要议事日程，树立“保密工作无小事”的思想。办公室党支部召开学习会、民主生活会等活动时都将保密工作作为重要内容进行学习和研究部署。4月开展年度保密培训1次，参训人员60余人。组织全县干部职工通过微信登录“法制西藏”公众号参加“五法答题”活动，参与人数600余人次，共转发400余次。强化监管，突出抓好全县重点岗位涉密事项的保密管理，特别是对涉密文件严格执行全过程监管，确保从分发、传递、使用、管理、复制、保存等每一个环节都合乎规范，不出差错。立行整改，针对11月21日区、市保密督查组的督查反馈通知，县委保密委员会高度重视，由县委保密办牵头立即开展整改，共查出问题20余件，全部完成整改。

【档案服务管理】 年内，通过“6·9国际档案日”“12·4全国法制宣传日”等重要节点宣传发放宣传手册150余册。全年共接收档案157盒，2850件，其中永久6卷，116件；长期151卷，2734件。全年共接待查询利用人员25人次，查（借）阅档案借阅利用1054份，档案地图利用2次，其中县委组织部借阅利用1992—2017年干部任免职文件1004份，复印成册，有效解决了干部档案任免职档案难找问题。按照《农村土地承包经营权确权登记颁证档案管理办法》，切实加强对土地承包确权登记颁证档案工作的监督指导，做好土地确权登记颁证档案接收和服务工作，全县8个乡（镇）农村土地确权工作区、市、县三级已验收完毕，暂存县档案馆，待国家验收成功后移交县档案馆永久保存。

【综合协调】 年内，服务好县委常委及“四大班子”。定期召开会议，沟通思想，交流情况，协调力量，搞好综合服务，抓好工作落实。对日常事务性工作，进行周密安排、科学调度，做到环环相扣、上下衔接，防止出现纰漏；对全局性重点工作，发挥好参谋部、指挥部的作用，做到统揽全局、协调各方，科学摆布、全面落实。坚持做到眼观六路、耳听八方，学会融入社会、联系群众，善于发现问题、分析问题、解决问题，为人民群众解难，替党委、政府排忧。通过增强协调能力，改进协调方法，充分听取方方面面的意见，掌握了各个层面的情况，使各项预案更加科学合理，各个部位更加默契协调，有力推进了各级各部门工作高效运转。

【廉洁自律】 年内，认真落实“一岗双责”，签订党风廉政建设责任书，明确职责任务；紧紧抓住责任分解、责任考核、责任追究三个关键环节，健全党风廉政建设责任制的配套规定，切实提高党风廉政建设工作成效。办公室负责人高度重视党风廉政建设工作，坚持把党风廉政建设工作纳入办公室重要议事日程，与办公室日常工作同部署、同落实、同检查、同考核，形成主要领导亲自抓、分管领导具体抓、具体工作人人抓的格局，确保党风廉政建设工作落到实处。凡事关党风廉政建设的工作安排，均以召开专题学习会的形式进行学习贯彻。全年共召开专题学习会10余次，传达学习《关于严禁共产党员国家公职人员借子女升学等名义大操大办的通知》等文件资料30余份，参会干部职工200余人次，其中负责人约谈30余人次。

年内，按照县委、县纪委要求，重点学习中央、区市县党风廉政建设会议精神，《中共中央办公厅关于推进学习型党组织建设的意见》《中国共产党党员领导干部廉洁从政若干准则》等文件资料50余份，参会干部职工200余人次，撰写学习心得20余篇，不断加强干部职工的政治理论水平和政治素养能力。严格落实廉政准则等领导干部廉洁自律规定，坚

2018年11月6日，墨竹工卡县委办公室党支部一行到县敬老院开展主题党日活动

决纠正谋取不正当利益问题，全年共对违规收送礼金、有价证券、会员卡等违反中央八项规定行为，进行警示教育10余次，节后排查6次，未发现任何问题。

（张 玺）

【领导名录】

副主任

龚华君（主持工作）

路春侠（女）

益西查巴（藏族）

墨竹工卡县人民代表大会常务委员会

【概况】 2018年，是深入学习贯彻党的十九大精神的第一年，是墨竹工卡县全面建成小康社会的关键一年，同时还迎来改革开放40周年。墨竹工卡县十三届人大常委会始终高举中国特色社会主义伟大旗帜，牢固树立“四个意识”，坚定“四个自信”，做到“两个维护”，始终在思想上政治上行动上以习近平同志为核心的党中央保持高度一致。坚定不移地坚持党的领导、人民当家做主、依法治国有机统一，深入学习贯彻习近平新时代中国特色社会主义思想、关于治边稳藏的重要论述、“加强民族团结、建设美丽西藏”的重要指示精神，切实把坚持和依靠党的领导作为根本原则，从党和国家工作全局着眼，自觉落实党中央关于加强和改进人大工作的决策部署，以区市县委重大决策部署谋划人大工作，不断增强做好地方人大工作的责任感和使命感，全面贯彻落实党的十九大精神，区市党委九届三次、四次全会，县委九届全会精神，坚持围绕全县中心工作及发展、稳定、生态三件大事，依法行使宪法和法律赋予的各项职权，不忘初心、牢记使命，敢于担当、勇于作为，有效推动人大监督、代表等工作取得新进展，圆满完成县十三届人大三次会议确定的各项工作任务，奋力开创新时代墨竹工卡县人大工作新局面，为新时代推进墨竹长足发展和长治久安做出了应有的贡献。

【政治意识】 年内，墨竹工卡县人大常委会严守政治纪律和政治规矩，把旗帜鲜明讲政治作为根本要求，深入学习领会习近平新时代中国特色社会主义思想的精神实质和新时代人大工作的内涵，认真学习贯彻自治区党委书记吴英杰关于全区人大工作重要批示、自治区人大常委会主任洛桑江村在全区人大工作交流会上的重要讲话精神。把牢正确的政治方向，始终把坚持党的领导作为推进人大工作的根本原则，坚决贯彻落实党的路线方针政策，面对全县改革发展稳定的新课题，自觉担当起建言献策、监督助力的新使命，深入开展调查研究，积极主动作为，从人大层面推进各项工作向纵深发展，努力做到对中心工作有所推动、有所促进、有所助力。坚持严格执行常委会党组关于重大事项向县委请示汇报制度，就涉及重大工作、决定决议、重要会议、人事任免、专项报告等均向县委请示报告，确保党的领导贯穿于人大依法履职的全过程和各个方面。

【履行政治责任】 年内，严格落实全面从严治党和党风廉政建设主体责任，切实把党风廉政建设作为主要职责和任务列入重要工作议事日程，与各项工作同部署、同

2018年4月10日，墨竹工卡县人大常委会党组书记、主任张尚福一行到扎雪乡龙珠岗村考察精准脱贫工作

落实、同检查。年初，县人大常委会党组书记、主任张尚福作为第一责任人，认真履行主体职责，亲自部署、亲自过问、亲自协调、亲自督办，与县委签订党风廉政建设责任书，按要求分别与4名副主任签订党风廉政建设责任书，细化工作机构责任和检查考核措施，并认真落实相关责任。深入开展警示教育、党课教育，严守政治纪律和政治规矩、"不忘初心、牢记使命"等主题教育，促进人大系统党员干部职工真正做到政治上讲忠诚、思想上知敬畏、行动上守规矩。严格贯彻执行《中国共产党党组工作条例》，召开人民代表大会1次，常委会党组会议13次，召开主任会议7次，常委会会议7次。决定重大问题、重要工作、重要任务事先党组研究讨论再依法定程序办理，切实增强了党组的政治领导责任和核心作用。

2018年4月12日，墨竹工卡县人大常委会副主任刘登贵一行到县砂石厂考察精准扶贫项目落实情况

年内，县人大常委会领导先后承担维护社会稳定、社会综合治理、信访调处化解，强基惠民、脱贫攻坚、环保督察、"四讲四爱"教育活动、草场承包等重要工作的统筹和领导，担任各种督导、检查组工作组成员。根据县委统一要求，安排5名常委会领导担任相关工作领导小组组长、副组长。2018年，常委会县级领导深入基层、深入群众，深入走访调研8个乡（镇）、5个联系村、6座联系寺庙，40余名区市县乡四级人大代表，深入基层平均达40天以上，前往结对贫困户家庭帮扶慰问4次以上，连续奋战在维稳、扶贫、改革、民生工作一线，为推进全县民主政治建设、推动改革发展大局、履行维护稳定政治责任、助推社会和谐发展做出积极贡献。

【依法履行职责】 年内，墨竹工卡县人大常委会依法任免地方国家机关工作人员27人次，从组织上保证国家机关工作运转的需要。县人大常委会组织人大代表参加法院的庭审活动和检察院的工作座谈会，有效地监督和支持"两院"工作。年内，共组织人大代表参加法院旁听庭审等活动6次。组织人大代表参加县检察院开展活动4次。县十三届人大三次会议选举产生县监察委员会主任1名，根据监察委员会主任提请，县十三届人大常委会第十五次会议依法任命县监察委员会副主任2名、委员2名。

年内，共开展调研视察6次，配合区、市人大开展立法调研和执法检查7次。对墨竹工卡县精准扶贫工作开展、消除"无树村""无树户"落实、生态恢复等情况以及生态环境保护和安全生产监督方面开展视察调研，对2017年基层人大代表办实事经费落实情况进行督导检查。年内，听取和审议专项工作报告13项，书面审阅县政府有关部门及监察委员会工作报告24项，做出决定决议7项。召开专题会议听取政府、法院、检察院、发改、财政、审计、食品药品安全等工作汇报。

【充分发挥代表作用】 年内，注重提高代表素质，继续为代表订阅《中国人大》《拉萨人大》等学习资料，畅通代表知政渠道。坚持联系代表制度，结合正在开展的"两学一做"学习教育常态化制度化和"四讲四爱"主题教育活动，通过走访、座谈等形式征求对县人大机关及其班子成员的意见和建议。组织代表、代表小组开展闭会期间的活动，加强代表培训，提高代表履职能力，为335名基层人大代表制做发放培训学习资料、党的十九大宣传手册、《中华人民共和国宪法》、学习笔记本。组织代表列席人大常委会36人次，参加视察、检查和调研等活动45人次。

县人大常委会坚持从广大人民群众的根本利益出发，致力于解决群众普遍关注的热点难点问题，根据代表提出申请，常委会积极走访，了解疾苦，从乡（镇）人大、政府，县人大酌情慎重层层研究科学审批代表办实事经费。在县政府的大力支持下，为基层人大代表安排办实事经费150万元，解决扎雪乡塔杰村4个小组炒青稞铁皮房、扎西岗乡扎西岗村朗都组牧场道路、更换县中学教室前后门、塔巴寺停车场维修等涉及群众生产生活急需解决的23件实事。

【乡镇人大指导】 年内，县人大常委会班子成员对一年一度的乡（镇）人大例会实行“一对一”工作联络指导，每个乡（镇）由1名常委会主任、副主任联系，全程跟踪指导乡（镇）例会工作。通过乡（镇）人大主席团组织代表培训为契机，不断加强自身学习，明确职责，切实增强工作的使命感和责任感。注重理论学习转化为谋划工作的思路，通过学习，不断提升理论水平，进一步创新工作思路，积极探索乡（镇）工作的新途径、新方法，不断提高解决问题的能力，努力开创乡（镇）人大工作的新局面，促进全县各乡（镇）各项事业稳步健康发展。进一步巩固和深化乡（镇）人大规范化、制度化建设成果，继续筹措资金改善乡（镇）人大代表活动场所的办公条件和工作环境，不断完善代表活动室、代表之家的制度建设，充分发挥代表活动阵地作用。

【工作联系和交流】 年内，县人大常委会组织委员及群众代表共52人次到云南省曲靖市、拉萨市城关区、堆龙德庆区学习考察，组织各乡（镇）人大代表与工卡镇塔巴村帕热组交流学习人居环境整治工作开展情况。先后邀请南京市、栖霞区、溧水区和山南市加查县、扎囊县，拉萨市城关区、达孜区等人大常委会领导到墨竹工卡县指导人大党建、“人大代表之家”创建及运行、乡村振兴战略及人居环境整治等工作。

2018年5月10日，墨竹工卡县人大常委会副主任次旦卓玛一行到工卡镇塔巴村帕热组参观学习

【脱贫攻坚】 年内，县人大常委会先后对事关全县脱贫奔小康的特色种养殖、商贸物流等多种经营模式的重点民生项目进行跟踪监督，县人大常委会领导带头督办重点扶贫产业项目，并专题听取县扶贫办工作报告，通过努力一大批扶贫项目顺利实施、落地落实。县人大常委会领导分别带队经常深入乡、村、组开展专题调研、政策宣讲、访贫问苦、结对帮扶、督促落实等，帮助协调解决困难、化解矛盾，统筹推进脱贫攻坚、基层党建、村级组织活动场所标准化建设等工作。2018年，共慰问结对户57次，投入帮扶资金2万余元。县人大常委会严格按照精准扶贫、精准脱贫工作总要求和总目标，针对联系乡（镇）实际情况，指导督促乡（镇）精准“把脉”、精准施策，准确开方，找出贫困的根源，对症下药，指出脱贫的点子，结合本地的资源优势，明确精准扶贫措施，发现问题立行立改，并对整改落实情况进行跟踪检查，扎实助推脱贫攻坚工作。

2018年10月11日，墨竹工卡县人大常委会组织常委会委员和人大代表到城关区考察学习

【自身建设】 年内，始终把廉政教育作为全面从严治党的重要内容，时常宣讲，时时敲警钟，筑牢防线。利用人大机关领导与乡（镇）联系优势，党员领导干部带头讲党课12次。利用重要节假日、重要节点、下乡调研40余次，提高党员干部的纪律意识、规矩意识、风险意识；加强党的建设，作风建设常抓不懈。党组成员坚持带头落实领导干部双重组织生活制度，积极参加机关支部组织生活，及时传达上级精神，研究部署机关党建和党风廉政建设工作10次，传达学习上级有关文件精神及通报内容35次，开展党组书记讲党课4次，参与“三会一课”、主题党日等活动30人次，参加市县委组织的政治纪律、政治规矩等学习培训5人次；加强制度建设，惩防体系建设不止步。主动适应全面从严治党的新常态，坚持标本兼治，着眼常态长效，建立健全各项制度，真正以制度机制巩固作风建设成果，实现落实主体责任制度化、规范化，抓作风建设常态化、长效化。全力支持县纪检委开展工作，主动接受监督，积极配合纪检委履行监督执纪问责职责。

（普布卓嘎）

【领导名录】

党组书记、主任

张尚福

副主任

刘登贵

王应祥

次旦卓玛（女，藏族）

普 桑（藏族）

墨竹工卡县人民代表大会常务委员会办公室

【概况】 2018年，墨竹工卡县人大常委会办公室高举中国特色社会主义伟大旗帜，以邓小平理论、“三个代表”重要思想、科学发展观、习近平新时代中国特色社会主义思想为指导，深入学习贯彻习近平总书记系列重要讲话精神。全面贯彻落实党的十九大、十九届二中、三中全会精神，中央第六次西藏工作座谈会精神以及区市县党委第九次党代会和自治区十一届人大一次会议精神，紧紧围绕常委会中心工作，求真务实，开拓创新，主动作为，充分发挥职能作用，较好地完成了各项任务，为常委会依法履职和机关有序高效运转提供了良好的服务保障。

【办文服务】 年内，县人大常委会办公室坚持把提高文字服务水平作为办公室一项重要工作，把好草拟、审核关，力求公文符合政策、法律法规，领会文件精神，贯彻领导意图，切合实际情况，努力提高文字的思想性、理论性、政策性、可操作性，通过文字服务，发挥办公室的参谋助手作用。认真起草好常委会年度工作计划、工作要点，力求常委会的工作紧扣县委中心工作和全县发展大局，为常委会依法行使监督、决定、任免等各项职权提供优质服务，充分发挥“以文辅政”的重要作用。认真起草好常委会工作报告、工作总结，全面客观准确反映常委会过去一年所做的工作及提出今后一年工作思路，为常委会总结工作经验和谋划来年工作提供有益参考。年内，形成常委会各类文件150余份，办公室各类文件60余份。对所有来文来电都能及时准确地签收办理，未发生耽搁送阅、影响工作的现象。公文制发、文件收发和传阅都有时间要求和规定手续，操作符合规范。

【“三会”服务】 年内，县人大常委会办公室紧紧围绕常委会工作要点，不断深化服务意识，改进服务方法，进一步发挥综合协调、督促检查、后勤保障的作用，保证常委会工作的有序开展。2018年，积极参与7次县人大常委会会议、13次党组会议、7次主任会议的组织、协调服务工作。在每年人代会的筹备和服务工作中，办公室按照工作安排，制定大会工作方案，就大会各项文字材料、会议安排、会务保障、宣传等工作进行周密安排，落实人员，细化工作责任，保证大会各项程序依法顺利进行。在为常委会会议服务的工作中，办公室根据常委会对人大工作的新思路和新要求，及时调整工作思路，充分发挥参谋、助手作用。在常委会领导率领下，积极组织开展会前调研活动，及时对调研情况进行整理汇总，形成调研报告；会中认真做好与会人员的发言记录，会后组织相关单位做好意见建议的督办落实工作，保证常委会会议的举行和各项意见建议的及时落实。在主任会议服务中，认真做好主任会议的服务工作，确保会议达到预期效果。同时还认真做好常委会领导交办的事项，积极协调相关单位认真做好开展代表视察、执法检查、政府采购、项目验收等工作，充分发挥办公室信息枢纽作用，及时了解掌握全县人大工作动态，收集各类工作信息，努力为常委会决策提供服务，发挥参谋助手作用，并认真做好后勤保障服务，确保常委会各项工作的顺利开展。

【服务代表】 年内，在坚持办培训班、以会代训、为代表订阅资料等做法的基础上，着重抓好乡镇人大主席团的学习。对各人大主席团的学习情况，定期或不定期地进行检查指导，确保学习的正常化和经常性。重点是强化议案建议提出的质量和落实的力度，把代表议案建议提出的基本要求、范围和程序，纳入代表学习培训内容，组织引导代表从大局出发、从选民的普遍愿望出发、从解决问题的现实需要出发，提出高质量的议案和建议。对代表建议的落实，在坚持高规格转办、多层次督办、面对面答复的基础上，突出重点建议，抓住关键环节，采取例会听取汇报、组织人大代表视察等形式，督促承办机构强化措施、狠抓落实。同时，对本年内没有解决或没有解决好的重点议案建议，实施滚动监督，直至解决问题。从有利于代表执行职务出发，继续坚持邀请代表列席有关会议、定期走访联系代表、重大部署和重要工作向代表通报制度，让代表知情知政。对人大常委会召开的有关会议和组织的重要活动，尽可能多地吸收不同方面特别是基层代表参加。

2018年12月18日，墨竹工卡县人大常委会党组书记张尚福开展讲党课活动

年内，由人大常委会领导牵头，县人大常委会办公室、审计局、财政局组成联合督查组，对2017年基层人大代表办实事经费落实情况进行督导检查。通过听取汇报、实地察看、查阅财务账簿、凭证和项目资料等形式对2017年度人大代表办实事经费落实情况进行全面检查。督导检查组详细了解办实事经费项目的实施情况、资金的使用范围、政府采购程序的执行、“三重一大”制度落实等情况，并实地查看相关项目的建设情况，并针对督察情况提出整改意见，进一步保证的办实事经费的专款专用。先后组织人大代表到云南省、拉萨市城关

2018年4月15日，墨竹工卡县人大常委会办公室主任格桑巴珠安排部署工作

区、堆龙德庆区学习考察。先后接待山南市曲松县、扎囊县、加查县，拉萨市达孜区人大常委会到墨竹工卡县考察学习“人大代表之家”、党建、人居环境整治以及特色产业发展情况，进一步加强了墨竹工卡县与兄弟县（区）的交往交流交融。

【乡镇人大工作】 年内，协助常委会组织乡镇人大主席、副主席、专干列席县人大常委会会议和参加常委会开展的专题视察调研等活动，认真审核乡镇人大会议材料，列席乡镇人代会作具体指导，切实提高乡镇人大干部的综合素质。了解“人大代表之家”的代表活动和学习情况，全力抓好人大规范化建设工作，进一步促进了乡镇人大工作水平整体提高。

【强基础惠民生】 1月，县人大常委会办公室1名干部进驻扎雪乡扎雪村开展驻村帮扶工作，以“七项重点任务”为工作重点，结合“强基础惠民生”“精准扶贫”等活动，充分发挥工作队密切联系群众、服务群众的优势，走村入户宣传“党的十九大精神”“三大惠民举措”“精准扶贫政策”等共计10次。多次荣获县级强基础惠民生“优秀组织单位”的荣誉。7月1日，县人大机关支部联合扎雪村党总支部开展以“不忘初心、牢记使命，助推脱贫摘帽”为主题的党日活动，庆祝建党97周年。办公室负责人及干部了解掌握联系村脱贫攻坚工作开展情况，特别是摸清贫困户的现状、贫困原因等，帮助理清发展思路，制定脱贫计划，提供致富信息，为联系村和结对户脱贫摘帽奠定基础。

【政治理论学习】 年内，充分利用“三会一课”“每周学习日”等活动认真学习邓小平理论、“三个代表”重要思想、科学发展观和习近平新时代中国特色社会主义思想，党的十九大、十九届二中、三中全会精神和中央第六次西藏工作座谈会、习近平总书记系列重要讲话精神和十三届全国人大一次会议、西藏自治区十一届人大一次会议精神、拉萨市十一届人大三次会议精神，不断提高政治理论水平，切实把思想和行动统一到中央的决策部署上来，坚定

2018年6月19日，墨竹工卡县人大常委会办公室开展精准扶贫知识测试

理想信念，严守政治纪律和政治规矩，坚决维护党中央权威。

【人大业务知识学习】 年内，认真组织县人大办干部职工学习《中华人民共和国宪法修正案》《中华人民共和国全国人民代表大会和地方各级人民代表大会代表法》《中华人民共和国地方各级人民代表大会和地方各级人民政府组织法》《中华人民共和国地方各级人民代表大会和地方各级人民政府监察法》等法律法规，进一步提高人大干部职工掌握开展人大工作的履职能力和水平。

【作风建设】 年内，深入推进县人大常委会机关党风廉政建设，全面落实党风廉政建设责任制。认真学习贯彻《中国共产党纪律处分条例》，严格执行中央“八项规定”精神，始终把规矩和纪律挺在前面，坚决反对“四风”。加强政治纪律教育，重视政治思想教育，预防不廉洁行为。及时传达学习上级有关党风廉政建设的文件精神及通报内容，不断加强干部的理想信念教育，筑牢反腐倡廉的思想道德防线，增强拒腐防变的能力。

（普布卓嘎）

【领导名录】

主　任

达瓦次仁（藏族，4 月免）

格桑巴珠（藏族，4 月任）

副主任

苍　巴（藏族）

贺　娇（女）

墨竹工卡县人民政府

【概况】 2018 年，墨竹工卡县地区生产总值实现 34.53 亿元，同比增长 9.8%；全社会固定资产投资同比增长 17.7%；一般公共预算收入达到 4.11 亿元，同比增长 8.18%；规模以上工业增加值同比增长 4.6%；社会消费品零售总额达到 4.2 亿元，同比增长 13.5%；农村居民人均可支配收入达到 14300 元，同比增长 10.58%。经济增长的后发优势逐步凸显，增长稳定性和韧性不断增强。城镇登记失业率控制在 2.2% 以内，保持了较为充分的社会就业。

【产业结构】 年内，一、二、三次产业比重为 10 ∶ 80 ∶ 10。农作物播种面积 11.12 万亩，粮食总产量达 2.47 万吨。牲畜存栏 14.55 万头（匹、只），出栏率达 38.85%。现代农业产业示范园项目接近尾声，标准化奶牛养殖项目进入招标阶段。斯布牦牛通过国家农产品地理标志登记。2018 年实现农牧业总产值 5.97 万元，同比增长 12.5%。2018 年完成工业投入 12.31 亿元，同比增长 76.7%；实现规模以上工业总产值 37.24 亿元，同比增长 29.6%；实现工业税收 5.49 亿元，同比增长 24.81%。规范整合 11 家砂石厂，以联合入股方式成立锦墨砂石加工有限公司。发展壮大国有企业，三大国有企业实现收入 3632.85 万元。思金拉措景区规范运营，成功举办首届油菜花艺术节、“醉墨竹”非遗旅游文化艺术节，配合完成跨喜马拉雅自行车极限赛，并获得全区优秀组织奖。2018 年累计接待游客 137.5 万人次，同比增长 4.88 %，实现旅游综合收入 3025 万元，同比增长 2.9%。

【深化改革】 年内，加快“放管服”改革，压缩行政审批事项，提

2018年12月6日，墨竹工卡县委副书记、县长旦增尼玛在乡（镇）民政所挂牌仪式上致辞

升办理效率。深化供给侧结构性改革，农村发展新动能持续培育，农牧民合作组织达到107家。农村宅基地不动产权证发证率达到91%，集体土地所有权确权登记通过区市验收。落实“双创”切块资金1000万元，274家小微企业享受税收优惠532万元，政策受惠面达100%。全力推进县、乡、村三级政务服务中心规范化建设及财政改革信息化建设。成功试点推行农机加油一卡通，集体林权改革前期工作顺利推进。

2018年12月16日，墨竹工卡县委副书记、常务副县长郭昌标一行到南京开展考察交流活动

【脱贫攻坚】 年内，始终把脱贫攻坚作为重要政治任务和第一民生工程，三年来累计统筹各级各类涉农资金2.27亿元，实现高质量、高标准整体“摘帽”。7418名建档立卡户达到脱贫标准，贫困发生率降至0.01%。易地扶贫搬迁累计投入1.94亿元，入住661户2785人，昌都“三岩”片区搬迁35户197人。投入6.45亿元实施产业扶贫项目51个。开展技能培训1250人，1376名建档立卡群众实现就业，168名拉萨就业群众住宿问题有效解决，952名搬迁户子女实现就近就便入学。加强扶贫政策落实，为建档立卡户报销医疗费用474.16万元、发放大学生资助金425.06万元、落实低保资金1707.24万元、发放生态岗位资金2795.85万元、发放定向补助581.54万元。

【对口支援】 年内，形成项目帮扶、产业帮扶、民生帮扶、人才帮扶“四位一体”的援藏帮扶格局。实施“金陵映象”高原生态藏茶、县医院提升改造等援藏项目20个。第二批5名组团式医生开展新一轮医疗援藏工作。先心病、髋关节脱位等患儿到南京免费接受治疗突破100名。苏拉远程会诊为40余名患者提供治疗方案，治愈率达90%以上。

【基础设施】 年内，投资6563.39万元改建农村道路52.95公里。投资2576.63万元对阿沛桥、巴洛桥等13座危桥进行维修。投入800万元成立客运公司，开通客运班线4条，乡镇和行政村覆盖率分别达100%、80%。改善扶贫搬迁点基础设施，投入3700万元建设市政道路4条。加快农网改造，新建和改造高低压线路106.9公里。投入1261.77万元完成27处农村饮水安全巩固提升工程，受益群众2288户、14332人。

【教体事业】 年内，全面落实《墨竹工卡县振兴教育教学质量三年行动计划》。投入6544万元实施教育项目25个。全面普及农牧区学前三年双语教育，入园率达95.11%。适龄儿童入学率、初中毛入学率分别达99.96%、104.83%，义务教育巩固率达95%，32名墨竹籍学生考入内地西藏初中班。为8955名师生购买人身意外伤害保险。成功举办首届运动会暨民族传统体育运动会，干部职工健身房、羽毛球馆等体育设施投入使用。

【卫生健康事业】 年内，开展包虫病、“三病”防治筛查工作，120急救中心、甲玛乡、扎雪乡卫生院等相继投入使用。两批次36名先心病、髋关节脱位、脑瘫等患儿在南京及时救治。县医院创“二甲”工作完成预评审。社保体系基本实现全覆盖，城乡低保标准分别提高6.5%和33.4%。

2018年4月4日，墨竹工卡县委常委、副县长张德才到县中学调研

【社会局势持续稳定】 年内，规范“双联户”管理，增加“双联户”单位57个。深入开展扫黑除恶、打非治乱、扫黄打非专项行动。排查矛盾纠纷53起，调解率达100%，化解信访案件98件，化解率达97%。食品抽检106批次，合格率达95.5%。聘请安全生产专家开展两轮安全隐患排查，隐患整改率达94%。及时完善防汛应急、非煤矿山、道路交通、非洲猪瘟等各类突发事件处置预案，全年未发生洪涝灾害及较大以上生产安全事故。

【自身建设】 年内，牢固树立“四个意识”，坚定“四个自信”，切实做到“两个维护”，始终在思想上政治上行动上同以习近平同志为核心的党中央保持高度一致，党的路线方针政策在政府工作中全面贯彻落实，国务院决策部署在政府工作中全面贯彻落实，区市党委政府和县委决策部署在政府工作中全面贯彻落实。自觉接受人大、政协和社会监督，办理人大建议68件、政协提案62件，办结率分别达到64.7%、72.6%，答复率均达到100%。办理“12345”政府服务热线群众反映问题160件，办结率达100%。“十件民生实事”全面完成，“十项重点工程”扎实推进。严格落实中央“八项规定”实施细则，扶贫领域、项目建设、乡镇财务收支等方面开展财务检查和审计监督7次。“两学一做”常态化制度化全面开展。政府570项工作清单扎实推进，完成率达93%。

【污染防治】 年内，开展“绿盾2018”专项行动。推进全国第二次污染源普查，强化水、大气、土壤三大污染防治。加快污水设施建设，投入1000万元对老城区污水处理厂提标改造，投入2690万元新建新区污水处理厂。对县域15处重点流域及县城集中式饮用水源和大气每季度监测1次，6家重点排污单位定期自行监测并备案。300平方米以上餐饮店全部安装油烟净化设备，4家加油站完成油气回收设备改造。划定永久基本农田保护区12.38万亩，化肥和农药使用量实现负增长。

【城乡面貌】 年内，以人居环境改善为重点，全区人居环境整治工作在帕热组试点成功，工卡镇垃圾焚烧站试点推进，扎西岗乡垃圾转运站建设完成，试点村组配备垃圾分类箱1100个，县城和2个村建立垃圾分类兑换站，成为全区第一个垃圾分类村，城乡生活垃圾处理率达到90%以上。推进“厕所革命”，建设完成公共厕所45座。投入800万元，完成尼玛江热乡宗雪村村容村貌整治。加快甲玛乡特色小城镇建设，投入7780万元完成风貌改造、棚户区改造等项目，孜孜荣村（二期）搬迁安置工程完成主体建设。

【国土绿化专项行动】 年内，投入1500万元消除“无树户”2982户，在门巴乡等高海拔地区试种苗木。完成绿化造林3314亩、封山育林2100亩、防沙治沙6053亩，森林覆盖率达43%。启动国家级生态县创建，完成斯布村、其朗村、章达村生态文明村建设工作，生态创建在全区率先全面实现“三级同创”。

（王守军）

【领导名录】

县委副书记、县长

旦增尼玛（藏族）

县委副书记、常务副县长
　　郭 昌 标(江苏援藏)
县委常委、副县长
　　张 德 才(江苏援藏)
　　汤 官 中
　　张 家 松
副县长
　　益　　西(藏族)
　　龙　　刚
　　谢 雪 梅(女)
　　索朗多吉(藏族)
　　巴　　桑(藏族)

墨竹工卡县人民政府办公室

【概况】 2018年,墨竹工卡县政府办公室坚持以习近平新时代中国特色社会主义思想为统领,认真学习贯彻党的十九大、十九届二中、三中全会,习近平总书记系列重要讲话精神等,认真大力推进"两学一做"制度化常态化学习活动,坚决打好打赢脱贫攻坚战。办公室人员通过集中学习与自学等多种方式,不断加强业务知识的学习,强化自身建设,提高服务水平,较好地发挥了参谋助手和综合协调作用,保证了全县各项业务工作正常有序地开展。

【信息工作】 年内,墨竹工卡县政府办公室秉承主任抓、副主任分管、工作人员负责的信息网络,增强了信息的时效性和实用性。2018年,办公室围绕全县各项工作,尤其是关注全县经济社会发展中存在的热点、焦点、难点以及民生问题,加大信息收集工作力度,加以整理、分析并及时上报。加大墨竹工卡县门户网、市政府门户网站信息公开力度。合理利用拉萨市政务网,加大信息和公文的上报上传力度。办公室共采用、编辑、上报乡镇和部门信息292条。办公室积极参与全县各类下乡调研活动,并向县政府提出合理化建议,为领导决策提供了有效的参考,充分发挥了参谋助手作用。

【办文工作】 年内,实行公文处理失误责任追究制度,专人监管、专簿登记、签字流转,急件及时办理,定期备份、装档,确保公文处理不延误、不泄密。起草文稿上,把握当前工作重点、反映工作状况、体现领导意图;重大材料起草,工作人员集体讨论提纲和修改初稿;审核文稿时,对内容、文字、格式、时限严格把关,确保文稿质量。2018年,办公室共办理政府红头报告(请示)70件、通知74件、函90件,行文同比减少23%,办公室红头报告(请示)32件、通知60件,函14件,行文同比减少2%,办理上级来文873件。

【办会工作】 年内,墨竹工卡县政府办公室带头精文简会,严格控制会议次数和规模,尽量开短会、开套会。会前拟定议程及时送审,并提出针对性建议,会议通知准确无误,会中服务细致周到,会后及时形成会议纪要。政府办对县政府、常务会、县长办公会等高规格会议,坚持牵头做好会前准备工作,审核会议议题,并经县政府领导审定同意后提交会议研究,从源头上确保会议的权威性。2018年,办公室承办县长办公会议、县政府常务会议24次,及时整理、编辑、下发会议纪要24期,同比减少31%;承办专题会议70次,及时整理、下发会议纪要70期,同比减少38%;做好视频会议系统管理,进一步推进了全县办公无纸化进程,承办各类视频会

2018年10月29日,墨竹工卡县政府办公室主任向巴卓玛主持召开学习会

2018年9月21日，《墨竹工卡县志（2001—2010）》终审会在南京召开

议 60 余次。

【法治工作】 年内，墨竹工卡县政府法制办公室按照拉萨市法制办要求，及时完成执法证考试报名及过期执法证统计工作，积极开展法治相关工作，为加快拉萨市法治建设进程履行好职责。继续保持与珠穆朗玛律师事务所的合作，为墨竹工卡县提供法律专业指导。积极帮助各部门、乡镇审核修订相关规范性文件和草案，履行好为推进墨竹工卡县政府依法行政保驾护航的职能。明确县政府办公室（法制办）具体办理行政复议事项，认真落实行政机关依法出庭应诉制度。2018 年，墨竹工卡县未收到行政复议申请。

【机关服务】 年内，墨竹工卡县政府办公室以服务为大局，严格管理政府、政府办印章，做到使用印章有登记。及时传达上级党委政府、相关业务部门和县委、县政府的决策部署，及时将各乡（镇）、各部门、广大农牧民群众反映的情况反馈给领导。会议通知、文件收发、文件传阅、档案管理等工作做到高效、高质。利用西藏自治区乡镇党政信息网收发各类非涉密文件，提升文件传阅效率，降低公文交换成本。安排办公室每名正式干部（包括副主任）对口联系 2 名县级领导及县级领导分管部门，安排科级干部对接市政府办公厅各科室，做到每人都有事干。

【对口帮扶】 年内，以全县大力开展精准扶贫工作为契机，深入推进县政府办公室结对帮扶工作开展，抓好驻村工作，为民办实事办好事。派出 2 名干部到工卡镇格桑村驻村，结合所驻村的实际情况，从不同方面给予帮助，急群众所急、想群众所想，圆满完成驻村任务。以脱贫不脱钩的原则，严格履行结对帮扶工作责任，以统一组织和自发的形式确保每季度慰问、看望结对户。

【党建工作】 年内，以习近平新时代中国特色社会主义思想为指导，全面贯彻党的十九大精神，认真落实新时代党的建设总要求，以党的政治建设为统领，以开展党员政治教育为重点，全面推进党的政治建设、思想建设、组织建设、作风建设、纪律建设和制度建设。狠抓意识形态领域建设，不断提升新形势下党建工作水平，充分发挥党组织的核心作用和党员的先锋模范作用，并积极吸收优秀职工加入党员队伍。截至年底，共有 13 名党员。办公室支部严格党的组织生活制度，认真落实“三会一课”、民主评议党员等制度，积极响应县委和政府的号召，在人员不足的情况下仍派工作人员前往联系点驻村，加强组织建设，充分发挥先锋模范作用，工作中带头、生活中垂范，效果较好。

【党风廉政建设】 年内，按照“班子抓班子，班子带队伍，队伍促发展”的要求，努力提高干部队伍思想素质和业务水平，争创一流业绩。坚持不懈地抓好办公室的廉政纪律教育，组织办公室全体干部职工，深入学习贯彻中央“八项规定”、《中国共产党章程》《中国共产党廉洁自律准则》和《中国共产党纪律处分条例》等纪律规定，进一步增强队伍拒腐防变能力。完善工作岗位责任制，坚决查处纪律松懈、作风涣散的人和事。同时，认真落实党风廉政建设责任制，形成分工负责、齐抓共管的局面。加强日常监督管理，

2018年4月2日，墨竹工卡县政府办公室人员参与义务植树活动

严格执行领导干部廉洁自律的各项规定，提高全体人员廉洁从政、拒腐防变的自觉性，促进勤政廉政，推动各项工作取得新成绩。

【综治工作】 年内，以安全管理为第一重点，认真抓好日常安全管理工作的落实、检查、监督工作。制定值班制度，以公平公正为原则组织政府大院内各部门抽定县政府大门值班，坚持24小时值班制度，严格落实门岗责任制，对外来人员认真核实来访情况，做好来访登记。不定期召开安全防范工作会议，研讨和排查各类安全隐患。成立县政府护院队，重要时段加大巡逻次数，并做好巡逻登记。在重要时段坚持每天安排督查室和办公室干部开展维稳督查工作，确保政府院内维稳工作顺利开展。

【后勤工作】 年内，坚持“为基层服务、为机关服务、为领导服务”的工作方针，积极协调干部职工的吃水、用电、住房、用餐等问题，全面提升机关食堂服务质量，精心搭配营养，为干部职工安心工作提供优质服务；严格实行车辆管理制度，加大对驾驶员的管理，认真做好车辆的调度和管理，确保各项工作的顺利开展和临时性任务的圆满完成。

（土旦旺久）

【领导名录】

主　任

向巴卓玛（女，藏族）

副主任

王 吉 泽（主任科员）

洛桑加央（藏族，主任科员）

张 亮 子（女）

王 守 军

中国人民政治协商会议墨竹工卡县委员会

【概况】 2018年是全面贯彻落实党的十九大精神的开局之年，是改革开放40周年，是全县打赢脱贫攻坚战、决胜全面建成小康社会、实施“十三五”规划的关键之年。2018年，墨竹工卡县政协常委会团结带领广大政协委员，认真学习贯彻党的十九大精神，把习近平新时代中国特色社会主义思想作为统筹全揽政协工作的总纲，认真学习贯彻习近平总书记关于加强和改进人民政协工作的重要思想，全面贯彻落实中共中央办公厅《关于加强新时代人民政协党的建设工作的若干意见》，贯彻落实全国、自治区政协关于理论研讨、党的建设、思想政治引领、凝心聚力和提质增效等重大部署，贯彻落实汪洋主席对政协工作的指示要求，坚持团结和民主两大主题，围绕“落实下去”“凝聚起来”两个方面履职尽责，发挥政协思想引领、协调关系、汇聚力量、建言献策的重要作用。为助推墨竹长足发展和长治久安做出了积极贡献。

政协第二届墨竹工卡县委员会委员总数为95名（2名为机动），其中：党外委员56名，占委员总数的60.21%；党内委员37名，占委员总数的39.79%；妇女委员27名，占委员总数的29.03%；少数民族78名，占委员总数的83.87%；汉族15名，占委员总数的16.13%，增加8名；具有大专及以上文化程度的48名，占委员总数的51.61%；35岁以下的38名，占委员总数的40.86%；政协常务委员15名，占委员总数的15.79%。界别是：中共界21人、宗教界15人、工商界9人、教体文卫界17人、农牧科技界20人、群团界11人,共六个界别。

【重要会议】 1月7—9日,中国人民政治协商会议第二届墨竹工卡县委员会第三次会议举行。会议应出席委员93人,实到78人。会议批准索朗桑布代表政协第二届墨竹工卡县委员会常务委员会所作的工作报告,批准桑旦平措代表政协第二届墨竹工卡县委员会所作的关于第二次会议以来提案工作情况的报告。与会委员列席墨竹工卡县第十三届人民代表大会第三次会议,听取讨论并赞同县委常委、副县长汤官中所作的政府工作报告和其他工作报告,一致同意政府工作报告及其他报告。审议通过《政协第二届墨竹工卡县委员会第三次会议关于常务委员会工作报告的决议》《政协第二届墨竹工卡县委员会第三次会议关于政协二届二次会议以来提案工作情况报告的决议》《政协第二届墨竹工卡县委员会提案委员会关于政协二届三次会议提案审查情况的报告》和《政协第二届墨竹工卡县委员会第三次会议政治决议》。会议期间收到委员提案64件,经提案审查委员会审查立案62件。县政协党组书记、主席索朗桑布作闭幕会讲话。

2018年1月7日,中国人民政治协商会议第二届墨竹工卡县委员会第三次会议召开

【常务委员会会议】 1月9日,政协第二届墨竹工卡县委员会常务委员会第七次会议召开。会议应出席常委15人,实到9人。会议听取《政协第二届墨竹工卡县委员会提案审查委员会关于政协二届三次会议提案审查情况的报告(草案)》;审议通过《政治决议(草案)》、《常委会工作报告决议(草案)》和《提案工作情况报告决议(草案)》。

3月28日,政协第二届墨竹工卡县委员会常务委员会第八次会议召开。会议应出席常委15人,实到11人。会议通报《政协墨竹工卡县委员会常务委员会2018年度工作要点》,真对不足进行补充;通报2017年100万资金落实情况,协商2018年资金使用方向;学习新修订《中国人民政治协商会议章程》。

6月10日,政协第二届墨竹工卡县委员会常务委员会第九次会议召开。会议应出席常委15人,实到9人。会议审议通过《2018年上半年社情民意信息情况报告》《关于进一步加强基层政协委员工作和"政协委员之家"工作指导意见的征求稿》《关于组织政协委员赴阿里考察学习的方案》,学习《弘扬"红船精神"走在时代前列》《习近平总书记关于"四风"问题的重要论述摘录》。

6月29日,政协第二届墨竹工卡县委员会常务委员会第十次会议召开。会议应出席常委15人,实到10人,会议审议通过《100万委员办实事经费申报的项目》。

【调研视察】 年内,墨竹工卡县政协常委会坚持围绕县委、县政府中心工作,按照总体部署,组织委员多次深入乡(镇)、村、组、企业、田间地头和群众家中,针对提案办理情况、中央环保督察组反馈问题整改情况、"菜篮子"民生工程运营等主题开展调研视察活动。经县委同意组织6个界别委员代表到阿里、云南交流考察学习,使委员开阔视野,增长见识,吸收经验,提升能力。年内,形成视察调研报告7篇,提出问题15

条，意见建议 36 条上报至县委，获得县委主要领导充分肯定，为县委、县政府今后科学决策提供了参考依据。

【提案收办】 年内，墨竹工卡县政协常委会坚持“立要高标准、办在实在处、督在关键点”的原则，坚持丰富和创新经常性工作的内容与形式，严格立案标准。年内，共收到提案 64 件，经审查，立案 62 件。截至年底，经各承办单位的共同努力，所承办的政协委员提案办复 62 件，办复率 100%；其中：已解决基本解决和正在解决或列入规划逐步解决或因政策原因向委员做出说明的提案 45 件，占提案总数的 72.6%；因客观条件所限暂不能解决的提案 13 件，占提案总数的 20.9%；留作参考或不可行的提案 4 件，占提案总数的 6.5%。提案工作突出发展理念，体现了特色和亮点。常委会通过邀请县委、县政府、承办单位及提案者共同开展提案办理“回头看”活动和深入基层调研提案办理满意率等形式，有效提高了提案办复效率和办理效果。

【社情民意信息】 年内，墨竹工卡县政协常委会以“政协委员之家”为平台，发动各乡（镇）政协联络员作用，将本辖区内群众关心的重点难点问题作为社情民意进行全面收集。全年共收集社情民意信息 29 条，其中：由政府相关职能部门联合政协向委员作出答复的 6 条；县一级部门不能解决的，交由相关职能部门向上级部门申请解决并对申请情况向委员作答复的 7 条；由县政协实地走访后，用政协委员办实事经费给予解决的 16 条。截至年底，除 3 条信息因政策原因无法解决外，其余 26 条信息均已解决到位。

【办实事解难事】 年内，墨竹工卡县政协常委会以用好办实事经费作为为民办实事的有力抓手，在充分调研和与相关部门沟通协调的基础上，通过党组会、常委会研究决定将 100 万办实事经费用于解决建设学习爱国主义教育长廊、修建基层小型水利设施、建设基层基础设施、改善群众医疗条件等 16 件民生问题。截至年底，15 个项目（94%）已经解决到位，切实解决了民之所需、所盼，赢得委员和群众普遍好评。

2018年4月25日，墨竹工卡县政协对全面推进国土绿化及消除“无树村”“无树户”督导检查

【文史资料】 年内，墨竹工卡县政协常委会为充分发挥文史资料“存史、资政、团结、育人”的作用。根据拉萨市政协文史委要求，县政协指定专人负责《天边墨竹·松赞故里》文史资料收集编辑工作，邀请 9 位当地历史当事人、见证人、知情人对其中的重大事件的真伪性进行核实，涉及的相关部门也对文史资料未提及的当前全县的发展状况进行补充，聘请专业人员对整本文史资料进行翻译，对文史资料中提及的重要建筑进行图片采集。经过多方努力，整个文史资料的翻译、整理、收集、校对工作已完成，正待出版。

【强基础惠民生】 年内，墨竹工卡县政协常委会根据区、市、县党委的安排部署，进一步深化驻村“七项任务”落实，指派单位政治立场坚定、业务能力强的党员担任驻村工作队队长，为当地群众办实事好事 7 件。同时，政协党组高度重视强基惠民工作，党组书记和党组班子成员每季度定时、不定时到驻村点看望驻村工作人员，带去关心和问候，及时指导工作的开展。并为驻村工作队提供资金8万元，用于解决所驻村的实际困难，帮助驻村工作队协助村委会进一步强化基层党组织建设。2018年，驻村工作队被评为拉萨市先进集体，单位派驻人员被评为县级先进个人。

2018年3月28日，墨竹工卡县政协组织党外人士召开“西藏百万农奴解放纪念日”座谈会

【民生改善】 年内，墨竹工卡县政协常委会在县委部署下班子成员先后多次到各联系乡（镇）和村委会对脱贫攻坚工作进行实地检查指导，积极反映发现的问题，督促其就存在的问题进行及时整改。在结对帮扶中，全心全意为贫困户解难题，谋出路，找收入。对认识上较为落后的贫困户进行深刻的思想教育，帮助其树立“勤劳致富”的思想。年内，县政协党组和办公室党支部结对帮扶共计14户，47人，投入资金9950元。

【培训工作】 年内，为深入贯彻十九大对政协工作的新要求，认真落实习近平总书记对人民政协工作提出的一系列重要思想、重要论述，进一步落实十九大关于政治协商、民主监督、参政议政的新部署，紧紧围绕经济社会发展大局，充分发挥政协作为协商民主重要渠道和专门协商机构的重要职能。使政协委员更好地参与政协工作，发挥委员作用，切实提高履职能力和水平，结合墨竹工卡县实际，组织委员开展“政协委员履职能力提升”专题培训班。培训积极邀请区、市专家教授为全体委员讲解相关知识。

【召开座谈会】 年内，以“3·28西藏百万农奴解放纪念日”和“民族团结进步月”为契机，通过组织开展座谈会进一步教育引导委员牢记历史，以宣传党和国家的民族理论、民族政策、民族法律以及民族基本知识为途径，对委员开展爱国主义、集体主义、社会主义教育和“三个离不开”教育，不断巩固和发展平等、团结、互助、和谐的社会主义民族关系，牢记历史，认清是非，倍加珍惜来之不易的安定团结、发展进步的大好局面，毫不动摇地坚持共产党的领导，坚持和社会主义制度，坚持民族区域自治，坚定不移地维护祖国统一和加强民族团结。组织委员重点以“新旧西藏对比、改革开放以来身边人身边事发生的巨大变化”和“各民族团结稳定发展、如何引导宗教与社会主义社会相适应”为题谈感想，进一步坚定了委员跟党走的决心，广泛团结各民族宗教委员维护民族团结、促进宗教和谐。

（尼玛央金）

【领导名录】

党组书记、主席

索朗桑布（藏族）

副主席

桑旦平措（藏族）

党组成员、副主席

米　　玛（藏族）

索朗扎布（藏族）

杨 传 志

中国人民政治协商会议墨竹工卡县委员会办公室

【概况】 2018年，墨竹工卡县政协办公室认真对照《中国共产党机关公文处理条例》和《国家行政机关公文处理办法》的规定，对公文处理工作作了改进和完善，坚持严把起草关、办公室起草的文件，认真拟稿，精益求精，严格审核，要求所有文件必须经拟稿、缮改，经领导签发后，再对其进行仔细校核，使格式、内容以及每一个标点符号都准确无误。对上级文件及时登记传阅，应该保存的文件及时整理存档。认真贯彻执行上级关于切实提高会议实效的要求，严格按照务实高效的原则，做了大量的会务服务工作，确保各种会议达到预期目的；在二届三次会议期间为确保大会顺利召开，办公室提前准备，分工协作，精细安排好会务、资料、后勤保障等工作。

【协调工作】 年内，充分发挥主观能动性，预先安排工作，做到事前勤沟通、事后多反馈，确保工作准备充分，衔接紧密。坚持原则性与灵活性相结合，及时向主席汇报情况，统筹安排主席的活动，使各位主席之间的工作联结成一个有机整体，搞好主席之间的协调；主动加强联系，及时进行沟通，取得理解与支持来加强与县委办、人大办、政府办之间的协调；经常与部门交流情况，协调处理好各部门间的关系。

【做好委员履职保障】 年内，优化“五大平台”，提升委员素质，激活委员履职热情，拓展委员履职渠道，创新委员互动形式，推动委员履职管理制度化密切关注委员的工作成果，及时准确掌握信息资料，做好委员履职情况登记备案，切实增强委员的责任感，促进委员更好地履职。积极加强和改进政协民主监督工作，推动协商民主建设。在会议中发挥民主监督职能，在视察中发挥监督协调作用，在提案工作中发挥民主监督职能。

政协二届三次会议期间，委员们围绕全县经济社会发展全局性问题提交提案64件，积极助解精准扶贫精准脱贫、经济社会发展、环境卫生改善等方面难题。与此同时，委员们在参加县委常委会、县长办公会、法院庭审、全县重大决策部署会议及反映社情民意信息中发挥了民主监督职能。办公室结合委员的实际情况和特点，做好委员参会的协调服务搞好服务，做好政协全会、常委会、主席会议等会议的资料筹备、会议报到、资料发放、会议宣传等工作。以乡镇联络员为纽带，协助搞好委员视察、调研活动的联络服务工作。

【开展调查研究】 年内，按照政协墨竹工卡县委员会年度工作计划的安排，把深入调查研究作为参政议政、建言立论的基础和关键。政协开展调查研究，必须。题目是否，是调查研究的关键。每政协办按照前瞻性、可行性和少而精的原则，突出三个重点、一个特点，选好角度、选准恰当、针对性强的题目、做到有所为有所不为。围绕县委、县政府的中心工作、县经济建设和以群众关心的热点难点问题为重点选题，根据政协的特点选题。组织委员深入基层、深入群众进行调研，广泛掌握大量第一手资料，形成有情况、有问题、有分析、有建议的调查报告，为县委科学决策提供了较好的参谋服务。

【干部队伍建设】 年内，墨竹工卡县政协全面贯彻落实全国、全区政协关于加强政协党的建设部署要求，通过加强领导，健全组织，建强支部，真正把党组织建设成为团结群众的核心、攻坚克难的堡垒，切实增强党组织政治功能，自觉在县委领导下开展工作，

2018年4月17日，墨竹工卡县政协邀请专家为委员进行培训

2018年1月9日，墨竹工卡县政协表彰优秀政协委员和优秀提案承办单位

加强思想引领、政治统领、能力建设。认真查摆和集中整治不作为、慢作为、文山会海等形式主义、官僚主义突出问题，深入学习贯彻中央、区、市、县委一系列重要会议精神，学习贯彻党的统战政协理论，切实以科学理论武装头脑、指导实践。

通过健全履职激励机制、建立协同工作机制、落实退出机制等委员履职服务管理的机制体制，提升委员履职积极性；通过学习培训、搭建平台、组织开展各种活动等形式，不断提高委员政治把握能力、调查研究能力、联系群众能力、合作共事能力，加强委员履职能力；通过“引进来、走出去”的方式，拓宽委员视野和见识；通过政协党组把方向、管大局、保落实的重要作用，加强对委员队伍建设工作的领导和统筹，及时研究解决委员队伍建设中出现的新情况、新问题，使委员履职能力和水平进一步提升的同时，大力弘扬“老西藏精神”“两路精神”，求真务实、勤奋敬业，坚决贯彻落实中央“八项规定”精神和自治区“约法十章”“九项要求”，市委“八项要求”，县委“八项守则”，持之以恒正风肃纪。认真贯彻执行县委关于改进工作作风、密切联系群众的有关规定，建立健全各项工作规则，改进会风文风，提升工作效能。

（尼玛央金）

【领导名录】

负责人

边巴玉珍（女，藏族）

中共墨竹工卡县纪律检查委员会（墨竹工卡县监察委员会）

【概况】 2018年，墨竹工卡县纪委监委持续深化“三转”，以党的政治建设为统领，积极协助县委落实全面从严治党责任，深入贯彻落实中央“八项规定”及实施细则精神，认真开展腐败和作风问题整治，不断推进纪检监察体制改革向基层延伸，党风廉政建设和反腐败工作成果进一步巩固深化。

【政治建设】 年内，按照自治区、拉萨市纪委关于严禁党员干部参加宗教活动及重要节点落实维稳值班带班要求，联合县委组织部、县委政法委、县委政府督查室、县公安局对党员信仰宗教、参与宗教活动及重要节点各单位落实维稳值班带班等情况开展监督检查63次，现场反馈问题14个。分81批对26家单位、1237名拟提拔重用人选、评优评先及工作调动人员出具党风廉政意见函，对120余名调整和新任职干部开展任前廉政谈话。在全县范围内开展政治纪律集中教育，及时下发加强政治纪律教育工作方案，明确学习提高阶段、查摆整改阶段、总结评估阶段工作要点。累计收集心得体会500余篇，120家党支部均完成召开组织生活会，对8家单位开展政治纪律专项检查，对学习不到位、安排不到位的单位责令限期整改，相关问题均整改完成。为确保学习成效，对撰写不深刻、未结合实际的197份心得体会退回重写，对共性问题在全县进行通报，并对相关责任人进行提醒谈话。

【协助县委落实主体责任】 年内，按照明责差异化的要求层层签订责任书50余份，把责任分解落实到各级党组织特别是“一把手”身上，使领导班子成员个个有担子、人人有任务。13 次向县委常委会提交党风廉政建设和反腐败工作议题 49 个，定期汇报党风廉政建设和反腐败工作开展情况 3 次，召开县委反腐败工作协调小组会议 1 次，解决存在的突出问题。召开九届县纪委第三次全体会议，选取 6 家单位进行现场述责述廉并接受评议质询。由县委书记和副书记、纪委书记对各乡镇、县直各单位主要负责人和乡镇纪委书记进行约谈，发现各单位在落实“两个责任”中存在问题 83 个。利用 3 天时间，协同县委、县政府对 47 个乡镇和县直单位进行党风廉政建设“两个责任”考核。组织全县 52 名领导干部亲自填写廉政档案，并由县纪委书记逐一填写意见建议。

【纪律和作风建设】 年内，紧盯“四风”问题新变异、新变种，突出抓好元旦、春节、藏历新年等重要节点，及时下发通知，提出纪律要求，向 200 余名党员干部发送廉政短信 23 条，利用“廉洁墨竹”微信公众号发布典型案例 14 期，充分发挥警示教育作用。县乡两级纪委采取重要节日检查与日常检查相结合、综合检查与专项检查相结合、突击检查与常规检查相结合的方式，对全县 721 家单位、23 家餐饮娱乐场所开展监督检查，检查公车 1323 台，现场查纠问题 58 个。坚持抓早抓小、动辄则咎，对发现的问题线索，随查随报随核，进一步巩固拓展落实中央八项规定精神成果。

2018年9月20日，西藏自治区党委常委、纪委书记、监委主任王拥军（右排中）一行到墨竹工卡县调研

【纪检监察体制改革】 1 月，顺利完成墨竹工卡县监委组建挂牌、案件线索移送、转隶人员调配等工作。自觉主动接受县人民代表大会及其常务委员会的监督，定期报送专项工作报告。教育和引导全县干部遵法、学法、守法、用法，发放藏文版《中华人民共和国监察法》7000 余本，2 次邀请专家学者为全县 370 名监察对象专题解读《中华人民共和国监察法》，并利用“廉洁墨竹”微信公众号逐章逐条逐项学习《中华人民共和国监察法》解读。及时召开深化国家监察体制改革试点工作领导小组会议，通报全县深化监察体制改革试点工作进展情况，研究解决工作中遇到的问题，并提出意见建议。积极推动监察工作向基层延伸调研，根据自治区《关于在拉萨、山南开展推动监察工作向基层延伸的改革试点意见》要求，联合县委组织部、县编办对 24 名派出监察室人选进行考察，及时配齐派出乡镇监察室主任、副主任及监察员。紧跟上级进度，督促 8 个乡镇在规定时间内完成派出监察室挂牌刻章等工作，并下发《墨竹工卡县开展推动监察工作向基层延伸改革试点的实施方案》，制定《乡镇纪检监察干部监督管理办法》等内控制度，为开展基层监察工作提供指导。

【开展集中整治】 年内，召开安排部署会议，下发关于明确集中整治不作为慢作为、文山会海等形式主义、官僚主义突出问题自查阶段相关要求的通知，重点检查各单位是否认真贯彻落实各级党委、政府的决策和项目，是否按期完工等情况 15 次，发现即知即改问题 40 个，对上级纪委监督检查中发现自查自纠不到位的单位主要负责人进行提醒谈话，责令重新进行自查。带头在纪检监察系统开展不作为慢作为文山会海等形式主义、官僚主义集中整治，逐

2018年1月10日，墨竹工卡县监察委员会成立

条进行自查，深入剖析原因，明确整改措施，扎实进行整改。

【援藏资金管理使用监督检查】 年内，根据区纪委关于开展援藏资金专项检查的通知要求，联合县财政局、县发改委等相关单位对援藏资金使用情况进行自查。据统计，2013 年至 2017 年实施援藏项目 29 个，批复总投资 3.24 亿元。根据区、市《关于做好援藏资金专项检查发现问题整改的通知》，先后开展 3 次专项督导检查，结合整改情况，及时报送《墨竹工卡县纪委监委关于援藏资金专项检查反馈问题的督促整改情况报告》。

【财经纪律执行】 年内，紧盯墨竹工卡县财政资金领域易发多发问题，下发《关于进一步严肃财经纪律的通知》，对严格执行有关财经方面的政策规定和纪律提出“十不准”，认真组织各单位对每一笔资金、每一个项目逐项自查自纠，对 2 个乡镇进行实地检查，书面反馈问题 20 个，2 个乡镇均报送整改报告，相关问题基本整改完成。

【开展专项整治】 年内，成立以县委书记劳明伟任组长，县委副书记、县长旦增尼玛任副组长的整治领导干部利用名贵特产类特殊资源谋取私利问题工作领导小组，在县纪委监委设整治工作办公室，明确责任科室、责任人及工作职责。及时下发通知，在全县范围内开展自查，累计 37 家单位、1978 名干部（其中纪检监察系统干部 84 名）主动提交自查表，并作出书面承诺。强化整治力度，要求党员领导必须在民主生活会和组织生活会上如实说明本人利用名贵特产类特殊资源谋取私利自查情况。通过设立举报电话、举报箱和网络监督平台，广泛接受农牧民群众的监督举报，加强同县委巡察、县委反腐败工作小组成员单位的联系，不断拓宽问题线索来源，确保整治工作切实查到位、查出成效。

【作风问题专项治理】 年内，按照上级纪委安排部署，紧盯脱贫攻坚领域腐败和作风问题，成立扶贫领域腐败和作风问题专项治理工作办公室，全年县乡两级纪委现场反馈户档资料填写不清晰、

2018年7月13日，墨竹工卡县纪委副书记、监委副主任马发强主持召开政治纪律教育动员部署暨专题学习会

涉农资金未通过“一卡通”发放、项目进展缓慢、项目分红不明确等问题73个，相关单位按照整改期限均能够按期整改。坚持重遏制、强高压、长震慑，对履责不力导致扶贫领域问题滋生蔓延的部门和单位，进行严肃问责。截至年底，共受理扶贫领域问题线索8起，立案3起，给予党纪处分4人，政务处分2人，组织处理11人，在全县通报扶贫领域相关问题3起涉及2家单位6人。

【自身建设】 年内，坚持“两学一做”学习教育常态化制度化，教育引导纪检监察干部牢固树立“四个意识”，坚决维护习近平总书记在党中央和全党的核心地位。采取集中学习与自学相结合的方式，认真组织学习党章党规党纪，把新修订的《中国共产党章程》《中国共产党纪律处分条例》《中华人民共和国宪法》《中华人民共和国监察法》纳入集中学习内容。全年共组织开展集中学习20余次。先后选派107名干部参加中央、自治区、拉萨市纪委监委举办的各类专题业务培训，选派10名纪检干部到区市纪委跟班跟案学习，着力提升纪检监察干部的履职能力。

（平慧琴）

【领导名录】

县委常委、纪委书记、监委主任
张子成
纪委副书记、监委副主任
马发强
纪委副书记、监委副主任
旦增卓嘎（女，藏族，7月免）
纪委常委、监委委员
尼玛欧珠（藏族）
纪委常委、县委巡察办主任
占堆曲杰（藏族）
监委委员
何　晶（女）

中共墨竹工卡县委组织部（编办、老干局）

【概况】 2018，墨竹工卡县委组织部坚持以习近平新时代中国特色社会主义思想为指导，深入学习贯彻落实党的十九大和十九届二中、三中全会精神，紧紧围绕县委中心任务，全面落实新时代党的建设总要求，认真落实区、市党委九届三次全会、县委九届五次全会和全国、全区、全市组织部部长会议精神，落实县委“党建统县”战略，大力实施“基层党建三年行动计划”和党建“6+1”工程，以党的政治建设为统领，以提升组织力为重点，坚持稳中求进工作总基调，激发基层党组织战斗堡垒作用、广大党员先锋模范作用，推进基层党组织建设标准化，助力打赢脱贫攻坚和促进实施乡村振兴战略，为率先全面建成小康社会、奋力开启全面建成社会主义现代化墨竹工卡新征程提供坚强的组织保障。

2018年，全县共有337个党组织，其中党委34个，党总支16个，党支部287个；新发展党员88名、吸收积极分子146名，并出台《关于实行发展党员工作全程纪实管理的通知》，进一步规范发展党员工作的5个阶段25个步骤；预算全县基层党组织党建活动经费146.33万元，并出台《墨竹工卡县基层党组织党建活动经费管理办法》，规范党建经费使用程序；按照不少于10%的标准，评定出软弱涣散村级党组织4个、

2018年5月17日，拉萨市委副书记、组织部部长庄红翔（前排右二）到墨竹工卡县调研基层党组织标准化建设、组团式医疗援藏、干部驻村和抓党建促脱贫攻坚工作等重点任务推进情况

2018年6月19日，墨竹工卡县委常委、组织部部长平措朗杰讲党课

县直机关党组织6个，推动集中整顿软弱涣散基层党组织常态化制度化；深入开展“主题党日”活动200余次，参加活动党员1500余名；选派383名村党组织书记、村委会主任参加市委组织部举办的培训班和自主开展新任村干部培训工作。

【机构编制】 年内，撤销县监察局和县人民检察院内设机构职务犯罪检察科，设立墨竹工卡县监察委员会，整合调整工作职责，并将县检察院6名政法专项编制和3名干部划转至县监察委员会。加强建设纪委机关，年初经县编委研究决定，将县纪委机关3名事业编制与县委组织部、审计局、交通运输局3名行政编制进行置换，并从县卫计委划转1名行政编制用于加强纪委机关人员力量，同时在县纪委监委设立综合室、纪检监察一室（党风政风监督室）、纪检监察二室等3个内设机构。

年内，为加强县河长制、湖长制工作，完成建立河（湖）长制机构，在县水利局加挂河（湖）长制办公室牌子，并明确工作职责，统筹加强工作力量。2018年，到拉萨市编办动态调整更新系统数据13次，涉及150人。加强统一社会信用代码赋码服务管理，为县委巡察办、人大办、直孔替寺管委会、政协办等8家单位换发统一社会信用代码证书。

【干部管理】 年内，坚持正确导向，不断优化选人用人环境。坚持党管干部原则，坚持德才兼备、以德为先，坚持五湖四海、任人唯贤，坚持事业为上、公道正派，坚持问题导向，有错必究的原则，着力解决干部能力不足、担当不够、本领恐慌、脱离群众的问题，把好干部标准和民族地区干部“三个特别”要求落到实处，以严的要求、实的内容、细的记录，实事求是，强力推进选人用人自查自纠工作，营造风清气正的政治生态。2018年1月提拔使用优秀干部19名，进一步使用干部6名；2018年7月提拔使用优秀干部4名，进一步使用干部3名。

年内，全面落实“凡提四必”“三个不上会”“两个不得”“五个不准”要求，规范干部选拔任用程序。严格把控动议提名、资格审查、推荐考察等关口，确保干部选拔任用质量。因人事动议审核干部档案65人次，做到干部档案动议审核全覆盖，征求纪检监察等部门意见65人次，有力的防止“带病”调整。组织全县党员干部学习《关于进一步激励广大干部新时代新担当新作为的意见》，撰写心得体会110余篇。坚持严管与厚爱相结合，激励与约束并重，不断完善干部考核评价机制，让干得好的受褒奖，让干得差的受鞭策。探索建立容错纠错机制，旗帜鲜明为敢于担当、踏实做事、不谋私利的干部撑腰鼓劲。健全完善干部交流机制，促进不同区域、不同领域、不同行业干部的正常有序轮岗交流。

【干部教育培训】 年内，墨竹工卡县大力开展党员干部教育培训工作，围绕“习近平新时代中国特色社会主义思想和党的十九大精神”，先后举办五期科级干部培训班、四期村干部培训班、两期后备党员培训班、两期入党积极分子培训班，共有32名县级干部、292名科级干部、303名村干部、104名后备干部、127名入党积极分子参加培训。10月8日至11月23

日，县委组织部联合县委党校在全县范围内开展七期党员政治教育专题培训，重点学习习近平新时代中国特色社会主义思想和党的十九大精神，习近平总书记关于党的政治建设的重要论述、马克思主义“五观”“两论”、党的政治纪律和政治规矩、党的宗教政策和社会主义核心价值观。

年内，集中培训382名党员干部，其中包括26名县级干部、211名科级干部、65名退休干部、40名村党支部书记、40名村委会主任参加培训，圆满完成党员政治教育轮训任务。县公安局、县政协、县妇联等部门结合业务实际开展相关培训，374人参加培训。同时，全县各级党组织结合“两学一做”学习教育、党员政治纪律教育、党员政治教育等以支部学习会、“三会一课”等方式，按要求自主开展学习；认真组织全县领导干部参加“每月一课”学习活动，每场次均有50多名干部参加；县委书记讲党课4次，各县委常委讲党课8次，基层党组织开展书记讲党课102次，县委党校组织开展讲党课9场次；选派225人次干部和村干部参加国家、区市“国家行政学院西藏领导干部培训班、2018年自治区农牧民青年党员示范培训班、拉萨市优秀正科级干部进修班”等重点班次的培训；依托南京优势资源，安排42名公安干警分2批到南京市公安局培训，组织15名县乡村三级工会干部到南京交流学习，组织6名医生到南京医院开展业务知识培训学习，选派35名优秀科级干部参加墨竹工卡县第四批科级干部到南京集中培训班，选派11名干部参加墨竹工卡县全面落实新时代党的建设总要求推进支部标准化建设专题培训班，选派4名干部参加对口援建统计干部专题培训班，组织17名学生参加“民族一家亲”南京夏令营活动。

【老干部工作】 年内，针对离退休干部普遍进入“双高期”的新常态，积极探索老干部服务新方法新模式，通过加强走访慰问、创新沟通方式、关注身心健康、突出“人文关怀”，坚持开展“三送”活动，扎实做好离退休干部职工服务管理工作，落实好政治和生活两项待遇。2018年，墨竹工卡县委老干部局共组织27名离退休老干部职工到昆明、成都两地开展为期15天的“讲团结爱核心、哈达再献总书记”主题疗养活动。

年内，认真落实领导责任制，进一步加强对离退休干部党支部建设工作的组织领导。召开离退休党支部党建工作会议，签订党建目标责任书，安排部署党建工作。从离退休老干部实际出发，坚持便于集中、便于开展组织生活的原则，紧扣学习贯彻习近平新时代中国特色社会主义思想和党的十九大精神，认真落实“三会一课”、组织生活会、主题党日等制度，实现老干部自我教育、自我管理、自我提高。积极参加老干部趣味运动会，引导老干部在保重身体、安度晚年的同时继续关心和支持墨竹的各项工作，以更健康的体质和更加饱满的精神状态，为墨竹工卡发展出谋划策，发挥余热。

【档案管理】 截至年底，全县共有干部1810人，其中：公务员882人（县级40人，科级358人，科员、办事员484人）；事业人员928人（事业单位工作人员206人，教育系统教师569人，卫生系统专技

2018年4月4日，全县科级及以上干部深入学习贯彻习近平新时代中国特色社会主义思想和党的十九大精神专题培训班（第一期）开班仪式

人员153人)；档案室现存干部人事档案1656卷,其中：公务员档案806卷(科级干部档案342卷,科员、办事员档案464卷),事业档案850卷(事业单位工作人员190卷,教育系统教师517卷,卫生系统专技人员143卷)。全县应保管干部档案1810卷,实际保管1656卷,相差154卷,其中：因干部管理权限由区、市保管墨竹工卡县干部人事档案56卷(县级40卷,科级16卷),高校毕业生分配、异地调入待转98卷(公务员20卷、事业单位工作人员16卷,卫生系统10卷,教育系统52卷)。

【自身建设】 年内,墨竹工卡县委组织部深入学习党章党规、党的十九大精神、习近平总书记系列重要讲话精神、分管业务知识、环保知识等,进一步提升思想认识,牢固树立"四个意识",增强党性修养和政治定力。细化分工,确保责任到人。立足个人专业特点和岗位实际,针对组织部门工作要点进行细化分解,确保每项工作有人抓、每人肩上有担子,每月固定党日进行专项汇报,找准思想差距、找准执行落实的不足、明确整改方向和措施,切实推动组织工作各项任务高效落实。走在前列,带头争做表率。严格落实考勤、请销假等制度,8小时以外谨言慎行,认真贯彻落实中央"八项规定",带头廉洁自律,始终做到严于律己、严格履职、严谨办事,树立良好的组工干部形象,切实为全县各级干部带好头、做表率。

(郝苗苗)

【领导名录】

县委常委、组织部部长

平措朗杰(藏族)

副部长

米玛旺堆(藏族)

袁向阳

副部长、老干部局局长

德曲(女,藏族,7月任副部长)

中共墨竹工卡县委宣传部

【概况】 中共墨竹工卡县委员会宣传部(墨竹工卡县精神文明办公室、墨竹工卡县互联网信息办公室),是中共墨竹工卡县委主管全县意识形态方面工作的综合职能部门,正科级建制。机关核定编制6名,其中行政编制3名,机关事业编制3名。处级领导职数1名,科级领导职数3名；管理机构县文化市场综合执法大队,副科级建制,核定机关事业编制3名,科级领导职数2名；县互联网评论中心,副科级建制,核定事业编制3名,科级领导职数1名。

【理论武装建设】 年内,把学习宣传贯彻党的十九大精神作为首要政治任务,以学习好、宣传好、贯彻好习近平新时代中国特色社会主义思想为主线,在全县兴起学习宣传贯彻热潮。充分利用广播电视、网站、微信公众号、报刊等宣传阵地,全面报道墨竹工卡县各行各业学习宣传贯彻党的十九大精神实况。按照上级统一部署,结合墨竹工卡县实际,起草并提请县委办印发《墨竹工卡县委理论学中心组2018年度理论学习安排意见》,截至年底,开展县委理论学习中心组学习17次,其中邀请专家讲座学习3次,专题研讨发言10次,撰写研讨材料32人次,传达学习生态文明建设内容6期,传达学习党风廉政建

2018年11月14日，墨竹工卡县委常委、宣传部部长丁剑调研塔巴陶瓷加工情况

设内容 5 期，传达学习中央和区、市党委重要文件精神和理论文章 49 篇。

年内，按照上级部署要求，投入 54 万余元为全县干部群众特别是党员干部征订并发放党报党刊、理论学习书籍。其中投入 44.4 万元征订《西藏日报》《拉萨日报》《光明日报》等党报党刊每期 1960 份；投入 2 万余元征订《党建》《大讲堂》党刊每期 248 份；投入 5 万余元征订《党委中心组学习》《时事报告》党刊每期 163 份；投入近 2 万元征订《习近平谈治国理政》(一、二卷)、《习近平新时代中国特色社会主义思想三十讲》理论学习书籍各 200 本。

2018年6月23日，墨竹工卡县委宣传部副部长达瓦次仁一行到门巴乡仁多岗村开展“不忘初心、牢记使命、助力脱贫摘帽”主题扶贫政策宣讲

【“四讲四爱”群众教育实践活动】

年内，在农牧民群众、寺庙僧尼、中小学生、企业员工中开展宣讲活动 901 场，受教群众达 97264 人次，发放宣讲提纲 360 余本，编写信息简报 289 期。广大干部群众热烈响应、踊跃参与，群众的思想状态、精神面貌发生了可喜变化，取得了阶段性成果。2018 年在城乡显著位置、重要地段制作张贴悬挂和喷刷各类宣传展板、标语、横幅 500 余幅，利用各类宣传阵地及时展示播放标语口号 80 条(次)，刊播群众教育实践活动新闻(理论文章)279 篇 / 条，做到处处可见、随时可学。发放各类印有“四讲四爱”内容的医药包、随身餐具、纸杯和毛巾和宣传资料 55000 件(套)，深受群众喜好。

年内，县“四讲四爱”活动办狠抓典型选树，先后挖掘推出“拉萨墨竹知党恩、感党恩、报党恩、跟党走”“扎西岗村培拉主动申请退出低保背后的故事”“为文明墨竹工卡建设添砖加瓦”“美，在环境、在人心”“单亲妈妈其米达瓦—做劳动致富新农民”等一批群众典型和身边人物真实事迹，反响强烈，典型事迹在中国新闻网、西藏日报、拉萨晚报等新闻媒体上刊播。

年内，坚持把深入学习贯彻习近平新时代中国特色社会主义思想和党的十九大精神这条主线贯穿活动全过程，按照“学懂”“弄通”“做实”的要求，通过干部讲政策、宣讲员讲身边故事、群众讲变化的形式，广泛宣传党的创新理论成果，确保基层群众听得懂、能领会。5 月，宣讲员利用虫草采挖节点，利用“宣讲 + 电影放映、问卷调查”等模式与群众同吃同住山间宣传党的十九大精神；6 月，宣讲员广泛开展脱贫攻坚政策宣讲大会，以“接地气、心贴心”的宣讲方式，不忘初心牢记使命助力脱贫摘帽；7 月，宣讲员深入田间、深入农家，以群众与国旗合影、唱国歌等形式开展“国旗飘起来，国歌唱起来”活动，进一步深化爱国主义教育；8 月，通过送“藏戏”迎“雪顿”文艺下乡活动为契机，广泛开展《习近平谈治国理政》的宣讲学习活动；9 月，宣讲员利用平安西藏宣传活动，通过“面对面宣讲 + 宣传品、宣传单”等形式与群众点对点、心对心的交流；10 月，宣讲员结合西藏自治区首届跨喜马拉雅自行车极限赛和首届“醉墨竹”非遗旅游文化艺术节，通过“宣讲 + 文体活动 + 展板展示”等形式，增进群众文化交流，感受文化成果；11 月，广泛开展“习近平总书记经典语句摘编”和“思想政治教育”应知应会知识问答活动。发放干部职工版知识问答手册 1888 本，发放农牧民群众版知识问答手册 11821 本，通过你问我答的形式，使宣讲形式新颖、内容明确，效果明显。

年内，将实践活动与全县重点中心工作结合起来，在打赢脱贫攻坚战、实施乡村振兴战略中进一步丰富实践活动内容。县委统战部（县民宗局）将“四讲四爱”同“遵行四条标准、争做先进僧尼”、学习宣传《宗教事务条例》结合起来，在寺庙僧尼中精心部署实践活动，积极推动藏传佛教与社会主义社会相适应；县教育局结合“过好当下幸福生活”“爱党爱国的社会主义事业建设者和接班人”主题班会等载体，在青少年学生中广泛开展德育教育；县强基办积极组织动员驻村工作队开展群众性文化活动（望果节、农民丰收节、雪顿节）、我与改革开放40年故事会和美丽乡村清洁行动等实践活动，进一步拉近党群干群关系，增强人民群众认同感。

【精神文明建设】 年内，县文明办制定并印发《墨竹工卡县精神文明建设工作要点》。以县委名义印发关于调整充实墨竹工卡县创城工作领导小组、精神文明建设指导委员会、未成年人思想道德建设领导小组成员的通知。“五有五好”文明村镇创建活动经县委常委会议研究，以县委名义印发实施方案和领导小组。成立以县委书记劳明伟为组长，县委副书记、县长旦增尼玛为常务副组长的“五有五好”文明村镇创建活动领导小组。将精神文明建设工作及“五有五好”文明村镇创建工作开展情况纳入各乡（镇）、各单位年终考核的重要内容，作为评先评优的重要依据，充分调动了基层干部参与创建活动的积极性。

2018年，墨竹工卡县荣获拉萨市“文明县城”荣誉称号，并被授予拉萨市创城“三连冠”先进集体荣誉称号；县委宣传部继续保留拉萨市“文明单位”荣誉称号，并被授予拉萨市创城“三连冠”先进单位荣誉称号。年内，在全县8个乡（镇）、40个行政村、9所中小学校、13个寺管会设立“精神文明建设宣传栏”，制作发放178面公益广告牌以及遵德守礼提示牌。在市民广场公园围栏处增设文化墙，更换23面宣传内容，在工地围挡张贴公益广告20余面，在县属媒体上长期常态刊登公益广告通告内容。依托道德讲堂、善行义举榜为墨竹工卡县农牧民群众、寺庙僧尼、青少年学生弘扬中华传统美德、养成良好的道德品质提供学习平台。积极发挥墨竹工卡县72名文明引导员作用，组织、宣传、策划本辖区、本部门“五有五好”文明村镇创建及精神文明建设工作。根据《墨竹工卡县关于成立墨竹工卡县志愿服务队实施方案》要求，在全县设立70个志愿服务站点，为志愿服务站点发放志愿服务站点标牌及700套志愿者马甲、帽子，截至年底，完成16051名志愿者注册、登记工作，为各类志愿服务活动常态化提供组织保障。为进一步发挥道德讲堂在基层培育文明风尚的重要阵地作用，县文明办为各乡（镇）、各行政村、各学校、各寺庙制作并发放道德讲堂背景墙。

年内，墨竹工卡县各部门积极行动、各族各界干部群众广泛参与，依托“四讲四爱”群众教育实践活动、“遵行四条标准、争做先进僧尼”教育实践活动、生态环境保护、“七五”普法宣传工作及“我们的节日”“五下乡”“雷锋纪念日”等精神文明建设常态工作，有效推动了以“思想觉悟好、道德风尚好、行为习惯好、精神面貌好、遵规守纪好”为主要内容的活动的开展。同时，按照拉萨市精神文明建设工作要点及上级部门要求，县文明办积极开展精神文明创建工作，申报文明单位8个，文明校园3个，第五届自治区文明村镇16个，道德模范14人；推送“新时代好少年”2名，中华小导游1人，优秀童谣4个，为墨竹工卡县深入推进农牧区精神文明建设提供强大的精神动力和丰润的道德滋养。

【互联网信息管理】 年内，县网信办制定并印发《墨竹工卡县网络与信息安全突发事件应急预案》，实行《西藏互联网违法和不良信息举报奖励办法》，有效预防、及时控制和最大限度地消除信息安全各类突发事件的危害和影响。互联网信息办公室建立自上而下的舆情信息收集、研判、报送、疏导工作机制，推进网军建设，充分发挥全县165名网评员作用，不间断监测网络舆情，及时掌握分析网民舆情苗头性倾向，加大舆情监测力度，舆情监测阅读量达7万余次，报送互联网舆论监测日报表260份。同时，加强网上正面宣传力度，组织引导跟帖、评论70余条，转发2100余条。动员全县干部职工撰写网评文章，向上级推送网评文章20篇。截至年底，党政微信公众平台“微墨竹”关注量达6040人，开设专栏8个，共发布新闻稿件1100余条。2018年在“微墨竹”开设“跟我学”专栏，将党员干部学习教育引向新常态。截至年底，专栏共计发布党建专题理论文章127篇。墨竹工卡县政务网每周更新新闻30余条，“网信墨竹”对外发布信息300余条。

2018年3月26日，墨竹工卡县召开县委理论学习中心组“两学一做”学习教育2018年第三次集中学习

【文化市场综合执法】 年内，以提升执法队伍的行政执法水平和综合素质为目的，积极选派业务骨干参加全国、区、市文化执法部门举办的各类业务知识培训，积极参与全国文化市场技术监管服务平台在线培训考试系统的在线学习。为进一步提高文化娱乐场所经营业主的安全责任意识和守法经营意识，年初，同全县35家经营场所责任人签订“墨竹工卡县歌舞娱乐、网吧经营场所安全责任书”“守法经营承诺书”。联合县安委会、消防大队开展以“生命至上、安全发展”为主题，以人员密集场所应急疏散演练和易燃易爆物品管控为活动内容，对歌舞娱乐场所负责人、县中学学生代表、加油站工作人员等100余人进行实践培训活动，通过实践培训使文化娱乐场所经营业主进一步提高安全防范意识，提升安全防范技能。年内，共开展文化市场执法检查56次，其中日常检查23次，联合检查33次。出动执法人员229人次，检查经营单位415家次，出动执法车辆74台次，收缴盗版影碟889张、盗版歌碟25张、违禁歌碟40张，责令改正19家、警告9家，取缔流动摊贩4家，删除违禁歌曲46首、违禁歌曲视频5部。充分利用“3·18”“4·26”“6·16”等时间节点开展主题鲜明的文化市场法治宣传活动，制作宣传展板16个，悬挂宣传横幅17条，发放宣传资料1350份，接待群众咨询150余人次，受教群众和青少年达6497人；世界知识产权日开展侵权盗版及非法出版物、卫星电视接收设备集中销毁活动，严厉打击了侵权盗版和违法行为，进一步净化了文化市场环境；面向全县中小学生开展“护苗·网络安全课”课件宣传活动，受教学生达6402名。

【舆论宣传氛围浓厚】 年内，不断加大与中央、区、市各级新闻媒体沟通。充分发挥外宣点作用，进一步提升墨竹工卡县知名度，积极联系、协助中央新闻中心组、西藏电视台、西藏日报社、拉萨电视台、拉萨日报、“西藏诱惑”栏目组、“吉曲”摄制组等媒体拍摄墨竹工卡县经济发展、民生改善、生态向好、文化繁荣等相关内容。协助拉萨电视台摄制组拍摄拉萨市2018年春节藏历土狗新年电视联欢会—墨竹工卡县群众过年场景短片，该片在拉萨电视台、咪咕视频客户端同步播出，双节期间在央视国际频道、央广、北京卫视、江苏卫视、康巴卫视等播出。协助西藏电视台《雪域漫步》栏目拍摄墨竹工卡县大众创业万众创新之农牧民创业致富故事，并在其栏目播出。协助拉萨市电视台采访报道墨竹工卡县乡村振兴阶段性成果。

4月18日、27日以“我的房前屋后有树林—章达村新村建设

2018年4月15日，墨竹工卡县委宣传部工作人员开展“4·15”国家安全教育日宣传活动

取得显著成效”和“共建共治共享美丽乡村”为主题在《拉萨新闻》今日头条播出墨竹工卡县章达村生态宜居和工卡村社会治理方面取得的成绩。充分发挥外宣联络员作用，年内，共接待媒体记者40批148人次。《西藏日报》刊登墨竹工卡县稿件194条，《拉萨日报》刊登墨竹工卡县稿件278条，拉萨电视台播放墨竹工卡县稿件36条。此外，县电视台紧紧围绕县委、县政府中心工作，充分发挥记者、编辑人员作用，全年播放《墨竹新闻》（藏、汉）105期、《一周要闻》（藏、汉）104期。

【丰富群众精神文化生活】 在春节、藏历新年期间邀请拉萨市歌舞团、达孜区艺术团到全县4个乡（镇）开展文化、科技、卫生、法律和爱国爱教宣传“五下乡”活动。按照县委、县政府部署要求，联合县教体局成功举办2018首届跨喜马拉雅自行车极限赛墨竹工卡县米拉山赛点系列活动。此外牵头举办首届万亩油菜花旅游文化节、首届“醉墨竹”非遗旅游文化艺术节以及“3·28”文艺会演活动。

墨竹工卡县“天边之乡”数字影院每周三免费向全县干部职工播放爱国主义影片。发挥农村“2131”电影放映点作用，电影放送达520余场次，观影人数达13万余人次。为促进墨竹工卡县创建第三批国家公共文化服务体系示范区，更好地服务文化需求，首次开展图书漂流进部队活动，为部队提供更多阅读机会，唤起读书意识，让书籍在流动中发挥作用，激起大家惜书、爱书的情感，分享藏书，播撒书香，传递文化，掀起读书热潮。2018年6月开始对全县40个“农家书屋”书籍录入“云图书馆平台”共录入85012册，实现了书籍网上查询，方便群众查找、调阅，便于书籍管理。

（四朗达措）

【领导名录】

县委常委、宣传部部长

丁　剑

副部长

达瓦次仁（藏族）

中共墨竹工卡县委统战部（民族宗教事务局）

【概况】 2018年，墨竹工卡县委统战部、民宗局、涉宗领域各部门深入贯彻落实党的十九大、十九届二中、三中全会精神，认真贯彻落实习近平总书记“治国必治边、治边先稳藏”的重要战略思想，围绕中央统战工作会议和全国、全区宗教工作会议精神。深入开展“遵行四条标准、争做先进僧尼”教育活动及“四讲四爱”主题教育活动，认真贯彻落实加强和创新寺庙管理工作，做到“划清两个界限，尽到一个责任”。并以“团结、稳定、发展”为目标，“管理、教育、服务”三大职能为抓手，做了大量卓有成效的工作，取得了宗教和睦、寺庙和谐、佛事和顺的良好成绩。

【惠寺利僧政策】 年内，积极组织全县僧尼开展免费体检活动，体检率达100%，体检中重点筛查风湿、肺结核、肝炎“三病”，并及时把僧尼体检结果反馈到僧尼本人，耐心细致地讲解身体健康状况，提高僧尼的健康意识，有效防范各类疾病的发生；做好体检结果向僧尼讲解工作，实现老有所养、病有所医；完成慰问高僧大德和帮扶老弱病残僧尼活动，发放

2018年7月23，全国政协常委、中国佛教协会副会长班禅额尔德尼·确吉杰布（中）到墨竹工卡县雪林多吉颇章斯布牧场调研

慰问金13.4万元，对13名老弱病残僧尼进行慰问帮扶活动，共计6.27万元。

【评选表彰活动】 年内，认真开展上、下半年“和谐模范寺庙暨爱国守法先进僧尼”评选工作，表彰先进僧尼、优秀寺管会、优秀驻寺干部及驻寺干警，使广大僧尼在政治、生活上得到荣誉和实惠。共发放表彰奖金94.1万元；积极开展“民族团结进步模范集体和个人”评选活动。在推动各民族共同团结奋斗、共同繁荣发展的过程中，涌现出一大批模范集体、模范个人和模范家庭，他们为全县的民族团结进步事业做出了积极贡献，起到很好的模范带头作用。经县委、县政府研究决定对10个模范集体，14名模范个人和2名模范家庭进行表彰，共发放奖金11.2万元整，进一步增进民族团结凝聚力和夯实社会和谐稳定基石。

【党外人士座谈会】 1月28日，全县党外知识分子界、工商界、教育界、宗教界、党外干部等23名党外爱国人士代表齐聚一堂、敞开心扉、畅所欲言，共庆春节藏历新年座谈会，送去5175元慰问金。在会上，党外人士围绕全县和社会和谐稳定，以及全县经济发展，立足和自身实际，作了热情洋溢的发言，既有对县委、县政府的工作的赞扬和肯定又有对进一步做好全县各项工作的建议和意见。发言中有不少真知灼见，充分体现同志们为党分忧、为民解难的举举之心。

【开展走访慰问活动】 在春节、藏历新年期间，县委统战部、县民宗局组织牵头，同联系寺庙县级领导先后到各寺庙，对寺管委会（专职特派员）驻寺派出所、寺庙高僧大德和老弱病残僧尼进行走访慰问活动，累计落实慰问金20.12万元，充分体现党和政府对驻寺干部和宗教人士的关心关爱。

【学习宣传《宗教事务条例》】 5—12月，共分6个阶段，在县理论中心学习上统筹安排《宗教事务条例》学习的基础上，全面推进以县统战、民宗、宗教办干部职工和寺管会、驻寺干部为主体，涉宗干部带头先学一步、深学一层；

2018年2月22日，西藏自治区党委常委、拉萨市委书记白玛旺堆（中）到墨竹工卡县艾玛日寺检查指导工作

以寺管会僧尼成员和寺庙广大僧尼为重点对象，驻寺干部引领学习宣传解读；面向县直机关和企事业单位干部职工、农牧民群众和青年学生积极学习宣传的工作格局。2018 年，共开展统战民宗先后举办 31 场次培训，接受培训的干部 507 余人、宗教教职人员 659 余人，悬挂横幅标语 60 条。

【惯例佛事活动】 年内，在区市县党委、政府的高度重视下，贯彻落实民族宗教政策，逐一审批每项惯例佛事活动，制订完善各类方案预案，做到安排部署有序，前期筹备充足。实现党委、政府认可，寺庙僧尼支持，信教群众满意，确保各项佛事活动与社会主义社会相适应。

【非公企业情况】 年内，在拉萨市工商联的正确指导下和县委、县委统战部的具体指导以及会员单位、相关部门的大力支持下，墨竹工卡县工商联认真履行职责，积极开展工作，深入贯彻落实区、市、县委关于加强非公企业工作的指示精神，立足实际，突出重点，探索实践，全县非公经济组织工作顺利推进。截至年底，墨竹工卡县个体工商户 305 家，其中非公企业 49 家，会员企业 25 家。会员企业注册资金 6.49 亿余元（其中有限责任公司 12 家，注册资金 2.7 亿余元，私营企业 6 家，注册资金 2.215 亿余元，个体工商户 4 家，注册资金 3740 万元，股份有限公司 1 家，注册资金 1.189 亿元）。非公企业从业人员 1246 人，全县非公企业（矿山企业、民营企业、私营企业、个体工商户等）纳税金额共 2.8 亿元。

【“遵行四条标准、争做先进僧尼”】 年内，县委统战部、民宗局始终将“遵行四条标准、争做先进僧尼”教育实践活动作为加强和创新寺庙管理工作的重要载体，纳入重要议事日程，围绕中心工作，召开宗教工作领导小组会议，研究政策措施，结合实际制定具体方案，及时召开动员部署会议，坚持学习宣传《宗教事务条例》及“四讲四爱”群众教育实践活动同步推进、相互穿插、分类指导、融为一体，在贯彻落实上下功夫，确保整体提升，实现涉宗干部及广大僧尼从政治上、思想上、行动上进一步统一到教育实践活动的决策部署中来，为全面开展教育实践活动打下坚实的思想基础和组织保障。2018 年，统战民宗向僧尼宣讲 257 场次、发放宣传资料 2669 册、向涉宗干部发放宣传资料 397 册、向驻寺干部及僧尼宣讲员发放宣讲提纲 1318 册，宣传横幅 148 条，宣传栏 87 个，宣传标语 2900 余条，僧尼参与率 99%。

（尼玛多吉）

2018年9月12日，墨竹工卡县委书记劳明伟到直孔替寺开展“遵行四条标准、争做先进僧尼”宣讲活动

【领导名录】

县委常委、统战部部长

　　扎巴桑珠（藏族）

副部长

　　扎　　桑（女，藏族，4 月免）

　　觉 次 成（藏族，4 月免）

民宗局副局长

　　尼玛次仁（藏族）

　　丹增罗布（藏族）

工商联主席

　　顿珠次仁（藏族）

工商联副主席

　　尼玛多吉（藏族）

宗教工作领导小组办公室主任

　　德吉白玛（女，藏族）

宗教工作领导小组办公室副主任

　　次仁旺旦（藏族）

中共墨竹工卡县委员会巡察工作办公室

【概况】 2018年，根据中央《关于市县党委建立巡察制度的意见》和《中共西藏自治区委员会关于建立县（区）委巡察制度的意见》《拉萨市机构编制委员会关于设立墨竹工卡县委巡察机构的批复》以及《墨竹工卡县机构编制委员会关于设立墨竹工卡县委巡察机构的通知》等文件要求，设立中共墨竹工卡县委巡察工作办公室，正科级建制，为县委工作部门，是县委巡察工作领导小组日常办事机构，核定行政编制3名，其中科级领导职数2名（一正一副）、工作人员1名。主要职责是向县委巡察工作领导小组报告工作情况，传达贯彻巡察工作领导小组的决策和部署；统筹、协调、指导巡察组开展工作；对巡察工作领导小组决定的事项进行督办；协调有关部门对巡察工作人员进行培训、考核、监督和管理；接受上级巡察机构的领导和业务指导。

同时，设立2个常设巡察组，即县委巡察一组、县委巡察二组，均为正科级建制，每组核定行政编制2名，其中正科级领导职数各1名、专职组员各1名。主要职责是以党章和《中国共产党巡视工作条例》为遵循，对辖区乡镇和县直各部门、县属国有企业及其领导班子和成员进行巡察监督，对县委巡察工作领导小组负责并报告工作，按照党章和有关规定以及县委授权的范围和方式开展工作。

【巡察制度建设】 年内，坚持制度先行，将制度建设摆在突出位置，把规矩挺在前面，确保开展巡察工作有章可循。2018年共制定完善《中共墨竹工卡县委巡察工作制度》《中共墨竹工卡县委巡察办“两库”管理办法》在内的巡察工作相关制度机制21个。

年内，县委把巡察工作作为落实全面从严治党主体责任的具体措施，县委书记把巡察工作作为分内之事、应尽职责。县委常委会先后5次研究巡察工作；县委“书记专题会议”听取巡察情况汇报3次；县委巡察工作领导小组先后召开7次会议专题研究部署巡察工作。在巡察进驻、反馈环节，严格执行县委巡察工作领导小组成员出席指导制，要求全县各级党组织主要负责人参加每轮巡察动员会，助推全县各级党组织及广大党员干部牢固树立主动接受“政治体检”的意识。在严格执行巡察情况“双反馈”基础上，将反馈意见抄送被巡察单位分管县级领导，促使整改工作规范有效落实。对于共性问题和典型问题，县委主要领导主持召开全县会议通报，并在全县范围内印发藏汉“双语”资料，达到举一反三、对照整改、未巡先改的目的，进一步巩固和扩大巡察成果。县纪委监委、县委办、县政府办、县委组织部等相关部门高度重视巡察工作，主动作为、积极协助、大力支持，确保县委巡察工作形成强大合力。

【高质量推进巡察全覆盖】 年内，按照一届任期内巡察全覆盖要求，及时修订完善《中共墨竹工卡县委员会2017—2021年巡察工作规划》，确定九届墨竹工卡县委巡察对象共计125个党组织，涵盖乡镇、县直机关行政单位、寺

2018年5月7日，县委书记劳明在市委扶贫专项巡察整改工作见面会上汇报工作进展情况

庙管委会、县属事业单位、县属国有企业等。每年至少开展3轮巡察，以每年30%的进度规范有序有效推进“全覆盖”工作。明确“巡乡带村”对村级党组织“下沉一级”全覆盖。对于问题线索集中的重点村、难点村按照县委要求组织开展“机动式”巡察。按照巡察工作程序要求，圆满完成九届县委第一轮、第二轮、第三轮巡察，结合市委“提及巡察”，巡察全覆盖率达到25%。坚持发现问题与整改落实并重，不断巩固巡察成果。针对巡视巡察反馈的121个问题整改工作，联合县纪委、组织部开展督导检查7次，涉及相关单位19家，发现问题20个、责令整改20个。

2018年8月19日，县委巡察工作领导小组成员、巡察办主任占堆曲杰带队到县人大办督导检查巡视整改情况

【综合协调保障职能】 年内，按照县委及其巡察工作领导小组要求，县委巡察办充分发挥综合协调保障职能，努力做好三个方面的工作。当好“参谋助手”，确保上传下达、左右协调无障碍。严格落实上级有关部门，特别是巡视巡察机构的各项工作部署要求，共办理涉及巡察的各类文件40余份、落实相关工作40余件，迎接上级调研组、督察组3批次。当好“宣传员”，扩大党员干部群众知晓面。在巡察组织进驻前，积极协助做好张贴巡察公告、设置巡察“联系箱”等前期工作，并在“微墨竹”微信公众平台上发布巡察组进驻相关信息，不断拓宽群众来信来访、问题线索收集渠道，着力营造良好的舆论宣传氛围。当好“联络员”，全面支持配合先后进驻墨竹工卡县的3个市委巡察组开展工作，提供全方位服务保障。在县委办、县政府办的大力支持下，积极为巡察组做好食宿、交通、办公设备等各项保障工作，及时为巡察组协调临时办公室9间、会议室5间，确保了市委巡察组进驻期间各项工作顺利开展。

【巡察队伍建设】 年内，结合县情实际，动态调整“两库”人员1次，现有“两库”人员79名，其中组长库16人、人才库63人，并按照随时研究、动态调整的原则，在巡察“两库”建设上实行人员有进有出制。在巡察队伍组建上采取组办“联合作战”模式，补齐经验不足的短板，明确工作要求，确保组办之间无缝对接，形成工作合力。针对巡察人员能力素质参差不齐的问题，坚持组办联合，紧贴巡察重点，持续推动队伍建设，集中利用3天时间，组织26名巡察工作人员分2批次参加培训，形成培训笔记130余篇。同时，在巡察人员搭配上实行有巡察经验的干部与巡察“新兵”组合，坚持新老人员“传帮带”，突出“练兵、带兵”效果。

【巡察机构党组织建设】 年内，按照有关要求，及时成立中共墨竹工卡县委巡察办支部。积极组织开展专题学习教育、日常学习教育和“三会一课”等各项党内组织生活。年内，结合巡察工作内容，制定了理论业务学习计划，学习方式采取集中学习、自学、讨论等形式，学习内容涉及习近平新时代中国特色社会主义理论、党内政策法规、巡视巡察业务、扶贫业务等24项内容，共组织各类学习11次。巡察期间，每个巡察组分别成立临时党支部，由巡察组组长任支部书记，负责对本组党员的教育管理监督和服务，为加强临时党支部思想政治建设，坚持把推进“两学一做”常态化、制度与巡察工作相结合，将临时支部学习例会与组务会相结合，将政治学习与政治巡察相结合，着力推动学习内容向巡察成效转化。年内，各巡察组共组织开展临时支部学习活动10次，召开组务会17次。对支部全体党员明确提出自学书目和范围，不断强调自我提升和革新，主动克服“本领恐慌”，确保巡察人员政治理论水平紧跟新时代巡察工作要求。

【党风廉政建设】 年内，巡察机构严格落实党风廉政建设责任制，认真践行“三严三实”要求，始终做到忠诚干净担当。持续深入开展廉政教育，狠抓惩防体系建设，筑牢拒腐防变思想防线。严格落实民主集中制，重大事项执行集体研究、集体决定，高度重视党员干部意见。持续加强作风建设，按照“忠诚、干净、担当”的要求，带头改进作风，坚决杜绝“灯下黑”。

（张国洋）

【领导名录】

主　任

占堆曲杰（藏族）

副主任

张　国　洋

县委巡察一组组长

扎西旺堆（藏族）

县委巡察二组组长

普布卓嘎（女，藏族）

墨竹工卡县总工会

【概况】 2018年，墨竹工卡县总工会始终以习近平新时代中国特色社会主义思想为指导，深入践行党的十九大精神，高举旗帜、维护核心、体现担当，全力做好新形势下墨竹工卡县工会各项工作，主要深入开展基层工会组建、村居帮扶、困难职工帮扶、“八有”乡镇规范化建设等，切实履行维护职工合法权益的职责。

2018年，全县驻县企业613家（含国有企业6家）。已建工会组织302家（其中企业工会147家、乡镇工会8家、村级工会小组40家、寺管会工会47家、县直机关工会45家、专业合作社工会小组15家），现有会员10686人（其中干部会员1975人，企业会员2277人，农民工会员6434人），新增基层工会组织5个；新发展会员1639人，全县40个行政村均已完成村级工会组建。基层工会涵盖法人单位157家，企业规范化建设达到一级标准2家，乡镇工会规范建设达标率98%。截至年底，已建“职工书屋”8个（企业2个，乡镇4个，村委会1个，寺庙1个）。

【提升队伍自身素质】 年内，为提升工会干部队伍自身素质，在注重政治理论和业务知识的培训的同时，更注重“创新”理念的培养，结合新形势下工会工作的新要求，注重政治理论和业务知识的培训的同时，更注重“创新”理念的培养。结合新形势下工会工作的新要求，引导工会干部跳出传统的思维和工作模式，正视当前工会运行机制、工作方法和工会干部队伍不适应的问题，结合单位和自身的实际，培养服务发展、服务群众的工会工作人员。让基层工会干部认真学习领会党的十九大精神，组织全县8个乡镇工会主席和专干以及企业工会负责人通过自学、工会小组会议形式学习党的十九大精神，2018年组织基层工会干部积极参加区、市两级总工会举办的各种培训，特别是于11月选派15名基层干部到江苏南京考察学习，进一步更新工会干部的思想观念，进一步增强工作的事业心、责任感，提高工作协调能力和水平。

【保障职工权益】 年内，为增强广大职工的法律意识和维权意识，构建和谐劳动关系，营造良好的社会环境，为增强广大职工的法律意识和维权意识，创造和谐劳动关系营造了良好的社会环境。年内，制作5000余册宣传册，并以“3·24”“6·8”“9·19”综治宣传、“6·29”平安墨竹宣传日、“6·5”世界环境日、“6·14”安全生产、“5·15”全国助残日等宣传活动契机，先后在墨竹工卡县318国道沿线广泛开展宣传《中华人民共和国工会法》《中华人民共和国劳动法》《劳动合同法劳动合同法》《安全生产手册》《女职工劳动保护特殊规定》等法律法规活动，发放“藏汉”双语普法资料1000余份、环保购物袋400多个。

年内，组织墨竹工卡县4家企业工会，开展主题为：落实全员安全责任，促进企业安全发展的“安康杯”竞赛活动，进一步推动企业全员安全生产责任制的落

2018年10月12日，西藏自治区总工会党组书记、常务副主席王纯丁（左三）一行到墨竹工卡县总工会调研

实，进一步深入群众性安全生产活动和企业安全文化建设，进一步增强职工安全责任意识，职工职业健康状况持续改善。同时为全力做好安全监管及劳动保护监督工作，更好地维护职工的合法权益，3月9日，县总工会联合甲玛乡工会委员会组成劳动保护监督检查组深入甲玛乡、赤康村、华泰龙矿业开发有限公司，对职工劳动保护工作及安全工作落实情况进行督导检查；另外县总工会还与信访部门联合一起调解企业拖欠民工工资事宜，并与安监部门组成调查组深入企业调查安全事故。

【开展走访慰问活动】 年内，在“三大节日”来临之际，县总工会开展“送温暖”慰问活动，慰问活动的主要对象是全县困难职工、驻寺、驻村点、警务站以及一线职工，共慰问困难职工181名、警务站、驻村、驻寺等54处，送去慰问金27.97万元。

【“金秋助学”】 年内，墨竹工卡县受助学生共计有151名（区外107名，区内44名），区外标准每名学生4000元，区内每名学生2000元，申请到助学金共计51.6万元，全部已兑现到各乡镇。

【大病救助项目】 年内，积极与拉萨市总工会协调，为墨竹工卡县4名患重大疾病的干部职工争取到4万元的大病救助金，同时为其中2名职工解决1万元的大病救助金，切实体现工会组织把职工利益放在首位，同时更充分地发挥了工会作为党联系群众的桥梁纽带作用。

【“中国梦·劳动美”座谈会】 在“五一”劳动节来临之际，墨竹工卡县总工会召开“中国梦·劳动美”劳模座谈会，全县6名劳模及各乡镇工会负责人齐聚一堂，畅谈中国梦、共话劳动美，并为劳模发放慰问金3000元及纪念品，副县长谢雪梅参加座谈会。

【开展“五送活动”】 年内，墨竹工卡县总工会分别在扎雪乡、甲玛赤康村、墨竹工卡县拉萨易地扶贫搬迁点开展以“贯彻落实十九大、工会服务在基层”为主题的“送温暖、送文化、送法律、送政策、送医药”活动，真正把党和政府以及工会组织的温暖送到职工群众的心坎上，并在活动中为40名困难职工发放慰问金3.6万元，免费赠送价值2万余元的各类药品。

【“两癌”筛查】 年内，开展女职工“两癌”筛查活动，免费发放1500余张健康体检卡。11月，开展第二批干部职工疗休养活动。

【丰富职工文化生活】 年内，墨竹工卡县总工会联合市总工会在华泰龙矿区开展“喜迎党的十九大、工会服务在基层”暨“五送”活动，对20名困难职工慰问，发放慰问金额2万元。在活动当天由远大集团农民工艺术团送去精彩纷呈的演出，受到现场群众的阵阵掌声并开展现场法律政策咨询服务，免费发放各类法律法规手册，并邀请拉萨恒大医院专家进行现场义诊送医送药。联合团县委、县妇联，在赤康村委会开展庆祝“3·28”百万农奴解放纪念日活动，在活动当天通过举行升旗仪式、十九大精神宣讲、观看新旧西藏对比展板、歌舞演出等各种主题鲜明、形式多

2018年1月15日，墨竹工卡县总工会主席巴桑到华泰龙矿业公司慰问企业一线职工

样的活动让职工群众深刻了解西藏历史，展示今天的幸福生活。组织墨竹工卡县生育女职工开展送祝福活动，慰问32名生育女职工，发放慰问金25600元，进一步激发墨竹工卡县女职工爱岗敬业、创先争优、服务社会的主动性和积极性。

3月10日，组织墨竹工卡县女职工在县新华书店开展“书香三八”读书活动，多渠道引导广大女职工多读书、读好书，不断提升自身的修养和素质。为丰富广大干部职工的业余文化生活，县总工会通过积极争取援藏资金，协调南京市总工会，争取到200万元在嘎则新区建立“职工之家”，县委、县政府高度重视，多次召开专题会议，2017年解决224余万元用于“职工之家”购买健身设备及装修。2018年3月，墨竹工卡县“职工之家”正式开馆向广大职工开放，6月羽毛球馆开放，9月职工便民超市正式运营，极大地丰富了广大干部职工业余文化生活，不断地满足了广大职工对美好生活的需要。

【援藏工作】 10月19日，墨竹工卡县总工会迎来南京市总工会党组成员、副主席陈慧男带队的南京市总工会代表团一行，捐赠30万元资金及1.5万元的图书。

（尼　翻）

【领导名录】

主　席

巴　桑（藏族）

副主席

尼　翻（女，藏族）

共青团墨竹工卡县委员会

【概况】 2018年，共青团墨竹工卡县委员会坚持以邓小平理论、“三个代表”重要思想和科学发展观、习近平新时代中国特色社会主义思想为指导，深入学习中共十八大、十九大、团十八大精神和习近平总书记系列重要讲话精神，始终贯彻执行县委各项要求，按照团市委的安排部署，紧密结合青少年工作实际，以强化基础为前提，以主题教育活动为载体，以推动团的各项工作实现新发展为目标，切实履行共青团四项基本职能，引导团员青年发挥优势，展现风采，争创业绩，建功成才，着力提升青年工作在全县“精准扶贫”战略中发挥突出作用，各项工作有序推进，取得了较好成绩。2018年，墨竹工卡县各乡镇现有14～35岁以下青年15805人，共青团员3320名，少先队8个，基层团组织78个，青年文明号7家，青少年维权岗8家。

【青年就业创业】 年内，团县委共整合投入各类创业就业帮扶资金65万余元，开办1期75人青年农牧民驾驶技能培训班，1期创业青年到内地培训活动，同时积极引导墨竹工卡青年进行创业，在团县委积极组织下联合多个部门开展“梦创墨竹·青春聚力”墨竹工卡县第二届青年创新创业大赛，使墨竹工卡广大青年创业意识和热情空前提高，各类青年创业实体不断涌现，引导墨竹工卡青年参与扶贫脱贫攻坚战。

【“格桑花开”爱心基金慰问】 年内，更好规范使用“格桑花开”爱心基金，团县委制定严格的审核程序以更好的服务帮助遇困农牧民。帮助墨竹工卡县大病重病患者垫付10余万元医疗费，为重病大病患者家庭缓解了家庭困难，帮助他们渡过难关。

【志愿服务活动】 3月5日，“学雷锋日”当天，5名青年志愿者在318国道两旁进行打扫卫生活动，并为过往行人发放环保手袋环保宣传册；“中秋节”团县委青年志愿者联合中学50余名举办“迎国庆·聚中秋”小小志愿者活动，帮助老人打扫卫生，表演节目等活动，与老人一起过中秋；为喜迎春节和藏历新年，深入贯彻落实党的十九大精神，进一步加强对重点青少年的关爱。2月2日，团县委在唐加乡积极开展“情暖双节、关爱青少年”青少年安全自护教育活动，为他们发放共计5200余元的保暖内衣和学习用品。

【中小学生安全自护教育】 年内，为学习贯彻落实团中央十八大精神，进一步加强青少年“安全第一、预防为主”的思想观念，增强墨竹工卡县青少年的自我保护和安全防范意识，优化青少年成长环境，为青少年的健康成长保驾护航。9月27日，团县委联合检察院到扎雪乡中心小学开展以“无悔青春从自护开始”为主题的安全自护教育暨预防青少年违法犯罪知识小讲堂活动，为学生宣讲安全自护知识和预防青少年违法犯罪知识，并为学校送去洗手液、字典等物品共计1000余元。

【开展节假日活动】 3月28日，为庆祝西藏和平解放58周年纪念日，团县委联合工会、妇联在支部驻村点举办“3·28”西藏百万农奴解放纪念日活动，组织村民进行歌舞庆祝活动。为展示墨竹工卡县青年干部职工团结健康、奋发向上的精神风貌。5月22日，团县委、县旅游公司、县文旅局联合开展环思金拉措徒步活动。为培养青少年爱国情怀，增加民族凝聚力，九月“民族团结月”团县委积极组织全县各级小学开展民族团结征文活动。

2018年5月29日，县委常务副书记汪东明出席墨竹工卡县“民族团结征文、绘画”表彰大会

【奖助学工作】 年内，为继续激励学生更加勤奋刻苦学习，按照南京大学商学院“曙明奖学金”出资人赵曙明教授意愿，团县委委托教育局为墨竹工卡县学生进行“南京商学院曙明奖学金”发放，共对20名中小学生进行表彰，共计发放1万元的奖学金。为更好的帮助墨竹工卡县刚考上大学生解决生活困难问题，团县委积极帮助他们申请“国酒茅台”助学金，为5名新生学子解决了生活困难，共计25000元。

【落实全团对口援藏工作】 墨竹工卡县是南京的对口帮扶县，近年来墨竹工卡共青团与南京共青团的联系也更加紧密，特别是共青团系统援藏工作会议后，南京共青团对墨竹工卡共青团的工作给予极大地帮助，在团干部学习培训、团的工作经费上以及对墨竹工卡县青年帮助上都给予极大的支持和帮助。7月28日，团县委积极组织开展“南京夏令营”活动，带领20名学生到南京与南京儿童手拉手夏令营。10月9日，团县委联合南京青年联合会6名代表到墨竹工卡县开展“一人一水杯”项目捐赠活动，为墨竹工卡县学生捐赠保温杯7000个，共计245000元。2018年，共与南京团委、青联开展活动10余次，活动资金达50余万元。

2018年5月3日，墨竹工卡县首家“青少年之家”在甲玛乡赤康村挂牌成立

【青少年民族团结】 年内，团县委始终将青少年民族团结工作作为重要工作内容抓落实。以西藏博物馆、驻藏大臣衙门旧址、根敦群培先生纪念馆等爱国主义教育基地为平台，每年组织青少年前往拉萨参观学习，了解西藏和祖国的历史，了解西藏是祖国不可分割的一部分，激励广大青少年爱祖国、爱西藏。团县委首先组织20名青少年代表和2名西部计划志愿者到自然科学博物馆、清政府驻藏大臣衙门旧址陈列馆和根敦群培纪念馆进行参观学习。

【少先队工作】 年内，按照全团带队的工作原则，团县委作为少先队的直接管理机构把各学校的少先队工作作为团的工作的重要组成部分，与团的工作同安排同部署同落实，每年组织少先队辅导员进行集中学习，对少先队工作进行考核，对优秀少先队辅导员老师进行表彰奖励，安排赴内地学习交流。

【经费保障】 年内，各乡镇2万元的基层团组织建设经费已发放到位，并为各级团组织配备2.2万余元的团务用品；配备8万元用于各乡镇预防青少年违法犯罪经费。同时，从团县委专项经费中调取2万元作为志愿者服务与管理经费。

（李俊威）

【领导名录】

副书记

米玛措姆（女，藏族，主持工作）

墨竹工卡县妇女联合会

【概况】 2018年，墨竹工卡县各级党委和组织部门坚持“党建带妇建”，把妇建工作作为党建工作的重要组成部分，纳入党建和基层社会管理体制的配套组织建设。全县党政机关、教科文卫等事业单位建立妇委会16个、尼姑寺寺管会（民管会）建立妇委会5个、“两新”组织妇委会3个、建立妇女儿童维权站（岗）17个，家长学校10个、妇女儿童之家55个，“妇”字号企业12个。全县各级妇联组织深入贯彻落实中共十九大精神作为首要政治任务，牢牢

2018年12月3日，拉萨市妇联党组书记、副主席赵金花（右排中）到墨竹工卡县调研

2018年4月25日，墨竹工卡县委常委、组织部部长平措朗杰出席基层妇联干部能力建设培训开班仪式

把握习近平新时代中国特色社会主义思想深刻内涵和精神实质。贯彻落实《全国妇联改革实施方案》《西藏自治区妇联改革实施方案》要求，稳妥有序召开“墨竹工卡县妇女第六次代表大会”，选举产生新一届妇联班子，换届工作取得圆满成功。选举县妇联第六届执委19名，常务委员会9名，主席、副主席、兼职副主席7名。全县全国妇女第十二次代表1名、自治区妇女第十次代表4名、拉萨市妇女第十次代表11名。

【工作经费增加】 年内，县委、县政府在推动落实妇女儿童优惠政策的同时，大幅度增加经费投入。落实人均4.46元妇女事业经费12万元；妇儿工委办经费7万元；“两癌”妇女关爱金10万元；“两规”妇女儿童发展规划工作经费7万元；乡村“会改联”工作经费96万元，比2017年增加96万元，均列入财政预算。获批建设投资322.26万元，全区首个县级“妇女儿童活动中心”。

【维护妇女儿童合法权益】 年内，开展“依法治县、巾帼在行动”为主题的妇女维权普法宣传活动和感党恩宣讲活动。通过悬挂藏汉“双语”横幅、发放宣传资料及宣传品、环保垃圾袋、接受现场咨询等多种形式，重点宣传《中华人民共和国妇女权益保障法》《中华人民共和国未成年人保障法》《中华人民共和国反家庭暴力法》等，共制作宣传图册5000余本，悬挂横幅21条，发放宣传资料3500余份，宣传覆盖率达90%以上。更好地维护妇女儿童的合法权益，促进社会安定和经济发展。

【组织活动】 年内，在“六一”国际儿童节，为激励墨竹工卡县幼儿园的孩子们感党恩、听党话，跟党走，在“六一”儿童节期间县妇联开展以“真情献六一·共庆儿童节”慰问活动，为7所幼儿园350余名儿童，送去价值2.5万余元的书包、毛巾、口腔护理等物品，鼓励孩子们认真学习，注重健康，努力做祖国和人民需要的好孩子。

在春节、藏历新年来临之际，组织巾帼志愿者深入全县七乡一镇开展“爱在墨竹、巾帼送暖”慰问活动，对农牧民贫困妇女儿童、贫困女党员、孤寡老人、孤残儿童、大病妇女进行年前慰问，为163名群众，送去10.36万元慰问金，南京市妇联邮寄150份“母亲邮包”1000余件衣物。为帮助贫困女大学生缓解就学压力，积极争取拉萨市妇联“春蕾计划”助学金5万元，为墨竹工卡县10名建档立卡户女大学生每人解决5000元助学金。为县敬老院165名孤寡老人送去价值2.2万元的保暖衣裤。开展尼姑寺庙“三送”活动，为160名尼姑和10名驻寺女干部送去价值3.1万元的慰问品和常用药品。召开离任村妇联干部、创业建功妇女致富带头人“两新”组织女职工座谈会、慰问一线指挥部的女干警，送去妇联组织关心关爱。

为弘扬中华优秀文化，提升小学生的人文素养，提高学生的诵读水平，构建和谐校园语言生活，依托各学校家长学校，深入开展“传家训、立家规、扬家风”活动，创新开展家庭教育活动，为儿童健康成长创造良好的家庭环境。联合县南京实验小学开展2018年春季“中华经典诵读”比赛活动。组织各级妇联干部收看

2018年度全国“最美家庭”揭晓直播和全国妇联主办的“巾帼志愿者十大暖心故事网络直播”、全国妇联在人民网直播的“书香飘万家”2018全国家庭亲子阅读主题活动等，在全县大力掀起弘扬家庭美德，学习文明家庭、争做文明家庭的热潮。

【创业创新、提升素质】 年内，增强农村妇女创业就业能力，改善贫困妇女家庭生活条件，创新开展“巾帼建功”行动。积极争取区市妇联妇女创业培训资金13.65万元，举办“墨竹工卡县首批农牧民妇女驾驶技能”培训班，为全县39名农牧民贫困妇女每个学员补贴3500元。为进一步激励广大女性积极主动参与脱贫攻坚各项工作，坚决打好打赢脱贫攻坚战。县妇联结合工作职能，大力培育“妇”字号合作社，全县共有12家“妇”字号企业合作社，县妇联依托示范基地，为贫困妇女、女大学生提供创业就业平台加大优秀妇女典型的宣传力度，充分发挥典型的引领示范作用，鼓励妇女群众学榜样、做榜样，真正达到培树一个、带动一批、影响一片的作用。“妇字号”合作社为墨竹工卡县贫困户45人解决就业。开展特色家庭创建，加大宣传力度，充分发挥妇女在弘扬家庭美德、促进社会和谐中的独特优势和作用，积极推荐各类妇女典型，向社会宣传妇女，展示墨竹工卡县妇女良好的精神面貌。2018年，1户家庭荣获自治区“平安家庭”称号。

【精准扶贫、精准脱贫】 年内，全体干部职工多次深入挂钩联系点章达村开展入户走访结对帮扶贫困户工作，与贫困户进行面对面交流，宣传脱贫攻坚政策，帮助想法子、出点子，提供技术、岗位、创业指导等服务。在实施乡村振兴战略中充分发挥妇联组织独特作用和妇女“半边天”作用，切实降低妇女文盲人口全县各级妇联的努力下，20个村（小组）开办巾帼“双语”夜校。全面提高村民文化素质。夜校开办以来学员达到2.2万余人次，投入资金3.2万余元，受到了当地村民的欢迎和肯定。

2018年2月8日，墨竹工卡县妇联主席德吉到扎西岗乡开展“爱在墨竹、巾帼送暖”慰问活动

【妇女“两癌”宣传和救助】 年内，各级妇联联合开展妇女健康知识讲座，增强妇女保健意识，共宣传活动42次，妇女“两癌”（乳腺癌、宫颈癌）免费检查人数3000余名。2018年，新增4名“两癌”患者得到拉萨市妇联贫困母亲“两癌”专项救助金4万元，墨竹工卡县妇联为12名“两癌”患者送去7万元关爱金，有效缓解她们的家庭经济困难。

【以宣传为载体】 年内，加大网络媒体工作宣传力度。通过墨竹工卡妇女儿童微信公众号宣传报道全年工作，累计发布各类信息103篇，通过信息的发送，壮大妇联组织的舆论宣传声势，提升了妇联工作的舆论影响力。2018年拉萨女性微信公众平台排行榜中位居榜首。

【妇女儿童发展】 年内，充分发挥妇儿工委办公室的职能作用，牵头协调各成员单位，结合《墨竹工卡县妇女发展规划（2016—2020年）》《墨竹工卡县儿童发展规划（2016—2020年）》召开联席会议安排部署中期评估会议，完善“两规”监测统计指标体系，撰写“两规”中期评估自查报告，进一步完善了妇女儿童发展数据库。

（德　吉）

【领导名录】

主　席

德　　吉(女,藏族)

副主席

尼玛彭多(女,藏族)

墨竹工卡县藏语委办(编译局)

【概况】 2018年,墨竹工卡县藏语委办(编译局)紧紧围绕全面贯彻落实县委、县政府把中心工作,结合“两学一做”和“四讲四爱”教育活动,高举中国特色社会主义伟大旗帜,以深入学习贯彻党的十九大精神为重点,坚持党的新时期民族语文方针政策,以说办就办,马上就办的工作要求,不断提高效率和质量,完成了墨竹工卡县藏语文(编译)各项工作任务。

【提高自身业务知识】 年内,按照市委、县委党建工作的总体要求,深入学习贯彻十九大精神和区市党委九届三次全会精神,坚持落实党支部的学习制度,努力创建基层学习型党组织,扎实开展“党员政治教育”培训活动,促进民族语言文字和谐健康发展。同时,为进一步提高编译工作人员的业务水平,组织编译工作人员认真学习《新词术语汉藏对照表》和编译理论等相关业务知识。

【严抓社会用字】 年内,按照年初工作计划,为迎接国家三类城市语言文字评估工作,巩固墨竹工卡县近年来藏语文社会用字检查整改活动成果,不断加大规范使用藏语言文字工作力度,县藏语委办(编译局)工作人员对老县城、嘎则新区辖区内的新增个体商户及318国道沿线的595家个体户门牌以及悬挂的横幅进行4次检查工作。从源头治理宣传横幅以及商户门牌上藏汉翻译不规范、比例失调、顺序颠倒等现象,先后与县城内8家广告店签订《制作标准门牌协议书》,并要求各广告店严格按照《西藏自治区学习、使用和发展藏语文的规定》和《拉萨市社会用字管理办法(试行)》规定,要求他们主动参与到规范社会用字工作中来。

【藏语言文字翻译】 年内,紧紧围绕全县中心工作,推进经济跨越式发展和社会长治久安中践行藏语文工作的切入点和着力点。即坚持“五个结合”:与宣传党的十九大和惠民富民政策相结合;与普法工作相结合;与创先争优强基惠民活动相结合;与深入开展党员政治教育培训相结合;与精准扶贫精准脱贫工作相结合。保质保量完成各种会议、活动以及宣传的翻译任务,共翻译文字材料70份,翻译字数累计达17万多字,在保证翻译效率的同时,始终强化服务责任意识,对本职工作坚持高标准、严要求,对每个翻译都做到严格审校,严格把关,确保翻译工作保质保量地完成。

(卓　嘎)

墨竹工卡县信访局

【概况】 2018年,墨竹工卡县信访局联合各乡镇、县直有关部门县直有关部门开展矛盾纠纷排查63余次,155余人参加排查。发现矛盾纠纷57起、涉及291人,全部已得到化解,帮助群众追回拖欠的工资、工程款、材料款等款项1656.8371万元;2018年,接待群众来信来访101件252人次(其中上级转送26件52人次;本级登记75件200人次),已全部化解,兑现拖欠的工资、工程款、材料款等款项1.0526亿元。实现“零”进京上访、无个人极端事件、无群体性事件的工作目标,为全市和全县社会和谐稳定做出了积极贡献。墨竹工卡县信访局荣获2018年度墨竹工卡县目标绩效争先进位考核二等奖、2018年度社会治安综合治理工作先进集体。

【签订目标责任书】 年内,召开工作安排部署会并与各部门、各乡(镇)签订目标责任书,全面安排部署全年工作计划;年中组织各乡镇、县直有关单位、有关企业共召开全县信访工作联席会,认真分析全县信访形势,要求各参会单位认真做好矛盾纠纷排查工作,对易出现集体上访、越级上访的领域,制定相关预防措施,确保全县信访稳定;年末召开总结大会,全面认真总结全年工作开展情况,并对下一年工作进行安排部署,对存在的不足及时更正。

2018年8月30日，拉萨市委组织部调研员沈鹏里（左排左三）、市信访局党组书记达娃（左排左四）到墨竹工卡县督查信访事项协调化解工作

【主要做法】 年内，成立信访工作领导小组，完善信访各项制度。制定全年重要节点期间《处理信访突出问题和群体性事件应急预案》以及《信访稳定工作方案》。加大矛盾纠纷排查化解力度，确保矛盾发现在基层，解决在萌芽状态。严格按照"变上访为下访"的工作方法，借助乡镇、村委会、驻村工作队等基层组织的力量，采取定期排查与不定期排查相结合，切实深入基层排查基层矛盾纠纷，确保矛盾发现在基层，解决在萌芽状态。充分发挥县级领导接访下访的作用，在受理信访疑难、复杂案件时，由县级领导进行接访，确保疑难、复杂信访案件及时有人抓、有人管、有效得到化解。加大信访条例、法律知识等方面宣传力度，有效引导群众通过合理、合法途径解决问题。认真规范运行网上信访，对上级部门转办、交办的案件及时接受并转送至责任部门，协助责任部门开展协调工作，网上按期结案，同时协调过程中的相关资料一一规档，做到一案一档。为提高群众信访知识，引导群众通过合理合法方式表达诉求，特制定信访藏汉"双语"宣传栏7套，向来访人员、农牧民和矿企、建筑企业农民工发放《信访条例》400余本、逐级走访宣传册300余本。

（陈　磊）

【领导名录】

局　长

史秀玉（女，藏族）

副局长

陈　磊

墨竹工卡县创先争优强基础惠民生活动领导小组办公室

【概况】 墨竹工卡县辖7乡1镇，40个行政村。创先争优强基础惠民生活动范围囊括全部行政村，共40个驻村工作队，其中市级15个、县级25个。按照区市开展创先争优强基础惠民生驻村工作统一安排部署，第七批选派的干部职工共有160人，其中拉萨市60人，墨竹工卡县100人。深入学习宣传贯彻中共十九大精神、助力打赢脱贫攻坚战、推进乡村振兴战略、维护基层社会和谐稳定、强基础惠民生、加强基层精神文明建设、决胜全面建成小康社会"七项重点任务"的同时，积极开展"两降一升"、包虫病综合防治、"两学一做"学习教育和"四讲四爱"群众教育实践活动等工作，结合墨竹实际，认真落实党的利民惠民政策，全力推进扶贫开发，驻村工作成效显著，农牧民群众生活逐步走向安居乐业、保障有力、家园秀美、民族团结、文明和谐。

【学习中共十九大精神】 年内，各驻村工作队积极组织广大党员群众召开会议或深入到百姓家中、田间地头、虫草采挖点以集中宣传、入户宣讲、张贴标语、悬挂横幅等形式，学习宣传党的十九大精神，共组织宣讲会415场，参与群众4.31万余人次；举办专题讲座260场次，发放宣传材料1.41万余份。

【脱贫攻坚】 年内，注重扶贫同扶志扶智相结合，克服"等靠要"思想，引导贫困群众全身心投入脱贫攻坚，激发贫困群众自我发展、自我脱贫的内生动力。开展扶贫宣讲479场次，受教育群众3.09万余人次，印发扶贫宣传资料1.12万余份。加强与村"两委"班子的对接，加大贫困人口的精准识别力度，针对建档立卡贫困户的致贫因素、贫困类型，进一步健全完善帮扶措施、发展思路，落实“六个精准”，协助开展产业扶贫、易地搬迁扶贫、生态补偿扶贫、培训就业扶贫、教育扶贫、健康扶贫、社保兜底等工作。因地制宜，深入挖掘德仲村、日多乡温泉，甲玛铜矿等自然资源，直孔印象等文化资源以及乡镇区位优势，通过汽车运输、零售等方式，努力拓宽群众增收渠道，实现转移就业 290 人次，增加现金收入 4.34 万元。市县派驻驻村工作队 160 人，结对帮扶贫困户 404 户 1734 人。

【乡村振兴】 年内，种植树 5.9 万余棵，悬挂横幅 70 余条，共发放宣传资料 9000 余份，组织教育引导保护生态环境宣讲会 161 场，参与群众 9100 余人次。开展农牧区环境综合整治活动 294 次，着力整治脏乱差问题，建设美丽乡村。驻村工作队在村委会采用座谈会、宣讲会等方法宣传惠民政策，参与群众 2.9 万余人次。宣传教育政策和就业创业优惠政策 196 场次、覆盖群众 1.4 万余人次。

【强基础惠民生】 年内，指导村级党组织严格落实“三会一课”“四议两公开”、村级民主管理、党务村务财务公开等工作，举办 95 期党员培训班，帮助驻在村培训基层党员干部 3900 余人次，健全完善规章制度 232 条，其中党务、村务公开制度 40 条，组织生活会、民主评议党员、主题党日活动规章制度 152 个，党风廉政建设等方面规章制度 40 个。协助村党支部认真抓好发展党员工作，共发展党员 117 人。学习《中国共产党纪律处分条例》和《关于共产党员违反政治纪律行为的处分规定（试行）》160 余次，村“两委”参与 800 余人次。帮助创办经济实体 28 个。确定“三培养”对象 43 人，共将 20 名致富能手培养成党员，27 名党员培养成致富能手，17 名党员致富能手培养成村干部。组织共青团员、妇女等群团活动 139 次，参加人员 9700 余人次。

各驻村工作队自入驻以来，争取扶贫洗车场、修建商品房、修建环保厕所、农田深松项目、修建水渠、修缮砖厂、牦牛短期育肥、修建无公害蔬菜大棚等多项民生项目 8 个，涉及资金 372.8 万余元；修缮路灯、修护河堤、帮助勘察灌溉水渠、维修加固农田灌溉水渠、购置网围栏、协商便民淋浴室免费开放、添置儿童游乐设备、清理河道、帮助争取修建毁损房屋资金、筹集医疗费用、解决粮食种子、购买过冬燃料、解决饲草饲料、开展免费义诊、清理道路积雪、维修道路交通指示牌、慰问“三老”老人、慰问儿童、慰问困难群众等好事实事 175 件，涉及物资折合人民币达 702.2 万余元。

【基层精神文明建设】 年内，向农牧民群众宣讲弘扬“老西藏精神”“两路精神”，举办“争做神圣国土守护者、幸福家园建设者”专题讲座 147 场次，参与群众 8600 余人次。针对农牧民群众中存在的不良习惯和陈规陋习行为开展教育活动 176 场次，受教育群众 6100 余人次。组织农牧民群众开展形式多样、内容丰富的节日民俗和文化娱乐活动 116 次，参与群众 1.6 万余人次。开展“七五”普法活动 243 次，发放宣传资料 1.2 万余份，参与群众 1.7 万余人次。开展电信防范网络诈骗、禁

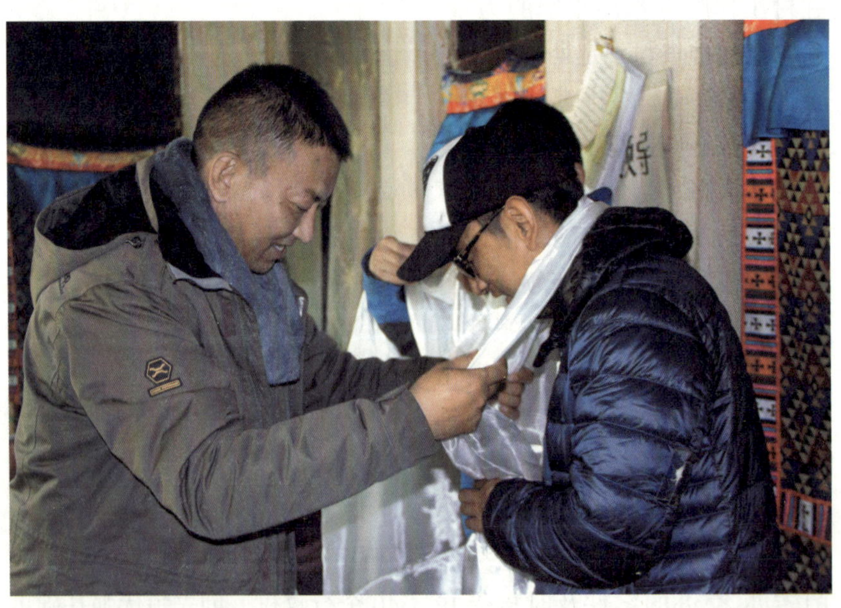

2018年2月9日，墨竹工卡县委常委、组织部部长平措朗杰看望慰问驻村工作队员

2018年10月17日，西藏自治区强基办工作人员到墨竹工卡县门巴乡督导检查驻村工作

毒知识教育等144场次，参与群众1.3万余人次，发放宣传资料5600余份。

【全面建成小康社会】 年内，通过入户走访、召开座谈会、宣传栏公示等方式为群众解读党的十九大以来中央和区、市、县制定的一系列惠民措施，受益群众达2.1万余人次。各驻村工作队对各项惠民政策落实和资金管理情况进行督促检查，定期进行公示，确保政策落实到位、资金及时兑现。帮助落实农村低保资金41.31万余元，低保户、五保户供养补助调标资金84.09万余元，各项惠民补偿资金272.9万余元。

【包虫病防治】 年内，各驻村工作队采取开办知识讲座、入户讲解、张贴宣传画、发放宣传资料等形式，用通俗易懂的语言，形象生动的事例，向备孕、已孕妇女及其家庭宣传孕产妇住院分娩补助奖励政策和孕产期保健知识，引导农牧民群众树立住院分娩、优生优育的思想观念，进一步强化主动住院分娩意识。结合“四讲四爱”群众实践教育活动，积极宣讲包虫病防治相关知识89场次，参与群众3.12万余人。

【“两学一做”学习教育】 年内，驻村工作队始终把建强基层组织放在首位，不断巩固和拓展党的群众路线教育实践活动和“三严三实”专题教育成果，以“五个精准”为抓手，推进“两学一做”常态化制度化，帮助基层党组织坚持和发挥领导核心作用，强化政治引领功能，提升服务能力和水平，加强对群众的教育引导，使基层党组织的创造力、凝聚力和战斗力进一步增强。驻村工作队在推进“两学一做”学习教育常态化制度化工作中，发放学习宣传资料4200余份，组织学习486次，讲党课153次，撰写学习笔记1620余次，撰写学习心得体会320余篇。

【“四讲四爱”群众教育实践活动】 年内，各驻村工作队结合自身实际情况，相继召开“讲党恩爱核心、讲团结爱祖国、讲贡献爱家园、讲文明爱生活”农牧民群众教育实践活动动员部署会，并在节点结束后及时召开总结会暨下一节点培训会。走村入户，深入田间地头宣讲、采用群众喜闻乐见的方式宣讲、开展集中宣讲、深入虫草采集点宣讲。共发放《宣讲提纲》500余本，发放“四讲四爱”群众教育实践活动小礼品餐具和医药包500余个。

年内，结合“三下村”活动，进行爱国电影巡回放映，积极引导广大群众“知党恩、感党恩、报党恩、跟党走”。活动受益群众达到1.2万余人次。创新活动载体，通过开展文艺演出、趣味运动会、知识竞赛、演讲比赛、图片展、劳动技能比赛等多种形式，进一步推进活动取得更好成效，入脑入心。四个节点共宣讲308场次，受众人数达4.04万余人次。五是组建开办农牧民夜校，加强对农牧民感恩教育，提高群众思想觉悟。

（杨雪钟）

【领导名录】

主　任

平措朗杰（藏族）

常务副主任

刘登贵

副主任

米玛旺堆（藏族）

罗国发

军

墨竹工卡县人民武装部

【概况】 2018年，墨竹工卡县人民武装部坚持以习近平主席系列讲话精神为指导，以党在新时代的强军目标为引领，主动看齐追随，坚定“三个维护”，牢固“四个意识”，紧紧围绕新时代使命任务，始终聚焦备战打仗。遵循讲政治、顾大局、守纪律、促改革、保稳定的思路，突出调整改革这个主题，聚焦聚力国防动员这个主业，压紧压实全面从严治党这个主责，单位始终保持安全稳定和高度集中统一，全面建设水平稳步提升。

【政治工作】 年内，以学习贯彻中共十九大精神和军委主席负责制为重点，狠抓思想政治建设。坚持大事大抓，政治第一，把学习贯彻党的十九大精神和军委主席负责制作为首要政治任务，贯穿于全年工作。坚持党委统一领导，提升政治站位，以上率下，带动年度民兵整组、兵役登记、新兵征接、社会面维稳等工作落实。突出抓好“不忘初心、牢记使命”和“传承红色基因、担当强军重任”主题教育活动，抓好以学习国史党史军史为重点的军魂教育，努力增强官兵献身强军实践的政治自觉；持续抓好新形势政策教育，确保官兵坚决听党指挥、绝对忠诚可靠。

【军事工作】 年内，贯彻落实习近平主席2018年开训动员训令精神，严格按真打实备落实战备工作制度，正规战备秩序，开展形势战备教育，抓好练兵备战的各种准备。根据不同任务和时间节点，修订完善应急处突、抢险救灾、支前保障、紧急出动方（预）案40余份，并加强训（演）练。根据警备区和人武部年度训练工作安排，按照《民兵军事训练与考核大纲》要求，拟制下发基干民兵年度训练计划，积极查找教材、准备教案，为确保基干民兵年度训练任务有效落实奠定基础。组织新入

2018年8月1日，墨竹工卡县委书记劳明伟一行到县武装部参加国防军事日活动

队民兵进行单兵战技术及反恐维稳课目训练，达到“战时应战、急时应急”的目标要求，全面提高民兵遂行多样化军事任务的能力。扎实抓好战备值班、战备演练和巡逻执勤，使战备维稳工作得到有效落实。

【“双拥”共建】 年内，以“同呼吸、共命运、心连心”为要求，持续开展“双拥”共建活动。县委、县政府与驻地部队与时俱进、开拓创新、倾注真情，军地互办实事，地方积极拥军优属，部队主动拥政爱民，谱写了军民团结一家亲的新篇章，在全县上下形成关心国防、建设国防的浓厚氛围。春节、“八一”建军节、国庆等重大节日，县委、县政府主要领导带领有关部门开展形式多样、内容丰富的双拥活动，积极参加国防军事日，走访慰问驻县部队，解决官兵实际问题，用实际行动不断巩固双拥工作的长效机制，进一步拓展了双拥工作新局面。

2018年3月1日，墨竹工卡县召开民兵调整改革任务部署会

【民兵整组】 年内，以上级下发的标准和指示要求为依据，认真进行整改编组。墨竹工卡县人民武装部联合县政府下发相关通知，先后组织召开三次协调会，严格按照应急、专业、特殊三类基干民兵和普通民兵要求，翔实统计人员信息，调整核实人员、审核数据资料，落实人员整组，积极优化民兵组织建设，确保把民兵组织建实、建强。年内，按照“政治可靠、队伍精干、机动快速、作用明显”的要求，整编基干民兵，普通民兵，成立应急民兵连、工程抢修连、应急民兵排、交通护路分队、情报分队和网络分队，先后组建党支部9个，做到组织架构完善、人员定岗定位。县人武部组织对全县基干民兵进行点验，进一步提高“平时应急、战时应战”的能力水平。

【征兵工作】 年内，以《中华人民共和国兵役法》《征兵工作条例》为依据，以新兵素质为核心，确保兵员质量。为实现“质量显著提高、退兵比例为零、廉洁不出问题”既定目标，县委、县政府多次组织召开征兵工作会议，积极拟制征兵宣传方案，制作藏汉“双语”征兵宣传册、发布征兵公告，在县主要街道悬挂宣传标语，向基层武装部发放宣传册及公告，做到公告贴至行政村、宣传册发放至自然村，乡（镇）专武干部对重点对象尤其是返乡大学生进行入户宣传。严格按标准程序组织体检、政审、役前训练和定兵工作。年内，墨竹工卡县为部队输送高素质兵员，无一人责任退兵。

【后装建设】 年内，着眼使命任务，围绕中心、服务中心、加强管理、提高保障效益，精心组织后装供应保障，高标准完成后装各项工作。严格各项经费使用管理，特别是民兵事业费，按照要求用于保障民兵训练、集训、维稳执勤等任务，做到专款专用。积极协调地方政府支持同意，加强指导乡（镇）民兵库室标准化、正规化建设。年内，共投资36万余元给乡（镇）武装部配发装备和服装，为乡（镇）武装部正规化建设和开展民兵军事训练奠定了坚实基础。

（康志强）

【领导名录】

部　长

陈文凯

县委常委、政委

蒋万刚

副部长

康志强

墨竹工卡县消防大队

【概况】 墨竹工卡县消防大队成立于2005年4月8日，并于2007年10月31日正式进驻消防大队综合楼。2015年11月9日，墨竹工卡县消防中队正式挂牌成立。2018年，墨竹工卡县消防大队全体官兵保持筑牢思想底线不放松，咬紧牙关全力以赴，确保消防事业持续蓬勃发展，维护了一方平安。特别是各项安保任务中，大队全体官兵主动放弃休假探亲全员在位，自觉投入到安保工作中，为共同维护好辖区安全稳定做出了卓越贡献。墨竹工卡县消防大队圆满完成了全年度各项工作任务，为维护全县经济社会发展、社会局势稳定和人民安居乐业，做出了积极贡献。

【筑牢根基】 年内，跟进队伍正规化进程，强化队伍硬件、软件双正规，以队伍“两化”建设为总纲领，大力推动队伍事业发展。支部班子坚持各项政治理论学习，强化党建工作的主导作用，不断深入开展和推进“两学一做”常态化，始终以党的十九大等党的理论为领航标，始终将中国特色社会主义理论体系、习近平总书记系列重要讲话精神等时政知识纳入中心组学习、各级各类培训，保持支部班子的先进性。

年内，坚决贯彻中央、部局、区市各级关于廉政建设系列指示精神，严格落实“八项规定”“三项纪律”和群众路线相关要求，强化党纪党规在队伍中的监督管理作用，深化消防队伍执纪情况监督检查工作，强化领导干部监督机制、加强廉政教育和文化建设、强化反腐败惩戒机制等方面，面向队伍内部和社会单位设置举报信箱、受理电话，广泛接收队伍官兵对打骂体罚战士、侵占战士利益和辖区群众对执法不公、收受财物、吃拿卡要的有效监督。以铁腕治理腐败，杜绝队伍内部出现不廉洁现象，维护队伍声誉。

【防消结合，防火为先】 年内，以常态化实战演练为主，全面加强重点单位重点场所数字化预案制定。先后组织开展文物古建筑、人员密集场所和危化品生产储备库等各类场所实战演练65次，修订完善各类执勤方案、灭火救援数字化预案56份，开展“六熟悉”48次，检查市政消火栓86处，做实做严火灾扑救基础工作。为加强社会面火灾防控能力，提高学生、群众等弱势群体防火灭火能力，尽量将火灾扑灭在初期阶段，大队积极开展针对学校、县农行、电信局、移动公司、村委会的消防培训共计20余次，大大地提高了全民防火意识，增强了全民防火灭火自救能力。

年内，墨竹工卡县共计成立矿山微型消防站1个，警务站微型消防站4个，乡镇微型消防站7个，逐步地缓解了地域广阔，救援难度大的问题，下一步将从提高微型消防站灭火能力入手，扩大现有优势，为积极推进微型消防站建设，做到灭早灭小打下坚实基础。年内，墨竹工卡县消防大队共执行二级以上战备178天，灭火、抢险救援17起，抢救被困人员15名、疏散人员36名，挽回财产价值50余万元；累计出动车辆76台次、

2018年9月4日，西藏自治区消防总队总队长邓立刚（左三）到墨竹工卡县消防大队检查指导工作

2018年11月16日，墨竹工卡县委副书记、常务副县长郭昌标到县消防大队检查指导工作

警力605人次，高效完成了“两节”“两会”“萨嘎达瓦”等各类消防安保任务18次，取得了重大消防安保任务“不冒烟、不发火、无纰漏、无事故”的突出成绩。

【落实防火监督责任】 年内，以夏季防火工作，冬季防火为抓手，根据不同时期防火特点，紧跟各项防火监督工作。落实“全警消防”，明确三级执法体系，做好消防安全工作，督改火灾隐患350余处，有效夯实了社会面火灾防控基础。此外，针对辖区内寺庙多分布广的情况，墨竹工卡县消防大队对辖区46个寺庙，一个不落的开展防火检查，形成详细全面的火灾防控调研报告，为县政府、各寺管委决策提供了大量资料。充分发挥消防微信、微博平台作用，在“安全生产月”“综治宣传月”“防灾减灾月”以及“119”消防宣传活动期间，广泛宣传消防安全知识。在重要时间节点发放宣传资料，提醒社会单位及人民群众提高警惕，共计发放宣传资料6000余份，累计4.8万余元。同时，引导群众利用“96119”举报投诉平台全面构建全民消防的良好工作格局。

【开拓创新，砥砺前行】 年内，在县委、县政府和总队、支队党委的帮助下，墨竹工卡县消防大队新添一台消防车和近150万的消防装备，弥补了装备和战斗力的不足。

（顿珠次仁）

【领导名录】

大队长

曲　　达（藏族）

副大队长

落桑加央（藏族）

武警墨竹工卡中队

【概况】 2018年，武警墨竹工卡中队坚持以中共十九大精神为指导，深入学习贯彻习近平主席系列重要讲话精神，紧紧围绕实现党在新形势下的强军目标，认真贯彻三级党委（扩大）会议精神，以提高素质能力为重点，加强党支部能力建设，“一线战斗堡垒”作用发挥明显；以“一个班子、两支队伍”为核心，狠抓中队全面建设，整体建设水平有较大提升；以执勤和处突为中心，强化基础性军事训练，各项任务完成圆满；深化治理“五个重点问题”，部队正规化建设水平不断提高；以严格落实制度为基础，加强后勤规范化管理，部队综合保障能力不断提高；坚持依法从严治军，落实“三个经常”，有效维护“两个稳定”，更加牢靠、更有质量地实现“两个确保”。

【政治工作】 年内，武警墨竹工卡中队官兵践行政治工作时代主题，培养有灵魂、有血性、有道德、有品德的新一代革命“四有军人”。认真学习贯彻习近平主席系列重要讲话精神，落实“能打仗、打胜仗”的重要指示，不断打牢官兵听党指挥、能打胜仗、作风优良的思想政治基础。严格落实政治教育计划和各项教育活动内容要求，深入开展好各项政治思想教育：严密组织党员开展好党课教育，加强党性修养，充分调动党员的工作积极性和先锋模范带头作用。

2018年，武警墨竹工卡中队不断打牢“学习主席训词，做习主席好战士”的思想基础，为有效履行“两个维护”的新时代使命任务，团结和带领全体官兵在新的起点上推进中队建设实现新突破提供可靠政治保证和强大精神动力；开展好日常经常性教育，有效提升官兵文化素质和各项工作能力；积极推进“六共”活动的工作，密切军政军民关系，慰问孤寡老人格桑，为她清理屋院，送去大米、面粉等生活用品，官兵用实际行动诠释了军民鱼水情的深刻内涵，为构建和谐墨竹、幸福墨竹、文明墨竹而努力，为创造安全稳定祥和的驻地而奋斗。

【军事工作】 年内，武警墨竹工卡中队强化训战一体、寓教于训，做到按纲施训、从严治训，通过大抓中队军事训练提升能力，以过硬的能力来高标准实现“两个确保”。按纲施训，抓好技能、体能、心理素质和作风纪律等基础训练；大力开展实战化训练，做到仗怎么打兵就怎么练；科学组训，突出抓好士官示范作业，强化法规训练，进一步正规训练场秩序，降低训练安全隐患；严格落实好训练及各项规章制度要求，坚持干部跟班作业制度，确保训练秩序正规；加强对教练员能力素质培养和指导，确保训练组织程序正规，有效提高了官兵军事素质能力。

【战备执勤】 年内，武警墨竹工卡中队严格落实战备执勤制度，加大执勤隐患治理和方案研究，严密组织各项勤务，提高勤务正规化建设水平，深化反恐准备，加强对官兵忧患意识，切实履行好上级赋予的职责使命。

年内，认真落实《战备工作规定》，进一步规范战备值班系统运行、应急响应程序和快速反应机制；提高常态化战备水平；把战备教育、战备演练等关键环节突出出来，扎实抓好春节、藏历新年等重要节点战备执勤，提高忧患意识；不断提各级值班、班（排）对各种情况的反应和处置能力；及时修订完善执勤方案；与用兵单位搞好协同配合，做到互通情况，并按期召开联系联防会议，密切配合，协商解决执勤中发现的各种问题。

2018年8月31日，墨竹工卡县委书记劳明伟到县中队慰问退伍老兵

【后勤工作】 年内，武警墨竹工卡中队后勤工作开展有效，后勤人员服务意识较好，有效地保障官兵生活需求，严格落实伙食标准制度，加强炊事人员的业务技能指导和培训，尊重官兵意见建议，有效提升了伙食质量标准；加强后勤督导和检查力度，确保各类经费开支合理，账目明了：搞好后勤人员队伍建设，加强对后勤人员的教育、管理和监督，利用驻地资源，组织后勤人员技能培训；搞好伙食、经费和物资管理，搞好农副业生产，提高自给自足能力；扎实搞好艰苦奋斗、勤俭节约教育，落实营产营具、装备器材、生活设施管理责任制；搞好卫生防病工作，加强健康教育和卫生防病，开展训练伤防护和自救互救训练。

（尹小辉）

【领导名录】

中队长

孙 远 鹏（5月免）

格来多加（藏族，5月任）

政治指导员

毛 小 龙（5月免）

孙 远 鹏（5月任）

副中队长

尹 小 辉（5月任）

法　　治

中共墨竹工卡县委政法委员会

【概况】 2018年，墨竹工卡县委政法委认真贯彻党中央、区市党委的决策部署，深入推进平安墨竹、法治墨竹、过硬队伍建设，始终加强和改进对政法工作的领导，选好配强政法机关领导班子。不断提高政法队伍思想政治素质和履职能力，始终坚持从严治警，严守党的政治纪律和组织纪律，坚决反对公器私用、司法腐败。着力维护社会大局稳定、促进社会公平正义、保障人民安居乐业，为全面建成小康社会创造安全稳定的社会环境、公平正义的法治环境、优质高效的服务环境。

【综合治理】 年内，深入贯彻落实中共十九大和十九届二中、三中全会精神，以习近平总书记新时代中国特色社会主义思想为指导，以总书记治边稳藏的要求为指引，实现“三无”“三不出”为目标。以加强和创新社会管理为抓手，着力加强政法队伍建设，着力加强矛盾纠纷排查化解工作和平安创建工作，着力加强社会治安综合治理基层基础建设，着力推进网格化和“双联户”服务管理，为墨竹工卡县经济发展和社会稳定奠定了坚实基础。

2018年7月10日，墨竹工卡县委常委、政法委书记、公安局局长其米多布杰主持召开“扫黑除恶、打非治乱”专项斗争工作推进会

【维护稳定】 年内，贯彻落实习近平总书记系列讲话精神和各级领导的批示指示精神，县委、县政府始终坚持“关口前移、源头治理、网格管理、群防群治”，着力突出全年各阶段安全防范工作，着力加强维护社会稳定工作。按照分时段、分任务多次召开维稳专题工作会议，安排部署各项维稳安防措施，圆满完成各重要节点的维稳安防工作，实现“三无”“三不出”“三稳定”的目标。

【“扫黑除恶”专项斗争】 年内，按照“有黑扫黑、无黑除恶、无恶治乱”的原则，组织大小宣传活

2018年10月26日，墨竹工卡县开展“双联户”代表专题培训

动 110 余次，发放宣传册、宣传单 9900 余册（张），乡村小喇叭播放扫黑除恶打非治乱宣传内容，悬挂横幅 140 余条，出动人员 1440 余人，受教育群众 21000 余人次。张贴“扫黑除恶、打非治乱”通告 288 余张，并在“微墨竹”微信公众号进行通告，营造浓厚的舆论氛围。设立扫黑除恶举报箱 56 个，截至年底，未接到群众来信来访。共摸排走访 542 余次，检查旅馆 706 家次、网吧 130 家次、娱乐场所 1101 家次、出租房屋 7 处、加油站 4 家（170 余次）、重点单位 515 家次、九小场所 231 家、废品收购站 16 家次、砖厂 6 家次、清查人员 7983 余人次、检查施工单位 120 家次、排查商铺 2871 家次。查处参与赌博人员 11 人；卖淫窝点 2 处，抓获容留卖淫人员 3 名，卖淫人员 9 人，嫖娼人员 3 名；成功捣毁 3 家非法制造乙炔黑窝点，抓获嫌疑犯 3 人；依法拘留 4 名冒用宗教、气功名义危害社会违法人员。

【“双联户”工作】 年内，墨竹工卡县网格 40 个、联户单位 814 个、联户代表 814 名。2018 年，设计联户增收标识 1 个，统一购买联户代表服装 2000 套，制作上墙联户代表义务及联户家庭职责及公约 7000 余张。开展矛盾纠纷 1620 余次，调解矛盾纠纷 70 余起；排查各类安全隐患 2120 余次，整治安全隐患 140 余处；卫生整治 940 余次；登记流动人口 17200 余人；搜集情报信息 80 余条，取得了良好效果。

【创建禁毒示范城】 墨竹工卡县辖 7 乡 1 镇、40 个村委会、非煤矿山 7 个，平均海拔 4200 米，总面积 5492 平方公里，14256 户，814 个联户单位，常住人员 55416 人，流动人员 13949 人，学校 46 所（其中：县城范围内分别有 1 个中学、1 个小学、1 个幼儿园，其他乡镇分别有 7 所乡完小、36 个村级幼儿园），学生共计 9000 余名。自 2016 年以来，墨竹工卡县未发生过青少年吸毒或因青少年涉毒而造成违法犯罪等情况。墨竹工卡县以夯实基层基础为根本，以强化基础设施建设为抓手，结合县实际情况，投资 10 万元建立墨竹工卡县禁毒教育基地、社区戒毒康复中心，并及时配备配强人员队伍，安排专人负责管理和教育引导工作。同时，不定期组织各乡（镇）、各村委会人员参观学习。层层压实责任，为进一步加强对易涉毒娱乐所、药店、诊所、矿区管理，不断深化禁毒斗争，结合县实际与各场所法人签订责任书 22 份。有效强化涉毒违法犯罪活动的查处力度，坚决杜绝吸毒、贩毒等问题在墨竹工卡县辖区发生和蔓延。

（旦增贡培）

【领导名录】

县委常委、政法委书记、公安局局长

其米多布杰（藏族）

副书记

扎　　仓（藏族）

综治办副主任

张　银　华（女）

墨竹工卡县公安局

【概况】 2018 年，墨竹工卡县公安局深入贯彻落实中共十九大和十九届二中、三中全会精神，深刻领会习近平总书记系列讲话精神，认真贯彻上级部门的各项决策部署，坚持围绕中心、服务大

2018年5月18日，南京市公安局党委副书记、常务副局长李明杰（前排左五）一行到墨竹工卡县公安局检查指导工作

局，坚持一手抓影响全县社会稳定突出问题的集中治理，一手抓全面深化公安改革、“四项建设”等长远性、基础性工作的深入推进，公安工作取得新进步，队伍建设实现新发展，同时在全局上下锲而不舍的努力下，圆满完成了各项公安工作任务，有力地维护了全县政治和社会治安大局的持续稳定。

【多发性侵财案件攻坚战】 年内，坚持从顶层设计、细化分工、完善机制着手，把多发性侵财类案件作为打击的重点，成功破获一批大案、要案。自专项斗争开展以来，墨竹工卡县公安局先后破获“2·5”文物盗窃案、“6·8”虫草盗窃案，最大限度为人民群众挽回经济损失。2018年，共受理刑事案件24起，立案22起，抓获犯罪嫌疑人13名。

【预防打击电信网络犯罪案件】 年内，在深入持久地推进严打整治行动的同时，墨竹工卡县公安局还结合电信网络诈骗案件高发、频发、多发的趋势，联合县电信、西藏银行、县农行等成员单位，密切协作配合、强化合成作战，进一步完善紧急止付工作机制，大力开展形式多样、内容丰富的防网络电信诈骗宣传活动近30余次，最大限度提高辖区广大群众的识骗、防骗意识。

【专项排查行动】 年内，针对墨竹工卡县重点建设项目多、各类矛盾纠纷隐患较为突出的实际情况，积极会同人社、信访、综治等部门，深入开展矛盾纠纷排查化解行动，并对可能出现的聚众上访、请愿等情况进行分析研判，全方位做好情报信息的搜集研判和人员稳控教育。

【禁毒专项斗争】 年内，以“创建全国禁毒文明城市”为契机，在扎实做好全县涉毒人员管控工作的同时，安排禁毒、派出所等警力，采取夜间抽查的方式，对全县各娱乐场所、出租房屋、旅馆业开展禁毒检查和禁毒宣传30余次，有效促成全社会共同抵御毒品案件的良好氛围，并积极协调相关单位，做大做强禁毒宣传阵地，2018年墨竹工卡县公安局正式挂牌成立禁毒宣传教育基地。

【社会治安突出问题整治行动】 年内，紧盯全县流动人员多、人员成分复杂的特点，深化拓展“以证管人、以房管人、以业管人”的流动人员管理工作机制。年内，按照上级公安机关的有关工作要求，扎实开展流动人口摸底排查，协助县直相关单位有序推进“三岩片区”扶贫搬迁户引导管理工作。此外，加强对各类治安敏感区域和场所的清理清查，切实从源头上遏制“黄赌毒”和影响治安稳定因素的滋生。全年共受理行政案件36起，结案35起，处罚42人，处罚单位1家，停业整顿2家，罚款金额43100元，捣毁三处非法加工乙炔黑窝点，查处2家卖淫嫖娼场所，提升全县严打整治行动的震慑力。

【缉枪治爆专项行动】 年内，立足全县矿山企业多、民爆物品用量大、管控任务繁重的实际，严格落实公安部“两个标准”要求，对民爆物品流向做到心中有数。同时，采取扎实有效措施做好各项安全防范工作，积极会同安监、消防部门持续对涉爆单位开展大检查大排查大整治，确保民爆物品“不流失、不打响、不炸响”，全年共检查涉枪涉爆单位 90 家次，整改隐患 10 余处。

【道路交通安全管理】 年内，制定出台《墨竹工卡县公安局道路交通安全管理考核办法》，进一步将工作责任压实到各警种、各部门，逐步完善道路交通全警参与、全警出力的新格局。年内，受理交通行政案件 75 起，交通刑事案件 5 起，行政拘留 75 人，罚款 556500 元（各类违法处理），深入开展交通宣传活动 130 次，全年交通事故死亡人数同比下降 50%。在此基础上，按照上级公安机关的要求，积极争取县委、县政府的大力支持，在全县范围内建立农村劝导站 14 个、配置交通劝导员 28 人，切实将交管工作推向全民参与、社会化管理的新高度。

【行业场所专项整治行动】 年内，以深入开展行业场所专项三年行动为契机，持续加强对洗浴场所、人员密集场所、重点单位的安全检查和安防指导，层层签订工作责任书，推进行业场所落实人防、物防、技防措施。年内，共检查各类场所 2320 家次，督促整改消防隐患 38 处。

【“护城河”识疑排危】 年内，公安检查站严格落实“五逢一快”工作要求，将各类一切不稳定因素防控在前端。年内，公安检查站共检查各类车辆 115317 台次，人员 308952 人次，物品 360076 件次，抓获网上在逃人员 1 人，收缴散装成品油 912 升，管制刀具 54 把。

【视频监控设施建设】 年内，以“雪亮工程”一期、二期为抓手，在原有的视频监控系统基础上，计划增建覆盖全县各重点部位、重点场所、重点区域的高清视频监控探头，建成投用后，不仅能推进公安“天网”工程建设的升级改造，更是在服务实战、打击犯罪、治安防范上发挥着至关重要的作用。同时，墨竹工卡县公安局与南京市公安局雨花台分局签订《智力援助框架协议书》，最大限度弥补墨竹工卡县公安局在信息化建设上呈现出后劲不足的缺陷和短板。

2018年10月19日，墨竹工卡县公安局召开“全面加强政治建警、锻造过硬公安队伍”专项教育整顿活动动员部署会

【社会面巡逻防控】 年内，墨竹工卡县公安局以提高辖区见警率、管事率为出发点，以预防和制止各类违法犯罪行为落脚点，以灵活处置突发性事件为工作重点，切实将治安防控贯穿于日常工作中，通过车巡和步巡相结合，发动群防群治力量共同参与等形式，分时段有针对性的强化重点路段巡逻，有效控制辖区发案率。

【公安基层基础建设】 年内，按照统一功能配置、统一设施配置、统一装备配置“三个统一”标准，投入资金对全县各派出所执法办案场所和视频点名系统进行升级改造。同时，稳步推进特警攀登楼、看守所（拘留所）建设项目的圆满收官，并加强推进刑侦技术楼附属、车辆检测中心、应急保障楼等相关建设项目的前期立项筹备工作。

【简政放权】 年内，墨竹工卡县公安局紧紧扭住转变职能这个关键，简政放权、放管结合、优化服务三管齐下，积极推进公安行政管理服务的改革创新，前期通过

2018年11月30日，墨竹工卡县公安局组织各部门负责人到拉萨市公安局警史馆参观

进行认真梳理及研究，将原由县局国保大队、户政大厅办理的各类业务办理权限逐渐下放至各派出所，并扎实做好市公安局层面下放的车管、出入境业务权限的承接工作。

【“互联网＋政务服务”】 年内，认真贯彻落实市长果果在全市“互联网＋政务服务”工作推进会议上的重要讲话精神，积极与县直相关单位进行对接，按照“一站、一门、一网”的工作要求，梳理上报县公安局日常办理的各类行政事业项目和业务办理流程，为确保此项工作深入开展做足充分的前期准备。

【警务序列制改革】 年内，认真学习上级公安机关下发的有关文件精神，经商请县委组织部、财政局、人社局等部门，10月8日，成立墨竹工卡县公安机关执法勤务警员职务序列和警务技术职务序列改革领导小组，并在市公安局的指导下完成了人员分类工作。

【跨区域警务合作】 年内，墨竹工卡县公安局以打破“单打独斗”格局为切入点，不断加强与邻县公安机关间的协作配合，年初分别与工布江达县公安局、达孜区公安局签订跨区域警务合作协议书，在信息互通、资源互助、优势互补上达成了战略性共识。11月24日，积极协助林芝市警方，设卡拦截并成功抓获“11·24林芝系列盗窃案”犯罪嫌疑人7人，跨区域警务合作效能初见成效。

【党风廉政建设】 年内，召开党建工作和党风廉政建设工作动员部署会议，层层签订党建工作责任书和党风廉政建设工作责任书，印发《墨竹工卡县公安局2018年政治理论学习计划》等相关文件。同时，制定《中共墨竹工卡县公安局委员会关于开展党风廉政建设约谈工作的实施方案》，县局主要领导和其他党委班子成员进行廉政约谈，各位党委班子成员和各部门负责人进行廉政约谈，逐级逐层压实了工作责任。

【“三会一课”制度】 年内，深入贯彻落实《墨竹工卡县基层党建三年行动计划总体方案》《墨竹工卡县基层党组织标准化建设年暨党建“6+1”工程实施方案》，全局20个党支部主要针对党支部班子建设、党员活动室“九有”情况、制度落实等情况进行自查自纠，并结合实际定期开展民警思想政治教育，不断健全党内规章制度，完善党建工作台账，规范党组织生活，民警思想政治水平不断提升。

【党委理论中心组学习会】 截至年底，共组织开展学习会11次，学习习近平总书记在十九届三中全会上的讲话、政府工作报告、习近平总书记在第十三届全国人民代表大会第一次会议上的讲话、中国共产党第十九届中央委员会第三次全体会议公报、《中共墨竹工卡县委员会贯彻落实中央“八项规定”实施细则和区市党委实施办法精神进一步纠正“四风”的办法》等重要文件的政策法规，并相继开展“2018政府工作报告知多少”和《宪法》在线答题活动（全局民警答题率分别达到65%和100%），通过考试增强民警理论掌握水平。

【党员联系群众】 年内，为做好党员联系和服务群众工作，墨竹工卡县公安局结合县委组织部下发的《关于开展党员联系服务群众工作的实施方案》，将全局党员实现全部结对子，密切党群联系，深化警民关系的建立。另外，墨竹工卡县公安局还通过精准扶贫、结对帮扶工作，开展入户走访、节前慰问、为结对的贫困人员办实事办好事等工作，认真完成县扶贫办要求的各项工作。

【纠正“四风”问题】 年内，墨竹工卡县公安局认真贯彻落实《关于集中整治不作为慢作为、文山会海等形式主义、官僚主义突出问题的实施方案》要求，对照《实施方案》中提出的三个方面的整治重点，采取全面查摆与重点查摆相结合、单位查摆与个人查摆相结合，组织全局民警开展自查自纠。

【警务辅助人员管理】 年内，为认真贯彻落实《西藏自治区公安机关警务辅助人员管理办法（试行）》和《关于下发<全区公安机关开展警务辅助人员摸底考核和重新聘用工作实施方案>的通知》精神，墨竹工卡县公安局积极开展警务辅助人员摸底考核工作，严格认真组织辅警进行体能测试、体检、政审以及综合考评等工作。

【队伍教育训练】 年内，开启最小作战单元实战化训练模式，根据《拉萨市公安机关开展最小作战单元实战化训练模式的实施方案》要求，墨竹工卡县公安局制定分方案，组织开展实战化训练，迅速形成有效的警情处置技战法。充分依托智力援藏平台，在南京市栖霞区委党校成功举办墨竹工卡县公安局第十期“轮训轮值、战训合一”培训班。组织22名基层一线民警在南京市栖霞区委党校开展培训，此次培训为期7天。充分依托“十三五”期间江苏—拉萨对口支援工作，与南京市公安局成功签订《“十三五”期间对口支援协议》，并围绕队伍管理、信息化建设、网络安全、技术侦察等方面进行座谈交流。10月，选派20名民警到南京市公安局人民警察训练学校参训。此外，又选派30人参加上级公安机关和县委、县政府组织的培训活动，累计投入培训资金11万元。

【后备干部推荐事宜】 年内，根据县委组织部下发关于推荐后备干部的有关要求，墨竹工卡县公安局高度重视，认真开展后备干部推荐工作，通过对全局符合条件的科员民警，从德、能、勤、绩、廉进行综合客观考评后，推荐14名同志为后备干部。

【落实从优待警各项制度】 年内，对抓获在逃人员的部门进行奖励，共计奖励4个部门，累计奖励人民币15000元；看望慰问生病住院民辅警13人，累计慰问达13000余元。

（张　瑞）

【领导名录】

县委常委、政法委书记、公安局党委书记、局长

其米多布杰（藏族）

政　委

孙　雁　哲

党委委员、副局长

赤列索朗（藏族）

晋美多吉（藏族）

党委委员、副局长、工卡镇派出所所长

汤　金　伟

党委委员、特警大队大队长

2018年10月17日，墨竹工卡县公安局圆满完成2018首届跨喜马拉雅自行车公路自行车极限赛墨竹工卡县赛事活动安保工作

土登次仁(藏族)

党委委员、纪委书记

龚　红　梅(女)

墨竹工卡县人民检察院

2018年11月21日，墨竹工卡县委常委、政法委书记、公安局局长其米多布杰到县检察院检查指导党建工作

【概况】 2018年，墨竹工卡县人民检察院始终把依法打击刑事犯罪、保障人民生命财产安全摆在突出位置，认真履行批捕、起诉职责，坚持宽严相济刑事政策，深入推进社会矛盾化解，积极参与社会治理，保障人民安居乐业、社会安定有序。2018年共批准逮捕各类刑事案件11件18人，案件数同比上升25%，人数同比上升88.9%；批准逮捕10人，同比上升25%；受理移送审查起诉(不起诉)案件13件19人，案件数同比上升50%；提起公诉10人，同比上升42.8%。

墨竹工卡县人民检察院编制数21名，实有干警17名，员额检察官7名，占编制数33%，占实有干警41.2%；均分别配置在公诉侦查监督、控告申诉检察等业务工作岗位，综合性部门未配置员额检察官。2018年1月兑现检察官职务等级工资，平均增资2317元，2018年5月已按照墨竹工卡县人民检察院绩效考核分配办法和细则向员额检察官和司法辅助人员兑现2017年度绩效考核奖。在内设机构的设置上严格按照《关于加强法官检察官正规化专业化职业化建设全面落实司法责任制的意见》要求，坚持精简、务实、效能的原则，设5个内设科室，不存在超编的现象。每个业务科室下设2～3个办案组，并依照“基层人民检察院检察官权力清单”进行配权和办案。

【政治建检】 年内，旗帜鲜明讲政治，坚持党对检察工作的绝对领导，坚定不移走中国特色社会主义法治道路。以开展“党员干警政治教育培训”为契机，深入学习贯彻习近平新时代中国特色社会主义思想和党的十九大精神，扎实开展专题党课、研讨交流、专题培训、集中学习等活动，把学习成果转化为工作举措。按照县委统一部署要求，县检察院在岗干警的77%已参加全县党员政治教育培训，并顺利通过考试。组织召开关于开展“全面加强政治建检、打造过硬检察队伍”专项教育整顿活动动员部署会议，并制定《墨竹工卡县人民检察院“全面加强政治建检、打造过硬检察队伍”专项教育整顿活动实施方案》，成立领导小组。持续推进“两学一做”学习教育常态化制度化，积极开展学习教育活动30余次，教育引导全体检察干警牢固树立“四个意识”，坚定“四个自信”，做到“两个维护”，自觉把各项检察工作融入党和国家工作大局中谋划推进，严密防范和严厉打击各种敌对势力渗透颠覆破坏活动，把党支部战斗堡垒作用和党员先锋模范作用发挥在检察为民的第一线。

【党风廉政建设】 年内，层层压实“两个责任”和“一岗双责”，把管检治检要求与司法办案有机融合、统筹推进，着力完善权力运行监督制约机制，完善与修订制度手册1本，涵盖11个方面的内容；在全院实行党风廉政建设目标责任制，层层签订党风廉政建设责任书17份，形成检察长亲自抓、分管领导具体抓，一级抓一级的领导体制和齐抓共管的工作局面。严格执行“八项规定”，驰而不息纠正“四风”，探索八小时内外监督方式，用好监督执纪“四种形态”，突出“红脸出汗”常态化，让全院干警习惯在规则中工作和生活。

【专项工作】 年内，墨竹工卡县人民检察院为深入贯彻党中央和高检院关于推进健康中国建设的战略部署，顺应人民群众对食品安全的新期待，根据2016年9月26日最高人民检察院印发的《关于全面履行检察职能为推进健康中国建设提供有力司法保障的意见》、上级检察机关和县委的工作部署，积极组织开展“保障千家万户舌尖上的安全”专项监督活动，及时制定活动方案，成立领导小组，先后走访甲玛乡、唐加乡、扎西岗乡、工卡镇等4个乡镇20多家食品销售点，抽查范围达到全县的50%，被抽查的销售点90%都存在食品安全问题，其中4家销售点涉及的食品安全问题较为严重，鉴于墨竹工卡县正在创建国家食品安全城市，为使该项工作顺利开展，给全县人民提供一个干净、安全放心的食品环境，县检察院将检查过程中发现的问题，及时向县委书记做了汇报，根据县委书记劳明伟的重要指示，县检察院向县食药局反馈本县范围内食品安全存在的问题情况，并与县食药局建立常态化联系机制，开展不定期的专项检查，共同打击侵害消费者合法权益的违法行为，保障千家万户“舌尖上的安全”。

年内，为深入贯彻落实党中央、国务院发出的《关于开展扫黑除恶专项斗争的通知》及区、市、县召开的扫黑除恶打非治乱专项斗争会议精神，县检察院积极响应党中央、区党委、上级检察机关的号召，专门安排2名干警负责扫黑除恶打非治乱专项工作，坚持每周开展涉黑线索排查工作，建立完善工作台账，并广泛宣传扫黑除恶打非治乱专项斗争内容和重要意义，铲除黑恶势力滋生的土壤。

2018年1月29日，墨竹工卡县人民检察院党组书记、检察长索朗旺杰到唐加乡调研

3月11日，墨竹工卡县人民检察院驻扎西岗乡加尔多村工作队成功端掉一个潜伏在群众身边的制假团伙，整套非法制造乙炔气体的相关设备和81罐乙炔气罐，悉数收缴并移交相关部门处理。此事件得到县委书记劳明伟的高度赞扬，并做出重要批示，要求全县党员干部向检察干警学习。

年内，紧紧围绕县委及上级检察机关安排部署，秉持“绿水青山就是金山银山”的理念，充分发挥法律监督职能，牢牢守住生态和发展两条“底线”，积极深入扎西岗乡、工卡镇、门巴乡等乡镇，摸排案件线索3起，针对工卡镇格桑村6组一处非法制造乙炔作坊随意排放废水、废渣、固体废物严重破坏环境的情况，且其生产设备简陋有导致爆炸的危险后，向县环保局发出行政公益诉讼检察建议1份，向县安全生产监督管理局发放检察建议1份，要求行政执法机关积极履职，消除影响，有力维护了国家和社会公共利益。

积极汇聚司法与社会力量，优化青少年成长环境，正式成立未检团队，团队成员4人，设计未检团队徽标1枚，编订未成年人法治宣传手册1本，与团县委、县妇联形成长期合作机制，常态化开展法治教育活动，着力打造立体式防范未成年人犯罪的保护机制，牵手团县委“红领巾相约中国梦”民族团结征文、绘画活动1次，开展预防未成年人犯罪专题宣讲活动5次，提供法律咨询2次，促进青少年在德、智、体、美、劳等各方面全面发展。

【驻村帮扶】 1月10日，墨竹工卡县人民检察院选派4名检察干警组成驻村工作队进驻扎西岗加尔多村开展驻村帮扶工作。向有关单位争取到民生项目3个，涉及资金58万余元；开展向贫困户和学生进行慰问活动7次，涉及资金6900元；走访全村212户912人，建立完善一户一档工作；开展党的十九大精神宣讲活动5场次，采取以案释法法治宣讲活动4次，入户宣讲十九大精神和各项惠民政策达94户500余人，开展“四讲四爱”宣讲活动8次，组织主题讲座1次，主题演讲1次。

【精准扶贫】 年内，在做好各项检察工作的同时，积极参与全县中心工作，与扎雪乡米洛村、扎西岗乡加尔多村的26户贫困户进行结对帮扶。通过定期走访、献爱心、送温暖等活动，积极宣传和落实各项扶贫脱贫政策，掌握每个家庭脱贫后的生产生活情况，落实好“两不愁、三保障”，不断提升困难群众的生活质量。

【法治宣传】 年内，为提高人民群众对社会治安的满意率、对“平安墨竹”创建活动的知晓率、对检察机关的满意度和进一步落实“谁执法谁普法”的责任制度，县检察院党组将“法律七进”工作作为本院一项亮点性工作加以推进，专门向县委、县政府申请增加2018年的法治宣传经费，编印法治宣传手册3类9000册，订购宣传伞500把，定制文具袋2000个、卡通笔3000支、围裙2000个、布袋5000只，共计20万余元，进一步丰富法治宣讲的形式与载体。同时，为增强普法工作的感染力和说服力，不断提高广大干部群众学法、守法、遵法、用法的能力，及时调整普法工作领导小组，配齐配强法治宣讲员4名，院党组牵头制定《2018年法治宣传教育工作方案》1份，印发《墨竹工卡县人民检察院关于建立“谁执法谁普法”责任制制度》和《墨竹工卡县人民检察院“谁执法谁普法”责任清单》各一份。班子成员带领干警分别深入到11个寺庙、4所学校进行集中法治宣传活动，共计15次，推进“法律进乡村”覆盖率达到87.5%，散发宣传资料1000余份，在318国道开展法治宣传活动10余次，发放宣传资料1000余份。此项活动连续两年得到全县人大代表的一致好评。

2018年12月28日，墨竹工卡县人民检察院党组书记、检察长索朗旺杰，党组副书记、副检察长索朗云登慰问退休老干部

【法律监督】 年内，墨竹工卡县人民检察院持敢于监督、善于监督的工作要求，加强对社区矫正各执法环节的日常监督，开展社区矫正专项检察4次，重点监督纠正和预防社区服刑人员脱管、漏管等问题，促进社区矫正依法进行。2018年，辖区内社区矫正人员共有3人，依法解除社区矫正人员1人。办理上级交办案件1件，使涉检信访人员的诉求依法得到妥善处理。认真开展破坏环境资源和危害食品药品安全犯罪立案监督工作，先后多次走访县环保局、县食品药品监督管理局，对其履职情况进行监督，切实保障食品药品安全，保护生态环境；加强对公安派出所刑事侦查活动的监督，实现监督重心前移，开展立案监督23次，对侦查活动中的违法行为口头纠违6次；积极推进量刑规范化工作，向县法院提

出量刑建议10人次，进一步促进了司法公正。

【国家监察体制改革】 年内，坚持“三个到位”，认真贯彻自治区深化国家监察体制改革试点工作会议精神，以高度的思想自觉和行动自觉确保党中央重大决策部署落到实处。深入学习党的十九大精神，坚决拥护、坚定支持国家监察体制改革，利用干部大会、支部党员学习会议，及时传达学习国家监察体制改革试点工作的文件精神，准确掌握上级关于监察体制改革试点工作的部署要求，建立与县监察委员会的协调衔接机制，确保改革试点工作顺利推进；院党组多次召开会议，专题研究转隶干警关心的实际问题，与转隶人员谈心谈话6次，使检察转隶人员端正态度，凝聚改革共识，积极营造坚决拥护改革、积极参与改革的良好氛围。严明组织纪律，做好职能划转、案件线索清理、结案与移交等过渡期各项工作的有效衔接，全力配合完成3名转隶人员的考察工作，划转编制6名，保持各项工作的连续性，走在了全市的前列。

【素能培训】 年内，大力推进队伍正规化专业化职业化建设，以培养专门型、实战型人才为重点，分类别、分批次参加检察业务培训和技能竞赛共34人次，参训率达到100%；突出加强青年检察人才培养，充分发挥“传、帮、带”的作用，以检察官带教、岗位交流等多种形式，促进青年干警进乡村、进企业、上讲台，推动其快速成长。

【检务保障】 年内，为使检务保障工作有章可循，墨竹工卡县人民检察院先后制定《财务管理制度》《办公用品购买审批制度》《装备管理制度》《公务车辆管理制度》等制度，明确规定保障工作的审批权限和统一程序，对单位的水、电、文印、采购、公务用车等方面，强化日常管理，促进后勤保障工作规范有序开展。

2月27日，最高人民检察院召开以“12309，检察服务解民忧”为主题的新闻发布会以来，县检察院领导高度重视“12309”的转型工作，迅速组织各科室负责同志对原有的“一站式”便民服务大厅进行升级改造，7月30日完成实体大厅的建设工作，该大厅整合业务咨询、控告申诉、国家赔偿与国家司法救助、案件管理等四类工作区域于一体，能够让人民群众享受检察机关“一站式”服务。已处理群众来信来访5件8人，检察长接待群众6人次，最大限度地服务和方便群众。

（公桑更增）

2018年3月8日，墨竹工卡县人民检察院干警到唐加乡卓村为妇女宣讲妇女权益保障法

【领导名录】

党组书记、检察长
索朗旺杰（藏族）
党组副书记、副检察长
索朗云登（藏族）
党组成员、副检察长
肖　静（女）

墨竹工卡县人民法院

【概况】 2018年，墨竹工卡县人民法院以习近平新时代中国特色社会主义思想为指导，全面贯彻落实党的十九大和十九届二中、三中全会精神，坚持司法为民、公正司法，不断提高审判质量效率、队伍素质能力和司法公信力，紧紧围绕县经济发展和社会稳定，狠抓各类审判工作，各项工作取得新成效。

2018年6月29日，墨竹工卡县人民法院党组书记、院长索朗多吉组织开展“爱岗敬业，司法为民”第一期道德讲堂活动

墨竹工卡县人民法院共受理各类案件321件（含旧存4件），审结311件，综合结案率为95.69%，与2017年同期相比，收案数增加112件，结案数增加106件。

【党风廉政建设】 年内，共开展党组理论中心组学习9次、集中学习研讨交流41次、“每月一课”视频学习5次，平均每名干警撰写学习笔记40篇、读书心得体会4篇，多形式组织“主题党日活动”12次。同时，深化意识形态领域工作，成立以院党组班子成员为主要领导的意识形态工作领导小组，组织开展感党恩、反分裂、新旧西藏对比教育活动9次，并建立门户网站和微信公众平台，发布信息15篇，确保墨竹工卡县人民法院在意识形态领域绝对安全。

【民商事案件】 年内，墨竹工卡县人民法院依法妥善化解纠纷，服务经济稳定增长。主动适应经济发展新常态，落实“民商事审判六项原则”，共受理民商事案件223件（旧存2件），审结216件，结案率为95.56%。维护公平交易秩序，审结买卖合同纠纷案件23件，结案标的835.5万元；规范民间借贷行为，审结民间借贷案件19件，结案标的510.9万元；维护劳动者合法权益，审结建筑施工合同、劳务合同类纠纷案件40件，结案标的582.9万元。尊重契约自由，审结探矿权转让合同纠纷案件1件，结案标的350万元。充分发挥妇女儿童维权合议庭维权职能，加强妇女儿童权益保护，审结婚姻家庭、继承纠纷案件28件，发出法院离婚证明书3份和人身保护令1份。

【刑事案件】 年内，墨竹工卡县人民法院以维护社会稳定，服务大局，促进发展为己任，忠实履行审判执行职责，准确把握司法审判领域影响社会和谐稳定的苗头性、关键性问题，突出打击重点，依法严惩各类刑事犯罪，共受理各类刑事案件9件，审结9件，结案率100%；其中审结“盗抢骗”案件5件，交通肇事罪2件，故意伤害罪1件，危险驾驶罪1件，判处罪犯12人；同时完善多元化解决纠纷机制，指导培训人民调解员21次，共开展矛盾纠纷排查24件。加大信访化解力度，协助县人社局、信访局等相关部门化解“双拖欠”、合同纠纷等各类矛盾纠纷10件，有效避免了群体性事件、治安案件的发生；同时大力推进“三个专项斗争”，成立工作领导小组，制定实施方案，组织专项学习4次，开展专项法宣6次。

【执行工作】 年内，墨竹工卡县人民法院站在坚决维护宪法法律权威，破除实现公平正义最后一道藩篱的高度，坚持“一把手抓、抓一把手”，人财物向执行一线倾斜，增配人员，将人员力量和精力向执行聚集聚拢，切实打通胜诉当事人实现合法权益的“最后一公里”促进社会稳定、营造诚信环境。共受理执行案件89件（旧存2件），同比增加48件，执结85件，执结率为95.51%，实际到位936.44万元。同时与26家联动单位已形成合力，建成执行工作联动机制，签订责任书，并投入9.8万元建成使用“执行指挥中心”，利用执行指挥系统和查控系统，准确查找被执行人相关信息，加快解决执行难，实现内外联动、执行线索快速反应、重大执行远程指挥等，解决执行工作查人找物难问题。对存款、房屋、车辆等主要财产形成建立“总对总”“点对点”网络查控体系，三年累计查控被执行人账户325个，车辆26台，网络冻结27次，冻结金额415.6万元，网络划拨3次34.2万元，共列入失信被执行人19人(次)，限高14人，拘留2人，罚款5人次3000元；同时进一步加强“阳光执行”工作力度，实行诉访分离，在诉讼服务大厅设立专门的涉执信访接待窗口，并安排2名干警为执行信访接待专员。同时，充分利用大数据平台，弥补款项和案件信息不对应，成功运行“一案一账户”，通过系统平台以收取执行案款13笔63万元。

【立案工作】 年内，墨竹工卡县人民法院现场登记立案案件223件，当场立案率100%，接待来信来访52次107人。加强民生权益保障，对经济困难的当事人减缓免交诉讼费30.2万元；受理司法救助案件2件，发放执行救助金13.5万元；民事调解撤诉案件125件，调撤率为57.87%；妥善调解伍征火诉四川中瑞达有限公司合同纠纷系列案件，立案标的199万元，结案标的130万元。

【拓展司法服务范围】 年内，以“智慧法院”建设为依托，充分利用诉讼服务大厅、诉讼服务热线、车载流动法庭、法官包乡制、巡回办案等渠道，实行预约立案、上门立案，为当事人提供线上线下、方便快捷的诉讼服务。诉讼服务热线提供咨询、查询等服务121人次；车载流动法庭巡回办案24件71次，行程1.5万公里。加强普法宣传，以党员志愿服务队建设为抓手，结合人大代表和政协委员意见建议，覆盖全县乡中小学和七乡一镇40个行政村开展集中法制宣传教育，共开展专项法制宣传33次，发放藏汉“双语”宣传资料1.2万份，发放洗衣粉、香皂、文具盒等法宣物资价值4935元，受教育群众达1.5万余人次，努力营造了各族群众遵法学法守法用法的浓厚氛围。

2018年9月30日，墨竹工卡县人民法院副院长索朗德吉一行到扎西岗乡加尔多村组织村民开展“加强普法宣传教育、增强公民法律意识”法制宣传活动

【司法公开】 年内，充分发挥审判流程、裁判文书、执行信息和庭审“四大公开平台”作用，构建开放、动态、透明、便民的司法机制，共公开执行案件信息49次。在“中国裁判文书网”上公开裁判文书144份，公开信息108件；在“中国庭审网”上庭审直播13次。进一步规范审判流程管理，制定并严格按照“网上办案”的工作要求，通过审判管理系统案件的关键节点进行督办监控，确保各项审判数据100%真实准确；全面完成电子卷宗随案同步生成工作，实现电子签章100%全覆盖，并进行电子卷宗一季度归档工作。

【主动接受监督】 年内，邀请人大代表、政协委员视察座谈、参与重要活动7次，旁听案件3件，参加监督发放执行案款572.6万元；邀请人民陪审员参审案件21件27人次。接受区人大调研1次，区高院和市中院司法巡查和调研7次，将发现的问题及时整改并形成报告4次，努力提升各项工作质效。

【充分发挥媒体宣传作用】 年内，被西藏日报报道4次、拉萨市晚报报道2次、拉萨市电视台报道1次、拉萨市中级人民法院官网报道4次、县委办报道13次、墨竹工卡县电视台报道4次、微墨竹报道3次。

【驻村与扶贫工作】 年内，墨竹工卡县人民法院安排22名党员与尼玛江热乡、唐加乡、扎雪乡的29户基层群众结对开展精准扶贫工作，按季度组织党员对结对群众开展入户调研、宣讲工作，撰写民情日记，发放慰问物资价值1.16万元。同时，派驻驻村工作队走村入户开展“党的十九大精神宣传”“精准扶贫政策宣传”“村党员政治教育”“四讲四爱”等共计11次，参与党员及群众780余人；法治宣传7场次，接受法律咨询25人次，发放宣传手册300余份，受教育群众达260余人；协同县乡相关部门办实事4件，落实各项惠民资金37.6万元，解决了生活用水和饮水问题。

（旦增曲珍）

【领导名录】

党组书记、院长

索朗多吉（藏族）

党组成员、副院长

廖　江

索朗德吉（女，藏族）

副院长

贡觉欧珠（藏族）

墨竹工卡县司法局

【概况】 墨竹工卡县司法局深入学习贯彻落实党的十九大、十九届二中、三中全会精神和习近平新时代中国特色社会主义思想，坚持依法治藏、富民兴藏、长期建藏、凝聚人心、夯实基础的重要原则，增强

2018年8月8日，墨竹工卡县法律援助中心驻县人民法院工作站挂牌

“四个意识”、坚定“四个自信”、做到“两个维护”，严守党的政治纪律和政治规矩，提高政治站位，坚持司法行政工作规律，落实县委、县政府、政法委和市局对司法行政工作的决策部署，服务县委、县政府中心工作，有力实现了司法行政工作在维护社会稳定和扶贫工作中的重要作用，为墨竹经济社会长足发展和长治久安提供了有力的法律服务和法治保障。

【法治宣传教育】 年内，县委办公室印发《墨竹工卡县实行国家机关“谁执法谁普法”责任制工作任务分解方案》，使普法力度不断加强，普法工作深入推进。年内，按照普法责任制方案，以开展法律“七进”活动为抓手，全力开展好“文化惠民进万家”为主题的“五下乡”活动，综治宣传月、平安宣传周、法治宣传日活动，开展全县在编宗教教职人员和寺庙管委会人员的法律知识考试；开展在虫草采挖点普法活动；真正形成大普法格局，全县法治宣传教育活动有效开展，提高了教育覆盖面。年内，开展各单位各部门累计开展各类法治宣传教育活动68次，发放普法书籍、图册等共计37134余本、册，受教育覆盖面达到48600余人次。落实宪法宣传实施意见。

年内，为落实《中共中央关于深入学习宣传和贯彻实施〈中华人民共和国宪法〉的意见》《西藏自治区关于认真学习宣传和贯彻实施〈中华人民共和国宪法〉的工作实施方案》和《拉萨市关于认真学习宣传和贯彻实施〈中华人民共和国宪法〉的工作方案》的通知要求，县委办公室印发《墨竹工卡县关于认真学习宣传和贯彻实施〈中华人民共和国宪法〉的工作方案》的通知。为做好《宪法》的学习宣传工作，墨竹工卡县普法办公室改造安装13个法治宣传栏，分别安装在县主

要交通路口、8个乡镇，宣传展板内容以习近平总书记论宪法为主要内容，关于宪法的性质、地位和权威，关于宪法的发展，关于宪法的遵守，关于宪法的宣传教育等5个方面内容。县普法成员单位在县城、乡镇政府驻地悬挂各种内容宪法宣传标语横幅160多条。县委党校把宪法列入干部政治教育的重要内容。发放宪法共计6000册，其中汉文宪法2000册，藏汉文宪法4000册；保证全县干部教师职工、村“两委”人员、僧尼人手一册。

【社区矫正】 年内，发挥社区矫正工作领导小组的领导监督责任，在组成上组长由县委常委、政法委书记、公安局局长担任，成员由公、检、法、民政局、劳动和社会保障等部门负责人组成，明确各单位各部门之间的分工协作关系，按照行业特点对社区矫正负责。领导小组下设办公室，办公室设在县司法局，具体负责社区矫正工作的日常开展。其次，建章立制，建立健全工作例会制度、联席会议制度、请示报告制度、教育培训制度和责任追究等制度。认真学习全区社区矫正工作会议上的讲话精神。组织局及司法所工作人员，传达学习司法厅转发的《在全国社区矫正教育管理工作座谈会上的讲话》《区党委常委、政法委书记、区社区矫正领导小组组长何文浩在全区社区矫正工作电视电话会议上的讲话》和《自治区社区矫正工作领导小组副组长、司法厅党委副书记、厅长肖传江在全区社区矫正工作电视电话会议上的讲话》。规范管理社区服刑人员。对社区服刑人员，严格按照《西藏自治区社区矫正指导手册》的规定执行。

【人民调解】 年内，完成40个村委会人民调解委员会的规范化建设，为40个村委会定制藏汉文调解制度、人民调解标识标牌、人民调解案卷、发放人民调解手册60本、发放人民调解制度50册。完成县、乡两级人民调解工作指导中心的建设。根据拉萨市转发西藏自治区司法厅关于印发《关于进一步加强县、乡两级人民调解工作指导中心建设的指导意见》的通知要求，墨竹工卡县筹建挂牌了县及8个乡（镇）人民调解工作指导中心，成立人民调解工作指导中心领导小组，制定工作制度。完成对人民调解委员会主任的培训。

年内，由拉萨市司法局基层科在墨竹工卡县组织人民调解委员会主任及司法所工作人员的培训，参加培训的人员有54人，其中乡（镇）8人、村委会40人，司法所工作人员6人，培训的主要内容有《中华人民共和国人民调解法》《社区矫正工作条例》，人民调解卷宗的书写及归档。做好矛盾纠纷的排查调处案件统计。做好人民调解工作，大力排查化解矛盾纠纷。司法局分别在春节、藏历新年对全县范围内进行全面的矛盾纠纷排查活动，基本做到排查到位、不留死角，调处到位、不留隐患，切实把矛盾纠纷化解在基层，解决在萌芽状态，确保各重大节庆日社会局势的和谐稳定。2018年，全县共发生各类矛盾纠纷94起，涉及当事人257人，涉及金额408.38万元，调解成功90件，其中婚姻家庭纠纷31起、邻里纠纷10起、合同纠纷8起、征地拆迁纠纷4起、生产经营纠纷2起、山林土地纠纷5起、环境

2018年3月12日，墨竹工卡县司法局组织加油站员工学习消防知识和加油站加油规程

污染纠纷6起、劳动争议纠纷25起、其他纠纷3起。所有纠纷有各乡(镇)、村调解委员会调解,调解成功率达95%。

【安置帮教】 年内,全县已成立由县政府及各乡镇组成的刑满释放人员安置帮教领导小组9个,刑满释放人员安置帮教领导小组下设办公室,主要负责协调指导全县的安置帮教工作。各乡(镇)刑满释放人员安置帮教领导小组成员中还包括各村委会成员,形成县、乡、村三级帮教网络。墨竹工卡县始终把刑满释放人员安置帮教工作列入年度全县维稳工作的重要议事日程中,狠抓落实。把责任落实到领导,落实到部门,落实到个人。全县就刑满释放人员安置帮教工作制定汇报制度,排查制度,督察制度,使墨竹工卡县安置帮教工作走向规范化。规范管理刑满释放安置帮教人员。在刑满释放人员管理中,及时造册建档。对释放回归的刑满释放人员及时登记,对其在监所的表现和家庭状况进行详细的记录,为以后开展刑满释放人员安置帮教工作做基础;刑满释放人员回家后,县安置办工作人员随即指派帮教人员到其家中进行家访,及时掌握其思想动态,并动员其家人共同做好思想转化工作;及时签订帮教责任书,进一步明确帮教双方的权利和义务。县安置办与各乡镇、行政村、被帮教人层层签订刑满释放人员安置帮教责任书,将责任落实到位;通过赠送法律常识读本、组织法律知识宣传、实施思想道德教育等途径,开展多种形式的法治宣传教育,促使刑满释放人员遵纪守法,杜绝违法犯罪。

【法律援助】 年内,落实中共西藏自治区委员会办公厅、西藏自治区人民政府办公厅印发《关于完善法律援助制度的实施意见》。县委副书记普布,县委常委、分管副县长批示《关于完善法律援助制度的实施意见》,批示按照要求做好法律援助工作。在法律援助工作中,不择不扣的落实《意见》要求,实现“法律援助,应援尽援”的原则,扩大法律援助范围,提高了法律援助质量,落实了经费。进一步加强《法律援助条例》的宣传,充分利在综治宣传月、平安宣传周、法治宣传日等宣传活动,开展《法律援助条例》《法律援助程序》的宣传,宣传拉萨市“12348”法律咨询热线,推广墨竹工卡县法律援助绿色通道“6132922”,并制作法律咨询热线宣传卡片;在法律援助绿色通道的建设中,做到24小时有专人值班,热情服务、文明服务,提高咨询服务的规范化、专业化水平。以法律援助应援尽援为原则,扩大法律援助受援群体,把农民工维权也列入法律援助工作中。

年内,按照西藏自治区高级人民法院、人民检察院、安全厅、司法厅印发《关于开展法律援助值班律师工作的实施意见》的通知,设置墨竹工卡县法律援助中心驻人民法院工作站和墨竹工卡县法律援助中心驻看守所工作站,并挂牌。2018年,法律援助中心代写法律文书28余件,参与信访调解案件3次,法律援助信访移交案件3件,面对面提供法律咨询23次,接受电话咨询5次。

(尼玛央金)

【领导名录】

局 长

王标堂

副局长

旺 扎(藏族)

格桑玉珍(女,藏族)

经济管理

墨竹工卡县发展和改革委员会

【概况】 2018年，墨竹工卡县地区生产总值实现34.53亿元，同比增长9.8%；全社会固定资产投资同比增长17.7%；社会消费品零售总额达到4.2亿元，规上工业增加值同比增长4.6%，农牧民人均可支配收入实现14300元，同比增长10.58%；

【重点项目】 年内，墨竹工卡县计划建设项目共172个、计划总投资44.83亿元，开复工项目153个，完工项目99个，开工率和完工率分别达到89%、58%，完成固定资产投资18.64亿元，完成民间投资12.05亿元，占比65%。扎实推进嘎则新区易地扶贫搬迁安置点，驱龙铜多金属矿、县城污水处理收集系统和扎西岗乡生活垃圾无害化处理设施4个市重点项目，年度完成投资13.43亿元。

【受援工作】 年内，安排墨竹工卡县1‰以内援藏项目11个，总投资5620万元，1‰以外援藏项目1个总投资350万元，资金已全部到位。截至年底，12个项目中完工6个，未完工6个。

【粮食工作】 年内，每星期对库存的所有粮食储存安全、数量、质量、品种、地点、储备粮轮换、粮食收获年限等进行全面检查，年初储备粮青稞450吨、大米200吨、面粉50吨。定期检查表明库存粮食账实、账表，经查账实相符，库贷相符；按照上级业务部门储备粮轮入轮出的相关要求，每半年轮换大米200吨、面粉50吨；年成功签订各学校及机关食堂放心粮油供应协议，并做到及时供应。

【价格监测监管】 年内，对节日期间以及十九大召开期间，对全县各大超市、蔬菜批发市场进行检查，并及时将价格监测情况报送

2018年6月18日，墨竹工卡县发改委副主任次仁旺堆主持召开项目对接

县委、县政府。同时对客运票价、液化气等价格进行督查。为做好墨竹工卡县涉案物品价格认定工作，保证涉案物品估价公平、公正，发改委严格按照区、市、县有关规定及办理程序执行，2018年办理物价涉案案件7件，涉案标的金额674238.09元。

【项目服务】 年内，负责完成甲玛乡大型修理厂前置手续办理、设计、评审及批复，确保项目2018年开工建设，为全县项目招标、开标做好现场监管服务工作，协调市发改委、市评审中心、评审公司、设计公司，完成农业产业园区和藏医院项目评审及批复。

【市场管理】 年内，对“三大节日”“五一”“端午”“十一”“中秋”等节日期间以及十九大召开期间，对全县各大超市、蔬菜批发市场进行检查，并及时将价格监测情况报送县委、县政府。同时对客运票价、液化气等价格进行督查。

【党风廉政建设】 年内，全面落实党风廉政建设责任制，严格贯彻落实中央“八项规定”，依托“两学一做”专题教育活动，深入开展廉政教育工作，切实能够把党风廉政建设工作和其他各项工作同部署、同落实。截至年底，召开党风廉政形势报告专题会议1次，召开党规党纪专题学习会5次，召开党风廉政专项会议3次、集中学习6次，并协助单位分管领导召开党风廉政专题学习会1次，签订党风廉政建设责任书8份，签订不参与赌博的承诺书8份，“三公经费”支出70281万元，较2017年预算下降5.57%。

（索　珍）

【领导名录】

副主任

次仁旺堆（藏族，主持工作）

2018年1月28日，墨竹工卡县精准扶贫易地搬迁房屋第一批分配仪式

墨竹工卡县财政局

【概况】 2018年，市级下达的总财力为95242.29万元，比2017年预算增长1.34%，其中本级一般财政收入39150万元，上级转移性收入55592.29万元，调入预算稳定调解资金500万元；2017年结余结转5994万元；政府性基金收入为500万元。

根据上级财政及本级财政追加等财力因素发生变化和2018年上级下达的最终财力实际，经财政局报请县人民政府同意，县十三届人大常委会第二十次会议批准，年终对预算进行调整，调整后的预算执行结果为：2018年度全县总财力为145111.87万元，比2017年决算增加20.74%，其中全县地方财政收入完成41123万元，比2017年决算增长8.18%；税收返还数为13509.86万元，比2017年决算增长0.7%；上级转移性及各专项补助收入89979.01万元，比年初预算数增长33.3%；预算稳定调节基金500万元，2017年结余结转33034.47万元，累计总计财力178146.34万元。

【政府性基金收支情况】 政府性基金收入7679.5万元（含2017年2904.5万元），比2017年决算数增长63.53%。截至年底，总计支出为149002.03万元，达到年初预算156.44%，达到当年预算执行序时进度的100%；累计结余结转29144.31万元（主要为已分配未使用的项目资金及纳入预算稳定

2018年5月10日，墨竹工卡县副县长龙刚参加财政局组织生活会

调节基金1993万元）；政府性基金支出为3966.72万元（含上年结转支出2904.5万元），达到年初预算565.6%，

【财政收入任务完成情况】 年内，为保障墨竹工卡县财政收入目标任务完成，切实提高部门协作力度，年初县财政结合市级下达的本级一般财政预算收入目标任务，及时与县国税局、发改、工信等相关部门进行协调，认真分析预测2018年可完成本级收入的情况及比例的同时，每季度对各工矿企业税收征收情况进行研判，及时与相关部门沟通，并形成每季度税收完成情况分析报告，从而使2018年财政任务目标在任务重、压力大的情况下，如期全面完成；截至年底，完成本级财政收入为41123万元。税收收入29132万元。其中增值税18586万元、企业所得税736万元、企业个人所得税720万元、城市维护税2601万元、印花税356万元、资源税5897万元、城填土地使用税198万元，环境保护税38万元；非税收入为11991万元。其中专项收入741万元、行政事业性收费18万元、税务等部门罚没收入387万元、国有资源（资产）有偿使用收入624万元、其他收入10221万元。政府性基金收入为4775万元。

从税种结构看，主体税种贡献突出，增值税、资源税、城市维护建设税依然是本县税收收入的主要构成部分，三大税种收入总额达27084万元，对税收收入增收的贡献率达95.97%。从收入结构分析，与2017年同期相比，收入质量有了明显改善，税收收入占到主导地位，税收与非税占比为7 ∶ 3。

【合理有效安排支出】 截至年底，总计支出为149002.03万元，比2017年同期支出120184万元，增加31944万元，增长26.58%。其中一般公共服务支出为31504.04万元，国防支出为173.73万元，公共安全支出为11364.95万元，教育支出为31419.22万元，科学技术支出为16.73万元，文化体育与传媒支出为896.16万元，社会保障和就业支出为11972.71万元，医疗卫生支出为13810.98万元，节能环保1906.16万元，城乡社区事务支出为3227.05万元，农林水事务支出31635.53万元，交通运输支出3807.72万元，资源勘探电力信息等事务支出为1910.49万元，商业服务业等事务支出为382.17万元，国土资源气象等事务支出为566.48万元，住房保障支出4076.96万元，粮油物资储备支出330.95万元。政府性基金支出为3966.72万元（含2017年结转支出2904.5万元）。

财政局除优先保证人员工资和行政事业机构的正常运转外，重点支持全县各项中心工作有效开展，按照“创新、协调、绿色、开放、共享”的发展理念，支持全县经济社会协调可持续发展和各项民生政策全面落实。加大对农牧业、精准扶贫、教育和医疗卫生等事业的发展投入力度，从而为促进城乡协调发展，加快社会主义新农村建设，巩固教育事业的发展成果和改善就医条件起到良好的促进作用。

截至年底，教育支出为31419.22万元，为年初预算35.56%；主要用于完善教育基础设施建设和提升教育教学质量，不断提升在校学生的教育教学环境；社会保障和就业支出为11972.71万元，为年初预算增长73.96%，主要用于提升农牧民群众就业水平和强化全县基本社会保障体系；医疗卫生支出为13810.98万元，为年初预算增长68.77%，主要用于提升医疗就医就诊条件，为农牧民基本医疗提供坚实保障；农林水事务支出31635.53万元，为年初预算增长203.24%（其中含精准扶贫支出14890.42万元，为年初预算的38.68%。），用于夯实巩固精准扶贫成果，加快产业扶贫项目落实及改善农牧业生产生活条件，不断为广大人民群众增收致富提供便利条件；公、检、法及维稳支出11364.95万元，为年初预算的44.57%。用于保障全县基本公共安全，切实提升建设平安墨竹、和谐墨竹的基础保障。

【财政支付中心】 年内，成立县、乡、村统管的财政支付中心，实现资金财政代理核算，代理审核，乡级按照预算具体执行，以此全面实现县、乡、村国库集中支付全覆盖。

【乡级财政建设】 年内，墨竹工卡县财政局进一步完善《墨竹工卡县乡（镇）财务管理制度》《墨竹工卡县村级财务管理制度》的同时，根据十九大报告中习近平总书记对财政提出的新要求，结合墨竹工卡县财政工作实际，从信息化建设入手，2018年10月着手推进财政信息管理，以购买第三方服务的方式，逐步推动建设适合墨竹工卡县实际的财政信息化管理系统，最终实现上级财政系统与本县购置系统间的有效衔接，人员各项资金（工资、公积金、惠民资金、财政各项政策制度）在查询终端随时查询，不断保障本县财政各项资金做到公开、安全、有效。

【业务培训】 年内，积极培育新时代财务人员，根据上级财政要求，墨竹工卡县财政局选派县乡财务工作人员到内地及区市参加业务培训。截至年底，参加培训共计9人/次，并根据2018年工作目标任务业务培训计划，积极组织财政骨干人员对县、乡镇及卫生院财务工作进行业务指导培训，共计40余人参加培训。

【公务车辆规范化】 年内，为进一步加强行政事业单位公务车辆规范化、制度化管理，推动节能减排，降低行政成本，促进党风廉政建设，切实做好墨竹工卡县车辆管理，根据县委、县政府工作部署，墨竹工卡县财政局组织专人对县行政单位61家、事业单位14家公务车辆情况进行全面清理核查，并报上级业务部门审核通过，墨竹工卡县公务用车编制数为152辆，实有数为143辆，缺编9辆专用车辆共计26辆（主要为民政局福利院用车、菜篮子工程车、洒水车、卫生院下村接种疫苗、学校三包车、校车等），报废车辆共计28辆，其中不在编车辆8辆（警牌车及特殊车辆），在编16辆。医疗专用用车4辆（救护车），截至年底，已为扎雪乡人民政府、县政府办、县审计局、县委巡察办、县交通局购置公务用车，并已办理车辆控办手续。

【落实惠民资金"一卡通"】 年内，为全县逐步实施惠民政策"一卡通"工作，县财政局结合全县实际，对实施惠民政策"一卡通"工作进行前期的调研基础上，及时与县农行、藏行衔接建立有效的惠民资金

2018年3月1日，墨竹工卡县财政局局长达瓦罗布主持召开工作安排部署会

落实平台，并要求县各部门根据自身实际，逐步落实“一卡通”工作，切实实施资金的封闭式管理，杜绝资金的挤占、挪用、截留及防止出现大额现金提取和发放等安全隐患，保障各项资金安全有效运行。截至年底，各相关部门已办理“一卡通”银行卡号33977张，共涉及30余项惠民资金。

【脱贫攻坚资金执行力】 年内，为夯实全县脱贫攻坚成果，让发展成果和扶贫领域惠民政策惠及农牧民群众，不断提升财政精准扶贫资金执行力度，切实用好、用实上级财政资金，全面建立涉农资金统筹整合长效机制，有效延伸相关扶贫惠民政策，让农牧民群众深切感受到党和政府的关怀，享受更加和谐的安居乐业环境，享有更高的获得感和幸福指数，县财政局结合本县脱贫巩固工作实际，与县脱贫攻坚指挥部进一步增强沟通衔接力度，做到有效、合理分配精准扶贫资金，全力保障脱贫攻坚各项资金的同时，积极研判全县精准扶贫形势，强化精准扶贫资金统筹整合力度，科学合理制定《墨竹工卡县统筹整合涉农资金推进精准扶贫实施方案》，并通过拉萨市和自治区脱贫攻坚指挥部评审。2018年本级年初预算安排精准扶贫各项资金6306万元的基础上，及时落实上级扶贫资金，不断推动扶贫各项工作有序推进，共计整合中央、区、市、县扶贫资金进行有效共计资金6028万元。

【财政资金监管】 年内，保障墨竹工卡县资金合理、合规使用，财政联合县发改委对2013年至2018年江苏省援藏资金和援藏项目使用落实情况进行全面自查；根据上级财政要求，邀请第三方对2015年以来各部门的基建项目开展财政投资评审工作，2018年9月，邀请第三方会计师事务所对7乡1镇40个行政村2016年至2018年7月财政各项资金及民宗统战各项资金执行情况进行全面监督审查。

2018年5月28日，墨竹工卡县财政局组织各部门召开“一卡通”工作推进会

【统计固定资产】 年内，根据目标任务，墨竹工卡县财政局已全面完成统计固定资产及固定资产系统录入上报工作；规范国有资产管理，建立房屋外租制度，盘活老城区国税局、农发办、南京宾馆等资源（已完成外租工作），已开展老城区武装部对外招租工作（现已有5家招租方）；县国资委严格按照成立公司资料审核工作的基础上，进行审批工作，对国有公司进行规范管理。截至年底，墨竹工卡县已成立13家公司。

【规范政府采购】 年内，进一步规范全县开展政府采购行为，明确政府采购范围和流程，根据拉萨市政府采购有关文件精神，结合墨竹工卡县实际，财政调整充实《墨竹工卡县政府采购管理办法（暂行）》《墨竹工卡县政府采购工作领导小组》，并通过县政府县长办公会议。截至年底，全县开展政府性采购55次，总计支出资金4084.08万元，实现资金节约232.63万元。为贯彻落实区、市政府购买服务工作要求，加快推进县政府购买服务工作开展，逐步探索出一条适合本县的政府购买服务模式，根据县委、县政府工作部署，在不断调整和完善政府集中采购管理的基础上，制定《墨竹工卡县推进政府购买服务工作方案》《政府购买服务协议》《墨竹工卡县政府向社会力量购买安全生产技术服务实施细则》,形成政府主导,财政具体实施,各部门协同配合和监察、人大及社会监督的机制,并从购买政府集中采购第三方服务工作入手,增强社会组织平等参与承接政府购买公共服务的能力,有序引导社会力量参与服务供给,形成改善公共服务的合力。

截至年底,以邀请政府采购代理社会中介机构以公开招标及询价等方式购买社会服务项目 6 个,年初预算资金为 533.61 万元,实际支出总计 516.03 万元。包括公安局看守所视频监控及安全系统购置安装和后续服务 149.6 万元;县人民医院全院视频监控系统建设服务 194.45 万元;县安监局云视频、尾矿库监测平台及相关办公设备建设服务 14.38 万元和聘请安全生产相关专家团队进行全县各工矿企业及道路等安全隐患排查及自查整改服务 72.6 万元;县环保局 2018 年环境保护专家团队服务进行全县各工矿企业国家环保督查整改落实服务及环境整治监测等相关服务 63 万元;县气象局人工影响天气指挥系统建设及后续服务 22 万元。

【财务规范化】 年内,在提高资金的使用效率方面,为节约开支,切实把各项资金用在刀刃上,墨竹工卡县财政局严格按照财务管理各项法规、制度,有效的遏制各部门利用公款进行宴请、送礼、公车私用等行为,推动墨竹工卡县各项财政工作走向规范化、制度化起到良好的促进作用。截至年底,"三公"经费支出合计 873.33 万元比 2017 年同期相比增加 17%,主要因本年车辆报废购置新车及精准扶贫国家验收时,各村委会产生的接待费用(其中公务接待支出 33.13 万元比同期相比增长 23%;公务用车运行经费 727.5 万元比同期相比增长 1%;公务用车购置 112.7 万元比同期相比增长 100%)。

(洛桑次仁)

【领导名录】

局　长

达瓦罗布(藏族)

副局长

洛桑次仁(藏族)

陈　芳(女)

墨竹工卡县审计局

【概况】 根据《墨竹工卡县审计局主要职责机构设置及人员编制规定》,墨竹工卡县审计局于 2017 年 7 月成立。核定行政编制 1 名,其中科级领导职数 1 名,事业编制 1 名。2018 年,现有人数 3 人,正科级局长 1 人,科员 2 人。墨竹工卡县审计局坚持以党的十九大精神为指导,全面学习贯彻习近平新时代中国特色社会主义思想,牢固树立"四个意识",坚定"四个自信",廉洁自律,知难而进,突出重点,切实履行审计职责,圆满完成年度各项工作任务。

【审计监督】 年内,始终把坚持党的领导作为推进审计工作的根本原则,坚决贯彻落实党的路线方针政策,坚决服从县委、县政府统筹安排,确定审计工作思路和工作重点,统筹监督、审计等各项工作落实,严格执行审计工作重大事项向主管领导请示汇报制度,严格贯彻执行《中华人民共和国审计法》等法律法规,依法审计、文明审计、严格审计,确保审计工作履职监督的全过程。

2018年4月9日,拉萨市审计局局长彭多(右二)一行到墨竹工卡县检查指导审计工作

2018年5月10日，墨竹工卡县审计局局长尼玛曲珍组织党风廉政教育学习

年内，积极配合扶贫领域专项资金检查小组对全县范围内的扶贫资金使用情况进行检查；协助市审计局完成县林业局、县农牧局2017年度森林生态补偿资金及草场承包奖励资金拨入和兑现监督工作；完成对尼玛江热乡和扎西岗乡2017年度财务收支执行情况审计工作；2018年配合相关部门对县统计局、县农牧局、县住建局、县净土公司、县扶贫办领导干部离任财务交接工作进行监督；委托第三方会计事务所对全县25个扶贫项目和1个农发项目资金管理使用情况进行审计；委托第三方会计事务所对各乡（镇）卫生院近三年财务收支执行情况进行审计。通过各项审计工作，发现共性问题20条，个性问题4条，针对问题提出审计建议7条，并列出整改清单，要求限期整改，规范单位财务管理，促进乡镇卫生院更好合理使用资金，确保扶贫项目规范运行、项目资金合理使用、提高项目投资效益。

【理论学习】 年内，认真组织开展“两学一做”、党的十九大精神学习教育、“七五”普法宣传活动等36次。结合审计业务实际，制定全年学习计划和工作方案，重点学习党的十九大精神、中国共产党章程、宪法修正案、深入学习领会习近平总书记系列重要讲话精神，以坚定中国特色社会主义道路自信、理论自信、制度自信和文化自信，充分发挥党员的先锋模范作用，促进学习教育工作与推动审计工作“两不误、两促进”。

【执行政治纪律】 年内，认真贯彻执行党风廉政建设工作制度，严格按照党风廉政建设主体责任的要求去开展各项活动，组织集体学习和民主生活会15次，及时传达有关会议精神；遵守党纪国法和廉政自律有关规定，落实中央“八项规定”精神、纠正“四风”而制定出台的各项规章制度；加强对干部的教育、管理和监督，召开2次廉政党课、召开1次廉政总结会。严格遵守党风廉政建设的各项要求，自觉抵制各种不正之风，未发生违纪违法行为。

【精准脱贫攻坚】 年内，按照县委统一部署，增进党群干群感情，由局长带队对门巴乡和甲玛乡建档立卡4户开展帮扶工作，组织局党员干部入户调研及慰问工作5次，开展党的十九大精神和惠民政策宣讲4次，深入了解结对群众的生活状况和实际困难方面，切实把党和政府的温暖送到群众身边，积极寻找增加收入的新门路，早日实现脱贫致富，为精准脱贫攻坚工作打下坚实基础。

【审计队伍建设】 年内，组织审计人员参加自治区审计厅审计职业培训1次、自治区财政厅财务培训1次、到市审计局财金科以审代训1次、市审计局业务培训5次，促使审计人员专业化、职业化水平不断提高；加强对干部职工的日常教育监管，切实把纪律和规矩挺在前面，教育全局干部干干净净做人，明明白白做事；严守工作纪律，严格考勤管理，如因特殊原因请假的应履行好请假手续，力求工作规范、优质、高效。

（向　勇）

【领导名录】

局　长

尼玛曲珍（女，藏族）

墨竹工卡县国土资源规划局

【概况】 2018年，墨竹工卡县集体土地所有权确权登记发证工作，共完成341宗，137.36平方公里的地籍测量、权属调查、资料收集、图件绘制、数据处理和建档存档等工作。工作覆盖全县7乡1镇、40个行政村。先后顺利通过市、区级考核验收。

【党风廉政建设】 年内，为加强党员干部理论学习，提高政治思想素质和理论水平，墨竹工卡县国土资源规划局

党支部“三会一课”学习26余次，其中学习内容包括：党的十九大报告、习近平新时代中国特色社会主义思想、“两学一做”教育等，集中学习和业余自学相结合方式发言讨论24余次，开展谈心谈话20人次，撰写心得体会及自查报告21人次，征求意见建议50人次。同时，为持续贯彻落实中央“八项规定”，加强党风廉政教育，组织学习纪委通报案25次，进一步加强党员队伍在思想、组织作风、纪律等方面存在的问题。

【建设用地申报】 5月，申报完成第一批次城市建设用地和第一、二批次村镇建设用地的农用地转用和土地征收报批材料，申报土地面积分别为167.34亩和991.43亩、498.67亩。年内，已通过自治区国土资源厅批准，有力保障了墨竹工卡县重点扶贫领域和民生项目的用地。

【成功挂牌出让5宗用地】 年内，按照《国有建设用地使用权出让规定》等相关法律法规的规定，经报县人民政府批准，成功挂牌出让1宗居住用地、2宗工业用地和2宗商服用地。出让面积共计188.02亩，总出让金4142.42万元。

2018年10月11日西藏自治区国土资源厅党组成员、副厅长布琼（右排右四）一行到墨竹工卡县开展集体土地所有权确权登记发证自治区级检查验收工作

对符合相关规定的用地项目，做到不推不拖、尽快审批、及时供应土地。

【严厉打击违法行为】 年内，依法对全县境内土地、矿产违法行为进行了执法。涉及矿产违法案件2起、土地违法4起，下发行政处罚决定书6起，行政处罚128.8万元，进一步规范了违法违规行为。

【土地矿产卫片执法检查】 年内，完成2017年度的土地卫片违法图斑37宗，涉及面积709.1亩（占耕地26.54亩），其中已整改3个图斑，占地面积479.4亩，完成整改率67.6%，正在整改34个图斑，面积229.7亩；矿山违法图斑2宗，正在整改中。实现了零问责、零约谈。

【地质灾害防治】 年内，成立地质灾害检查排查队伍，联合乡镇、矿山企业群防群测人员，建立完善地质灾害群防群测体系，分类实施，落实责任，结合往年地质灾害隐患区域逐步开展实地检查并落实防灾措施。年内，隐患排查次数12次，共排查出11处地质灾害隐患点，建立相关台账，提出了具体整改意见。

【不动产确权登记发证】 截至年底，共完成9595宗农村宅基地、集体建设用地以及国有建设用地的不动产地籍测量、权属调查、资料收集、图件绘制、数据处理和建档存档等工作，工作覆盖全县7乡1镇、40个行政村，已发农村宅

2018年11月22日，墨竹工卡县委常委、副县长张家松参加国土局重点工作安排部署

基地不动产权证7503本，发证率达到91%（原因是对涉及一户多宅、非法买卖不符合颁证条件的现象未颁发），同时发放农村宅基地宣传手册7500余本。

【环境突出问题整改】 年内，县国土局按照县委、县政府工作安排，认真落实矿山环境问题整改督导工作，制定月检查工作方案，及时跟进国土局承办的中央环保督察转办案件及环境突出问题的整改工作进展，按照中央环保督察组转办环境举报案件内容，继续开展环境保护大检查督查整改工作，加大辖区内环境违法行为查处力度，做到发现一起、整改一起、查处一起；完善矿山生态保护监管联合执法制度，加强相关职能部门的协调配合、联动执法能力，合力打击辖区内环境违法行为，进一步巩固中央环保督察转办案件和12个环境突出问题办理成果，防治环境问题反弹。

【精准扶贫】 年内，严格按照扶贫攻坚工作安排，充分发挥工作职能，规划用地指标优先保障重点扶贫领域项目用地，做到提前介入，主动服务，在项目前置手续办理阶段提供高效的规划指导服务，应保尽保用地计划指标；局党员干部坚持不间断深入到结对户，了解详情，及时解决力所能及的困难，累计帮助物资折合人民币约7000余元。

【城乡建设用地增减挂钩】 年内，充分把握自然资源部关于城乡建设用地增减挂钩政策升级的相关政策，将增减挂钩节余指标进行流转使用，为切实推动墨竹工卡县增减挂钩工作开展，由分管县级领导牵头，县国土局具体负责，各乡镇长参与，深入开展摸底调研工作。结合全县土地利用总体规划、土地整治规划以及2017年度土地利用变更调查数据，积极开展各乡镇增减挂钩项目调查申报工作，聘请第三方服务逐一对地块进行确定并进行现场实地踏勘。年内，墨竹工卡县初步确定整理出符合文件要求的增减挂钩拆旧地块共624.8亩已上报。

【法律法规宣传】 年内，为提高农牧民群众的法律意识，从根源上制止违法违规的用地行为，利用6月25日“全国土地日”“综治宣传日”、安全生产活动和“环境保护日”等宣传活动，在318国道沿线宣讲和发放国土相关法律法规知识宣传册共200余份，相关业务咨询10余次。

【妇女儿童发展规划】 年内，墨竹工卡县国土局高度重视妇女儿童工作，把促进妇女儿童事业发展摆上重要位置，将其纳入单位的目标管理，建立健全妇女儿童工作领导组，并配备兼职人员具体抓日常事务，做到妇女儿童工作有分管领导、有兼职干部。领导组每年至少听取妇女儿童工作情况汇报1次，及时协调解决妇女儿童工作中的实际问题和困难。

（次旺多杰）

【领导名录】

局　长

尼玛央金（女，藏族）

副局长

张　浩

墨竹工县统计局

【概况】 墨竹工县统计局自调整

为县政府工作部门(正科级)并加挂社会经济调查队牌子以来,深入贯彻落实习近平新时代中国特色社会主义思想,围绕深化统计体制改革,以依法治统、以法执统为手段,着力提高统计数据及时性、准确性、完整性、真实性,各项工作有序推进。2018 年,核定编制 6 人,行政编制 3 人、事业编制 3 人。实有干部职工 7 人,正科级 1 人,副科级 2 人(事业编制副科级 1 人),科员 2 人,事业单位员级 2 人。

【基本职能】 承担组织领导和协调各乡镇统计工作,确保统计数据真实、准确、及时的责任。制定部门规章制度,指导各乡镇统计工作;组织实施全县人口、经济、农业等民情和经济实力普查,汇总、整理和提供相关统计数据;组织实施农林牧渔业、工业、建筑业、批发和零售业、住宿和餐饮业、房地产业、租赁和商务服务业、居民服务和其他服务业、文化体育和娱乐业以及装卸搬运和其他运输服务业、仓储业、计算机服务业、软件业、科技交流和推广服务业、社会福利业等统计调查,收集、汇总、整理和提供有关调查的统计数据,综合整理和提供地质勘查、旅游、交通运输、邮政、教育、卫生、社会保障、公用事业等全县基本统计数据;组织实施能源、投资、消费、价格、收入、科技、人口、劳动力、社会发展基本情况、环境基本状况等统计调查,收集、汇总、整理和提供有关调查的统计数据;依法制定全县统计调查计划;定期向县委、县政府以及各部门提供全县统计信息;指导各乡镇统计分管领导和专干,加强业务知识积累,分享工作经验。

【基层统计规范化建设】 年内,进一步完善统计制度建设,帮助乡镇统计站建立健全《岗位责任制》《报表报送审核制度》《档案管理制度》《数据质量评估制度》《统计分析报告制度》等各项统计制度。投入 4.7 万元,为 7 乡 1 镇统计工作站配备电脑、打印机。

【统计业务培训】 年内,积极与南京市统计局沟通衔接,组织县乡统计员 4 人参加南京市统计局开展的统计业务培训工作,争取对口省市援助业务经费 10 万元;组织各乡镇开展统计月报、季报培训,培训人数达 100 余人;以会代训,在 11 月开展乡镇农牧业年报培训及布置工作,同时让各乡镇分管统计副乡长及统计员学习《防范和惩治统计造假、弄虚作假督察工作规定》等文件精神,并按照上级通知要求以“两办”名义下发学习通知,纳入到理论中心组学习中。

【依法依规监测指标】 年内,墨竹工卡县地区生产总值实现 34.53 亿元,同比增长 9.8%;规模以上工业增加值比增长 4.6%;全社会固定资产同比增长 17.7%;社会消费品零售总额实现 4.2 亿元,同比增长 13.5%;公共财政预算收入完成 4.11 亿元,同比增长 8.18%;农牧民人均可支配收入实现 14300 元,同比增长 10.58%。全县农作物总播种面积达 11.12 万亩,其中粮食 6.16 万亩,粮食总产量 2.47 万吨;牲畜存栏 14.55 万头(只、匹),出栏率达 38.85%;肉类总产量达到 6140.75 吨、奶产量达到 13073.76 吨、禽蛋达 49.04 吨。全年农林牧渔业总产值实现 5.97 亿元、同比增长 12.5%。

2018年10月16日,墨竹工卡县委副书记、常务副县长郭昌标主持召开阶段工作总结会

2018年11月30日，墨竹工卡县第四次全国经济普查动员会暨“两员”培训班开班仪式

【统计服务】 年内，按时间节点完成2017年统计年鉴编制，共计发放500余本。依托综治宣传日、主题党日等活动平台，大力宣传统计法规，发放统计法律法规知识500余册。强化统计分析，编发《2018年墨竹工卡县统计月报》10期、《墨竹经济信息》8篇、《民间投资分析》10篇，提供统计信息40余条，其中被微墨竹采用4条，走访各乡镇进行统计工作调研，形成调研报告1篇。

【落实报表制度】 年内，墨竹工县统计局继续在落实报表制度上发力，报表质量及上报率达到新目标。按时完成规上工业、限上批零、5000万以上固投等各专业联网直报企业一套表2017年年报和2018年定报催报工作；精确完成规下服务业、限下批零、规下工业等专业抽样统计工作。在数据上报方面，加大审核验收力度，进一步提高统计数据的精准性、有效性，全面清晰的反映了全县经济社会的发展状况。

【第四次全国经济普查】 年内，全面启动第四次全国经济普查工作，争取到市级普查经费2万元，标绘全县8个乡镇、40个行政村的普查小区绘制及建筑物示意图，选调培训普查员级指导员90名。截至年底，完成第四次全国经济普查清查阶段入户清查、数据录入及审核工作，清查法人单位529家（含产业活动单位）、个体工商户1260户。529家单位中，企业189家、农民专业合作社121家、机关单位71家、事业单位64家、社会团体6家、村委会40家、民办非企业38家。

【统计调查】 年内，按照上级要求，做好全国1%人口抽样培训及调查工作，在唐加乡和扎西岗乡设立调查点，共计摸底调查143户735人（户籍人数），其中常住人口629人。同时做好2018年群众安全感抽样调查，共在日多念村、门巴达珠村、工卡格桑村、唐加东布岗村各10户共计40户进行入户调查，满意率达100%。

（边巴卓嘎）

【领导名录】

局　长

次　卓　嘎（女，藏族）

副局长

次仁白玛（女，藏族）

社会经济调查队队长

唐　永　才

墨竹工卡县工业和信息化局

【概况】 原墨竹工卡县乡镇企业管理局，2010年机构改革更名为墨竹工卡县工业和信息化局，挂墨竹工卡县工业和信息化局、墨竹工卡县矿产企业发展局、墨竹工卡县商务局牌子，承接墨竹工卡县质监职能，组织协调墨竹工卡县“两创示范”工作。核定编制5人，领导职数1正2副，2018年实有8人，其中干部6人、工人2人。

【工业经济各项指标】 年内，实现工业总产值40.96亿元，同比增长30.88%；实现工业增加值22.94亿元，同比增长29.97%；实现工业销售产值31.3亿元，同比增长45.66%；完成工业税收5.49亿元，同比增长24.81%；完成工业投入12.31亿元，同比增长76.7%；采原矿1427.49万吨，加工原矿1254.15万吨，生产精粉321330.28

2018年8月27日，县委书记劳明伟主持召开墨竹工卡县“两创示范”建设暨高校毕业生就业创业工作部署会

金吨，销售精粉321117.2金吨。

5家规上工业企业实现总产值372426.64万元，同比增长29.6%；实现增加值208558.91万元，同比增长29.22%；实现销售产值278464.18万元，同比增长87.2%；完成税收49632.86万元，同比增长56.04%；完成投入297480.17万元，同比增长28.9%。

【招商引资】 年内，成立墨竹工卡县招商引资工作领导小组，墨竹工卡县招商引资服务中心挂牌运营，专人专班从事招商引资工作，每月末召开招商引资工作专题会议，研究部署本月招商引资工作开展情况及下月安排。2018年市级下达招商引资目标任务37亿元，同比增长10%。项目总数17个，其中新建4个、续建10个、正在对接洽谈3个，项目总投资39.95亿元。通过区、市招商引资项目库，对外推介墨竹工卡县项目，以走出去的方式，积极参加区、市政府及招商部门组织的项目推介会，做好项目包装，用好援藏平台。2018年招商引资累计到位资金28.19亿元，其中固定资产投资194202.76万元、技改资金2406.69万元、环保资金5152.94万元、安全生产资金878.97万元、研发资金20万元、无形资产100万元、扶贫资金114万元、其他资金78998.2万元，完成目标任务的76.19%，同比增长18%。

【商贸流通业健康发展】 年内，严厉打击囤积居奇、哄抬物价、倒买倒卖等严重扰乱市场经营秩序的行为。对商贸流通项目进行调查摸底，跟踪商贸流通项目落实，对商贸流通项目实行动态监测管理，努力为企业协调解决困难，促进商贸流通业的高质量发展。定期对生活必需品价格和销售情况进行监测，及时对节假日市场供应情况进行监测，及时了解市场供求情况，如：烟花爆竹、糖果等年货的需求。围绕关系人民群众身体健康和生命安全切身利益的突出问题，开展好商务领域安全生产监督检查和改善消费环节工作，先后出动32余人次，对县农贸市场检查7次，开展相关整治活动3次，确保各项工作有序开展，让群众吃上放心肉、放心菜。2018年配送碘盐288.354吨，覆盖率达到100%。

【油气回收治理】 年内，为切实抓好中央环保督察组反馈问题整改任务责任清单落实工作，及时成立领导小组，按照属地管理原则，与各乡（镇）签订油气回收整改工作目标责任书。2018年共开展检查11次，其中联合市商务局检查2次、联合县整改办检查3次、单独组织检查6次，在期限内完成整改工作。

【电子商务进农村】 年内，农村电子商务示范工作中，进一步科学制定规划，完善平台建设和工作清单，细化目标，明确责任，调整充实领导小组和成员单位，制定符合墨竹工卡县实际的可操作的农村电子商务工作实施方案。以创新的服务方式，开展农村电子商务工作的公司有1家，即墨竹工卡风马宝物流惠民服务有限公司，因墨竹工卡县农村电商工作起步较晚、基础较差，推进缓慢（拉萨市2017年、2018年农村电商示范县，墨竹工卡县未列入其中）。

【升规达限工作】 年内，围绕县本级新增达规1户工业企业的目标任务,西藏中金新联爆破工程有限公司、中国葛洲坝集团易普力股份有限公司墨竹工卡分公司2家工业企业纳入2018年度升规达限培育目标。主动对接市、县统计局,对县本级拟升规达限成长性企业进行实地调研,深入了解企业生产经营、销售流通情况,对发展稳定、市场前景较好、符合申报条件的企业强化政策宣传、全力帮扶引导,强化业务培训,认真做好企业材料申报准备及申报对接工作。截至年底,西藏中金新联爆破工程有限公司已纳入规模以上工业企业统计,墨竹工卡县规上工业企业达到6家。

【"互联网+"全面实施】 年内,以客户业务感知为主线做优做强4G网络,建设基站64个,乡村无线信号覆盖达到98%以上。以拉萨市普遍服务项目为驱动点,优化乡通光纤物理网、县域扩容IP城域网,建设乡镇及行政村IPRAM接入环网为光宽带及4G业务提供网络基础保障,实现全县40个行政村宽带资源100%覆盖,建设完成FTTH端口近7000个,铺设光缆达到1358公里,宽带接入用户达到近7000户,自然村的光宽资源覆盖率达到46%,"互联网+"发展基础不断得到夯实;积极协调相关部门重点开展"互联网+政务"工作。

【"互联网+政务服务"】 年内,深化简政放权、放管结合、优化服务改革,在打造更加公正、透明的营商环境和更加高效、便捷的三级政务服务体系,推动审批更简、监管更强、服务更优。严格按照国务院、自治区"互联网+政务服务"各项决策部署,围绕智慧城市建设和"放管服"改革大局,以加强部门间信息互通互联,打破"信息孤岛",全面优化服务流程,简化办事环节为重点,认真研究构建一体化"互联网+政务服务"平台,开展摸底调研,本着工作积极主动,基础条件好的先行先试原则,加快信息化向各乡镇延伸。加快线上线下融合进度。注重做好线下实功,整合各部门、各行业、各乡镇线下服务实体资源,推行"一窗受理,受审分离",为墨竹工卡县尽快实现线上线下融合发展奠定坚实基础。

2018年10月9日,县委副书记、县长旦增尼玛考察墨竹工卡县企业参加2018年大众创业万众创新活动周情况

【重点工业项目】 年内,紧扣国家产业政策和投资导向,坚持以项目建设为重点,以技术创新为主线,以优化服务为己任,按照"狠抓续建项目、着力新开工项目"的总要求,找准增点,主攻难点,慎重确定重点项目,全力以赴加快项目进度,千方百计协调解决项目落实难、落地难、推进难问题,力促拟建项目早启动、在建项目早竣工、已建项目早达产,不断培强工业经济发展后劲。2018年,墨竹工卡县工业和信息化局负责组织跟进实施的西藏华泰龙矿业开发有限公司甲玛二期工程、西藏巨龙铜业有限公司驱龙铜多金属矿项目进展顺利,完成投入27.10亿元。甲玛二期项目2018年底有望达产,形成新的生产动能和经济增长点。

【行业安全监管】 年内,建立健全"党政同责、一岗双责"安全监管长效机制,完善应急保障,逐级签订责任书,确保监管措施落到实处。及时督促非煤矿山从业人员按时参加区、市安全生产培训。适时开展以矿山、民爆物品、电力、消防、食品、节后复产等行业和领域为重点的安全生产专项检查，着力加强安全隐患排查和整治，提升危机意识，增加防范和应急处置能力。2018年组织安全生产专项检查12次，复工验收4次。

【节能减排】 年内，按照自治区、拉萨市要求及《墨竹工卡县十三五能源发展规划》，抓好重点规模以上企业的节能降耗工作。

【工业和信息化融合工作】 年内，墨竹工卡县工业和信息化局把两化融合工作作为“保增长、促发展、调结构”的重要抓手，利用信息技术改造和提升传统优势产业。通过组织和协调，墨竹工卡县大部分规模以上企业都根据自身需求与电信或移动公司签订合同，取得双赢局面，信息化技术在企业得以大面积推广，企业运行效率进一步提升，大力促进了工业和信息化的融合；按照要求完成对全县40个农村综合信息服务站点的日常管理工作。

【特种设备安全监管】 年内，严格落实特种设备安全管理制度和操作规程，建立健全特种设备安全技术档案、台账，特种设备作业人员持证上岗率100%。对在用特种设备经常性维护保养，定期检查并做好记录，按时向特种设备检验检测机构申请检验。充分利用“安全月”“质量月”活动，通过制作宣传展板，悬挂横幅，发放宣传材料等形式宣传特种设备安全工作。

2018年11月27日，墨竹工卡县工信局局长达多到西藏中金新联爆破工程有限公司检查指导工作

【“两创示范”】 年内，切实加大“两创示范”工作整体推进力度，以创业创新和高校毕业生创业就业工作为重点，大力开展“两创示范”宣传工作。举办2018年墨竹工卡县“春风行动”暨“高校毕业生”专场招聘会，42家用工单位参加，提供就业岗位519个。2018年安排260万元用于“两创示范”工作、安排60万元用于农业特色产业扶持、安排400万元用于净土产业发展。完成墨竹工卡县众创空间、墨竹直孔印象园创业基地、墨竹宗穆厦民族手工艺创业基地建设工作。

【县委巡察整改】 年内，针对县委巡察组反馈及自查发现的问题，进一步细化工作措施，明确责任人和整改时限，做到措施可行、责任明晰、成效显著。认真梳理整改工作存在的问题，制定整改工作台账，做到问题一个不漏，整改完成时间精确到天，对照标准逐个整改，完成一个、销号一个，确保“件件有整改、条条有落实”。

【“两学一做”专题教育】 年内，深入学习习近平新时代中国特色社会主义思想，牢固树立“四个意识”，坚定“四个自信”，自觉维护以习近平同志为核心的党中央权威和集中统一领导。深入学习中央、区、市、县党委关于学习贯彻党的十九大精神的决策部署和“两学一做”的具体要求，深刻领会精神实质，准确把握各级决策部署，以强烈的政治担当，坚决抓好党的十九大精神和“两学一做”的学习贯彻。深入开展脱贫攻坚工作，分阶段前往村委会听民情、解民忧，帮助9户“建档立卡”贫困户解决一批实际困难和问题。

【党风廉政建设】 年内，以学习党章党规和习近平总书记系列重要讲话精神为着力点，以习近平新时代中国特色社会主义思想为指导，以基层党组织标准化建设为主线，夯实班子成员“一岗双责”，明确问题导向，进一步转变工作作风，紧紧围绕改革发展稳定大局，建章立制，构建责任明确、领导有力、运转有序、保障到位的工作机制。坚定“对党忠诚、个人干净、敢于担当”的理想信念，营造风清气正、团结拼搏、开拓创新、迎难而上的良好工作氛围，为各项工作顺利开展夯实基础。

（毛德政）

【领导名录】

局　长

达　多（藏族）

副局长

张建福（3月任）

春　芳（女，藏族，3月任）

墨竹工卡县安全生产监督管理局

【概况】 2018年，墨竹工卡县安全生产工作全面贯彻落实国务院、区、市安全生产工作精神及各级领导关于安全生产工作的重要指示批示精神，认真落实安全生产“党政同责、一岗双责、齐抓共管”的要求，强化组织领导，落实责任，突出重点，狠抓监管，营造气氛，依法行政。2018年全县共发生各类安全生产事故4起、死亡4人，其中，道路交通事故3起，死亡3人；工矿商贸事故1起，死亡1人；与2017年同期相比，事故起数下降50%，死亡人数下降60%；未发生较大及以上事故，实现安全生产“双下降”目标。

【领导重视强化落实】 年内，县委常委会2次专题听取全县安全生产工作情况汇报；县政府常务会议2次专题研究全县安全生产重点工作；县安委会先后7次召开专题会议，分析研判形势，研究部署安全生产重点工作，并加强督导检查；及时调整充实由县政府主要领导任主任的县安全生产委员会，每年与8个乡镇、30多个部门、企业签订安全生产目标责任书，从工作分工、工作部署、工作检查、工作总结等各环节入手，层层落实安全生产责任，做到有职有责、失职追责；先后制定印发《墨竹工卡县2018年安全生产大检查工作方案》《墨竹工卡县拉网式安全生产大检查、大排查、大整治实施方案》和《墨竹工卡县2018年全国“两会”及“三月”重要期间公共安全领域专项检查工作方案》《墨竹工卡县汛期安全隐患大排查工作方案》等一系列工作方案，明确以非煤矿山、危化品、消防安全、道路交通、建筑施工为重点的监管检查目标任务，严格落实安全生产监管主体责任。

【非煤矿山领域安全监管】 年内，县安委会及时研究制定下发《墨竹工卡县2018年非煤矿山复产验收工作实施方案》，明确验收程序及验收内容，重点检查6家非煤矿山企业的安全隐患自查自纠、企业安全生产主体责任落实、安全操作规程执行和从业人员安全教育、特种作业人员持证上岗情况。2018年共检查督查70次，查出各类安全隐患280处，已完成整改273处，整改率达94%，下发各类执法文书61份（其中，整改意见19份、责令整改36份，强制措施6份），安全生产违法行为行政处罚9万元，发生1起生产安全事故，行政处罚152.9万元。

【危化领域安全监管】 年内，县安委会严格按照《拉萨市危险化学

2018年3月13日，县委书记劳明伟主持召开非煤矿山企业安全生产工作专题会议

2018年9月5日，墨竹工卡县委副书记索朗多吉，县委常委、副县长汤官中到宁玛矿业公司检查指导工作

品安全综合治理实施方案》的内容要求，组织相关部门对全县各类涉及重大危险源、经营企业的储存、运输、经营、使用以及矿山施工、建筑施工、道路修建施工临时储油点进行摸排和专项检查工作，2018年危化品经营单位（临时储油点）共检查40次，排查安全隐患89处，均已整改完成，停业整顿1家，取缔非法工业制氧厂3家。

【烟花爆竹领域安全监管】 年内，严格按照《烟花爆竹安全管理条例》的有关规定和区、市安监局关于烟花爆竹经营许可实施细则的通知要求，安全生产监督管理局在安全前提下，为进一步活跃节日气氛、拓宽群众增收渠道，结合墨竹工卡县实际，将烟花爆竹零售商的数量控制在4家，对配备消防器材、经营场所及储存库房符合安全经营条件的商户于节前办理《西藏自治区烟花爆竹经营许可证》，并与之签订安全责任书。同时，对4家共8名烟花爆竹零售负责人、销售人员进行1次岗前安全培训教育工作。在烟花爆竹零售期间，墨竹工卡县安全生产监督管理局加大检查、巡查力度，确保烟花爆竹零售、燃放无事故。

【重点时段安全保障】 年内，为强化“三大节日”“雪顿节”“中秋节”“国庆”以及“两会”、三月重要时段的安全生产工作，全面贯彻县委、县政府关于安全生产重要指示精神，县安委办在重要时段及时成立安全生产专项督查组，赴各乡（镇）、各村委会、各企业进行明察暗访，对各领域存在的安全生产问题进行督导，确保重要时段的全县安全生产稳定。2018年，共督导检查55余次。

【安全生产大检查】 年内，按照《墨竹工卡县深入开展拉网式安全生产大检查、大排查、大整治工作方案》的通知要求，各乡镇、县安委会成员单位对全县范围重点领域进行拉网式安全生产大检查工作，发现安全隐患367处，已整改365处，整改率达99.4%，未整改2条需要申报项目进行整改。

【日常监管专业化】 年内，墨竹工卡县政府投入75万元聘请区外安全生产专家，对县所有矿山、危化品领域进行两轮拉网式隐患排查工作，各矿山共排查出136条安全隐患，各危化品领域排查出142条安全隐患，对此，县委、县政府召开隐患整改推进专题会议。会上，各企业承诺按既定时间内彻底整改，截至年底，各矿山已整改101条，整改率达74.2%，各危化企业已整改71条，整改率达50%，对未完成整改的县安监局督促企业并于2018年年初全面整改完成。

【应急管理】 6月，墨竹工卡县安全生产监督管理局组织开展危化品及人员密集场所应急演练活动，同时，结合全国第17个全国安全生产月宣传活动，通过聘请安全生产宣讲指导专家对全县6家非煤矿山企业进行安全生产知识宣讲活动，并观摩指导非煤矿山、危化企业安全生产应急预案演练活动，2018年共应急演练10次，参演人数达300余人，确保突发事件迅速反应、紧急处突、有效处置。

【规范安全生产确认制】 年内，为进一步做好安全隐患排查治理，规范墨竹工卡县辖区内非煤矿山企业安全生产确认登记制度，防范和制止生产事故的发生。县安监局统一制定“非煤矿山企业井下安全确认表”“非煤矿山企业露天安全确认表”，明确井下、露天施工现场在作业期间安全确认的各项内容，进一步完善非煤矿山企业安全监管体系建设。

【安全教育培训】 年内，县政府投入10余万元，组织全县安全生产执法人员，重点企业负责人、安全管理人员等共计60余人在拉萨举办为期4天的安全生产业务知识培训班，培训内容主要为安全生产法律法规、非煤矿山及危化品安全生产操作规程等。同时，制作以公共安全、非煤矿山、危化品以及安全生产行业职责内容为题材的安全生产宣传册、宣传单共计10700余份（个），以开展各类主体活动为载体，免费向全县范围内各企业、农牧民群众、社会公众宣传发放。

【党员政治教育学习】 年内，围绕政治教育主题，从学习党章党规、增强“四个意识”、遵守政治规矩、发挥模范带头作用等方面，开展生动的党员政治教育课，同时号召党员自觉主动学习习近平新时代中国特色社会主义思想和党的十九大精神，学习和遵守党章党规，发挥“六个带头”作用，争做新时代优秀共产党员。年内，墨竹工卡县安全生产监督管理局组织全体党员干部召开党员政治教育培训班10场次，受教育党员干部64人次，参加考试党员数7人，均合格。

（扎西拉宗）

【领导名录】

局　长

拉　巴（藏族）

副局长

扎西罗布（藏族）

旦增贡嘎（藏族，3月任）

墨竹工卡县税务局

【概况】 2018年，墨竹工卡县税务局进一步增强政治意识和全局观念，坚持聚财为国、执法为民的宗旨，以创新求发展，紧紧围绕区、市两级税收工作思路及县委、县政府的阶段工作部署，创造性地做好组织税收收入、推进依法治税、深化国税地税征管体制改革、创新管理机制和提高干部队伍素质等工作，取得了明显成效。2018年共组织收入60422.99万元，较2017年同期增收14022.67万元，同比增长30.22%。完成全年税收任务的100.7%，实现中央级收入23315.12万元，实现县级收入29913.52万元。

【税收征管现状】 年内，增值税完成37171.02万元，较2017年同期增收7394.94万元，同比增长24.84%；企业所得税全年完成4334.36万元，较2017年同期减收1007.5万元，同比减幅18.86%；个人所得税全年完成1800.37万元，较2017年同期增收479.74万元，同比增长36.33%；城镇土地使用税全年完成198.24万元，较2017年同期减收65.88万元，减幅24.94%；资源税全年完成11795.71万元，较2017年同期增收6588.74万元，同比增长126.54%；车辆购置税全年完成235.94万元，较2017年同期增收49.45万元，同比增长26.52%；环保税全年完成37.67万元，较

2018年7月20日，墨竹工卡县税务局举行新机构揭牌仪式

2017 年同期增收 37.67 万元，同比增长 100%。

【组织领导】 年内，实行班局长制度，每周安排一名局领导在大厅开展窗口服务工作。继续坚持该项工作不松手，每周由一名局领导在大厅值班，协助大厅开展各项工作，同时为纳税人排忧解难，有效缓解了征纳矛盾，同时为可能发生的突发事件做好应急准备。打造基层学习型队伍，建立干部长效的学习机制，抓好落实对各项税务文件的学习和日常工作中对文件的学习力度。

2018年5月3日，墨竹工卡县税务局纪检组长吴海燕、副局长缪琳为A级纳税人授牌

【国地税征管体制改革】 年内，建立国税地税征管体制改革工作沟通协调机制，明确办公室工作人员为联络员，及时与各部门做好沟通交流，全面掌握改革推进的工作情况和舆论导向，确保墨竹工卡县税务局国税地税征管体制改革顺利开展。积极向县委、县政府汇报国税地税征管体制改革工作情况，争取得到县委、县政府领导的高度重视，并召开全县国税地税征管体制改革座谈会，县委常委、副县长谢雪梅出席会议并讲话，财政局、县人社局等部门参加会议，确保墨竹工卡县改革工作取得实实在在的成效。墨竹工卡县税务局联合市局督导组，结合工作实际，制定详细的新机构挂牌工作方案，建立安全排查及应急预案。严密组织，注重细节，周密安排，扎实做好了新机构挂牌期间的各项筹备工作，并于 7 月 20 日顺利实现新机构挂牌工作。

【非税收入划转】 年内，为推进国税、地税征管体制改革，确保社保费划转工作有序推进。墨竹工卡县税务局有序开展社保费征收前的准备工作。成立“墨竹工卡县税务局社保费及非税收入划转工作领导小组”，确定领导小组的成员，明确工作职责，杜绝推诿扯皮的现象。积极与县人社局进行沟通交流，进行面对面的交流，并调研社保费的征收现状、缴费人次、年平均缴费金额、征收过程中存在的主要问题以及下一步社保费划转的工作建议。积极邀请墨竹工卡县政府分管征管体制改革的相关领导、县人社局、县卫计委、县财政局、县编办的相关领导及相关工作人员参加由国家税务总局、西藏自治区税务局召开的社保费划转动员部署视频会议，并在局内召开多次动员部署会议。

【个人所得税改革】 年内，为切实做好个人所得税改革相关信息化准备，有力支撑个人所得税改革顺利推进，根据国家税务总局统一要求和市局的具体领导，墨竹工卡县税务局高度重视此项工作，积极稳妥推进墨竹工卡县自然人税收扣缴客户端推广工作。特召开局务会议针对客户端的开展工作做安排部署，明确职责，责任到人。运用微信群、QQ 群、大厅张贴公告、LED 屏公告等多种宣传方式告知纳税人下载自然人税收扣缴系统客户端和通过客户端进行申报。并通过筛选对前期未通知到位的纳税人进行一一电话通知，确保能在 10 月 1 号能够用客户端顺利申报。在纳税人在使用自然人税收扣缴系统客户端时出现系统问题及时向所得税科反映，为客户端完善提供相关建议。截至年底，除合作社大部分未安装外，其他企业均已安装，安装率达到 98%。

【环保税开征】 年内，组织干部深入学习《中华人民共和国环境保护税法》和相关政策知识，在市局所得税科调研员的指导下，认真学习填表方法，申报流程。积极与县各部门进行协商，开展国税局、环保局、财政局三部门协调会议，建立联席制度及征管协作机制，强化与环保部门的信息共享。截至年底，共召开4次会议。开展全面宣传工作，设立环保税税法咨询点，与纳税人进行面对面答疑解惑，对企业办税人进行一对一填表辅导，并为来往的群众发放80多份宣传手册。为扩大宣传范围，墨竹工卡县税务局与县宣传部进行协商合作，通过县宣传部的微信公众平台发送关于环保税相关政策法规的宣传文章。同时在微信公众平台、大厅LED、税企群等推送关于解读环境保护税法的精选文章。截至年底，共有12家环保税纳税户，共缴纳环境保护税税款37.67万元。

【实名办税】 年内，积极参加市局举办的实名办税业务知识培训。利用微信、微博等渠道对实名办税进行宣传，安排人员对纳税人进行讲解。开设实名办税信息采集窗口，保证所有纳税人的实名信息及时传入信息库。为进一步提高实名办税采集率，采取分组下户方式，上门通知各企业和个体户前来办理实名采集业务。

【税收宣传】 年内，在墨竹工卡县繁华路段开税收宣传活动，设立税法咨询点，与纳税人进行面对面答疑解惑。为扩大宣传范围，积极与县宣传部进行协商合作，通过县宣传部的微信公众平台发送最新政策法规的宣传文章，同时在墨竹工卡县税务局微信公众平台、大厅LED、税企群等推送各种解读政策的精选文章。在办税大厅放置公众号、最新二维码，包括“码”上知道营改增二维码图标和二维码一次性告知文书，落实2018年纳税信用等级评定工作。与县中学协商合作，开展“筑梦未来，税法同行”的宣传活动，共有50多名师生参加此次活动。将税收的基本知识和税收政策通过面对面授课、税收政策宣传动画等方式进行讲解，并向小学生们发放印有税法基本知识、农牧民优惠政策、县局公众号二维码的小册子和小杯子等宣传资料，鼓励同学们主动了解税法，并向家里的父母和身边的亲朋好友宣传这些税法政策。尽力做到宣传不流于形式，注重宣传的实效。

2018年10月19日，墨竹工卡县税务局工作人员到县养老院开展“重阳节”慰问老人活动

【信用等级评定】 年内，开展纳税信用等级评定，参评户数为372户，评定结果为A级企业的3户，B级企业85户；B级企业85户；C级企业81户；D级企业82户；M级企业121户。

【制度建设】 年内，按照全市税务系统党风廉政建设工作会议精神，进一步推进作风建设，持续不断加强本局党风廉政建设各项工作内容。定期组织干部职工学习市局下发的文件和党风廉政相关文件精神，提高党员干部的理论水平和业务素质；每半年举行一次民主生活动会，认真分析存在的问题、查找工作中的不足，落实整改措施，令其整改，达到预期的目的；对车辆的出行安全、油耗等都有严格的规定；对领导干部出行、外出考察学习、培训、个人财产等按相关规定及时地向上级主要领导进行报告；日常经费使用从不搞主要领导个人说了算。在重大事项决策上,坚持党政民主议事会制度,必要时召开会议,重大事项的决策,提高党支部议事制度的公开性和透明度,重大事项采取一票否决制。签订2018年党建责任书,保证责任落实到位,制定2018年党建工作计划、“三会一课”实施方案、“主题党日”方案、“讲党课”实施方案,确保2018年各项党建工作的有序开展。

【维护稳定】 年内,严格落实“三不出”要求,将防爆、防火、防盗放在工作的首位,全面排查安全隐患。严格执行《拉萨市国家税务局系统绩效管理实施办法》《拉萨市国家税务局系统绩效考评规则》《拉萨市国家税务局个人绩效管理实施办法》等制度,有效分解和定位各项工作任务,促使干部牢固树立岗责意识,积极调动工作积极性,为实现税收工作提质增效奠定良好基础。

（卓　嘎）

【领导名录】

局　长

米玛曲热(藏族)

副局长

常建英

缪　琳(女)

纪检组长

吴海燕(女)

墨竹工卡县工商行政管理局

【概况】 2018年,墨竹工卡县工商行政管理局推进商事制度持续纵深改革,进一步提升营商便利度,激发市场活力。牢牢把握发展第一要务,立足墨竹工卡实际,落实优惠政策,放宽准入条件,积极培育市场主体,市场主体总量不断增加,规模不断扩大。2018年,墨竹工卡县各类市场主体总量达到2856户,与2017年同期相比增长41.2%,其中企业324户,同比增长52.8%;个体工商户2350户,同比增长43.7%;农牧民专业合作社182户,同比增长3.4%。结合“大众创业、万众创新”,开通“高校毕业生绿色通道”,截至年底,墨竹工卡县工商行政管理局为创业大学生办理企业、个体营业执照14户。

2018年6月15日,墨竹工卡县工商行政管理局局长邓晓刚带队开展市场检查工作

【服务水平得到提升】 年内,始终把市场主体满意作为服务的最高标准,把服务市场主体作为履职的根本责任,进一步优化发展环境,不折不扣贯彻落实优惠政策,积极开展“擦亮服务窗口、创建满意行业”活动,窗口部门全天候为人民服务,设置各类绿色通道、疑难问题咨询处,制定主要企业类别的登记材料样本,便于办照人员在准备登记证件和填写登记材料时参考,极大地方便了群众办事,提高了注册登记信息的利用与服务功能,受到企业的好评。

【安全生产企业监管】 年内,强化安全生产检查,联合县公安局围绕烟花爆竹、交通运输、食品安全加油站等重点行业领域,深入开展安全生产执法检查,并签订《市场主体安全生产责任书》5份。

【企业监管】 年内,通过微信、LED、微信公众号、电话短信等媒介的作用,提醒市场主体按时年报。截至年底,全县应年报2174户,年报率94.9%。未年报的32户企业,8户合作社,65户个体列入经营异常名录。在县政府召开全县“双告知”工作推进会，以县政府的名义组织召开“协同监管平台”运用和“双告知”工作培训会，全县24各部门参加了培训。截至年底，共发放承诺书、后置审批告知函600余份。梳理长期未年报市场主体，与税务部门数据进行比对，集中组织开展“僵尸户”专项清理工作，截至年底，已移出冷冻库并开展简易注销个体工商户182户，注销农牧民专业合作社4户，引导通知农牧民专业合作社办理法人变更登记3户，下一步拟注销个体18户，吊销企业24户。

2018年6月13日，墨竹工卡县工商行政管理局执法人员开展打击销售考试作弊器材专项整治行动

【实施商标战略】 年内，墨竹工卡县工商行政管理局结合本县实际，从引导、培育、保护、宣传四个方面入手，大力实施商标品牌战略。主动到各乡镇、村居委了解有特色的农业、手工艺、畜产品，深入农牧民专业合作社，摸清情况，做好引导、培育商标工作，围绕墨竹工卡县特色经济，对有特色的产品，及时指导有关主体申请商标注册，共下发商标“四书五进”文书15份，推荐“宗穆夏传统手工艺术品公司”参加河北商标广告节，引导企业走出去，拓宽企业创收模式。年内，全县新增商标4件：恰布大、噶嚷绘画美术、藏鹿香、伟堆藏乡宝；续展1件：辣椒丁肉妈妈。地理标志共2件，“斯布牦牛”已发布初审公告，“墨竹工卡小油菜籽”已申报成功。

【流通领域食品安全监管】 年内，结合“三大节日”“中秋节”“国庆节”等节日的专项整治和上级部门的整治要求，联合县食药局对流通领域的食品进行严格的检查，严格执行食品经营者进货检查和进销货台账制度，确保货源安全。通过没收、责令改正等措施严厉打击制售假冒伪劣食品和销售过期食品、无证无照经营食品等，切实维护了食品市场秩序。

【维护消费者合法权益】 年内，通过发放宣传资料，广泛宣传新消法，增强广大消费者的自我维权意识，结合日常的窗口登记工作，引导和教育经营者提高依法、诚信经营意识，依托“12315”申诉举报电话优势，把各类市场的监管和消费维权工作有机结合起来，积极调解消费纠纷，主动维护农牧民和广大消费者合法权益；7乡1镇设农牧区消费维权站，切实保护农牧区群众合法权益。

【非公经济党建工作】 年内，严格按照自治区工商局和市工商局的安排部署，把非公党建工作摆在重要议事日程，成立非公经济组织党建工作领导小组，制订工作方案，不断学习摸索和总结开展非公党员登记统计工作。截至年底，共登记党员51名，建立党支部2个。要求党员充分发挥先进性，致富思源，富而思进，为墨竹工卡县经济跨越式发展和长治久安发挥带头作用。

【打传禁传】 年内，召开打击传销工作联席会，与公安局、各成员单位签订《墨竹工卡县打击传销目标管理责任书》9份，进一步明确各成员单位打击传销的职责及责任区，并建立严格的责任追究制度。与商户签订《远离传销、非法集资承诺书》20余份。以多种形式持续深入开展打击传销工作进乡镇、进农村、进校园、进市场等宣传教育活动，张贴宣传画报20张、印制、张贴、发放各类藏汉

“双语”预防和打击传销宣传资料240份；积极开展派发“一张联系卡”、建立“一个信息台”、发放“一封公开信”、构建“一个监管网”的“四个一行动”，持续创建“无传销乡镇（村）、无传销校园”，压缩和铲除传销赖以生存的空间；要求各乡镇加强摸底排查，建立辖区出租房、外来人员、外出打工人员基本信息台账，做到底数清、情况明，并在各乡镇设立打传联络员，每年每人补助1200元；建立健全举报制度，拓宽举报途径，联合乡派出所公布举报电话和方式，实行群治群防群管；建立信息专报及重大信息上报制度，实现信息共享，从而确保打击传销和创建无传销县城工作深入扎实开展，取得良好成效，为建设“美丽墨竹、平安墨竹”做出应有的贡献。

2018年3月12日，墨竹工卡县工商行政管理局工作人员开展“三月综治宣传”活动

【旅游市场专项整治】 年内，开展旅游市场和土特产品市场的监管，按照市局和县政府的工作要求，墨竹工卡县工商行政管理局定期对甲玛和米拉山两个旅游景区的商户和摊位进行认真监督检查，联合文旅局对米拉山口部分商户的经营不规范情况，对其商户进行安全教育工作，责令期限改正，并督促经营者建立和完善自律机制，建立健全索证索票、进货检查验收等制度。年内，共受理旅游消费者投诉3件，举报1件，咨询20件，办结率100%，为消费者挽回经济损失0.8万元。

【市场监管】 年内，开展校园周边环境的市场安全整治工作，结合开学日期、“六一”、各重大节日等特殊时期，加强对校园周边饭店、商店、摊位、音像店、出租房等的经营活动的监督检查工作，确保校园周边的市场安全。开展无照经营的综合整治工作，2018年总开展3次无证无照经营的专项检查工作，书面及口头责令整改共6户，引导办证5户，立案处理1户。每一年的5到6月是墨竹工卡县的虫草采集时间，为更好地开展虫草交易市场的监管工作，排除各类矛盾隐患和纠纷，积极配合县有关部门，认真检查虫草采集和交易点，有效维护了虫草交易市场秩序。红盾护农，积极发挥工商部门市场监管职能作用，以加强日常监管为手段，清查主体资格、规范农资经营渠道，严查农资商品产品质量、查处取缔无照经营，保障农资商品质量安全，保护农民合法权益。

【案件查办】 年内，共查办案件26件，其中吊销僵尸企业营业执照案件24件，已在西藏自治区工商门户网站公告；无照经营案件1件，罚款4000元；销售失效产品案件1件，没收过期失效产品8瓶，罚款1100元。

【党风廉政建设】 年内，开展主题教育活动，开展形式多样的廉政教育，在组织观看《贪欲黑洞》等反腐倡廉教育影片，使大家筑牢了拒腐防变的思想道德防线。制定党风廉政建设工作制度，分解细化了局长副局长党风廉政建设和反腐败工作的职责范围，与拉萨市工商局签订党风廉政建设责任书。并与干部职工一一签订《党风廉政建设责任书》《严禁党员参加宗教活动承诺书》《严禁国家公职人员参与赌博活动承诺书》，树立清风正气的良好工作氛围。创建廉政文化走廊，悬挂廉政警言警句、廉政谚语警示牌等，以培养廉洁高效公道正派的作风为目的，全面推进墨竹工卡县工商行政管理局廉政文化建设，进一步规范党员干部廉政从政行为，营造廉政文化氛围。深入开展廉政风险点和执法风险点双防范工作，对每个人的权力进行清理，摸清风险底数、确定风险等级，做到从源头上事前防范，用制度管人、靠制度办事，切实提高了工商干部的廉政意识。

【维护社会稳定】 年内，建立健全《车辆管理制度》《保密制度》等规章。成立护院队，加强办公区域的巡逻检查。加强门卫管理，杜绝外来车辆随意进入，严防敌特势力搞破坏。加强对人员、车辆、用水用电的管理教育，开展内部安全检查，排查隐患，堵塞漏洞。坚持领导带班、干部昼夜值班、“零报告”等制度，完善交接班、外来人员登记制度，印制值班交接登记表、来访人员登记表，要求值班人员认真核对外来人员有效证件，无法提供有效证件的一律不得进入单位院内。严格落实交接班、盘查询问、登记、请示报告等制度，保持通信畅通，确保各项维稳措施落到实处。年内，共安排值班300余天，未出现任何违规违纪行为。

（郭 添）

【领导名录】

局 长

邓晓刚

副局长

扎西吉（女，藏族）

墨竹工卡县气象局

【概况】 2018年，墨竹工卡县气象局编制为6人，下设气象台、防灾减灾科、综合办公室、财务科等机构。实有人数4名，其中，副处级1名，正科级1名，事业编制2名。

【党建工作】 年内，墨竹工卡县气象局党支部各项工作取得重大突破，“两学一做”常态化教育、“三会一课”、主题党日活动、党员学习等各项工作开展有序。建立“九有”党员活动室、实现“六有”服务型党组织的基层党支部，墨竹工卡县气象局集体和个人先后荣获拉萨市气象局党组颁发的拉萨市气象部门先进基层党支部、拉萨市气象部门先进党务工作者和拉萨市气象部门优秀党员等奖项。

【人影安全生产】 年内，墨竹工卡县气象局完成墨竹工卡县人工影响天气指挥中心建设。墨竹工卡县人工影响天气指挥中心集成人影物联网监管系统、人影作业信息采集系统、人影炮点实时监控系统、卫星云图分析系统、县级气象公共服务平台系统、西藏气象业务一体化平台、人影作业申请系统和远程视频会商系统等功能。先后获得中国气象局、西藏自治区气象局、其他各地市气象局和县委、县政府的高度评价和肯定。

【气象科普宣传】 墨竹工卡县平均海拔在4000米以上，由于特殊地理环境，整个县域气象灾害较多，条件艰苦。在各项社会事业稳步发展的时刻，加强墨竹工卡县气象科普宣传与教育工作显得更为重要和更为必要。年内，在北京市气象局和北京大兴区气象局的大力援助下，解决了墨竹工卡县科普馆的建设费用。为打造

2018年3月23日，墨竹工卡县气象局局长尼玛次仁带领职工开展“3·23”世界气象日宣传工作

墨竹工卡县气象科普教育基地，提高全民对气象工作的认知和防灾减灾能力，使气象工作更进一层楼而奠定了坚实的基础。

墨竹工卡县气象科普馆共有名称墙、领导关怀、县局发展篇、墨竹印象篇、气象发展历程篇、天气与气候篇、气象百科篇、雷电篇、灾害防御篇、人工影响天气篇、测测降水篇、风篇、气象灾害VR体验篇、龙卷风篇、看云识天气篇、天气现象篇、气象灾害预警篇等17个展示项目，全方位、多层的科普宣传方式是提高国民素质的有效途径。

2018年10月23日，墨竹工卡县气象局完成尼玛江热乡单雨量站迁站安装工作

【气象观测站网建设】 年内，墨竹工卡县气象局先后完成尼玛江热乡6要素气象观测站和尼玛江热乡章达沟单雨量站的建设工作。

尼玛江热乡6要素观测站为全区首个带有称重式雨量传感器的区域站，不仅结束尼玛江热乡无气象数据的历史，也为墨竹工卡县气象站点网格化、数据精细化、预报准确化提供了有力保障。尼玛江热乡章达沟单雨量站较为特殊，地处尼玛江热乡灾情隐患点，该站的运行可以提供准确的雨情资料，进一步为墨竹工卡县气象防灾减灾决策工作提供有力的数据支撑。

【基本业务】 墨竹工卡县气象局为国家气象观测站，随着气象现代化建设进一步提高，2018年完成业务观测软件升级工作2次。其中，日照观测设备完成从人工观测向自动观测的转变。随着业务现代化的不断发展，不仅提高了气象要素观测的准确性和及时性，也为进一步提高墨竹工卡县重大灾害性天气预报质量提供了有力的数据保障。

【气象服务】 年内，墨竹工卡县气象局结合全县实际情况，一方面切实增强责任感和使命感，提高气象服务意识，努力为地方经济建设和构建和谐社会做好全面精细的气象服务工作，另一方面按照县委、县政府的要求，努力为地方各部门提供所需的气象资料，及时主动地向有关部门报送天气预报。年内，墨竹工卡县气象局共计发送气象预报预警信息短信228546条，制作节日专题预报8期，制作周预报53期，制作重要气象报告5期，制作天气公报4期。在2018年汛期内，墨竹工卡县气象局积极开展气象服务工作，主动进行灾害隐患点排查，局内人员24小时轮班，确保全县各级领导能够在第一时间了解雨情实况，为墨竹工卡县防灾减灾领导小组的决策工作和部署提供科学依据。此外，墨竹工卡县气象局还提供气象证明材料，为气象灾害导致的农田、牲畜、房屋等财产损失的保险办理提供依据。

【人工影响天气】 人工影响天气工作是公共气象服务体系建设的重要内容，直接服务于广大农牧民群众和农牧业生产，自墨竹工卡县开展人工影响天气作业以来，在农业防雹、抗旱、水库蓄水等方面发挥了应有的作用，产生较好的社会和经济效益，2018年人工影响天气的开展对各乡镇小麦、青稞、油菜花等经济农作物的生产起到较大作用，通过与各乡镇人民政府开展联合调查。年内，墨竹工卡县气象局申请开展人工影响天气作业146次，其中，未获批准65次，获得批准作业81次，使用炮弹786发，保护村庄40余个，保护农田面积达到70382.1亩，为墨竹工卡县粮食安全生产提供了强有力的气象保障服务。

【防雷减灾】 墨竹工卡县自2010年防雷减灾工作开始，县气象局认真履行防雷减灾职责，把防雷减灾作为全县安全生产工作的重点来抓，2018年对全县进行三次全面的防雷安全检查，做到防雷安全从源头抓起，认真做好雷电灾害的调查与收集，全县防雷减灾工作按照预防为主，防治结合的方针，已逐步走向规范化、法治化。

（甘臣龙）

【领导名录】

拉萨市气象局副调研员、县气象局局长

尼玛次仁（藏族，副处级）

副局长

永　红（女，藏族，正科级）

气象台台长

邹　芳　娥（女，副科级）

社会事业

墨竹工卡县民政局

【概况】 2018年，墨竹工卡县民政局为贯彻落实城乡低保工作制度，对申请城乡低保对象开展入户调查、审批审核、评议听证、公开公示和建立档案进行管理，通过采取规范操作程序、严格审查审核、完善工作机制等举措，对城乡低保对象进行全面清理清查。2018年，共调整农村低保对象42户60人（其中：停发19户31人，变更18户18人，新增农村低保对象5户11人），调整城镇低保对象37户38人（其中：停发22户23人，新增城镇低保对象15户15人），做到“应保尽保、应退尽退”，进一步加强城乡低保动态管理。

2018年，共为356户1142名农村低保对象发放资金197.62万元，为690户754名城镇低保对象发放资金539.09万元，为进一步加快扶贫开发与农村低保两项制度的衔接进度，确保社会保障兜底对象生活水平不低于脱贫标准，2018年落实“两线合一”资金72.24万元。结合实际制定《墨竹工卡县城乡困难群众临时生活救助制度》，明确临时救助对象、程序、标准以及资金筹集与管理等事项，2018年共为20户生活困境城乡居民家庭开展临时生活救助，共计资金15.5万元。

2018年3月30日，拉萨市副市长贡扎曲旺（左一）出席墨竹工卡县基层群众自治组织特别法人统一社会信用代码证书颁发仪式

【城乡医疗救助】 年内，墨竹工卡县民政局积极健全城乡医疗救助资金管理使用制度，共为700名城乡居民核报销医疗救助金额367.958万元。与各区、市、县医保定点医院签订“一站式”即时结算协议，推进医疗救助“一站式”服务，2018年为17名群众开展医疗救助“一站式”结算26.63万元，切实方便困难群众享受医疗卫生服务，有效缓解困难群众就医难问题。

【农村五保供养】 年内，认真贯彻落实《农村五保供养工作条例》，2018年全县特困供养人员共

199名，已集中供养符合条件的对象161人，五保集中供养率达80.9%，意愿集中供养率达100%。农牧区特困分散供养生活补助标准为每人每年5910元，特困集中供养人均年生活补助标准达到17100元，2018年落实特困人员供养资金297.76万元。县本级财政投入140万元用于改善老年人居住环境，在五保集中供养服务中心种植树木、花草等，采购消防设备和张贴消防标识，确保消防绝对安全，制作各类宣传栏和宣传标语，营造良好的文化氛围。

2018年11月16日，墨竹工卡县民政局举办民政业务工作专题培训会

【救灾救济】 年内，进一步增强全社会灾害风险防范意识，广泛普及自救互救知识，墨竹工卡县减灾委办公室精心谋划、组织，在"5·12"全国防灾减灾宣传日开展以"识别灾害风险，掌握减灾技能"为主题的系列活动，发放宣传资料800余份、悬挂横幅29条、张贴宣传图片20张，减灾委成员单位深入矿山企业、村落民房及水利工程等项目开展安全隐患排查，建立从上到下齐抓共管、人人有责的工作机制，层层落实责任，确保突发事件的各类隐患损失降低到最低；为进一步贯彻落实国家减灾救灾政策的落实，加强综合协调和应急保障能力，根据区、市有关文件要求，完善县、乡、村三级《自然灾害应急救助预案》。

【社会福利】 年内，贯彻落实《中华人民共和国老年人权益保障法》，为全县70岁以上2108名高龄老人共发放年度健康补贴167.64万元；按照县委、县政府安排部署各项民生项目，大力实施幸福养老补贴工程，为全县3976名农牧区60周岁以上老人发放养老补贴1735.68万元。

【双拥优抚】 年内，全面落实重点优抚对象抚恤补助政策，确保抚恤补助经费定额及时审核发放到位，为全县11名重点优抚对象和35名60岁以上农村籍退役士兵发放抚恤补助资金30.71万元，为全县12名退役士兵发放退役士兵一次性自主就业扶持金114.24万元；在县人社部门的帮助下，共组织15名退役士兵接受安保、驾驶等多个职业技能的专业培训，培训后的学员通过推荐就业或自谋职业实现就业的比例达到85%以上。

【政权建设】 年内，按照农村社区建设，全县8个乡镇，40个行政村全部开展依法治村、村民自治工作，各村都设立公示栏和公示板，定期公开政务、村务和财务，依法健全完善了村民自治章程和村规民约，建立一村一档，规范村民代表会议和村民会议的内容，同时形成以落实村监委"七有"为抓手，以建立村监委工作运转机制为基础，确保村监委正常、高效运转，全年落实村监委误工补贴48万元。

【社会事务】 年内，墨竹工卡县民政局严格执行《婚姻登记管理条例》，不断优化工作水平和服务质量。截至年底，共办理结婚登记701对，离婚登记91对，补办登记66对；根据《行政区域界线管理条例》和自治区政府办公厅《关于开展全区第五轮县级行政区域界线联合检查工作的通知》的规定和要求，积极开展平安边界建设工作，牵头与山南市乃东区、配合林芝市工布江达县对墨乃线和墨工线两条边界线进行联检，并签订平安边界创建协议书。为全面贯彻落实党的十九大和中央第六次西藏工作座谈会精神，墨竹工卡县于12月在各乡镇成立民政所，县本级财政出资21.69万元用于加强基层民政所规范化建设，按照“拓面提质、建强、创新”的工作思路，真正把基层民政所建设成为民服务的形象窗口，更好地维护好、保障好广大农牧民群众的切身利益，为建设“幸福墨竹”提供坚强的保障。

【社团管理】 年内，推动社会组织健康有序发展，加强社会组织管理，规范社会组织行为，按照相关规定，墨竹工卡县民政局于4月1日起在全县范围对依法登记注册的13个社会组织开展年检工作。社会组织党组织中党员开展志愿服务，结对帮扶，走访服务会员群众活动，帮助会员解决困难，落实“三会一课”、民主评议，建立健全培训制度，有计划、分步骤地对广大党员进行党性教育和技能教育，努力提高广大党员的政治修养和能力素养，全县各业务主管单位对社会组织党组织活动开展加强督查指导。

【残疾人事业】 年内，贯彻落实《中共中央国务院关于促进残疾人事业发展的意见》精神，对84名残疾车车主落实燃油补贴资金3.192万元，进一步加强残疾人权益保障，完善残疾人社会保障体系。为进一步规范残疾人证核发工作，维护残疾人权益，县残联和县卫计委组织县医院骨干医生和相关业务人员到各乡镇，进村入户现场对全县1609名持残疾人证的残疾人开展为期2个月的核查整治工作。通过残疾证核查整治工作，校准全县残疾人信息，建立完善残疾人建档立卡、两项补贴、低保需求等信息数据库，为残疾人的两项补贴、社会保障、健康扶贫、教育帮扶等工作提供准确数字，推动了残疾人工作科学化、制度化、规范化管理。

【机关建设管理】 年内，健全完善“一把手负总责，分管领导各负其责，班子成员齐抓共管”的领导体制和工作机制，积极开展民主集中制教育、法治教育等各项专题教育。认真贯彻《政府信息公开条例》，及时在局政务公开栏公开有关内容；深入开展作风建设，抓好民政系统的行风建设，提高服务质量和办事效率；大力开展专项执法检查，对救灾救济款等实行专项检查，严禁截留；建立以局长为组长，各科室工作人员为成员的信访工作小组，切实认真开展信访和矛盾纠纷排解工作，实行24小时信访值班制度，确保群众来访能及时有效的化解；积极开展廉政文化“六进”活动，组织党员干部职工学习《中国共产党廉洁自律准则》和《中国共产党纪律处分条例》等规定，观看警示教育片4次；倡议全局领导干部职工家属当好“贤内助，廉内助”，发放廉政倡议书15份，强力构筑家庭反腐倡廉的牢固防线。

（吴　敏）

【领导名录】

局　长

达　娃（女，藏族）

副局长

席贤锋

墨竹工卡县人力资源和社会保障局

【概况】 2018年，就业再就业培

2018年10月14日，拉萨市人社局党组书记彭丽华（左三）一行到墨竹工卡县检查指导就业创业工作

2018年4月13日，墨竹工卡县人社局负责人阿旺曲珍到拉萨易地搬迁点宣讲就业政策

训人数 219 人，培训合格 175 人，培训后就业 219 人；开展农牧民转移就业培训 1383 人，培训合格 1044 人，培训后就业 875 人（其中：建档立卡户贫困人口转移就业培训 881 人，培训合格 363 人，培训后就业 289 人，培训合格率 99.5%，培训后就业率 79.2%）；职业介绍 770 人次；职业介绍成功 349 人；易地搬迁建档立卡贫困户转移就业 975 人；开发就业岗位 870 个；开展人力资源洽谈会 3 期（其中：针对建档立卡贫困户人口开展洽谈会 1 次）；实现城镇新增就业 936 人（其中：就业困难群体 198 人，完成全年目标 150 人的 132%，失业人员再就业 160 人，完成全年目标 150 人的 106.6%）；城镇登记失业失业率控制 2.2% 以内，城镇调查失业率控制在 5.5% 以内；职业技能鉴定 249 人；小微企业吸纳就业 4012 人；农牧区劳动力转移就业 0.91 万人，2.18 万人次；创业培训（含高校毕业生）40（40）人；创业成功 3 人，创业带动就业 11 人；应届高校毕业生人数 435 人，应届高校毕业生就业 394 人，就业率 90.5%。

【企业职工养老保险】 年内，参保人数为 200 人，完成全年目标 200 人的 100%，征缴基金 270 万元，完成全年目标 270 万元的 100%，基金征缴率 85%。

【机关事业单位基本养老保险】 年内，墨竹工卡县人力资源和社会保障局完成城镇职工养老保险参保人数 1896 人，完成全年目标 1740 人的 108.9%，征缴基金 10447.6 万元，完成全年目标 4497 万元的 232.3%，基金征缴率 95%。

【城乡居民社会养老保险】 年内，墨竹工卡县城乡居民社会养老保险参保人数有 20895 人，完成全年目标 21300 人的 98%，征收基金 225.3 万元，完成 2017 年目标 210 万元的 107.3%，基金征缴率 95%。

【城镇职工基本医疗保险（包括在职和退休）】 年内，墨竹工卡县城镇职工医疗保险参保人数 1896 人，完成全年目标 1752 人的 108.2，征收医疗保险 2048.15 万元，完成全年目标 1910 元的 107.2%，基金征缴率 95%。

【城镇居民基本医疗保险】 年内，墨竹工卡县城镇居民医疗保险参保人数 1672 人，完成全年目标 1600 人的 104.5%，征缴保险金共计 68.5 万元（正在征缴中），完成全年目标 75 万元的 91.3%，基金征缴率 95%。

【失业保险】 年内，墨竹工卡县失业保险参保人数 900 人，完成全年目标 900 人的 100%，征缴基 39.5 万元（正在征缴中），完成全年目标 88 万元的 45%，基金征缴率 95%。

【工伤保险】 年内，墨竹工卡县工伤保险参保人数为 6003 人，完成全年目标 4500 人的 133.4%，征缴工伤保险金 630 万元，完成全年目标 250 万元的 252%，基金征缴率 95%。

【生育保险管理】 年内，墨竹工卡县生育保险参保人数为 1752 人，完成全年目标 1752 人的 100%，征缴基金 180.1 万元，完成全年目标 123 万元的 146.3%。

2018年5月15日，墨竹工卡县建档立卡贫困户技能培训开班

【工资福利】 年内，墨竹工卡县机关事业单位（除教育系统）共完成职务（职称）、级别（薪级）、固定、浮动等各项工资变动共1042人次；已完成53名高校毕业生录用人员，24名专招大学生、3名专招士官的工资定级及发放工作；关于觉次成等17名同志提前退休的通知，共有10名提前退休人员（除教育系统），其中8名已完成退休工资审批、并移交社保，另有2名在市委组织部公务员科待审批；关于《兑现2016年拉萨市各县（区）符合职务与职级并行人员工资待遇等相关适宜的通知》精神，完成墨竹工卡县5名符合条件人员工资审批及兑现工作。

【劳动监察】 年内，墨竹工卡县劳动监察对全县工矿企业开展专项检查3次，受理劳资纠纷案件共计55起，涉及人数233人，涉及资金427.31万元，举报投诉结案率95%以上；民工工资保证金缴纳率达到100%。同时，设立1000万元民工工资应急周转金。

【专业技术人员管理】 年内，墨竹工卡县专业技术人员共有873人（其中高级专业技术人员51人、中级专业技术人员199人、初级专业技术人员240人、未聘人员383人），103名工勤人员。完成职称评聘91人（其技师8人，高级工45人，中级25人，初级13人）。

【高校毕业就业创业】 年内，墨竹工卡县高校毕业生共计435人，其中已就业394人，就业率达到91%。截至年底，全县返乡创业高校毕业生共9人，创办企业8家，已兑现创业启动资金6人30万元。

【乡村振兴】 年内，墨竹工卡县人力资源和社会保障局共开展各类农牧民职业技能培训31期，培训人数1383人。职业介绍770人次，职业介绍成功349人；开发就业岗位870个；开展3次人力资源洽谈；全县城镇新增就业936人，其中帮扶困难群体就业198人；农牧区劳动力转移就业0.91万人。

【开展订单式培训】 4月，根据华泰龙、巨龙两大矿企提供的用工需求，墨竹工卡县组织50名建档立卡户群众到华泰龙公司培训下井工，50名群众在体检及一周培训后，全部上岗就业，月工资6000元。采取专门培训，参训即入职，培训期间全程采取半军事化管理，学习+实践模式，保证教学质量，培训期满且考试合格后，参训人员于对应岗位就业，就业率达到100%。

【解决住房问题】 2017年以来，墨竹工卡县在前期政府出资140万元基础上，每年出资74万元，为到拉萨就业的建档立卡贫困户以及高校毕业生提供免费住房。同时，专门安排1人在就业服务点为他们服务。让每一个在拉萨就业的贫困户及高校毕业生能在岗位上站得稳。墨竹工卡县建档立卡贫困户群众存在文化程度低，工作多为体力劳动，收入有限，到城市就业后，工资大部分用于食宿，因此外出就业积极性不高，就业后返乡率高，久久不能实现就业脱贫，墨竹工卡县积极解决就业人员住房问题，解决贫困户后顾之忧，让他们能在岗位上安心工作。

【未就业高校毕业生就业】 年内,在县委、县政府的高度重视下,积极购买岗位,共开发岗位85个。其中:为县中学推荐藏语文教师2名、县医院提供文字工作员1名;为县财政局推荐1名会计专业高校毕业生;县教育局从墨竹工卡县高校毕业生中招录乡(镇)幼儿教师20名,上述人员均已上岗;县委组织部提供村党群服务中心助理员岗位41、县中学和南京实验小学提供学生管理员岗位14个、县税务局提供工作人员岗位6个,共计61个岗位,墨竹工卡县人力资源和社会保障局于12月18日起开展公开招录工作,截至年底,所有考核通过人员均已上岗。

以市场就业为主体,引导高校毕业生向企业就业。截至年底,通过与县各国有企业对接后解决就业24人(贫困户12人)。其中:城投公司12人(建档立卡立卡贫困户6);净土公司5人(建档立卡立卡贫困户2人);旅游公司7人(建档立卡贫困户4人)。立足矿业大县优势,积极与巨龙铜业有限公司磋商,决定在墨竹工卡县招聘200名高校毕业生,12月25日,由副县长巴桑组织召开巨龙公司招聘墨竹籍高校毕业生招录工作座谈会,会上巨龙公司按照用工需求从200个名额中招录选矿工50%、机电工25%、采矿工10%以及化验工10%。共有216名高校毕业生报名,截至年底,已完成第一批招录工作。学员经择优录取后与公司签订用工协议,由县政府出资以定岗培训的方式送往中南大学继续教育学院进行为期8至10个月的培训后正式上岗。

(唐 伟)

【领导名录】

负责人

阿旺曲珍(女,藏族)

副局长

杨 勇

唐 伟

墨竹工卡县净土健康产业办公室

【概况】 发展净土健康产业是实现经济转型升级、适应并践行新常态的生动实践。县委、县政府高度重视净土健康产业工作,通过加强产业领导、科学规划净土健康产业发展以及"项目四化"(项目遴选科学化、项目实施责任化、项目资金扶持有偿化、项目管理全程化)的途径,突出项目运作、创新工作方式方法、以一步一个脚印,力求项目抓出实效,以项目推动产业的发展。

【出台产业扶持政策】 年内,墨竹工卡县净土健康产业办公室积极参与全县产业扶贫项目建设,搭建企业融资平台,同时利用政府贴息扶持的形式,解决资金流转,增强专合组织负责人的责任心、事业感,促进农牧民就业,并按照投资比例和收入情况进行分红。

【项目遴选科学化】 年内,为使项目发挥最大社会经济效益,在项目筛选上,充分酝酿、反复筛选。紧紧围绕现有产业项目优势和实地考察分析,经县直各部门、乡镇、企业(合作社),报请净土健康产业项目专题研讨会进行研讨。在项目立项上,严格做到科学合理。

【净土公司资金运作】 年内,按照

2018年6月12日,墨竹工卡县净土公司联合县有关部门开展拉萨市百家示范农牧民专业合作社评分工作

独立的市场主体，国有投资公司的要求来加强县净土公司的制度化、规范化建设，使公司走上正常运转轨道。公司以“资金入股、资金借贷、利润分红”等方式向产业项目注入资金。

【开拓营销市场】 年内，为加快推进墨竹工卡县经济转型，进一步展示墨竹工卡县特色资源、特色产业、特色产品，提升净土产品价值，组织民营企业和家非遗传承人、合作社参加南京咪咕音乐节、雪顿名优商品、林周首届“中国农民丰收节”“淮安千年”等各种展销，展销期间设立“墨竹工卡县特色产品展示区”，全面展示墨竹工卡县净土健康产品，各企业产品销售产值共达到 50 余万，有力推动了墨竹工卡县农产品实现“农超、农市、农企”对接。

【项目过程管理】 年内，高度重视项目的运行管理，建立健全项目运行管理机制 . 在项目建设过程中加强监督，确保资金投向，保证项目建设内容、标准，符合计划书要求；项目投入运营后，组织开展“回头看”工作，总结分析项目实施的优劣及原因，提高项目运作管理水平。

【产业连贯性】 年内，注重产业发展的系统性与连贯性，如在加大力度建设优质饲草种植基地的同时，着手开展饲草料加工项目、2018 年底对唐加乡“万户百场 + 中心工程”奶牛养殖项目进行复查。以一环扣一环形式，有效保证政府产业政策的有效性、连贯性、一致性。

2018年8月11日，墨竹工卡县净土公司参加拉萨雪顿节名优商品交易会

【媒体宣传】 年内，通过拉萨电视台、西藏电视台、中央电视台等各大媒体，加大产业发展产品宣传力度。通过网络媒体宣传，营造浓郁的发展氛围，增强对发展净土产业的重要性认识，打造墨竹净土产品在市场上的知名度与认可度。

【提供技术学习平台】 年内，按照建设一批、规划一批、储备一批的项目推进方法，深入调研、立足实际、明确目标、积极谋划，计划下一步将做好运营现代农业园区、墨竹小油菜加工厂、标准化奶牛养殖中心、墨竹净土健康产品销售平台建设项目等几个健康产业项目。2018 年通过现有温室大棚 50 种植绿色蔬菜，带动解决 100 多名农牧民就业发放工资 30 万余元，加大农牧民土地流转力度，大力推进饲草种植全县七乡一镇安排连片 200 亩饲草种植共有 4098 亩，兑现土地流转资金达到 65 万余元。

（东　明）

【领导名录】

主　任

扎　西（藏族）

墨竹工卡县卫生和计划生育委员会

【概况】 2018 年，墨竹工卡县共有医疗卫生机构 47 个，其中县级医疗卫生机构 3 个（卫计委、县医院、县疾控），乡卫生院 7 个，镇卫生服务站 1 个，村卫生室 33 个，诊所 3 个。全县卫生系统工作人员共有 337 人，其中卫计委 8 人、县疾控 13 人、县医院 154 人（含县医院正式职工 79 人、援藏专家 5 人、乡镇借调人员 20 人、公益性等长期聘用人员 50 人）、乡镇卫生

2018年12月8日，拉萨市卫计委副主任武鸣（右排右二）一行到墨竹工卡县考核验收2018年度卫生与健康目标工作

院162人（含正式职工53人、公益性等长期聘用人员109人），县、乡、村三级医疗卫生服务网络、分级诊疗制度和公共卫生服务体系已基本完善，医疗服务职能得到进一步提升。

【新型农村合作医疗】 年内，全县农牧民参加筹资人数为49586人，筹资率达到100%。2018年国家下拨合作医疗经费为3208.59万元，个人筹资149.3万元，全年合作医疗基金共计3357.89万元，基金分配为家庭账户基金687.27万元，大病统筹基金2621.53万元，风险基金49.09万元。县本级财政投入2200万元用于报销农牧民群众住院费用自付部分；全年住院人数为4387人，共报销金额为5046.06万元，解决了广大人民群众看病难、看病贵的问题，使人民群众享受到更优质更实惠的医疗服务。

【“三病”筛查】 年内，认真贯彻落实区、市、县关于“结核病、肝炎、风湿病”的文件精神，结合墨竹工卡县实际，特制订《墨竹工卡县结核病和风湿病综合防治工作方案》，墨竹工卡县卫生和计划生育委员会牵头组织召开3次（5月4日、5月11日、10月26日）结核病、风湿病和肝炎综合防治工作专题推进会议。

年内，结核病筛查目标人群总数为40353人，筛查完成32848人，其中可疑结核患者（X光片检查）79例。风湿病筛查目标人群总数为33547人，已调查总数（16岁以上）26838人，其中问诊发现疑似患者341例，已采集血样24420人，阳性数1025例，风湿病确诊患者数192例。肝炎：乙型肝炎共筛查22653人，初步筛查发现表面抗原阳性数787例；甲型肝炎共筛查22441人，其中甲型肝炎4例。

【全国第六次卫生服务调查】 8—10月，按照国家卫生计生委统计信息中心统一抽样结果，县卫计委组织开展墨竹工卡县第六次全国卫生服务调查工作，此次调查样本覆盖墨竹工卡县5个乡（镇）、10个村，家庭健康调查抽样单位是户，在每个样本村中随机抽取60户，墨竹工卡县共抽取600户，调查对象为被抽中住户的实际成员。通过安排专人组织宣传、入户调查和数据审核，在10月底墨竹工卡县600户调查数据全部审核通过并上报至国家。

【人口和优生优育】 年内，共落实“一孩双女”和伤残死亡扶助政策资金93.516万元，扶助对象526人；西藏特殊子女家庭扶助对象81人，落实扶助金43.02万元；全县共完成出生缺陷一级干预274对，完成率达100%，免费孕检完成550对，完成率达100%；根据流动人口的分布特点，与单位法人签订计划生育责任书，及时掌握孕情动态，使用流动人口交换平台向流出地查询流入已婚育龄妇女信息，为312位育龄妇女建档，切实做到同管理、同服务、同宣传。

【家庭医生签约服务】 年内，为全面促进基本公共卫生服务项目落实，进一步推行家庭医生签约服务工作，逐步实现“人人享有医疗保健、人人具备健康素养”健康管理新模式的目标，自2016年开展家庭医生签约服务以来，墨竹工卡县家庭医生签约率至2018年已达到98%，随访率可达每季度一至两次。特别是对高血压、糖尿病等慢性病患者、建档立卡贫困户尽可能做到月月随访，同时将县人民医院的优质医技资源向基层倾斜，参与到家庭医生签约服务的队伍中去，为基层农牧民群众提供更加优质的医疗卫生服务。

【分级诊疗】 年内，墨竹工卡县严格按照《拉萨市分级诊疗工作实施意见》中确定的病种开展工作，县卫计委印发《墨竹工卡县医院托管乡镇卫生院实施方案(试行)》，同时县人民医院积极主动与拉萨市人民医院签订《区域医疗联合体协议书》，与托管的乡(镇)卫生院分别签订《县乡医疗联合体协议书》，同时明确各自的目标任务和工作职责。截至年底，全县各级医疗机构基本形成基层首诊、双向转诊、急慢分治、上下联动的分级诊疗模式，方便群众看病就医，切实提升了墨竹工卡县基层医疗机构的服务能力。

【“健康墨竹”】 年内，为倡导健康优先、健康教育先行理念，提高居民健康水平，做好健康促进县建设的工作，结合墨竹工卡县制定的《墨竹工卡县人民政府关于推进“健康墨竹”建设的实施方案》，县卫计委进行系统安排部署，成立专门领导小组办公室，配备专兼职工作人员，“健康墨竹”建设经费纳入到政府计划，召开安排部署会议，针对2017年工作开展中存在的问题及时整改，同时明确2018年的工作目标任务并推进落实。5月4日，县卫计委联合健康促进办共同举办第二届卫生系统职工趣味运动会，此次活动参与职工250余人，发放了运动奖项和宣传礼品。

2018年9月1日，墨竹工卡县卫计委组织调查人员到甲玛乡开展第六次全国卫生服务调查工作

【精准扶贫】 年内，墨竹工卡县共有1678户贫困户，7236名贫困群众，“健康扶贫”37名，2018年建档立卡户住院人数为222人，建档立卡贫困户报销住院费用共计339.7万元。

年内，为巩固完善农牧区医疗保障制度，有效解决“因病致贫、因病返贫”问题，按照县委、县政府和上级业务部门的部署要求，县卫计委严格落实精准扶贫、以助脱贫工作，详细掌握每一家“因病致贫”户的基本情况，为其建档立卡；建立全程健康服务联系制度，开展贫困乡村医生培训，提高救治水平；结合实际情况，通过减免贫困户新农保费用，提高建档立卡户的特殊病门诊报销比例，有效解决因病返贫问题。

【卫生基础设施建设】 年内，总投资1340万元的墨竹工卡县人民医院120急救中心已投入使用。另外，县医院从医改资金中投入485万元用于120急救中心医疗设备和办公用品的购置并已投入使用；投资1300万元的新建藏医院门诊、藏药制剂室和大门、硬化、绿化等附属设施已完工，等待验收；投资205万元的高原移动医院(3个乡镇一台移动X光机设备)已发放到各乡镇卫生院；投资150万元的苏拉远程会诊项目已投入使用；总投资550万元的尼玛江热乡标准化卫生院项目已于2018年8月13日开工建设；220万元用于县人民医院腹腔镜购置，250万元用于县医院移动体检车购置；本级财政投入385万元用于七乡卫生院彩超购置，350万元用于七乡卫生院信息化建设，130万元用于甲玛乡和扎雪乡卫生院设备及办公用品购置；同时县人民医院整体设计规划已经交由专业设计公司重新设计，县医院建设已经纳入政府规划。通过一大批卫生基础项目的实施，墨竹工卡县卫生基础设施建设得到进一步的巩固和加强。

【医疗人才“组团式”援藏】 年内，为继续加强医疗人才对口帮扶援藏工作，进一步贯彻落实市委、市政府《关于深入贯彻落实医疗人才组团式援藏工作的实施意见》，与支援省市、援藏医院沟通协调，由县医院安排选派6名专业技术人员到南京对口帮扶医院进修学习，涉及专业有信息、B超、急诊、妇科、外科、手术麻醉等。

年初，由5名南京市优秀医务人员组成第十二批援藏医疗队到墨竹工卡县，开展“组团式”医疗援藏工作，切实有效带动了墨竹工卡县医疗卫生事业发展。

年内，以“组团式”援藏为纽带，墨竹卫生工作与南京衔接更加紧密，在南京市儿童医院大力支持下，墨竹工卡县共计26名患儿（先心病、髋关节脱位、脑瘫、脊柱畸形、唇腭裂等）由县卫计委组织医护人员带队于4月7日和10月30日分两批到南京接受治疗。

年内，为深入贯彻学习党的十九大精神，不断提高墨竹工卡县医疗卫生事业从业人员的能力水平，积极主动对接南京卫生援藏工作，按照《中共墨竹工卡县委办公室 墨竹工卡县人民政府办公室关于印发墨竹工卡县2018年培训计划的通知》。12月16～24日，县卫计委组织县医院、县疾控中心和乡卫生院代表共计13人到南京开展学习考察交流活动。

（刘娟娟）

【领导名录】

主　任

曹　　伟（藏族）

副主任

巴桑卓玛（女，藏族）

墨竹工卡县食品药品监督管理局

【概况】 2018年，墨竹工卡县食品药品监督管理局有工作人员6人。其中：中共党员6人，女性4人。为进一步提升基层监管能力，以政府购买服务形式聘请40名村级食品安全信息员，初步形成县、乡、村三级食品安全管理体系。2018年5月，成立乡镇食品安全监管办公室。11月2日，举行乡（镇）食品安全监管办公室授牌暨办公用品发放仪式，统一制定并发放制度牌，明确乡镇食品安全监管职责，坚决筑牢基层食品安全监管基础。

【食品安全监管】 年内，共计发放食品经营许可证403家、变更许可2家、依法注销许可6家。餐饮环节服务等级量化率达90%，社会面餐饮环节明厨亮灶率达35%。年内，以县委名义制定下发《墨竹工卡县落实食品安全党政同责的实施意见》，完善党委领导食品药品监管工作体制机制；把食品药品安全工作纳入到县委、县政府年度综合目标绩效考核体系进行考核，所占权重达到3%，其考核考核结果作为综合评价领导班子及相关部门工作的重要依据；县委常委会、人大常委会、政府常务会先后7次听取食药工作专题汇报。

完成春节、藏历新年、全国“两会”“萨嘎达瓦”“雪顿”及“中秋、国庆”期间食品安全专项检查；围绕食用油、婴幼儿奶制品、

2018年9月17日，拉萨市食安办科长扎西（右二）一行到墨竹工卡县小学检查食堂食品安全管理工作

肉类、酒类等重点品种，在农牧区、校园及周边、旅游景区等重点区域开展专项整治，共出动执法人员380余人次，检查各单位食堂、食品经营主体8000余户次，查处问题食品3类（主要为零食类、饮品及生鲜肉类），涉及金额25000余元；监督县医院集中销毁麻醉类、一类精神药品类、清热解毒类、妇科类用药共计30余箱，总价值20000余元；口头责令整改单位22户次，下达责令整改通知书7份，责任约谈单位2家，下达监督意见书6份；开展生产企业食品安全专项检查，在墨竹工卡县直孔噶瑕农牧产业工贸有限公司进行专项检查2次，出动执法人员6人次；扎实做好农牧区集体聚餐风险防控工作，召开专题部署会2次，开展农牧区集中聚餐风险排查8次，出动执法人员20余人次；加大民间藏药经营单位登记备案工作力度，已完成2家。同时，在县人民代表大会、政协会议及中、小考期间，为确保食品安全，认真组织、提前介入，利用快检设备，先后对各大活动期间的食材、餐具等进行20余次快速检测，累计检查160余批次，认真落实《重大活动食品安全保障手册》工作要求，严格履行保障程序，未出现任何食品安全事故。

【校园周边食品安全监管】 年内，投入200余万元完成县中学一灶（共四灶）及唐加乡中心小学食堂升级改造；积极引入色标管理理念，推进学校食堂规范化科学化管理；打造校园食品安全文

2018年11月2日，墨竹工卡县食药局为各乡镇食品安全监管办公室发放办公用品

化墙，制作大型展板10处；利用快检设备抽检蔬菜60余批次，合格率达到97%以上；完成托幼机构食品安全量化分级37家；积极推进校园明厨亮灶工程，现已完成全县学校食堂安装视频工作；制定并发放食品安全各类操作规程1450张，制度495张；加大校园周边拉网式检查力度，每月均检查2次，没收不合格食品200余斤，货值金额5000余元；加大校园周边食品安全执法力度，处罚4950元。

【药品、药械监管】 年内，墨竹工卡县人民医院1家，乡（镇）卫生院7家，诊所2家，零售药店2家，全面实行药品监管网络和药品供应网络监管，为确保人民群众的用药安全，墨竹工卡县食品药品监督管理局每月对县级药械经营使用单位跟踪检查1次，每季度对8个乡镇卫生院跟踪检查2次。召开专题会议及培训会，要求各零售药店、诊所及县医院、乡镇卫生院严格登记易制毒特殊药品销售记录，及时报送不良反应信息。做好疫苗跟踪管理工作，在全县拉网式排查基础上，与墨竹工卡县人民医院、县疾控中心和7个乡镇卫生院举办疫苗管理专题会议，找准问题，采取切实可行办法切实维护全县人民疫苗安全。

【化妆品流通市场监管】 年内，组织开展125批次不合格染发类化妆品筛查活动1次，开展化妆品日常督查、检查专项工作10次，出动执法人员28人次，未查出无证经营情况及不合格产品。

【食品药品抽样检测】 年内，加大食品生产、流通、餐饮环节及药品经营环节的抽检力度，切实保障人民群众饮食用药安全，墨竹工卡县食品药品监督管理局完成市级食品药品抽检任务95批次。其中，7批次不合格（鸡蛋1批次、

调味面制品3批次、油条3批次)，已按照法定处理程序办结3批次(鸡蛋1批次、调味面制品2批次)，其余4批次(油条3批次、调味面制品1批次)正在核查处置中，县级抽检16批次，未发现不合格结果。2018年，医疗器械抽样7批次。其中，1批次不合格，已按照核查处置程序处理完毕。推进驻农贸市场食品快检室建设，提高县城境内农产品检测力度，3月份争取投入使用。

【学习培训】 年内，开展校园食品安全从业人员培训9场次，集中供餐单位从业人员培训4场，开展企事业单位食堂从业人员培训1场次，食品安全应急培训1次，校园食品安全交流学习1次，乡镇协管员、信息员专题培训1次，村级信息员及食品生产经营单位负责人《中华人民共和国食品安全法》巡回宣贯活动8场次，累计培训720余人次。围绕“四有两责”监管要求，“同时结合两学一做”主题教育活动、政治教育、政治纪律教育活动，不断加强理论学习，并深化理论对实际工作的推动力，做食药安全监管工作的“先头兵”。

【普法宣传】 年内，以“3·15”消费者权益日、综治宣传周、安全生产月、虫草采集期等活动节点为契机，大力开展各类食品药品安全宣传12余场。截至年底，发放宣传资料3万份、宣传围裙4000余条，环保布袋8000余个，笔记本3000余本，餐具套1000余份，设立大型宣传标语2处，乡镇宣传栏8处；结合“食品安全宣传周”，开展食品安全“护健康”、食品安全“进万家”、食品安全“我参与、我承诺”倡议签名活动，集中销毁不合格食品3万余元，发放《致广大干部群众的一封信》400余份，用餐温馨提示牌3000余份，在政府机关、银行、医院等人流量较大场所醒目位置悬挂宣传横幅130余条；开展村级食品安全知识集中宣讲2次，参与人员达100余人次，为提高群众食品安全常识奠定了良好基础。

(邓丽影)

【领导名录】

局　长

宗　　吉(女，藏族)

副局长

拉巴仓决(女，藏族)

墨竹工卡县人民医院

【概况】 墨竹工卡县人民医院是一所集医疗、教学、科研、保健、预防、健康管理为一体的综合性二级乙等医院。医院占地面积20428.4平方米，总建筑面积11552.2平方米，其中业务用房10070.8平方米，生活用房1481.4平方米。2018年，墨竹工卡县人民医院工作人员共188人(在编109人，聘用79人)，本科学历77人，专科学历46人，中专及以下65人。卫生技术人员148人(临床65人，护理53人，药剂13人，医技19人)，职能、后勤工作人员46人。专业技术职称结构分：高级职称6人，中级职称19人，初助、理级职称52人，员级71人。

【基层党建工作】 年内，墨竹工卡县人民医院党支部深入开展“两学一做”学习教育，定期开展十九大精神学习、党风廉政教育，并按季度向主管副县长汇报党建和党风廉政工作开展情况。2018年在32名递交入党申请书的干部职工

2018年11月5日，墨竹工卡县委副书记、县长旦增尼玛到县人民医院调研

中，按照“重质量，不重数量”的原则，经党员大会举手表决通过2名干部职工的入党申请。

【业务数据】 年内，2017年10月—2018年9月门诊量共有50626人次（其中西医33808人次、藏医7223人次、急诊9595人次）；住院总人数2403人次（内外儿科住院1066人次，妇产科住院1201人次，藏医住院136人次）；手术114台次（其中妇产科36台次）。

【健康教育】 年内，墨竹工卡县人民医院领导高度重视健康教育工作，把此项工作列入重要议事日程来抓，组织开展各类培训、讲座、健康宣教、免费检测活动9次，一氧化碳含量免费检测1000余人，发放控烟药品70余盒，价值约13000元。

【严格控制抗生素使用率】 年内，住院部抗生素使用率31.26%，门急诊抗生素使用率17%，符合卫生部限定要求，同时公布前十位抗菌药物用量及前十位医师使用情况，以促进医师合理用药，有效遏制抗菌药物滥用情况。

【岗前培训】 年内，墨竹工卡县人民医院接受8名乡镇卫生院医师、1名护士来院规培。7月6日，西藏大学医学院临床医学专业的20名学生，到县医院进行为期2个月见习活动，期间开展岗前培训、法制教育、临床带教、下乡义诊等工作。

【落实绩效考核】 年内，根据县政府下发的《关于同意通过墨竹工卡县意绩效考核分配方案的批复》，1月，墨竹工卡县人民医院按月份开始发放医院绩效考核奖。

【“三病”筛查】 6月13日，在工卡镇工卡村开展农牧民“三病”筛查工作。计划完成3671人，完成3518人，筛查率达到95.8%。

【义诊送药】 年内，根据市、县工作安排，墨竹工卡县人民医院组织援藏医生、区藏医科专家、医院骨干医生到各乡镇、各驻村驻寺工作队、学校、养老院等，开展健康宣教、下乡义诊活动22次，免费发放药品价值约6万元，深受广大群众欢迎和称赞。

【急救中心使用情况】 墨竹工卡县地处318国道，且墨竹工卡流动人口较多。截至年底，急救中心已投付使用将更好地应对突发事件，从而实施快速、有效的抢救，为保障人民群众身体健康和生命安全起着重要作用。

【全面推行分级诊疗制度】 年内，结合拉萨市分级诊疗疾病谱，由援藏专家根据墨竹工卡县地域特点和病种特色，新增49种疾病，将墨竹工卡县普通疾病谱增加到276种，重大疾病谱新增至32种。

【信息系统升级改造】 年内，对医院信息系统进行全面的升级改造。截至年底，实现全院信息网络全覆盖，提高了电子病历书写质量，为患者就诊提供方便快捷的服务，使医院的管理水平和服务水平得到明显提高。2018年，开展远程会诊16例，实现医疗资源共享，也使广大患者不用出县，在本地即可享受高水平医疗技术服务。

【开展新技术、新项目】 年内，墨

2018年11月14日，拉萨市级评审专家（右二）到墨竹工卡县人民医院开展等级医院评审工作

2018年10月17日，墨竹工卡县人民医院开展跨喜马拉雅自行车极限赛医疗保障工作

竹工卡县人民医院B超室开展甲状腺彩超，妇产科开展再次剖宫产术，已运用腹腔镜开展妇科、外科手术。

【人才培养】 年内，墨竹工卡县人民医院选派6名专业技术人员到南京对口帮扶医院进修学习，涉及专业有：信息、B超、急诊、妇科、外科、手术麻醉等。由南京援藏医生、区藏医院专家开展全院业务学习10次，在科室内开展业务学习100余次。内容涉及心肺复苏培训和呼吸系统影像读片、皮下避孕埋植剂、异常子宫出血诊断与治疗等多个方面，区内各种短期培训14人次。

【"二甲"医院创建】 1月，制定《墨竹工卡县人民医院等级创评实施方案》，从2月起经过6个月的院科两级自查、梳理和完善各项工作台账，于8月21日接受由南京市秦淮区卫计委、南京市红十字医院联合组成的专家组的检查，11月顺利通过市级预评审工作。

【能力建设】 年内，转诊315人次，同比下降15.2%（急诊转诊158人次，内外儿转诊72人次，新生儿转诊43人次，孕产妇转院42人次）。

【财务管理】 年内，根据墨竹工卡县人民医院发展需求，支援医院派出1名会计师到县医院进行援藏工作，通过建立成本核算管理制度，制定财务各级人员相关职责，建立财务报表，实施绩效工资管理制度，完善院内价格管理制度，对药品、耗材物品实施财务管理等措施，从而使医院资金审核和使用更加严格。

【信息化建设】 年内，为患者减轻排队负担，减少非候诊的等待时间，医院设置自助发卡和自助报告打印设备。病人所有医疗信息全部数字化，满足以病人为中心的查询要求，使患者满意度大大提高。使用合理用药模块，对临床医生有效、安全、经济的制定给药方案提供了一定的指导。

【新增科室】 年内，墨竹工卡县人民医院紧紧围绕患者需求，提供优质、高效、满意、放心的医疗服务。7月2日，成立儿科。9月，新生儿洗浴中心建成并投入使用。

【开展医联体建设】 开展医联体建设，是整合区域内医疗资源，促进优质医疗资源下沉，提升基层医疗服务能力，完善医疗服务体系的重要举措，结合县医院实际情况，5月25日与市人民医院签订"区域医疗联合体协议书"。根据县卫计委关于《乡镇卫生院托管方案》的文件要求，7月24日与扎雪、尼玛江热、日多、甲玛4个乡卫生院签订县乡医疗联合体协议书，本级政府投入865万元用于各乡镇卫生院建设，具体为：385万元用于购置各乡卫生院彩超，130万元用于购置甲玛乡、扎雪乡卫生院设备，350万元用于各乡卫生院信息化建设。墨竹工卡县人民医院将中层以上管理人员及中级以上职称人员列入县乡医联体专家库，从而促进院前、院内急救的密切合作和无缝对接，为患者提供安全、有效、方便的医疗服务。

（吴玉姣）

【领导名录】

党支部书记、副院长

贡　嘎（藏族）

党支部副书记、院长

黄　丹

副院长

次旦顿珠（藏族）

墨竹工卡县疾病预防控制中心

【概况】 墨竹工卡县疾病预防控制中心位于工卡镇（原）县小学院内。负责全县的疾病监测、预防接种、健康教育、地方病防治、慢性病调查、统计、分析、突发公共卫生事件的处置、各种传染病、流行病的预防监测、统计、分析、报告和处置、全县卫生（包括学校卫生）监督，传染病防治监督；负责全县妇幼保健工作、包括孕产妇建卡、产前产后访视的监督管理，0～14岁儿童的系统管理统计，全县孕产妇及儿童死因分析报告。墨竹工卡县疾病预防控制中心共有职工16人，其中专业技术人员13人，工勤2名（其中驾驶员1人），公益性（后勤工作人员）1人；学历结构：本科9人、大专4人、中专2人，中专以下1人。专业结构：公共卫生9人、西医临床1人、藏医3人，其他3人；职称结构：（专业技术）中级1人、初级11人，员级1人；（工勤）高级1人、中级1人，其他1人。科室分类：中心办公室、地病科、流病科、结防科、卫生监督科、计免科、慢性病防治科、健康教育科、妇幼保健科。

【传染病防控】 年内，全县七乡一镇以电话、网络形式共报乙、丙两类传染病10种210例，发病率为389.66/10万（总人口为53893人），乙类传染病发病6种125例，发病率为231.94/10万（总人口为53893人），占发病总数的59.71%；丙类传染病发病4种85例，发病率为157.72/10万（总人口为53893人），占发病总数的40.29%；年内无传染病死亡病例，无甲类传染病报告。能够按时报告相关传染病疫情，未发生疫情漏报、瞒报和误报、重报等现象。

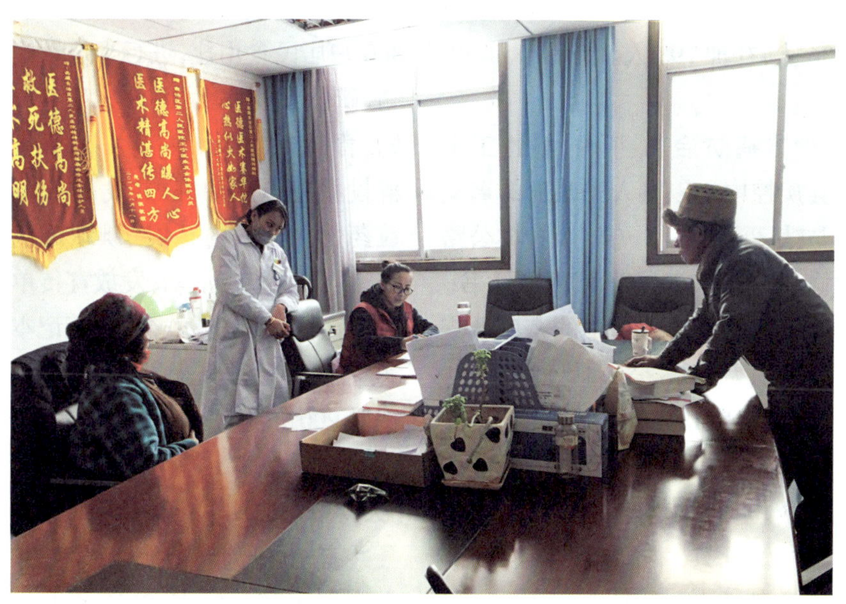

2018年5月28日，墨竹工卡县疾控中心专派慢病科负责人接送疑似精神障碍病例到自治区二医院做筛查

【结核病防治】 2017年11月1日至2018年10月31日，全县初诊病人登记数38人，病人登记管理27人，其中确诊新发阳性3例，复发阳性0例，无死亡病例，新发涂阴13例，复发涂阴3例，结核性胸膜炎6例，患者管理率100%。

【基本公共卫生（慢病监测）】 年内，墨竹工卡县高血压病患者累计1594例，管理人数共1592例，其中死亡2例，随访人数1471例，管理率达100%；Ⅱ型糖尿病患病患者共49例，管理人数47例，死亡1例，随访47例，管理率达97.92%；重性精神病确诊患者25例，管理患者25例，均已建立档案进行随访管理，管理率达100%，并将19名精神病患者送往西藏自治区第二人民医院接受治疗，通过对患者的管理和随访及治疗，使群众得到良好的卫生服务，尽可能地满足了慢性病患者的卫生服务需求。

【高血压综合防控试点】 年内，按照国家项目要求，结合墨竹工卡县实际，将唐加乡和日多乡作为高血压综合防控试点乡，针对400名高血压患者开展规范化管理工作，同时选择县人民医院作为试点医院，规范化管理心血管患者共200名。有效降低和控制心脑血管疾病的发生和早死，提高居民人群预期寿命。

【营养监测调查项目】 墨竹工卡县作为全国302个监测点之一，县疾控中心严格按照国家监测项目工作要求，先后成立领导小组、调查小组，并制定工作方案，县疾控中心按照国家监测项目工作要求，于2018年7月开始着手此项工作，召开慢性病与营养监测项目工作安排部署动员会，利用20天时间，完成3个乡6个行政村的18周岁以上564名农牧民群众进行询问调查、医学体检、实验室检测和膳食调查。采集血样496份，均已送至国家指定的实验室进行检测，待国家实验室的结果收到后，将一一反馈给被调查群众。

【常规免疫】 年内，儿童计划免疫预防接种平均接种率为97.75%；乙肝疫苗首针及时率99.09%。乙肝疫苗三剂次应种2089人，实种2085人，接种率99.81%，卡介苗应种670人，实种668人，接种率99.70%；脊灰疫苗四剂次应种3096人，实种3080人，接种率99.48%；百白破疫苗四剂次应种3156人，实种3140人，接种率99.49%；含麻疫苗（麻风、麻腮风）应种1666人，实种1651人，接种率99.1%；其中，麻风疫苗应种814人，实种812人，接种率99.75%；麻腮风疫苗应种852人，实种839人，接种率98.47%；a群流脑疫苗二剂次应种1350人，实种1345人，接种率99.63%；甲肝疫苗应种884人，实种874人，接种率98.87%；a+c流脑疫苗二剂次应种1870人，实种1858人，接种率99.36%。

2018年10月25日，墨竹工卡县疾控中心联合县人民医院对县中学生进行结核菌素接种

【查漏补种】 年内，乙肝疫苗漏种19人，补种19人，补种率100%；甲肝疫苗漏种22人，补种22人，补种率100%。

【儿童入托、入学预防接种证查验】 年内，墨竹工卡县查验儿童数2186人；查验率100%，补证36人，补种793人。

【地方病防治】 年内，墨竹工卡县疾控中心以县人民政府的名义与辖区内8各乡（镇）及拉林公路修建公司签订鼠防目标责任书；鼠疫自然疫源地宿主的密度调查总面积为1435公顷，见獭总数19只，獭密度0.01只/公顷（控制在0.5只/公顷的控制线内）投药堵洞数位203，废弃洞为120，布放鼠夹300只，捕鼠数13只，捕获鼠体蚤7个；采集47份狗血（鼠疫易感动物血清）和20份活旱獭血清，均已送至拉萨市疾控中心地病科进行检测，结果均为阴性；全年共发现病死旱獭5例，经快速检测，结果均为阴，所有自毙旱獭就地消毒深埋处理旱獭残体；对疫情的报告制度做到“不迟报、不漏报、不瞒报”。

【碘缺乏病防治】 年内，墨竹工卡县划分5个抽样片区，随机抽取300户居民食用盐，进行半定量检测，碘盐食用率为100%；对孕产妇、育龄妇女及1～3岁儿童人群投服应急碘油丸，共发放4005粒药物。辖区内开展“碘缺乏病防治”知识宣传活动，发放宣传单320余张、文具盒40余份、笔记本80余份、书包30余份，防治知识手册200余本。

【大骨节病监测】 年内，墨竹工卡县共有70例大骨节病人，均建立个人档案和治疗卡，2018年共发放药物布洛芬缓释胶囊200盒、吲哚美辛肠溶片160瓶,复方杜仲健骨颗粒140盒,藤黄健骨胶囊300盒。对辖区内7～12岁儿童和成人大骨节患者共534人进行筛查(7～12岁502人,成人32人),其中临床诊断为Ⅰ度1人。

5月9—10日,墨竹工卡县开展调查大骨节病病区内、外环境影响因素的水平工作,严格按照方案要求,高质量完成所需检测样本采集,共采集粮样60份、6～12岁儿童发样60份、土壤样20,将所有采集样本均已送至自治区地病所进行检测。

【包虫病流调工作】 年内,继续加大力度以患者救治工作为主的完成各项相关任务。县委、县政府投入经费10万元,为持续开展工作提供了强有力的经费保障。截至年底,墨竹工卡县共有151例病人,其中符合手术治疗107病例,药物治疗34病例,钙化10例(无须治疗);已完成手术治疗患者83例,药物治疗34例(其中2人因药物不良反应拒绝服药);未手术治疗24例,其中3人孕妇、1人精神病、1人心脏病手术禁忌症、1人去世、签字并按手印拒绝手术患者18人。将所有包虫病患者建立档案定期随访,掌握患者的疾病动态及术后恢复情况。

【健康教育】 年内,利用各种形式,多渠道全方位地开展健康教育宣传活动。利用各类宣传日、宣传周在人群较多的地方开展麻风病宣传、慢性病系列宣传周、计划免疫宣传周、结核病宣传日、世界卫生日宣传等共宣传16期丰富多彩的健康教育活动,将宣传活动进村(入户)、入乡、入学校、入矿企业等以及发放各种藏汉为主的宣传资料13类8990余份、展出宣传展板13种75张及26余横幅,发放宣传礼品510余,发放安全套850支,受益人数达到6674余人;居民健康教育普及率为达98%。按照上级要求按时已完成居民健康素养监测问卷调查240份,成人吸烟率流行监测调查480份,共计720份问卷调查已完成。墨竹工卡县疾病预防控制中心深入到镇、村对广大群众进行宣传,设立性病艾滋病广告6幅,对乡(镇)专干、居民、学生积极开展艾滋病知识5次培训和讲座,参会950人/次,发放宣传材料2300余份、1500余安全套。同时对高危人群进行性病、艾滋病健康教育和问卷调查。此外,2018年HIV病人随访6次其中没有死亡及重症病例,新增1例,积极开展性病、艾滋病的健康教育和免费自愿咨询检测工作。艾滋病咨询检测初筛人次数1360人,其中未发现艾滋病、丙肝病例。酒吧暗娼干预140余人,另外艾滋病海报及藏汉双语知识读本新增4种。

【学校卫生监督】 年内,墨竹工卡县共有10所学校,其中1所中学、8所小学、1所幼儿园,对各所学校饮用水和学校卫生开展定期或不定期卫生监督检查4次、其中联合监督检查1次、累计监督户数37户、卫生监督覆盖率达100%、卫生合格率达95.5%、各所学校食品从业人员体检率及两证持证率均达100%。

【公共场所卫生监督执法】 年内,墨竹工卡县共有25户公共场所,发放卫生许可证5户(延续和新办)、从业人员共有44人、体检44人、发放健康证44人、两证持证率达100%。对从业人员培训卫生法律法规知识1次、累计培训110人次、参训率达95.5%、知晓率达93%。发放公共场所管理制度23份,已建立卫生监督举报投诉制度并公布监督举报电话。

【生活饮用水检测】 年内,墨竹工卡县需完成23个监测点采样11份(枯水期、丰水期),城镇集中式供水3个点、农村集中式供水20个点(农村学校)检测送样79份,检测结果均已录入国家饮用水水质监测信息。按照项目要求,对5个乡18个行政村90户、5所小学进行农村环境和学校卫生状况监测工作,完成项目县基本情况调查表1份、监测点情况调查表18份、家庭入户调查表90份、农村学校卫生调查表5份。土壤采集样品及数据录入:检测蛔虫卵18份、重金属检测样品18份。

【卫生监督协管员培训】 年内,七乡一镇共有16名卫生监督协管员,卫生监督协管员培训1次、共培训人数16人/次,协管员对所属辖区范围内学校卫生巡查18次、生活饮用水巡查7次、公共场所巡查9次。

【公共场所】 年内，墨竹工卡县辖区新开3家公共场所进行卫生监督量化分级管理工作，25家公共场所实行量化分级管理。评审结果为：B级单位1家理发店，C级单位24家：沐浴场所8家、美容美发8家、住宿店8家。

【食品风险监测】 6月6日，采集干豆类3份、豆腐3份（每份1000克），当天送至拉萨市疾控中心实验室检测。6月26日，采集本地产糌粑2份、鲜奶2份、0～6月婴幼儿配方奶粉3份、鸡鸭肉个1份（每份1000克），芝麻酱2份、花生调味酱1份、酱烧鸡肉汉堡2份、土豆肉丝盖饭1份、DHA益生菌小米糊2份当天送至拉萨市疾控中心实验室检测。

【孕产妇管理】 年内，墨竹工卡县发现孕产妇总数为1853人，其中孕妇数901人，建卡数901人，建卡率100%，早建卡874人，早建卡率97.%。产妇数952人、分娩数959，其中双胎7对，其中住院分娩数952人，住院分娩率100%。产妇系统管理952人，产妇系统管理率100%，新法接生数952人，新法接生率100%，剖腹产54例，剖腹产率5.73%。产前检查5次数952人。产检率100%，产后访视三次数951人，访视率为99.9%。筛选高危孕产妇数323人，其中高危产妇170人，产前检查6次以上170人，检查率100%。产后访视3次以上169人，访视率99.4%。高危住院分娩170人，其中上级转诊42人，转诊率24.7%，

2018年3月19日，墨竹工卡县疾控中心专业人员到县南京实验小学开展健康教育讲座

住院分娩率100%。孕产妇死亡1例，死亡率121.65/10万。

【儿童系统管理】 年内，墨竹工卡县0～7岁以下儿童数6856人，应保健覆盖人数6856，实际保健覆盖人数6518，管理率95.07%；全县0～5岁以下儿童数5115人，应管理人数5115人，实际管理人数4893人，管理率95.7%。其中低体重人数23人、生长发育迟缓数16人、超重人数0人。血红蛋白检测人数4159人，其中贫血人数16人，中重度贫血人数0人；0～3岁以下儿童数2976人，应系统管理人数2976人，实际系统管理人数2904，管理率97.6%；全县0至7岁儿童四病发病数266例，其中：肺炎125例、腹泻127例、贫血14例、佝偻病0例，四病发病率3.9%，治愈率100%；分娩总数959人，其中双胎7对，出生活产数942人，死胎死产17例、七天内死亡4例、围产儿死亡率21.9‰；新儿死亡4例，死亡率4.2‰；婴儿死亡9例，死亡率9.6‰、1～4岁死亡3例、0～5岁儿童死亡12例，死亡率12.73‰。

【增补叶酸预防神经管缺陷项目】 年内，墨竹工卡县大力开展全县卫生院长及妇幼专干关于出生缺陷的知识宣教培训，在全县范围内大力宣传叶酸增补相关知识，提高待孕妇女的优生优育意识，预防出生缺陷的发生，共发放叶酸数3432盒，产妇在孕早期服用叶酸人数765人，服用率80.4%。叶酸服用依从人数765人，依从率100%。增补叶酸知识调查人数1324人，知晓人数1320人，知晓率99.7%。共发现3例唇腭裂。

【儿童营养项目】 年内，墨竹工卡县贫困地区儿童营养改善项目惠及8个乡镇满6个月至2周岁儿

童，共发放营养包7473盒，应领取7473人次，实际领取5676人次，发放率达76%。并在各乡镇进行3次督导检查，督导主要检查营养包储存、发放、登记及儿童服用情况并针对存在的问题进行现场反馈，及时提出整改意见。

（西 洛）

【领导名录】

主 任

普 琼（藏族）

副主任

央金拉姆（女，藏族）

旦 增（藏族）

墨竹工卡县文化旅游新闻出版广电局（文物局）

【概况】 墨竹工卡县文化旅游新闻出版广电局（文物局）业务范围涵盖文化、旅游、新闻出版、广播影视、文物等5大类，下设广播电视台、局办公室、扫黄打非办、村村通管理站、2131电影放映站、新华书店等6大科室。2018年，墨竹工卡县文化旅游新闻出版广电局（文物局）积极贯彻落实科学发展观，坚持安全发展理念，按照中央、自治区和上级主管部门各项要求，把防范安全事故作为重中之重，切实加强日常监督。结合墨竹工卡县丰富的非物质文化遗产，狠抓旅游文化产业发展，落实安全播出、扫黄打非、文物安全等各项工作，充分利用新华书店、广播电视"村村通""舍舍通"、文化创建等平台，深化专项整治，建立健全新闻出版广播影视长效机制，实现墨竹工卡县文化旅游新闻广电事业又好又快发展。

2018年，累计接待游客137.5万人次，同比增长4.88%，实现旅游综合收入3025万人次，同比增长2.9%。全县参与旅游人数2844人，旅游从业人员37人，农牧家乐共计52户。完成思金拉措门票定制工作，新增更新旅游标示标牌，制作达普天文历算台、思金拉措、德仲温泉等标志标牌。争取市局标识牌项目，确定高炮点位及旅游标识牌点位。

【保障群众基本文化权益】 年内，顺利通过国家第三批公共文化服务体系示范区创建，墨竹工卡县各文化站均按"创建指标"达到要求。根据拉萨市、墨竹工卡县文化系统2018年度考核责任书，完成在墨竹工卡县驻村工作队中送文艺演出62场次的目标任务，其中9支业余文艺演出队中，妇女比例占总文艺队人数65%，比2017年提高10%。同时按照月月有活动的要求，在春节、"藏历新年"等重要节庆期间以送文艺形式，联合各乡镇、相关单位送文艺演出达66场次，参与人数达47128人次。开展送文艺、图书漂流、送藏戏、和谐乒乓球等活动，联合教体局开展首届运动会、协助农牧局开展首届墨竹工卡县农民丰收节、协助妇联组织开展"3·8"妇女节爱国主义电影放映等活动共计22余次。

【公共服务设施平台建设】 年内，墨竹工卡县文化活动中心已经达到"5室3厅1房"功能布局，8个乡（镇）文化站，均已达到"4室1厅"功能布局，且都已完成统一挂牌、建立微信工作群、馆内文化墙制作、功能房各项制度制定、馆（站）内健身器材、棋牌室、信息资源共享室、图书阅览室等均按创建要求制定并投入使用。争取

2018年10月26日，墨竹工卡县委常委、副县长张德才主持召开旅游市场专项整治会议

援藏资金1600万元，用于修建公共文化服务设施建设项目。完成县文化馆、各乡（镇）文化站、40个行政村“农家书屋”的图书进行“云图书馆”录入，共录入书籍85012册，基本建成以县级馆为中心、各乡镇综合文化站为辐射、村级文化阵地为延伸的总分馆式的公共文化服务网格。

2018年4月13日，墨竹工卡县文化旅游新闻出版广电局党支部书记李红霞开展讲党课活动

【旅游景区环境卫生整治】 年内，开展各类旅游专项整治工作70余次，尤其在各大节假日期间加大对景区（点）的环境卫生整治力度。开展德仲温泉“回头看”整改工作，并联合卫计委、环保局等部门单位对德仲温泉开展“回头看”专项检查工作，于2018年6月20日完成销号工作。开展米拉山集中环境整治工作20余次，落实区、市、县各级政府关于安全生产工作的会议及文件精神要求，对景区（点）和旅游市场开展消防安全、汛期安全等检查共计85次，其中排查安全隐患15次。9月，开展旅游市场“法治西藏”普法宣传活动，积极引导各族游客遵法守法、文明旅游，营造和谐、稳定的墨竹旅游市场环境。

【多渠道争取旅游项目资金】 年内，完善旅游产业项目库（具体到各乡镇旅游项目库），将项目分为近期、中期、远期项目进行梳理，对急需建设的项目提前完成各类前置手续及设计工作，并对未来几年需要建设的项目提前开展设计工作。完成德仲景区建设项目、直孔景区建设项目的所有前期工作，上报雅嫩景区、德仲温泉景区、乡村旅游示范点、智慧旅游系统建设等项目资金申请，为实现墨竹工卡全域旅游发展争取资金，同时稳步推进各类在建旅游项目建设进度。

【宣传推广墨竹工卡旅游】 年内，墨竹工卡县先后举办“思金拉措”徒步游、“首届油菜花艺术节”“2018首届‘醉墨竹’非遗旅游文化艺术节”，积极参加“藏博会”“拉萨市雪顿节藏戏季”等活动，完成“2018年首届喜马拉雅自行车极限赛”墨竹段赛事。通过将环保、旅游、文化、非遗等元素融入旅游文化主题活动中，提升墨竹工卡县旅游对外宣传力度。6月，参加由江苏省旅游局主办的南京房车展，提升旅游对外影响力。

【旅游规划】 年内，按照拉萨市全域旅游发展总体要求墨竹工卡县完成《墨竹工卡县全域旅游规划》编纂工作招标事宜，制作墨竹精品文化旅游产品。

【发挥广播电视台主流媒体作用】

年内，《墨竹新闻》紧紧围绕县委、县政府中心工作，配合县直各相关部门提供年鉴、封面、收集影像资料等工作。负责剪辑、录制精准扶贫基本知识、换届选举基本知识以及中华小导游、优秀青少年、法官在基层等微视频、公益广告等内容。《墨竹新闻》共报道汉语新闻105期；藏语新闻105期；一周要闻104期，其中汉语版52期、藏语版52期。围绕墨竹工卡县工作全方位、多角度、深层次开展宣传报道，向区、市各大媒体提供视频及稿件，其中被西藏日报采用了194条，拉萨晚报采用278条，拉萨电视台采用36条，微墨竹采用476条。

【有线电视数字化改造】 年内，为了给墨竹工卡县百姓提供丰富的广播电视节目，提高广播电视质量，稳定信号来源，开展墨竹工卡县广播电视数字化改造工程，覆盖用户500户，数字化改造入户161户，完成BOSS系统500张智能卡资源编码工作，300个机顶盒资源编码录入。

【广播电视节目无线数字化工程】 年内，墨竹工卡县中央广播电视节目无线数字化工程建设的配电系统改造、通风空调改造、铁塔检修及修缮工作、安装铁塔网围栏、悬挂警示牌等工作于2018年初全部完工。组织专人对墨竹工卡县40个行政村及自然村的卫星地面接收设施进行维护、升级。共更换支架17700个、高频头6430个、遥控器1690个，维修机顶盒7932台、天线面672个，开展4次巡查维护，对仓库进行管理，出入库登记造册，设备到货验收、保管、调动等工作。其中完成精准扶贫搬迁户调试，更换，安装支架2251、高频头178、机顶盒76、遥控器104、天线面41。已全部完成全县“户户通”置换项目网上录入工作。墨竹工卡县广播电视“村村通”“舍舍通”“户户通”覆盖率均已达到99.6%。

【电影放映】 年内，坚持“面向基层、服务农牧民”的农村电影放映工作方针，努力使农村一村一月看到一场电影。墨竹工卡县七支电影放映队，深入虫草采挖点、农牧区、寺庙、敬老院、部队、工地等放映《厉害了，我的国》《雪山泪》《湄公河行动》《战狼2》《百团大战》等影片电影520余场，观影人数达133800余人次；“天边之乡”数字影院实行每周三播放爱国主义影片，不仅丰富了广大群众精神文化生活，重温历史、缅怀先烈，更是加深对党的认识、弘扬党的优良传统，教育引导了群众跟党走的决心和信心。

2018年5月18日，墨竹工卡县召开创建国家第三批公共文化服务体系示范区工作推进会

【广播电视安全播出】 年内，为确保广播电视设施安全正常运行，重点保障期、重要时段安全播出，强化组织领导、统筹协调安全播出工作，开展应急演练，完善安全播出工作机制，加强值班，落实领导带班制度，加强对机房监控。墨竹工卡县广播电视台每月开展一次有线电视线路巡查，安排24小时双人值机，外出维修队24小时待岗，确保全县2018年度安全播出工作。

【扫黄打非】 年内，墨竹工卡县共有文化经营单位26家，其中音像制品店2家，打字复印店11家，歌舞娱乐场所8家、网吧2家、邮政快递行业3个。为始终确保墨竹工卡县意识形态领域的绝对安全和文化市场领域的安全。以“打”开路，大力查办“三项重点”。以“扫”除毒，全面开展“五项”净化。深入贯彻落实党的十九大精神，切实为两节做好文化环境监管工作。在墨竹境内开展集中整治34次，出动人力129人次，出动车辆54台次，共检查经营单位182家次，警告2家，停业整顿3家，限期整改2家，下发整改通知书2份，查处违禁歌碟4张，查处歌舞娱乐场所（KTV）点歌系统违禁歌曲4首，罚款2000元，没收盗版藏历力书3本。同时联合县教育局利用每周一、四对全县七乡一镇所有小学开放网络安全课，并在县城广场LED屏上同步播放。

【文物保护】 年内，墨竹工卡县野

外文物看管点128处，其中区级19、市级32处、未被列入级别的77处。开展野外文物点检查过程中，新发现野外文物点60处，其中有7处已邀请自治区文联所的专家进行鉴定。加大各寺庙文物安全巡查力度，对墨竹工卡县文物古建筑、旅游场所进行消防安全检查，坚决预防和避免各类消防安全事故的发生，联合县民宗局、县消防大队等部门，对直孔替寺、艾玛日寺、群觉兵器博物馆等文物古建筑及旅游场所等开展消防安全专项检查，对30余家存在安全隐患的文物保护单位，进行下发整改通知书，限期整改，共检查30余家、参与人数60余次。

【文物保护项目建设】 年内，直孔替寺“扎西果芒”殿修缮工程、唐加寺保护工程项目都已经完成总工程量的95%；艾玛日寺文物库房建设项目有序开展，同时严格按照上级部门要求进行项目审批程序；本级财政投资50万元，完成墨竹工卡县43座寺庙、拉康、日追等监控、防护栏、保险柜的安装配备工作。

【文化产业发展】 年内，墨竹工卡县拥有国家级非物质文化遗产5个、自治区级4个、拉萨市级11个、县级23个。组织非遗传承人及唐加卓舞非遗团队一同到南京参加“高原巧手圣地匠心”文创西藏精品巡展活动；其玛卡藏戏、宗雪藏戏受邀参加拉萨市文化文物局主办的“雪顿藏戏演出季活动”。成功申请直孔藏香制作技艺、直孔噶举派音乐、直孔噶尔羌姆等国家级非遗项目保护经费共计110万元，兑现2017年非物质文化遗产保护资金45万元以及戏剧普查鼓励资金8万元。

（郭小霞）

【领导名录】

局　长

李红霞（女）

副局长

次旦旺姆（女，藏族）

益西措姆（女，藏族，3月任）

墨竹工卡县农牧（科技）局

【概况】 2018年，墨竹工卡县农牧（科技）局严格按照县委、县政府统一部署，深刻学习领会党的十八大对“三农”工作提出的新任务、新要求，认真履行对“三农”工作的服务职责，切实发挥作用，协调配合，统筹推进，认真开展农牧业生产各项工作。主动深入乡（镇）、村组，开展调查研究，科学研判农牧业发展形势，准确把握农村社情民意，为破解农村经济社会发展难题提供科学依据。

2018年，墨竹工卡县总播种面积11.11万亩，粮食作物播种面积达到6.16万亩，产量达到2.47万吨，比2017年增长0.01万吨；青稞面积为5.52万亩，产量达到2.2万吨，比2017年增长0.01万吨。绿色高产创建田6.6万亩，比2017年增加1.1万亩，实施甲玛乡整乡推进绿色有机示范项目0.55万亩，推广“喜拉22号”0.34万亩，“藏青2000”面积4.27万亩，在拉林高速沿线推广万亩油菜种植项目1.04万亩。

【农用物资指标及调运】 2月，墨竹工卡县开始安排部署春耕春播物资调运，积极调配种子、化肥、农药等物资。2018年农牧局共计外调种子47.8万斤、群众内部调

2018年3月12日，西藏自治区农科院党委书记马菁林（前排左二）到墨竹工卡县检查指导工作

剂25万斤，共调剂种子72.8万斤。鼓励老百姓能够积极参与连片种植，加大县连片种植面积；解决老百姓种子销路，增加老百姓收入。共调运化肥共计865吨，其中二铵165吨、尿素300吨、复混肥300吨、氯化钾100吨。调运农药共计8吨。

【春耕备耕】 年内，墨竹工卡县农牧（科技）局领导带队多次到各乡（镇）调研春耕备耕工作准备情况，春播备种及农家肥积造和农机具维修等情况，督促各乡（镇）及时做好春耕备耕工作，为切实做好春耕春播工作，给各乡（镇）下发2次春耕备耕工作落实通知，并要求各乡（镇）春耕春播期间必须统一选种、统一种子包衣、统一工机械化耕作、统一播种、统一播量来实施春播工作、在春播期间农牧局下派技术人员到各乡（镇）开展蹲点指导工作。

【草害综合防治】 年内，制定《墨竹工县农田草害综合防控工作方案》，成立工作领导小组，与各乡（镇）签订田间管理责任书，并实行县技术员包乡、入村机制，3月开始进行草害防控、农家肥积造等培训，培训农牧民达800余人次，为病虫草害防治工作提供技术支撑。

【防抗旱工作】 年内，按照市局要求，本着“有灾抗灾、无灾防灾、常备无患”原则，随时应对可能出现的各种灾情，安排部署防抗灾的各项前期准备工作，督促乡、村、

2018年7月1日，墨竹工卡县农牧（科技）局局长达瓦次仁主持开展庆祝建党97周年系列活动

组层层储备充足的饲料、饲草、药品、粮食等防抗灾物资，进一步加强灾害监控力度，储备抗灾物资一共5吨粮食、60吨化肥、5吨农药，确保全县春耕生产工作正常有序开展。此外组织工作人员全面排查农田水利设施隐患，尤其是防寒基础设施排查已全部完成，能够应对极端天气变化，全力保障农业生产需求。

【农产品检测】 年内，农产品质量安全检测站以生产基地、农贸市场农残检测为重点，全年进行监管检测。同时协助有关部门完成农贸市场、超市的果蔬进行农残检测，按时完成例行监测工作任务。年内，共抽检蔬菜、水果样品200个，例行检测样品合格率为99%，按月完成检测和数据上报工作。

【畜牧业】 年内，墨竹工卡县牲畜存栏13.43万头（匹、只），畜禽出栏5.54万头，家禽出栏0.48万只，新生仔畜3.75万头（匹、只）、成活3.62万头（匹、只），成活率96.5%，肉产量0.61万吨，禽蛋产量49.04吨。奶产量1.31万吨。

【动物防疫】 年内，成立以县委副书记、县长旦增尼玛为指挥长，副县长巴桑为副指挥长的非洲猪瘟防控应急指挥部，制定出台墨竹工卡县非洲猪瘟防控应急预案和非洲猪瘟可疑疫情应急处置指南及非洲猪瘟紧急排查工作方案。建立非洲猪瘟疫情预警、预报体系和机制，严格落实24小时专人值班和领导带班制度，强化应急储备工作，实行县包乡、乡包村、村包户的非洲猪瘟防控联络体系，确保非洲猪瘟疫情不传入墨竹工卡县、不传入拉萨。严格按照区、市重大动物疫病防控工作要求，开展禽流感H5N1型疫苗、O—A—Ⅰ型三价苗、猪口蹄疫O型灭活疫苗等强制免疫工作，注射率100%，做到“县不漏

乡、乡不漏村、村不漏户、户不漏畜、畜不漏针、针不漏量”的注苗要求，翔实填写免疫档案、免疫登记卡，实行统一审查、统一保管，确保全年境内不发生重大动物疫情。

【动植物检疫】 年内，加强动物及产品的检疫，畜禽及产品实行准入制，凭检疫合格证上市交易，有效杜绝病害动物及产品的流通，防止动物疫病的扩散。加强对畜产品安全质量的监管、监控。动检人员做好上市畜禽及产品的日常查验，未经检疫或检疫不合格的动物及产品严禁上市销售。重大节日期间，联合工商、食药局、卫生等部门组成联合执法组，对集贸市场、经营户进行突击检查；实行市场准入制，把好市场准入关，凭检疫合作证上市交易，齐抓共管，建立长效机制。通过加强生产、加工、流通环节的监管监控，确保畜产品质量安全，畜牧业得到健康发展。

【包虫病防治】 年内，墨竹工卡县农牧（科技）局开展包虫病防治宣传工作，确保群众积极参与包虫病防治工作，对全县家犬进行每月投药驱虫工作，并对犬粪便进行深埋，同时下发包虫病疫苗、羊标识耳标，进一步加强推进墨竹工卡县包虫病综合防治工作、建立养犬免疫档案。

【草原补奖】 年内，墨竹工卡县可利用天然草场总面积为553.99万亩，核定全县已承包及实施草畜平衡面积为550.66万亩，草畜平衡载畜量为67.34万绵羊单位，2018年度草原补奖政策涉及8228户（其中纯牧户1561户）45601人，享受政策资金共计1229.29万元。其中：封顶保底后享受草畜平衡奖励资金1145.05万元，草原监督补助资金84.24万元，做到经济、生态协调发展。

【草原生态监测】 年内，根据《西藏自治区草原资源与生态监测实施方案》的要求，墨竹工卡县农牧（科技）局按时完成对5个温性草原、5个高寒草甸草原样地30个样方的产草量测算及野外地面样地监测数据及景观照和俯视照的录入上报任务。据2017年墨竹工卡县天然草原生态监测统计数据，10个样地平均盖度达65.63%，平均高度达2.94厘米，平均干草产量达205.2公斤/公顷。

【科技工作】 年内，墨竹工卡县共有科技特派员99人，其中自治区级科技特派员80人、市级科技特派员19人。墨竹工卡县农牧（科技）局结合工作实际，紧紧围绕“科技下乡、促民增收”这条主线，组织“科普进村”宣传活动和科技特派员培训，积极组织单位专技人员及科技特派员开展春防、春耕、技术指导、病虫害防治等工作，全面提升农牧民技能水平，提高群众转移就业与科学种养能力，开展科技服务1500余次，组织90名农牧民到拉萨蓝翔技校参加新型职业农民培训，主要学习动物疫病防治和农机具维修知识，联合农业推广站和兽防站开展农牧民实用技术培训590余人次。

【虫草采集】 年内，虫草采集按照班、排、连、营建制进行军事化管理并统一发放帐篷，改变以往群众乱搭建帐篷、挤占帐篷的现象，减少矛盾纠纷隐患的同时，更有

2018年11月15日，墨竹工卡县农牧（科技）局工作人员开展综治宣传活动

利于虫草采集服务与管理工作的开展。

虫草采集期间，结合“双联”工作目标，由各区域负责人、联户长、网格格长各司其职，相互协调、配合，负责虫草采集期间秩序维护和矛盾纠纷排查化解，实现服务与管理工作的零距离。2018年，采集人员共计5581人，采集虫草876.59斤，均价73000元/斤，采集收入6399.09万元；其中建档立卡贫困户采集人数1080人，创收8478266元。

【农牧业项目】 3月15日，组织监理单位、施工单位进点，确保项目按时开复工建设。乡镇农牧综合服务中心、墨竹工卡县重大动物应急物资及冷链设施、墨竹工卡县草原监理站、墨竹工卡县草原防火站建设项目，2017年退牧还草工程（40万亩网围栏建设）推进有序，进度明显加快，完成度达到100%，并陆续组织竣工验收。在项目建设过程中，严格执行周报、月报制，及时汇报项目进展情况和存在问题。

【土地确权】 年内，根据自治区和拉萨市农村土地（耕地）承包经营确权登记颁证工作要求，农村土地承包经营权确权登记颁证工作自2014年11月至2017年12月，在县委、县政府高度重视，把确权颁证工作作为全县农村工作的一项重要任务，加之农牧局每一位工作人员的充分努力开展工作基础上，依次完成全县7乡1镇34个行政村167个村民小组，7672户土地承包经营权确权登记颁证和档案移交工作。总面积11.11万亩。

【清产核资】 年内，墨竹工卡县成立县委书记为组长、县长为副组长的农村集体产权制度改革工作领导小组，乡（镇）和村委会成立书记为组长、乡（镇）长、村委会主任为副组长的工作落实领导小组，从各乡镇抽调1名精干人员组成办公室，为抓好清产核资工作提供力量保障。顺利完成墨竹工卡县7乡1镇40个行政村198个村民小组农村清产核资工作和成员身份界定工作。

【“三品一标”认证】 年内，墨竹工卡县狠抓农牧业特色品牌建设，并取得阶段性成效，斯布牦牛地理标志已颁证。墨竹小油菜籽国家商标总局已颁发商标标志，墨竹小油菜籽、直孔白青稞地理标志正在审核中，已上名录。直孔白青稞，据西藏历史文献《铁虎清册》记载及民间相传，西藏和平解放以前的地方政府以剥削征收的方式从西藏各个地方征收贡布（林芝）大青稞、大芒青稞、双芒青稞、黑青稞等，其中直孔噶瑕青稞因品种优良，而通过加工磨制而成的直孔噶瑕白青稞糌粑，因味道可口清香被当时剥削阶级列为强行剥削征收的上贡品。加工生产秉承传统加工技艺精制而成，加工出来的糌粑香醇芳香四溢，是纯天然的绿色食品，品质优良，历史上成为上供佳品。

（卞育兴）

【领导名录】

局　长

达瓦卓玛（女，藏族，2月免）

达瓦次仁（藏族，2月任）

副局长

洛旦扎西（藏族）

索朗拉姆（女，藏族）

墨竹工卡县扶贫（农发）办

【概况】 墨竹工卡县辖7乡1镇，40个行政村，总人口5.4万人，其中农村人口49649人。“十三五”时期建档立卡贫困户1658户7425人，人均可支配收入增长至9459.86元，三年累计完成减贫7418人，剩余未脱贫4户7人，40个贫困村均已退出贫困户，贫困发生率由14.88%降至0.01%。“十三五”扶贫产业规划项目53个，计划总投资6.75亿元，开工项目51个、开工率达到100%，完工项目43个、完工率达到84.3%。已带动贫困户1370户5544人次，每户均分红1500元以上。2018年8月，顺利通过国务院扶贫开发领导小组第三方评估机构专项评估，9月28日，西藏自治区人民政府批复退出贫困县，脱贫攻坚工作取得阶段性进展。

【聚焦项目】 年内，共实施援藏项目20个。截至年底，已全部开工建设，完工12个。

【聚焦产业】 年内，投入1600万元实施塔巴村旅游、工卡苗林花

2018年5月10日，墨竹工卡县委副书记、县长旦增尼玛主持召开扶贫产业项目专题会议

卉、“金陵印象”高原生态藏茶3个巩固脱贫产业项目。截至年底，“金陵印象”高原生态藏茶项目，已通过土地租赁带动9户36名建档立卡贫困群众增收4万余元，人均增收1122元，项目建设丰产后年人均增收可达7380元。

【对口援藏】 年内，投入1.06亿元，2019年度计划投入6875万元，引导12家企业等社会力量投入帮扶资金109.65万元，南京2018年选派党政挂职干部3名到墨竹工卡县挂职，南京2019年计划选派3名党政干部挂职。2018年引导吸引2家企业入驻（西藏摩氧创新科技有限公司注册资金700万元、西藏亚鑫科技事业有限公司注册资金1000万元），正处于公司前期筹备工作还没有正式开启投资。前期吸引的企业帮助20名建档立卡群众省内就近就业，2019年计划帮助墨竹工卡县24名建档立卡贫困群众就业。引导东部地区企业结对帮扶墨竹工卡县贫困村32个，帮助销售墨竹工卡县农产品金额10万余元。

【医疗援藏】 年内，投入550万元新建尼玛江热乡卫生院，进一步提高医疗质量、优化分配卫生资源、节约医疗外成本，且甲玛乡、扎雪乡两所卫生院已建成并投入使用；投入220万元对县医院设备进行更新升级，墨竹工卡县人民医院已实现患者自助挂号缴费、自助打印检查结果等功能，患者医疗信息实现全面数字化。2018年南京选派5名医生到墨竹工卡县、2019年南京计划选派5名医生到墨竹工卡县。

【教育援藏】 年内，投入2380万元实施易地扶贫搬迁幼儿园、门巴乡波朗村幼儿园、乡村教师发展中心3个项目，进一步提高教育基础设施，实现教育均衡发展。接洽思募会优秀企业家代表团等7家企业到墨竹工卡县开展教育援助，共捐助资金52.5万元、价值40万元的物资。

【就业培训】 年内，扎实转移就业培训，落实培训经费150.42万元，开展各类培训25期，完成培训477人，370人正在培训中，年度培训指标圆满完成，有培训需求的贫困群众劳动力转移就业培训率达100%，2018年实现就业646个就业岗位，建档立卡贫困户就业人员由2016年的679人，增加至2018年的1376人；解决拉萨务工人员住房，本级投入140万元在拉萨市城关区租赁36间房屋，并购买家具，陆续为168名外出务工的建档立卡贫困户解决住宿，切实提高了墨竹群众外出就业积极性。

【扶贫搬迁】 年内，投入1.94亿元实施2个易地扶贫搬迁点项目。截至年底，已搬迁入住共计661户2785人，所有搬迁群众均按照“一户一岗”要求落实岗位，已实现就业852人；昌都“三岩片区”搬迁共准备房屋50套；已搬迁入住的36户197人，解决就业岗位34个，并确定19名昌都籍干部、民警与群众结对认亲，30名学生已实现就近就学。

【落实政策】 年内，安排生态岗位2935个，发放资金1027.25万元，定向补助2803人，发放定向补助资金72.8万元；落实特困分散五保供养对象38人，发放资金20万元，农村最低生活保障对象1127人,发放资金269.86万元;为墨竹工卡籍年满60岁以上的农牧民老人按月发放300元至1000元不等的幸福养老金,已为615名建档立卡贫困户60岁以上老人发放上半年资金135.12万元;为所有墨竹工卡籍高等教育阶段在校大学生报销学费、书本费、住宿费等,2018年受助大学生2072人,发放资金1154.06万元,其中建档立卡贫困户221人,发放资金185.16万元;实施“墨竹工卡籍农牧民公立医院住院费用自付部分100%报销”政策,2018年农牧民患者受益4040人次,共计报销4370.6万元,其中建档立卡贫困户受益222人次,共计报销339.06万元。同时,2018年本级出资30.8万元,对102名白内障患者进行免费救治;并组织25名先心病、髋关节脱位患儿分2批到南京接受免费救治,患者治疗费用、陪同家属往返路费全部由本级财政承担,并选派2名专职医护人员24小时全程服务,解决患者吃、住、行等方面的问题。

【水网健全】 年内,共投资1799.65元(其中,本级投入1110.85万元,援藏投入149.23万元),实施农田水利、防洪、农村饮水安全、民生水利工程6个,新增和改善农田有效灌溉面积0.5万亩,有效解决全县2288户14332人四季通水困难和饮水安全问题。已解决农村饮水安全人数累计4.86万人次。2018年,已解决0.26万人。2019年计划21处饮水巩固提升工程。

2018年4月20日,墨竹工卡县副县长巴桑主持召开扶贫工作会议

【电力升级】 年内,投资3.55亿元实施新一轮农网改造,新建和改建变电站5座(其中新建2座),新建和改造高低压线路共计176.8公里,农牧区通电率100%。墨竹工卡县累计通电覆盖500户,2018年度覆盖270户,与2017年上升0.44%。2019年计划通电1166户。截至年底,墨竹工卡县全县已全部通电,2018年免费为270户牧民家庭通电,并安装基础电力设施,总覆盖人数达1000多口,主要涉及的农牧区有扎雪乡米洛沟两处、门巴乡德仲沟德央牧区、日多乡念村2组牧区、日多乡怎村2组牧区和甲玛乡孜孜荣村等。

【公路畅通】 年内,累计投入9140.3431万元,实施道路交通项目22个,新建和改造道路里程50.74公里,新建桥梁8座,改造危桥5座,道路安防工程项目2个。全县公路总里程达到889.1公里(省道、国道257.2公里,高速公路85.5公里,农村公路546.4公里),40个行政村道路通畅率达97.5%;投入资金800万元用于客运班线改革,开通农村客运班线4条,投入17座运输车辆7辆,覆盖8个乡镇、32个行政村、3.8万余人。2018年,实施农村公路项目7个,改扩道路里程50.74公里。明年计划新增硬化道路里程76公里,占农村公路里程的73%。

【通讯面广】 年内,建成32个村级邮站(8个乡政府所在地行政村不单设邮站),乡村通邮率达100%。40个行政村移动、电信网络覆盖率达100%,广播、电视覆盖率99.6%。

【网络完善】 截至年底,全县移动电话用户4.26万户、固定电话用户2890户,计算机互联网用户7064户。40个行政村宽带资源、金融机构助农POS机覆盖率达到

100%，自然村网络信号覆盖率达到98%以上。

（张福林）

【领导名录】

主 任

伦 珠（藏族）

副主任

巴 桑（藏族）

墨竹工卡县林业局

【概况】 2018年，墨竹工卡县林业局积极响应西藏自治区大力开展国土绿化，全面消除“无树村、无树户”工作，本级财政预算1500万元，采购各类苗木176863株，其中经济苗木75284株（花椒树42053株、桃树11795株、核桃树4646株、苹果树16790株），确定“无树户”2982户，甲玛乡206户、尼玛江热乡332户、扎西岗乡1127户、扎雪乡278户、唐加乡329户、工卡镇710户，于2018年4月底完成“无树户”消除工作。

【生态文明村建设】 年内，为进一步推进墨竹工卡县生态文明建设，加快“生态墨竹”建设步伐，由本级财政投入46.908万元，栽植各类苗木6538株（云杉250株、榆树138株、新疆杨3150株、金丝柳3000株）。将扎西岗乡斯布村、扎雪乡其朗村、尼玛江热乡章达村3个行政村建成生态文明村，并制定《墨竹工卡县生态文明村建设实施方案》。围绕生态文明村建设目标，重点抓好入村口主干道两侧绿化、村内主次干道绿化、公共活动场所和农户庭院内外绿化、围村林营造、农田林网化，以杨、柳、榆、树、红叶李、云杉和经济苗木等树种搭配种植为主，争取所有苗木成活率达到90%，保存率85%以上，提高村镇绿化覆盖率。

【乡村绿化】 年内，认真贯彻落实墨竹工卡县人居环境整治规划任务，配合县住建局，做好乡村绿化工作，本着因地制宜、合理搭配、科学栽植的原则，在工卡镇塔巴村帕热组投入50万元栽种竹子80盆、油松32株、云杉272株、雪松210株、柳树286株，安装绿化防护栏864米，极大改善了塔巴村村居环境。

2018年4月3日，县委书记劳明伟参加义务植树活动

【绿色矿区建设】 年内，推进矿区生态由被动治理向主动防治转变，把矿区环境综合整治作为当前的一项重要政治任务，发扬“钉钉子”精神，扎实推动华泰龙、巨龙、天仁三大矿区生态恢复治理、绿色矿山建设见成效。华泰龙矿业有限公司完成4500平硐口渣堆治理，绿化面积1.5万平方米。在牛马塘区域和选矿二厂共计栽植沙棘118万株，栽植柳树2000株，播撒草籽7000公斤。巨龙矿业驱龙矿区共种植各类苗木35659株，其中：柳树2529株；杨树535株；云杉2295株；桃树200株；沙棘树30100株。天仁矿业有限公司共种植沙棘5.8万余株，撒播高原草种9万余平方米。

【义务植树】 4月3日，墨竹工卡县林业局组织开展机关义务植树活动。县委、县政府领导亲自带队，县（中）直各部门踊跃参加，共计56家单位316干部职工参与此次义务植树活动，共栽植新疆杨、旱柳1580棵。

【林业有害生物防治】 年内，墨竹工卡县林业局排查、销毁感染青

2018年4月25日，墨竹工卡县林业局局长唐耀军带队到帕热村开展绿化工作

杨天牛病苗木168.62亩，1269016株，对街道两旁的树木开展涂白工作，并对煤污病、腐烂病苗木开展药物防治，累计药物喷洒面积300余亩。为各乡（镇）发放甲基托布津、噻虫啉、氯氰菊酯、多菌灵等防治药物42箱，对县域内染病苗木做到有效治疗，科学处理，确保县域林业资源安全。

【促进农牧民增收】 年内，墨竹工卡县林业局以党的十九大精神和习近平新时代中国特色社会主义思想为指引，贯彻落实绿色发展理念。2018年国土绿化工作苗木采购时，优先考虑本县群众手中符合规格的苗木，累计从采购农牧民藏川杨苗木82917株，增加群众收入175万余元。协调沟通项目施工方，在工程实施过程中优先聘请当地群众，为当地群众谋取利益。2018年，墨竹工卡县农牧民群众通过参与工程造林劳务增收133万元。增加公益林区农牧民就业机会，1082名农牧民劳动力通过参与重点公益林管护获得劳务收入，对加快农牧民脱贫致富，保持社会稳定起到积极的作用，每年增加现金收入1254万元。同时，根据县城绿化管护工作实际，充分考虑县城搬迁户的就业问题，成立县城绿化队，共解决35名搬迁群众就业，年人均收入2.4万元。

【精准扶贫以补脱贫】 年内，为贯彻落实国家"生态补偿一批"以精准扶贫政策，推进精准扶贫工作，根据自治区精准脱贫扶贫政策要求，2018年墨竹工卡县林业局结合"生态补偿脱贫一批"的要求，利用生态补偿和生态保护工程等项目，对有意愿的建档立卡贫困户中有劳动能力的贫困人员及未纳入建档立卡贫困户农村低保户、边缘贫困户安排生态补偿岗位2937个，林业系统1777人，发放资金6219500元，在保护好家园生态环境的同时，实现自身就业脱贫；把建档立卡贫困人口中无劳动能力人员及非建档立卡范围的农村低保人口中无劳动能力的人员2803名全部纳入定向补助，发放资金72.88万元。

【森林防火】 墨竹工卡县是全市森林面积最大的县，森林防火工作任务繁重。2018年，为做好年度森林防火工作，墨竹工卡县完成对乡（镇）护林员培训工作，完善各乡（镇）森林防火的设施和工具，配套森林防火器材，并发放森林防火宣传手册。2018年，墨竹工卡县林业局投入资金20余万元为七乡一镇新增灭火弹、各类型灭火机、灭火水枪等专业设备；投入资金6万元为日多管护站配备望远镜、对讲机台等设备、对日多乡和仁青林管护站进行维修。利用各个宣传节点，不断深入宣传森林防火知识，共发放宣传册、宣传画2000余份，起到良好的宣传教育作用，严格执行森林防火24小时值班制，严格执行森林火灾日报告、"零报告"制度，确保墨竹工卡县连续几年实现无重特大森林火灾、重点林区无森林火灾和没有发生人员伤亡事故的"三无目标"。

【野生动物保护】 年内，墨竹工卡县林业局进一步加大野生动植物保护宣传力度，使广大农牧民群众了解、掌握野生动植物保护的相关法律法规，从源头上杜绝乱捕乱猎乱砍滥伐野生动植物行为的发生。及时查处违法案件，对典型案件予以曝光，起到教育警示作用。同时，按照区、市林业部门要求，切实加强野生动物疫情疫病防控工作，坚持应急值守、日常监测巡查和信息日报告、零报告制度，主要加强候鸟（黑颈鹤）高致病性禽流感等野生动物疫源疫病监控，成效显著。截至年底，墨竹工卡县未发现野生动物疫情疫病及相关隐患。

【中央森林生态效益补偿金】 墨竹工卡县是自治区首批实施国家重点公益林的县，经核定的中央森林生态效益补偿基金重点公益林面积为2574085亩，分布在全县七乡一镇，共有1082名管护人员。

2018年，林业局为墨竹工卡县八个乡镇兑现2018年度森林生态效益补偿资金12547200元。其中：甲玛乡568040.85元、工卡镇409792.70元、唐加乡769223.36元、尼玛江热乡2940948.78元、扎西岗乡1841186.44元、扎雪乡2215456.85元、门巴乡1893138.02元、日多乡1909404元，并由各乡（镇）兑现到管护人员手中。

【征占林地事件审核】 年内，墨竹工卡县林业局严格落实区、市、县相关征占用林地的法律法规，加大对未批先占、少批多占等违规案件的处理力度。2018年完成嘉黎县措多乡经波朗村至墨竹工卡县门巴乡公路改建工程、省道S507线林周县旁多乡至阿朗乡经扎雪乡至墨竹工卡县尼玛江热乡公路改建工程、国家电网墨竹工卡县嘎则—日多35千伏输变电新建工程、尼玛江热—扎雪35千伏输变电新建工程林地征占报批手续。同时，加强宣传、沟通、衔接和监督，积极做好墨竹工卡县重点项目征占用林地的审核、报件工作，切实保护了森林资源，维护了植树造林成果。

【"两学一做"学习教育】 年内，墨竹工卡县在开展好业务工作的同时，严格按照中央"两学一做"学习教育的部署，坚持从严从实要求，精心谋划部署，创新实践载体，积极展开"两学一做"、政治纪律教育、政治教育等专题学习教育，全体党员立足工作岗位、结合教育学习，进一步提升全局党员干部政治觉悟和政治素养。

2018年，墨竹工卡县林业局党员干部多次走访慰问结对帮扶困难群众及驻村干部，为困难群众解决大米，砖茶，水果等家庭急需生活物资，价值4000余元，与结对帮扶户交心谈心，拉进了党群干群关系，增进了彼此的感情，为下一步开展群众工作奠定了良好的基础。

【民生工程】 年内，为全面建设宜居县城、生态县城，打造良好的生态环境，墨竹工卡县林业局在嘎则新区开展人工造林25.5亩，总投资为121.325万元；在海拔较高的门巴乡境内开展试点栽植工作，栽植云杉140株，在塔巴寺、嘎则寺等18个寺庙开展寺庙绿化工作，栽植苗木2760株，以上资金全部为县级财政资金。

（莫少飞）

【领导名录】

局　长

唐耀军

副局长

阿旺晋美（藏族，3月任）

墨竹工卡县水利局

【概况】 2018年，墨竹工卡县水

2018年5月12日，西藏自治区发改委党组成员、副主任罗布次仁（右一）一行到墨竹工卡县验收"河长制"工作

2018年1月13日，水利部水利水电规划设计总院副总工廖文根（右一）带队核查组到墨竹工卡县进行“河长制”中期评估考核

利局认真贯彻党的基本路线、方针、政策，坚持以科学发展观统领经济社会发展全局，深入贯彻区、市、县经济工作会议精神，积极采取有效措施，创新思路，锐意进取，实现了全县水利事业发展良好的目标，较好地完成了全年各项工作任务。2018 年，统筹资金 1261.77 万元（其中县本级资金 112.54 万元，援藏资金 149.23 万元）配合墨竹工卡县精准扶贫工作，集中对 29 个点的农村饮水设施进行提质增效，有效解决 2288 户 14332 人吃水不方便问题，充分体现了党和政府对农牧民关怀之情。

【“河长制”工作】 墨竹工卡县全面推行“河长制”工作以来，列入县级“河长制”管理的主要河湖 4 个，分别是拉萨河墨竹工卡段、墨竹玛曲、雪绒藏布及思金拉措。编制完善《拉萨市墨竹工卡县全面推行河（湖）长名录》，其中县级总河长 1 名、县级河长 10 名、县级河道公安 10 名，乡（镇）级总河长 8 名、乡（镇）级河长 25、村级河长 28、乡（镇）级河道公安 29 名以及公众河长 32 名；编制完成《墨竹工卡县河长制基础资料信息统计》，全县共河（沟）流段 69 条、总长达 900 余公里，湖泊 1 面（约 50 平方公里），中小型水塘 62 座，主干渠 63 条、总长达 300 余公里。委托长江水利委员会长江科学院编制完成墨竹工卡县 8 个重要河流（沟系）“一河一策实施方案（初稿）”。

墨竹工卡县政府共统筹安排“河长制”工作经费 300 万元，为全面推行“河长制”工作提供了有力的资金保障。树立县级河长公示牌 16 个、乡（镇）级公示牌 30 个，制作并发放“河长制”宣传海报 4000 份、藏汉“双语”宣传手册 6000 本、宣传袋 1500 个以及河道保洁员服装 400 套，树立大型“河长制”宣传牌 2 个。

年内，为确保全面推行“河长制”任务落到实处、工作取得实效，河长办和河长制督查办持续组织开展督导检查 6 次。县、乡、村河长共巡河 148 人次。在全县范围内开展河道环境卫生整治行动 4 次。7 月，在全县范围内组织开展“清四乱”专项整治行动，清理涉河违规建筑物 1 个、整治乱堆砂石厂 1 个、共清理涉河（湖）垃圾 32 吨，通过活动进一步改善了全县河道环境卫生，为构建人水和谐新墨竹奠定了坚实基础。

【小型农田水利基本建设】 续建完成拉萨市 2017 年第一批脱贫攻坚统筹整合资金项目墨竹工卡县项目，项目总投资 396.88 万元，其中县级配套 6.88 万元，已完工。开工建设墨竹工卡县尼玛江热乡灌区工程，项目总投资 2949.28 万元，属于 PSL 贷款项目，已完成总工程量的 45%。

【工程建设管理】 墨竹工卡县甲玛乡防洪工程总投资 1903.8 万元，主要建设内容新建防洪堤总长 5.41 米（防洪标准 20 年一遇），建筑物 8 座；4 月 28 日开工，完成总建设任务的 45%；项目实施的主要目的是保护甲玛乡境内 9690 人和个企事业单位安全度汛。

墨竹工卡县新城区防洪堤工程总投资 2789.56 万元，主要建设内容新建堤防总长 6657 米（防洪标准 30 年一遇），均位于拉萨河左岸，建筑物 7 处（新建排水涵洞 2 处、引水涵洞 1 处、下河梯步 4

处）；4月28日，完成总建设任务的45%；项目实施主要目的是保护工卡镇拉龙村、旁麦村、路政检查站、甲玛乡饮用水水源地、公路管理局墨竹工卡县高速管理段办公区、工卡湿地、农田、林地，墨竹工卡县牦牛繁育基地、优质牧草繁育基地等。

【防汛抗旱】 年内，墨竹工卡县水利局修订完善并下发《墨竹工卡县县城防洪预案》《墨竹工卡县防汛应急预案》《墨竹工卡县抗旱预案》《墨竹工卡县山洪灾害防御预案》等各类应急预案。6月1日，组织召开全县防汛工作会议，与各乡镇签订《2018年防汛抗旱目标责任书》；强调从6月1日起全面执行24小时值班制度、领导代带班制度和零报告制度。年内，共组织汛前、汛期各类大检查10余次，重点对全县重要防洪堤、山塘等各类水利工程及山洪地质灾害隐患点、矿山企业尾矿库等防汛重点部位的督促检查。

年内，检查过程中发现4处汛期安全隐患点，并对采取相应的措施确保安全度汛。投资140余万元组织县城投公司完成对新城区拉萨河和墨竹玛曲河道以及章达沟拦沙坝的清淤疏浚，清淤量达25万立方米淤；投资50万元实施天仁沟排洪渠维修加固工程；维修加固新城区防洪堤（右岸）791米；实施芒热沟水磨房防洪堤抢险修复工程。组织施工单位对新城区防洪堤右岸、甲玛沟河道赤康段进行了抢险。在汛期共发放防汛物资：铅丝笼480卷、吨袋1000条、编织袋11万条、铁丝30卷。

2018年8月8日，拉萨市政协党组成员、副主席兼河长制督查组常务副组长孙宝祥(左一)一行到墨竹工卡县调研江河湖泊水资源保护和中心区水系整治情况

【水利行业安全生产】 年内，墨竹工卡县水利局共组织水利行业安全生产检查16次。重点检查各乡镇、企业（尤其是矿山尾矿库、采砂厂）防汛责任制、组织机构、应急预案、值班制度、零报告制度和防汛物资储备、抢险队伍、通信设施及其他各项汛前准备工作的落实情况；各类水利工程、防汛设施的运行情况以及在建水利工程的施工安全和施工单位度汛措施的落实情况等；对个主河道内阻碍行洪的障碍物，河道采砂设施的清理情况。

【水质安全】 年内，墨竹工卡县水利局每季度对3个重点流域（领域）水质进行动态监测，确保重点流域（领域）水质符合水域水质管理目标，做到问题及时发现及时处理；同时采集185个农村饮用水水源点水样送至市水利局和市防疫站水质检测中心进行检测，均符合《生活饮用水卫生标准》（GB5749—2006）的要求。

【精准扶贫】 年内，高度重视扶贫工作，把帮扶扎雪乡扎雪村作为本年度一项重要工作。成立以主要负责人为组长的帮扶工作领导小组，组织干部职工深入结对村组及结对户，以开展精准帮扶活动为手段，改善结对户思想生活状态为目标，向结对户宣传党的各项富民惠民政策，结合户中实际情况提出了发展和脱贫思路；同时通过开展3次走访入户活动，向15户结对平困户送去慰问金3500元，使结对贫困户深深感受到了党的关怀和温暖。

（王振华）

【领导名录】

局　长

边巴洛布（藏族）

副局长

斯郎拥宗（女，藏族）

墨竹工卡县教育（体育）局

【概况】 2018—2019学年，墨竹工卡县各级各类学校46所，其中初中1所，中心小学8所，幼儿园37所。义务教育阶段学生6533人，在园幼儿2646人。全县中小学、幼儿园教职工599人，专任教师595人，其中小学专任教师328人，初中专任教师161人，幼儿教师106人，教师学历合格率为100%。

2018年，小学适龄儿童净入学率达99.96%，初中毛入学率达104.48%，义务教育巩固率达95%以上；学前三年毛入学率达95.11%。小升初比例达100%，共有34名学生考上内地西藏初中班（校），其中县域内就学学生20名，小考成绩位居县（区）前列。初中升学比例达97.83%，其中考上重点高中37人，普通高中226人，职业教育324人。

【教育基础统计】 年内，对全县中小学、幼儿园学籍系统进行排查，及时整改存在的问题。为进一步强化控辍保学工作力度，暑假放假前墨竹工卡县教育（体育）局及时协调县政府，下发《关于印发〈墨竹工卡县2018年“小升初”整班移交工作实施方案〉的通知》，并与各乡（镇）人民政府、各中小学联合，于8月15日完成小升初整班移交工作，共移交小学毕业生560名。此外，为巩固提高“两基”成果，进一步提高均衡教育及素质教育水平，打赢脱贫攻坚战，由墨竹工卡县教育（体育）局牵头组织召开全县“防流控辍”工作专题会议2次，以县委、县政府下发防流控辍专项文件3份，真正把“防流控辍”工作当作一项重点、长期任务来抓。

2018年3月4日，拉萨市教育局副局长王斌（左二）一行到墨竹工卡县扎西岗乡加尔多村双语幼儿园检查指导春季开学工作

【以教脱贫】 年内，召开易地扶贫搬迁子女就学工作专题会议，制定工作实施方案，安排专人负责搬迁户子女就学工作。协调解决2个搬迁点的952名搬迁户子女实现就近就便入学，其中，拉萨搬迁点搬迁户子女273名，县城内搬迁点搬迁户子女679人。顺利完成昌都市贡觉县“三岩片区”跨市整体易地搬迁户子女共30人就学工作。为保障搬迁学生在新的环境、新的学校能够舒心、安心、放心学习生活，墨竹工卡县教育（体育）局积极沟通协调转学手续办理、经费转交、政策宣传等搬迁后续所有教育保障工作。继续加大扶贫助学力度，深入推进“三大民生”助学政策。年内，县本级财政拨付“三大民生”资助资金共计1154万余元，资助学生2072人次，其中建档立卡贫困户家庭大学生221人次，享受资金185万余元。同时兑现西藏自治区2017—2018学年“建档立卡大学生”免费教育补助资金137.5544万元，其中区市配套资金75.78万元，县本级财政配套资金61.7744万元（其中补差学费12.5759万元，补差住宿费1.134万元，补差书费1.2996万元，补助交通费1.4649万元，补助生活费45.3万元），受助学生115名。通过深入乡（镇）、村组、搬迁点宣讲以及发放藏汉宣传册等形式宣传国家、区、市、县出台的各类助学政策。

【学前三年“双语”教育】 年内，组织开展全县幼儿园办园情况、师资需求、实施学前三年“双语”

教育等摸底调研工作，以此为全面启动学前三年教育奠定基础。为保证学前教育工作正常推进，5月墨竹工卡县教育（体育）局联合县人社局、扶贫办面向全县公开招聘学前教育工作人员（临时工），招录未考上公务员的墨竹工卡籍大学生23人从事幼教工作，同时公开招录后勤辅助人员80人，通过邀请区、市专家进行岗前培训。此外，为进一步提高幼儿教师业务素质，4月组织开展幼儿园教师岗位大练兵评比活动，同时派遣专人到内地高校开展人才引进工作，顺利引进学前专业教师11名。通过借用场地、设备购置以及调配师资、后勤等各类举措，临时设立县第二中心双语幼儿园，以安置精准扶贫搬迁户幼儿及时入园。

年内，积极组织开展设施设备采购、专任教师、后勤人员招聘配备、片区划分以及招生等各项前期准备工作，8月19日，墨竹工卡县南京实验幼儿园（县第二中心双语幼儿园）正式揭牌。10月30日，召开农牧区学前三年双语教育启动仪式，墨竹工卡县农牧区学前三年双语教育全面普及。组织各幼儿园负责人开展解读《教育部幼儿园办园行为督导评估体系》专项培训，并进行学校内部自查及整改工作。截至年底，迎接自治区学前双语教育专项督查台账资料整理工作及各项迎检准备已基本完成。

2018年12月5日，墨竹工卡县召开拉萨市落实“五个100%”教育目标任务现场推进会

【评估迎检】 年内，召开迎接“拉萨市三类城市语言文字工作评估”推进会5次，县政府与4家受评估单位代表签订2018年度迎检责任书。同时积极组织全县135名公职人员参加普通话培训及测试。组织各单位自查并联合县督查室，对11家必查单位进行语委工作专项检查3次。制作宣传展板、张贴宣传标语，强化宣传工作，共制作张贴宣传标语230余条、大型展板6个，中型展板6个、小型展板8个。接受拉萨市语委专项督查、自治区语言文字工作评估验收。

【“五个100%”教育目标任务】

年内，为全面推进“五个100%”教育目标任务，墨竹工卡县保障经费投入，投入实施“五个100%”教育目标任务专项经费339万余元，主要用于更新配备小学自然实验室仪器设备、添置幼儿园设施设备、校舍维修装饰、校园硬化、绿化、美化、推进会专项经费以及教学资源库建设等费用。先后开展县域内模拟彩排4次，自查10余次，接受市教育局主要领导及相关科室人员督导检查指导多次，并于12月5日成功举办全市“五个100%”教育目标任务推进现场会。认真落实《中共墨竹工卡县委墨竹工卡县人民政府关于教育教学质量提升工程的实施意见（2017—2010）》，实施农牧区中小学教育教学质量提升工程，开展教研员蹲校视导、骨干教师送教活动4次，9月起2名县级教研员蹲点学校，指导教学工作。按照《墨竹工卡县教师三年培训计划（2017—2020）》，通过走出去、请进来形式，坚持每月一期的县级师资培训。截至年底，派遣教师参加区、市、县各级各类培训共1448人次，其中网络培训642人次，现场培训800余人次。邀请南京专家开展师资培训2次，参与人数100余人次，到南京培训教师4批，参与人数达45人。积极开展全县教师读书演讲比赛、课堂教学大赛、书法比赛等活动3次，参与人数70余人。12月完成全县学科带头人、骨干教师换届及全市示范校、“一校一品”筛选、申报考核工作。

【举办首届运动会】 年内，制定《墨竹工卡县首届运动会暨民族传统体育运动会实施方案》，成立以县长为组委会主任、分管副县长为副主任、各相关部门责任人为成员的运动会组委会。投入150万元专项经费，于8月22日—9月6日开展历时15天的首届运动会暨民族传统体育运动会。此次运动会共有16个代表团700余名干部职工、农牧民群众参与，在男女子篮球、男子足球等30余个项目中产生前三名优秀成绩。此外，组织74名运动员参加拉萨市首届运动会暨民族传统运动会并取得可喜成绩。10月，积极协调做好2018首届喜马拉雅自行车极限赛墨竹工卡段筹备工作。

【师资调配】 5月，结合本县实际，完善《墨竹工卡县教师调动管理办法》，摸底调研全县师资现状，进一步强化教师调动管控工作。截至年底，墨竹工卡县教育（体育）局按照《墨竹工卡县教师调动管理办法》，经局党委会议研究，并报请县政府专题会议研究，同意调出10人，同时根据墨竹工卡县紧缺学科专业教师实际情况，共接收26名教师。根据教师工作岗位调整和教学需求，及时完善、更新教师信息。

2018年，申请注册、更换教师资格证书16名，秋季注册、更换教师资格证书教师18名，正在网上注册申报中。根据提高教育教学质量的需要，墨竹工卡县教育（体育）局广泛征求意见、建议，进一步完善《墨竹工卡县教师职称评审细则》，2018年参加中初级职称考试教师216人，其中符合推荐一级职称教师31人、二级职称教师66人、三级职称教师6人。参加副高级职称考试教师52人、符合免考条件5人，共有12名教师符合条件并聘为副高级职称。此外，墨竹工卡县教育（体育）局切实加强师德师风建设工作，每年9月定为师德月，教师节评选并表彰师德标兵10人。按照《师德师风考核办法》，7月组织学校内部师德师风自评考核工作。

2018年5月29日，墨竹工卡县教育局举办“教师岗位大练兵”读书演讲比赛活动

【基础建设】 年内，墨竹工卡县续建、新建、维修项目共39个，项目总投资6686.52万元，其中，国家投资2135万元，援藏投资1850万元，县级配套资金2592万元。其中，实施南京实验幼儿园、扎雪乡赤培村幼儿园等续建项目5个，总投资2612.51万元，均完工。投入5260万元，实施校安系统建设项目、墨竹工卡县乡村教师发展中心、扎雪乡中心小学供暖等15个新建项目及县中学大门改造等10余个维修项目，项目完工率达100%。

【信息化教育】 截至年底，本级财政教育投入预留教育信息化专项经费，其中投入227万余元实施唐加、尼玛江热、扎雪、门巴、日多中心小学及扎西岗南京希望小学6所学校课程录播室建设项目，已完工并投入使用。投入专项经费近1600万元，用于实施和管理中小学校安监控工程，已实现全县中小学、乡（镇）幼儿园监控系统全覆盖。投入21万余元对门巴乡中心小学等4所学校计算机教室进行改造，并增补维护电子白板。认真组织开展“一师一优课、一课一名师”评优推荐工作。年内,共有4名教师获得省级优质课荣誉,25名教师获得市级优质课荣誉,积极组织教师参加各类网络远程培训300余人次。

【完善德育工作机制】 年内,墨竹工卡县德育经费预算共42.01万元,主要用于开展德育活动、添置德育教学设施设备。按时足额划拨德育专项经费,及时添加更新德育内容,各学校建设德育长廊,将德育工作纳入学校教育教学全过程。继续推进“四讲四爱”主题教育实践活动,5月召开全县教育系统“四讲四爱”主题教育实践活动动员部署会议,对2018年度活动进行部署,各学校结合实际制定活动方案,并借助演讲比赛、文艺会演、舞蹈大赛、体育竞赛、观看影片、参观博物馆等载体,多形式开展“国旗飘起来、国歌唱起来”“神圣国土守护者、幸福家园建设者”“厉害了,我的国”“爱党爱国的社会事业建设者和接班人”“过好当下幸福生活”等主题活动,在广大教职员工及青少年学生中掀起热情歌颂祖国、歌颂民族团结的良好氛围,培养青少年学生健康、乐观、向上的品德,引导青少年学生自觉抵制宗教文化影响、西方价值观渗透及社会不良风气侵蚀。

5月,全县各小学、幼儿园通过开展文艺会演、运动会欢度“六一”国际儿童节,县委、县政府领导深入各联系点学校慰问师生。暑假期间,通过与南京援藏及各省市积极协调,墨竹工卡县共选派27名中小学生到南京、上海、苏州等地参加“藏汉一家亲”“民族团结手拉手”等主题夏令营活动,通过活动,开阔学生视野,同时增进民族情谊。制定《墨竹工卡县中小学德育工作考核方案》,12月中旬进行考核,并于2019年春季开学后召开德育表彰大会。

【创建平安和谐校园】 年内,召开专题会议15次,组织专项检查14次,同时联合县公安局、安监局、食品药监局、消防大队、卫计委、工商局等单位不定期开展学校及周边环境综合治理联合大检查。联合县食药监局,开展学校安全卫生工作经验交流活动2次,学生食堂量化考核挂牌工作已完成,墨竹工卡县中小学食堂卫生等级均为C级以上。邀请县食药监局执法人员对全县中小学组织开展食品安全进校园暨食堂从业人员专业技能培训,共举办培训9场,参训人员达150余人次,协调县人社局组织开展全县中小学、幼儿园保安人员进行为期一个月的专项培训2次,参训人员达54人,确保学校保安持证上岗。

10月,为全县46所中小学、幼儿园配备2名安全员。投入安卫专项经费9万余元,积极实施食堂升级改造及明厨亮灶工程。为在校生500名以上的学校即县中学、南京实验小学、尼玛江热乡中心小学、唐加乡中心小学、扎西岗乡南京希望小学、扎雪乡中心小学已建立校医务室,配备必要的施舍设备。根据《墨竹工卡县2018年政府工作报告》中十件民生实事要求,为切实保障墨竹工卡县广大师生的权益,消除学校后顾之忧,解决师生意外伤害事故可能引发的社会矛盾,3月已购买人身意外伤害保险,投保资金共计62.4万元,享受学生8697名,各村级幼儿园教职工258名。

【经费管理】 年内,县本级财政投入8336.6万元,比例达21.93%。3月,局主要领导及相关科室负责人召开第4次局党委会,会议通过2018年政府投入预算编制。7月5日,下发《墨竹工卡县教体局关于2018年度教育事业经费预算分配的通知》《墨竹工卡县教体局关于下拨2018年度教育事业经费的通知》,及时足额拨付各类教育资金;5月,与西藏豫华会计事务所签订合同,投入经费10万元,对全县11所学校的2015—2017年经费收支情况进行审计,并汇总出具审计报告。

(曲 珍)

【领导名录】

党委书记、局长

嘎玛努培(藏族)

副局长

张 丽 丽(女)

李 天 龙

墨竹工卡县中学

【概况】 墨竹工卡县中学创建于1976年,是墨竹工卡县唯一一所寄宿制初级中学。2018—2019学年,墨竹工卡县中学有37个教学

2018年6月2日，墨竹工卡县中学校长索朗次仁主持召开教学“五环节”检查总结大会

班级(均为双语教学班)，在校学生1727名；教职员工共162人，其中专任教师161人，中级职称以上教师76人。在全校师生的共同努力下，2018年12月召开拉萨市“五个100%”教育目标任务现场推进会。

【“五个100%”推进会】 年内，为确保圆满举办拉萨市“五个100%”教育目标现场推进会，学校与市、县教育部门领导、专家就现场会相关事宜反复论证、多次彩排、及时整改。8月27日，“五个100%”现场推进会领导到校检查工作；9月22日，理化生组集中开会，就“五个100%”现场推进会参观交流；10月30日，组织开展县域内“五个100%”现场推进会；12月5日，拉萨市“五个100%”现场推进会顺利进行。经过长期的精心准备，学校圆满完成“五个100%”现场推进会工作。

【基层党员发展】 年内，墨竹工卡县中学党委发展党员6名，吸收入党积极分子2名，全年缴纳党费23174元。

【“两学一做”工作常态化】 年内，采取集中学习与自主学习相结合的方式，认真学习新时代中国特色社会主义思想、习近平治国理政第一卷、第二卷，重温新党章、新宪法，中国共产党记录处分条例，“全国教育大会”工作报告，“两学一做”应知应会手册，习近平总书记经典语句等。平均每位党员的学习不低于1万字，撰写心得体会3篇。

【党风廉政建设】 年内，组织全校老师学习黄大年先进事迹材料，并观看《爱的帕斯卡》《李保国》《乡村女教师》等6部优秀教师题材的影片，并撰写心得体会。

【“四讲四爱”群众教育实践活动】 年内，墨竹工卡县中学共进行67次宣讲，宣讲人次超过8000人。

【基层党组织建设】 年内，根据拉萨市《基层党组织标准化建设方案》的相关文件精神，对校党委和两个党支部进行自查，并投入39846元重新布置党员活动室。经过整改自查后，学校党委和两个党支部基本符合基层党组织标准化建设的要求，并于12月5日上报上级领导部门等待审核。

【精准扶贫】 年内，墨竹工卡县中学实行“一帮一”结对帮扶计划，每个贫困家庭都有一名党员教师进行帮扶，并号召党员教师下乡帮助精准扶贫家庭脱贫致富。2018年学校老师先后2次自发地深入到精准扶贫家庭中，给他们带去慰问金和扶贫慰问品(累计价值45600元以上)，为他们排忧解难。12月，学校接收从昌都转来的9名贫困学生，及时与学生结成“一帮一”结对帮扶关系，关心他们在校期间的学习和生活。

【开展“三会一课”】 年内，认真落实“三会一课制度”、民主生活会制度、发展党员制度、党费收缴制度、党员学习制度、三重一大”制度等。每季度召开一次党员大会，每月召开一次主题党日活动，规范制度提高党内生活质量。

【德育工作】 年内，以养成教育为基础，加强班集体建设，强化常规教育管理。开展新生军训活动；定期召开班主任例会；坚持每天的四查三记两统计一汇报；开好主题班会；做好校园环境卫生工作。开展安全宣传月活动；开展安全督查，组织各种演练，树立安全意识。坚持育人为本，切实把德育摆在学校教育工作的首位。为了更好地推进德育工作，学校开展“三种教育”；对学生会全面培训，制定学生会值班制度。组织学生会认真学习，制定值周检查细则，加强巡查反馈。

【教务教研】 年内，做好2018级新生整班移交及编班工作。继续加强考勤制度的完善和管理，着力狠抓备课、作业、检测等教学环节；开展集体备课、组内公开课；完成月考及期末各项考试任务；积极开展教学交流研讨活动。

【团队建设】 年内，以入学、抗战胜利纪念日、国庆等纪念日为契机，开展主题教育活动，组织国旗下演讲，召开团干部培训会议等。通过一系列的主题教育，坚定青少年永远跟党走的理想信念。8月，成功开展“新学年、新气象”黑板报评比比赛；9月，开展“推广普通话周”系列活动；10月，开展“向国旗敬礼”网上签名、教职工篮球比赛、“过好当下幸福生活”、为孤残学生过集体生日等活动等；组织新生参观县中学德育体验室，让学生感受新旧西藏翻天覆地的变化，感受党的方针政策，感受民族文化带来的震撼；根据校园平台开展“四讲四爱”学生书法大赛、“四讲四爱”学生爬山比赛、“四讲四爱”学生诵读比赛、“四讲四爱”学生校园锅庄舞大赛等，12月，开展爱国主题合唱比赛，团员表彰大会等系列活动。通过这些活动，积极挖掘学生潜能，激励学生全面发展，丰富学生校园生活。

年内，通过主题黑板报评比、主题演讲比赛、志愿服务活动等形式，从不同侧面培育和践行社会主义核心价值观。进行优秀团干、团员的评选，树立和宣传优秀学生典型，增强团员的上进心和自豪感；同时，做好学生推优入团工作，通过上团课、学团章，加强学生的思想教育，促进学生成长。学校团委把健康教育和生命教育渗透到各类活动中，特别是加强青少年心理健康教育，开展心理讲座等，全面提升团员学生的心理健康水平；学校团委组织学生志愿者积极开展“庆中秋，送真情”养老院义务志愿活动，开展敬老、环保等各类社会实践活动。

2018年12月9日，墨竹工卡县中学举办第二届锅庄舞大赛

【青少年活动中心】 年内，举办“四讲四爱”之教职工书法比赛；举办墨竹工卡县中学庆祝教师节趣味活动。以教研组为单位，比赛项目有：拔河、众星捧月、跳绳、定点投篮、运乒乓球、夹弹珠、呼啦圈、袋鼠跳等；举办墨竹工卡县中学“为墨中喝彩，纪念改革开放40周年”篮球联赛。协助团委进行“12·9”活动；2017年度中央专项彩票公益金支持校外教育事业发展项目有序推进，进行汇总，准备项目考核。

【总务工作】 年内，定期召开后勤职工会议，提高后勤职工思想认识和业务素质，使后勤服务更加规范；同时结合绩效考核，以完善的后勤制度管理人，对部分职工的工作进行调整，使后勤职工更好地发挥自己的特长，把后勤工作搞得更好、工作效率更高。开学初对全校进行安全大检查，特别是校舍、电路及用电设施设备的安全；定期检查消防设施设备；开学初将“三包”物资发放到学生的手上；食堂升级改造完成；开展食品安全宣讲活动，对师生进行食品安全教育活动，提高师生的食品安全意识。

【财务财产管理】 年内，协助校长做好学校经费的收支管理；严格执行义务教育零收费政策；加强校产管理、提高使用效率。以人为本，关心教师切身利益，把实现好、维护好、发展好教师的根本利益放在第一位；做好教育教学后勤保障工作及各种相关台账整理，及时上报各级各类统计数据报表；实施农村义务教育营养改善计划，按照有关法律法规做好食堂建设和设施设备的配备，严格管理，规范操作，保证各个环节的食品安全。

（罗星敏）

【领导名录】

校　长

索朗次仁（藏族）

党委书记

杨 发 菊（女，藏族）

副校长

旦增格桑（藏族）

周 文 泉

罗松措姆（女，藏族）

罗 星 敏

墨竹工卡县供电有限公司

【概况】 墨竹工卡县供电有限公司于2013年12月25日正式挂牌成立，由国网拉萨供电公司代管，是由墨竹工卡县人民政府出资设立的一家国有独资企业，主要负责墨竹工卡县七乡一镇的电力供应、销售和输变电、配电设施的建设、运维检修，担负着为墨竹工卡县工农业生产、居民生活、市政公用建设供电的职责。

公司现有职工57人（不含4名帮扶人员）。正式职工共36人，占总人数的63.16%，其中，国网统招大学生11人，劳务派遣转正25人；劳务派遣19人，占总人数33.33%；精准扶贫就业2人，占总人数3.51%。中共党员10人，占总人数的17.54%；积极分子3人，占总人数的5.26%；其余为群众或共青团员。公司办公楼2幢，建筑面积2054.75平方米，设有营业大厅一处及18间办公室。公司内部有职工食堂，公司现有工作用车14辆。

公司现辖35千伏变电站共6座，总容量为70600千伏安；35千伏线路7条，总长度278.7公里；10kV配电线路17条，总长度为753.14公里；配变666台，总容量93908千伏安。此外，公司共有1座水电站，总装机容量为1500千瓦。公司电网覆盖5万余人13179户，供电面积5492平方公里，2018年售电量为6732.6万千瓦时。

【党建工作】 年内，墨竹工卡县供电有限公司党支部现有正式党员14人。贯彻落实拉萨公司“旗帜领航·三年登高”行动对标管理年工作部署，与拉萨公司签订党建责任书。组织党员学习《中国共产党支部工作条例（试行）》，提高支部工作认识。做细做实“三会一课”，按规定周期召开支部会议、党课和民主生活会，规范留存学习记录。严把党员发展“入口关”，按计划发展党员2人，入党积极分子3人。开展集中学习10次，组织优秀党员代表赴上海中共一

2018年3月10日，墨竹工卡县供电公司经理扎西次仁慰问一线工作人员

大会址参观学习，帮助党员强化思想认识。加强《中国共产党纪律处分条例》宣贯学习，组织签订《党风廉政建设责任书》，筑牢党员拒腐防变思想防线。积极发挥基层党组织的战斗堡垒作用和党员模范作用，党员干部带头做好重大节庆、活动期间维稳保电和夏季防汛工作。组织全体党员开展“七一”主题党日活动，赴海拔4800米的牧区为26户牧民接电，党员服务队麦收期间赶往县内各打麦场累计服务接电286户。公司党支部被评为拉萨公司“电网先锋党支部”，支部书记与党务专责分获拉萨供电公司“优秀党务(管理)工作者”和“优秀党务工作者”荣誉称号。

【安全生产】 年内，组织全体员工认真学习国网公司安全生产电视电话会议精神和重大事故案例，每季度开展安规考试，强化全员安全意识。公司逐级签订安全生产责任状，压细压实安全责任。常态化开展隐患排查整治工作，累计发现隐患并整改各类隐患共计73处。扎实做好人身触电事故隐患排查整改工作，为县域内变压器装设安全围栏111处，制作张贴电力设施警示牌3300张，利用望果节等时段，赴七乡一镇、各中小学开展安全用电宣传8次。认真编制执行电网防汛工作方案，落实值班和抢修人员安排，加固杆塔63基，出动抢修人员420人次，车辆135台次，工作成效得到县委、县政府充分肯定。严格执行维稳综治值班制度，圆满完成春节、藏历新年等重大节日期间保电任务79次。开展安全专项学习15次，传达上级安全会议精神，梳理工作安全风险点，落实整改隐患问题。采取多项措施强化各重大节日期间保电工作，严格落实带班、值班制度，抢修人员24小时全天候坚守岗位、随时待命，确保突发事件反应迅速处理及时。

【精准帮扶】 10月17日，国网南京供电公司的第三批对口帮扶人员到县公司，不仅带来先进的管理经验，还为公司全体员工捐赠防寒冲锋衣和保温杯，给员工孩子送来了书本、文具盒等学习用品。此外，帮扶人员充分利用各种教学机会，加强宁墨交流，组织2批20名业务骨干到南京供电公司交流、调研和学习，选派2名技术人员到南京公司参加为期45天的电缆工培训，公司电缆施工和运检水平显著提高。开展“讲安全”培训和专用工器具培训3次，促进每一名职工牢固树立起安全责任意识，掌握安全操作技能，把学到的安全知识运用到实际操作中去，强化安全学习，提高防护能力。

【电力扶贫】 年内，投资95多万元为扎雪乡米洛沟、日多乡念村2组等牧区村庄270户牧民家庭通电，并免费安装基础电力设施，总覆盖人数达1000多人。积极落实县委、县政府关于做好寺庙安全用电工作指示，投资75万余元为县域内直孔替寺、德仲寺、敏子寺等寺庙做户内线路改造。大力支持政府重点扶贫工程，投资18.65万元为扎雪乡其朗村扶贫奶牛场、尼玛江热乡芒热沟扶贫榨油厂等各乡的精准扶贫项目安装变压器和新架线路。加大对贫困村电力用户用电支持，累计投资50.64万元为扎西岗乡斯布沟卡加组、尼玛江热乡芒热村3组等村组增容或更换变压器共5台，为甲玛乡孜孜荣村、日多乡怎村等部分村组新增用户新架线路，为甲玛乡孜孜荣村新架线路和赤康村户内线路改造。为提高县城市容市貌和安全用电环境，投资68万元免费为老城区318国道沿街商户中低压线路改造及户表改造，涉及商户200多户。全年义务为各乡镇和县城的用户资产免费抢修380次，共出动人员820次，出动车辆375次。

（杨　晨）

【领导名录】

党支部书记、经理

扎西次仁(藏族)

副经理

旺堆次仁(藏族，6月免)

徐　涛(江苏援藏，10月任)

城市建设·环保

墨竹工卡县住房和城乡建设局

【概况】 2018年，墨竹工卡县住房和城乡建设局按照政府工作报告及政府570项工作清单文件精神，紧密围绕六大战略，积极投身于"城镇带动、乡村蝶变、扶贫攻坚"大会战中，工作取得了安全生产零事故、重点工程稳步推进、城乡发展均衡协调。投资3500万元完成职工超市、羽毛球场、经一路、社区服务中心、金陵农贸市场等16项续建项目验收及交付，投入资金450万余元完成2017年67户危房改造及验收工作，投入2800万元推进"厕所革命"项目用地手续及建设工作，完成建设43座任务。

【人居环境】 年内，按照自治区三年人居环境整治方案要求，瞄准目标、查漏补缺、试点先行，打造工卡镇塔巴村怕热组人居环境整治试点村，为推进全区人居环境整治工作提供可复制、可推广的先进经验。陆续开展318国道沿线乡镇实施乡村振兴人居环境整治工程，打造美丽乡村，为老百姓留住鸟语花香田园风光。

【污水处理】 年内，结合污染防治攻坚战，投入1000万元对老城区原有的人工湿地污水处理厂进行提标改造；投入2690万元对新区县城污水处理厂收集系统进行新建，计划投入5700万元实施7个乡镇污水处理厂、配套管网及附属设施建设，着力补齐城乡基础设施短板，加快提升城镇垃圾、污水处理能力。

【垃圾处理】 年内，试点推进工卡镇恰噶组配置日处理2吨垃圾低温降解垃圾焚烧处理站一座，计划投入2800万元在尼玛江热乡、扎雪乡、日多乡、工卡镇、门巴乡配置日处理生活垃圾3 ~ 15吨低温降解焚烧处理及配套建设附属设施一座。2018年，投入使用

2018年6月26日，墨竹工卡县委常委、副县长张家松实地查看农村房屋提升改造工作

扎西岗乡垃圾转运站。逐步推进全县生活垃圾分类，全县垃圾处理能力加快提升，城镇生活垃圾处理率达到90%以上。

2018年9月10日，墨竹工卡县住建局工作人员到扎雪乡查看住房提升改造工作

【“厕所革命”】 年内，为改善墨竹工卡县公共厕所卫生状况和农牧民群众的健康环境状况，努力补齐影响群众生活品质短板。截至年底，完成建设45座“厕所革命”，继续实施16座“厕所革命”改扩建工作，将公共厕所覆盖到每一个行政村。

【特色小城镇建设】 年内，结合甲玛乡特色小城镇建设规划，投入7780万元，实施甲玛乡特色小城镇风貌改造项目、甲玛乡水厂水源地饮水工程项目、甲玛乡特色小城镇棚户区改造全部完成投入，孜孜荣村（二期）搬迁安置工程年内完成主体建设，预计2019年6月交付使用。

【产业项目】 年内，墨竹工卡县老城区综合商场项目及车辆检测中心项目，计划投入资金7500万元。截至年底，综合商场EPC模式建设，总进度达到75%以上，车辆检测中心完成可研编制及场地平整工作。

【援藏项目】 年内，安排援藏资金3500万元，实施尼玛江热乡宗雪村村容村貌整治工程、嘎则新区小康安居片区社区服务中心项目、嘎则新区易地扶贫搬迁社区服务中心项目、墨竹工卡县嘎则新区易地扶贫搬迁配套道路（经一路）项目、墨竹工卡县金陵农贸市场、扎西朗杰组旅游村落6个项目，全部完成建设。

【市政工程】 年内，投入3700万元实施嘎则新区江宁路、经四路、秦淮路、南京路道路建设，工程总进度达到70%以上，进一步完善县城路网，极大方便小康安居、精准扶贫片区出行问题。

【住房改造】 年内，投入1200万元，完成2018年扎雪乡63户、扎西岗乡2户住房提升改造验收及交付，并对结余资金制定改造方案实施计划。

【工作亮点】 2018年墨竹工卡县被评为自治区人居环境整治行动示范县，按照三年人居环境整治方案行动要求，从垃圾分类和农家肥整治入手，实施农家肥集中积造点、普及卫生厕所，从源头开展垃圾分类，试点村组配备垃圾分类箱1100桶，公共区域设置垃圾分类垃圾箱，并在县城和2个村建立垃圾分类兑换站，按照不同垃圾回收价格，兑换索取生活用品，实现源头分类、回收、运输、分类整理、利用消费等模式，成为全区第一个垃圾分类村。

结合污染防治攻坚战，投入1000万元对老城区原有的人工湿地污水能处理厂进行提标改造，采用“预处理＋水平潜流人工湿地处理”的工艺，突出自然湿地的“水质净化”和“发展备用”双重功能，有效降低建设投资和后期运营成本，能够提升城市景观品质，为全区污水处理模式提供可复制，可推广的经验。年内，实施7个乡镇的污水处理厂设施及收集管网建设，使墨竹工卡县所辖乡镇实现污水全收集、全处理，计划于2019年6月全部投入运营。全部运营后污水处理厂规模将达到9个，成为全区第一个县、乡污水全覆盖县。

2018年，全县上下把住房保障这一民心工程作为脱贫攻坚工作的着力点，大力实施住房改造和提升工程，改善住房条件，确保农牧民住房安全得到保障。近两年完成住房提升改造130户，投入资金1500万元。科学编制安全、经济、适用的农房设计图集，组织建筑施工队统一施工，按照“政府投一点、群众出一点”方式，政府负责主体工程，老百姓负责装饰装修工程，按7∶3投资建设住房提升改造工程，确保贫困农户住上放心房、幸福屋，将住房提升改造后人均住房面积达到小康居住标准。

（旦增罗布）

【领导名录】

副局长

旦增罗布（藏族，主持工作）

墨竹工卡县环境保护局

【概况】 2018年，墨竹工卡县环境保护局以习近平新时代中国特色社会主义思想为指导，认真学习领会习近平生态文明思想，全面落实党中央、国务院和区、市、县党委和政府关于生态文明建设和环境保护的一系列决策部署，始终坚持推进生态文明建设和构建国家生态安全屏障，坚守环境保护红线、底线、高压线，紧紧围绕“发展、稳定、生态”三件大事，坚决走环境保护和经济社会协调发展之路，以中央环保督察反馈问题整改为契机，以改善环境质量为核心，以深化改革为动力，坚持问题导向，补齐环保短板，着力解决各类环境问题，全面提升生态文明和“美丽墨竹”建设水平，确保生态环境持续良好，全力推进“环境立县”战略迈上新台阶。

2018年，生态环保项目共计支出1515.62万元，县城人工湿地污水处理厂提升改造项目支出1090万元、农村饮用水项目支出200万元、环境质量监测费77.59万元、尼玛江热乡新建垃圾堆放点及维修垃圾池项目55万元、环保整改工作支出9.14万元、第二次全国污染普查工作支出43.09万元、环境监督员工资款40.80万元。

【生态环境质量状况】 年内，经县政府同意出台实施《墨竹工卡县2018年环境质量监测方案》。委托有资质的第三方监测机构对墨竹工卡县域环境空气质量、地表水质量、饮用水水源地水质定期开展环境监测。监测数据显示，墨竹工卡县环境空气质量符合《环境空气质量标准》一级标准，地表水、集中式生活饮用水水源地水质达到三类标准。

【第二次全国污染源普查】 年内，为全面摸清全县各类污染源基本信息，掌握全县各区域、流域、行业污染物产生、排放和处理等情况，建立健全重点污染源档案、污染源信息数据库和环境统计平台，进而为加强污染源监管、改善环境质量、防控环境风险、服务环境经济综合决策提供依据，为制定实施有针对性的经济社会发展和环境保护政策规划、加快推进美丽墨竹建设提供支撑。2018年县政府召开专题会，研究部署第二次全国污染源普查工作相关事宜，出台实施《墨竹工卡县第二次全国污染源普查实施方案》，并及时抽调精干力量，选聘第三方技术服务单位，为全面提高普查效率和普查数据质量提供强有力的技术支撑，前期入户调查工作已经完成，普查工作得到

2018年3月31日，西藏自治区党委常委、拉萨市委书记白玛旺堆（中）到巨龙公司调研

顺利推进。

【工作经费保障】 年内，县政府预算安排生态环境保护及环保整改各项经费共计843万元，其中：环保宣传经费3万元、创模经费10万元、生态红线划定经费12万元、环保整改办公经费20万元、购买环保专家团队服务经费75万元、甲玛矿区绿色矿山试点规划编制工作经费110万元、环境质量监测费100万元、环保污染普查工作经费113万元、生态资金400万元。

2018年5月17日，墨竹工卡县委副书记索朗多吉、副县长索朗多吉到天仁公司检查环境问题挂牌督办整改情况

【生态环境保护宣传】 年内，通过媒介发布生态环境保护相关内容新闻报道99篇，向区、市政务网选送投稿60余篇。通过“微墨竹”公众平台开通“跟我学环保政策”专栏，发布藏汉双语环保标语3条、保护环境倡议书1次。同时，将生态环境知识学习纳入全县党员干部党校培训课程之中。落实每季度1次县域内环境质量公示制度，全面实现环境质量电子化在政府网站上公示，切实保障群众的环境权益。通过编印环保知识宣传手册和海报，发放环保袋，结合“禁白”专项检查，现场设立咨询投诉台，接受群众投诉及建议，开展环保法律法规宣传活动，进一步提高群众的环保意识。2018年，共悬挂环保宣传横幅20余条，张贴环保宣传海报100余张，免费发放环保宣传手册1600余册，免费发放环保替代品1万余个，接受群众现场咨询解答100余人次，查处暂扣一次性不可降解塑料袋50公斤。

【环保监管执法】 年内，审批建设项目环境影响评价报告表项目1个，确认建设项目环境影响评价登记表网上备案98个，出具建设项目环境影响报告书（表）预审意见16个，无一例违法、违规、违纪审批；2018年，对全县辖区内矿山企业、医疗机构、项目单位、私人企业、个体商户等开展环境监管32余次。出动环境监察执法人员70余人次，检查辖区企（事）业10余家，下达各类执法文书32余份、立案调查环境违法企业3家、受理环境投诉2件，处理办结率100%，群众满意度较高。2018年，本级投入资金90万元启动甲玛矿区绿色矿山试点规划编制；投入75万元，购买环保管家社会服务，用以弥补环保力量不足，积极探索矿产资源开发利用和环境监管新思路，推动企业由原来的被动接受监管转变为主动遵法守法；积极开展生态红线划定试点工作，召开征求意见反馈会5次，聘请有资质的第三方服务机构。截至年底，墨竹工卡县生态红线分布面积为622.3平方公里，占县域国土面积11.3%，此数据自治区生态红线划定工作领导小组正在论证阶段。投入协同税务部门依法征收环保税37.67万元，实现排污费向环保税的无缝衔接。

【污染防治】 年内，贯彻落实墨竹工卡县大气、水、土壤污染防治行动计划工作方案，定期组织监管部门对墨竹工卡县辖区内重点领域、区域进行检查；经县委县政府同意，制定下发《墨竹工卡县污染防治攻坚战三年行动计划》《墨竹工卡县2019年生态文明建设工作实施方案》《墨竹工卡县2019年生态文明建设重点工作进度清单》等系列污染防治工作制度方案。

【生态创建】 自开展生态村、生态乡和生态县创建工作以来，本级财政先后投入生态创建专项资金2535万元。截至年底，全县7个乡镇、40个行政村已经成功创建为自治区级“生态乡”“生态村”，荣获“自治区级生态县”称号，率先在拉萨市六县两区中实现生态建设“三级同创”目标任务，国家级生态县(生态乡)创建规划编制工作正在开展当中。全县的生态建设工作取得明显成效，在环境支撑能力、生态产业发展、环境污染整治环境质量和生态环保意识方面有了不同程度的提升。

【环保监管网格化】 年内，为进一步提高环境监管水平，切实保障辖区生态环境安全，有效强化环境监管主体责任，县政府制定《墨竹工卡县环保监管网格化建设实施方案》。建立以属地政府为环保监管责任主体，整合辖区内负有环保监管职责的各部门监管力量及其相应的环境管理资源，建立“属地管理、分级负责、全面覆盖、责任到人”的网格化环保监管体系，建立各级网格内环保监管“五定”机制，确保网格边界清晰、责任主体明确、目标任务具体、考核评价客观。

【“禁白”工作】 年内，加大辖区内一次性塑料袋销售、使用环节的执法监管力度，做到堵塞源头、控制流通、寻求替代，按照统一部署、分级实施、各负其责的工作机制，进一步巩固全县“禁白”工作成果。全年共投入4万余元，悬挂环保宣传横幅10余条，张贴环保宣传海报300余张，发放环保宣传手册1000余册。组织县工商、城管、商务、卫生等成员单位，共出动了4次30余人，对县域内的农贸市场、商户、超市等进行执法检查，共暂扣一次性塑料袋40余公斤，同时向县城、各乡(镇)沿街商户、旅游景点等相关单位发放环保袋1.5万余个。

(朱立志)

【领导名录】

局　长

普布次仁(藏族)

副局长

巴桑旺堆(藏族)

墨竹工卡县城市建设投资经营有限公司

【概况】 墨竹工卡县城市建设投资经营有限公司成立于2017年8月15日，注册资金5000万元。公司下属墨竹工卡县锦墨砂石加工有限公司、墨竹工卡县墨龙城投建材有限公司、墨竹工卡鼎龙车辆检测技术服务有限公司、西藏墨源建筑有限责任公司、墨竹工卡城镇发展投资有限公司、西藏鑫墨建设工程有限责任公司等6家公司，共有员工46人，主营范围包括建筑施工、建材销售、地产开发、商业运营、苗木种植、环卫物业等。

【代建业务】 年内，墨竹工卡县城市建设投资经营有限公司代建项目8个，代建项目总投资7525.64万元，代建管理费84.68万元，已完工项目4个，实施中项目2个，已开标项目2个。收购完成一家施工资质。墨竹工卡县车辆检测中心与奶牛养殖场场地已平整完成。

【建材业务】 塔巴砂石厂由墨竹城投公司、墨竹扶贫开发公司、五

2018年12月18日，墨竹工卡县城投公司党支部书记格桑主持召开工作会议

2018年12月28日，墨竹工卡县城投公司工作人员到甲玛乡垃圾兑换点准备年后营业事项

家砂石企业联合注资运营，截至年底，砂石厂生产砂石 21.1 万立方米、销售 19.1 万立方米，商混站生产混凝土 3.2 万立方米、销售 3.2 万立方米，砖厂生产混凝土砖 132.6 万块，销售 126.9 万块，基本保证全县建材的稳定供应。

【房地产业】 根据市规划局提供的地块红线图，完成地块四至放线工作，协调与南侧市政园林、北侧部队、西侧城关区住建局、东侧高法四至范围及土地租用事宜；确定墨竹苑项目景观设计方案概念文本；取得墨竹城投房地产项目开发资质，并完成备案；上会并通过专家、风貌、专题等会议，确定最终的报规文本，完成项目的报规工作。并已取得建设工程规划许可证。

完成项目施工区域内的绿化拆除以及给排水、高压电、小区开口等工作，两处施工塔吊已安装完成；根据市规划局的定点放线，组织施工队伍及相关物料，完成对项目北侧 11—13 号楼的基础开挖工作。

【政府工作任务清单】 年内，注册成立砂石公司、建成使用嘎则大桥停车场等在内的 10 项政府工作任务清单已完成。除任务清单中规定的工作之外，墨竹工卡县城市建设投资经营有限公司按照县委、县政府指示，承接塔巴村帕热组人居环境改造项目、金陵路透水砖铺贴项目并交付使用为保证车辆检测中心建成后的正常运营，已注册成立墨竹工卡县鼎龙机动车辆检测公司，商业中心招商运营方案(初稿)已制定完成。

【党建工作】 年内，规范国有企业党的建设工作，发挥企业党组织领导核心和政治核心作用，围绕上级党委和党支部领导的工作安排，进行党建重要性的宣传、交流，不断地完善相关规章制度与职责，围绕本职建立党的领导和公司治理相统一的有效机制。

【经济效益】 年内，砂石厂实现收入 1406.06 万元、实现利润 399.39 万元，商混站实现收入 1765.19 万元、实现利润 211.82 万元，砖厂实现收入 357.99 万元、实现利润 36.80 万元。

【社会效益】 年内，提供 46 个就业岗位，其中建档立卡贫困户 14 名，招录大学生 12 名，其中墨竹籍大学生 8 名，贫困户大学生 6 名。通过“以岗代训”的方式，有效地解决当地建档立卡户实现稳定就业；优先使用当地运输车队，让群众参与到生产、销售、运输等各个环节，通过运输业务实现当地群众年增收 350 万元；通过建立砂石、商混、砖等建筑材料加工企业，进一步规范全县建筑市场，营造了良好的投资环境。

【生态效益】 年内，通过整合、规范经营砂石厂，彻底解决了砂石材料乱采、乱挖现象，最大限度地节约土地资源，有效加强拉萨河源头环境治理。

(旦增卓嘎)

【领导名录】

董事长

扎西玉杰(藏族)

总经理

格　　桑(藏族)

交通·通信

墨竹工卡行县交通运输局

【概况】 墨竹工卡县级财政投入农村客运班线改革资金800万元，2018年6月1日，正式开通运营农村客运班线，共购置7辆17座客车，开通4条农村客运班线线路（线路一：县城至门巴乡；线路二：县城至扎雪乡；线路三：县城至日多乡；线路四：县城至甲玛乡），共有42个经停站，全县乡（镇）覆盖率达到100%，行政村覆盖率达到80%，覆盖3.8万余人。农村客运的开通运营，标志着墨竹工卡县在“实施乡村振兴战略”迈进一大步，对广大农牧民群众提供了安全便捷的出行条件。2018年，完成投入7条农村公路，共改建道路52.954公里。

【基本职能】 推进墨竹工卡县综合交通运输体系建设，统筹规划公路行业发展，建立与综合交通运输体系相适应的制度体制机制，优化交通运输主要通道和重要枢纽点布局，促进交通运输方式融合，组织拟订全县综合交通运输发展战略、规划、政策和规范性文件，指导、协调、监督全县公路发展战略、规划、政策和规范性文件的拟订，指导综合交通运输枢纽规划和管理，负责交通运输行政执法检查和监督。

承担道路运输市场监管责任。监督实施全县道路运输执行相关政策、技术标准和运营规范。指导全县城乡客运及有基础设施管理和维护，承担有关重要设施的管理和维护。

制定全县交通运输行业科技发展规划并监督实施。指导全县交通运输信息化建设，监测分析运行情况。指导公路行业环境保护和节能减排工作，承办县人民政府交办的其他事项。

【法制统计建设】 年内，以“两学一做”常态化制度化为契机，学习十九大精神，结合县委、县政府制

2018年5月29日，墨竹工卡县农村客运启动仪式

定的交通改革任务，进一步细化法制治统措施，明确责任分工落实到人头，法制统计建设持续深入推进。

【党风廉政建设】 年内，墨竹工卡行县交通运输局以永远在路上的执着和韧劲推动全面从严治党，扎实推进党风廉政工作和反腐败各项工作。用习近平新时代中国特色社会主义思想统领统计工作，牢固树立“四个意识”，坚定“四个自信”，做到常提醒、勤教育，让“红脸出汗、咬耳扯袖”成为常态。

2018年10月11日，墨竹工卡县交通运输局联合市运管执法支队开展宣传“扫黑除恶”知识

【危桥改造】 年内，完成巴洛桥危桥改造，完成工程量80%，11月完工并投入使用，共投入资金463.1287万元。县财政投入资金500万元，修建易发生水毁路段的桥梁、挡墙项目9个及增设道路标识标牌。其中实施民生危桥改建项目7个，2个公路防护工程，已经全部完工并投入使用，共投入资金455.67万元。

【协调工作】 年内，为保障墨竹工卡县农牧民群众出行安全，给群众提供便利的出行条件，积极主动配合自治区交通厅、拉萨市交通运输局等相关部门，认真开展嘉黎县措多乡经波朗村至墨竹工卡县门巴乡公路改建工程，及省道S507线林周县旁多乡至阿朗乡经扎雪乡至墨竹工卡县尼玛江热乡公路工程等重大交通项目建设工作。

【解决拖欠民工工资问题】 林拉高等级公路后续补偿兑现，此外积极解决公路项目拖欠民工工资和工程款，为了县境内的社会和谐稳定，墨竹工卡县交通运输局先后参与和协助解决7起拖欠民工工资行为，所有拖欠问题已全部解决，无遗留问题。

【资金管理】 年内，对项目建设费用，严格按照专款专用的要求，完善各项财务管理制度，严禁截留或挪作他用。实行财务公开制、定期审计，严把资金建设使用关，杜绝各类不合理的开支，切实保证把有限的资金用到刀刃上。

【工程质量管理】 年内，在县级道路建设实施过程中，严格实行“四制”管理，即“法人制、招投标制、监理制、公示制”。为保证工程有效控制，对整个道路工程施工阶段严把监督，确保树立“建设一条、优良一条、收益一条”的质量要求。

【农村公路养护管理】 年内，坚持“统一领导，分级负责”的原则进一步落实分级管理养护责任，认真落实养管责任主体，不断提升农村公路的通行能力和服务水平，年初与各乡镇签订《墨竹工卡县农村公路养护管理》目标责任书，按照《墨竹工卡县农村公路养护制度》明确各乡（镇）的养护路段、养护标准和养护要求。实现“有路必养、有路必管”体制。研究制定养护工作方案，统筹年度管理养护工作，并把精准扶贫建档立卡42名交通管护员也纳入农村公路养护队伍，制定分片包段目标责任长效机制，全面加强县乡公路养护工作，彻底扭转过去因乡镇无专职管理机构、无专职管理人员造成乡村公路失养、缺养或管理不到位的局面，极大地方便了人民群众出行，加快人流、物流和信息的流通。

6月，连续多日的强降雨天气，县交通局全面排查道路安全隐患，通过组织人员、机械、联系设计师、设立警示标牌、及时向各部门报送信息等多种措施，同各乡（镇）随时做好路面清理、疏通和修复，架设保通钢架桥等各项工作，全力保障公路安全畅通，齐心协力开展防汛及做好服务群众工作，切实落实防汛工作。

【安全生产】 年内，按照中央和区、市安全生产工作会议关于安全生产工作的重要指示批示精神，按照"全覆盖、零容忍、严执法、重实效"的要求，深入开展安全生产大检查工作，加大道路隐患排查整治力度，严格查处各类安全生产违法违规的行为，认真排查墨竹工卡县境域内国道、省道、县道、乡村道路安全隐患，特别是易发生山体滑坡、泥石流、雨水冲刷桥梁、涵洞等路段，对排查出存在安全隐患的道路，及时设立警示标牌，影响安全通行的道路进行封闭，并制定保通方案，确保第一时间配齐配备人员、机械，保障道路安全通行。

（巴桑旦增）

【领导名录】

局　长

林文全

副局长

洛桑多吉（藏族）

林芝公路分局墨竹工卡公路养护段

【概况】 2018年，林芝公路分局墨竹工卡公路养护段深入学习贯彻习近平新时代中国特色社会主义思想和党的十九大精神，围绕"不忘初心，牢记使命"这一主题，坚持以养护、超限治理为中心，凝心聚力，科学谋划，全段管养国省干线路况水平进一步提升，安全保畅能力不断增强，路域环境综合整治成效明显，各项工作服务经济社会发展能力水平显著增强，较好地完成了2018年的各项工作任务。

【养护生产完成】 年内，墨竹工卡公路养护段以"改革攻坚、养护转型、管理升级、服务提质"为方针，发扬"老西藏精神""两路精神""西藏养路工精神"，坚持以公路日常养护作为工作重点，实行公路养护常态化，着力在改造路容路貌，在提高路况质量上下功夫，做到各条道路路面病害处置规范、及时、逐步实现生态养护，达到"畅、洁、绿、美、安"的道路环境提高公路服务能力。

2018年，日常工作量共计：油路补坑1729.65平方米，清理边沟2357米，清扫路面664143.5平方米，修补路基缺口70.9立方米，备防滑料366立方米，路面排水46处，新挖边沟526米，清理垃圾26261.6公斤，疏通涵洞64道，维修标志标牌91块，新栽标志标牌16块，维修波形防护栏310米，安装锥形反光标50个，清理路肩碎石2341.33立方米，拆卸钢架桥27米，整理路肩132973平方米，工区院内清理排水沟管1500米，新修停车场1146平方米，路边新栽花池围栏132个，整理边坡157980平方米，清理桥梁泄水孔121个，边坡除草13135平方米。涵洞帽石米拉山至达孜大桥共维修288.8米，涵洞八字墙米拉山至达孜大桥共维修94.25立方米，挡墙加高共1348立方米。工区院内栽树47棵，修理桥涵跳车96平方米，更换柱式护栏1根，清理路肩建筑垃圾12立方米，清理非公路标志

2018年7月13日，林芝公路分局局长贡嘎江村（左三）到318国道检查停车场工程

标牌5块，桥栏杆刷漆40平方米，路肩除草17855平方米，新划标线1911平方米，新划震荡标线604.8平方米。罩面6000平方米，土路铺料222650平方米，新栽落石警示牌5块，清理路基碎落台6.4平方米，清理桥下、涵洞内白色垃圾55公斤，平整土路路面18500平方米，新修波纹管涵22道，清理零星塌方14.5立方米，路基加宽306平方米。

2018年6月27日，墨竹工卡公路养护段组织干部职工到国道318线进行宪法宣誓仪式

【公路应急与抢险保通】 年内，制定并完善《今冬明春国省干线抢险保通应急预案》《汛期公路抢险保通预案》和各项管理制度；建立健全24小时值班和信息及时上报制度，确保信息的时效性、准确性，加大巡查力度，做好抢险保通油、材料的储备工作。

【开展公路小修工程】 年内，合理安排小修工程季度、年度工作计划，轻重缓急做好病害处治。做好小修工程质量监控，制定外业工程完成情况台账，指导并督促施工队执行操作规范、工艺流程，贯彻执行施工规范和验收标准。

【预防性养护】 年内，根据公路技术状态和通行能力，结合管辖路段地理环境和气候条件实际，明确预防性养护具体措施，积极学习了解有无新工艺和新材料以运用到养护工作中。结合道路实际2018年上报对G318香嘎村路段进行罩面相关计划。

【桥梁涵洞养护维修】 年内，做好桥梁、涵洞经常性检查工作并在汛期（6月至9月）加大检查频率。结合管养桥梁实际状况编制桥梁养护维修计划，积极制定灵活、有效的整治方案。2018年主要对宁中2桥桥墩深坑进行抛石回填192立方米，对2#台上游导流堤基础掏空进行铅丝石笼加固8立方米；对扎西岗桥进行维修加固河床抛石362立方米、下铅丝笼9个，147道班2桥锥坡抛石回填250立方米。146道班3桥锥坡抛石回填150立方米，148道班桥抛石回填25.8立方米。扎叶巴1桥新修铅丝石笼导流堤217立方米，扎叶巴1桥新修铅丝石笼导流堤736立方米。完成直孔大桥桥梁国检工作，从中了解桥梁国检流程内容，总结经验。

【创建“美丽公路”】 年内，为创造安全、舒适、美丽的道路通行环境，2018年在G318线K4544+000（扎西岗乡）—K4564+000（墨竹工卡县）路段建设美丽公路。加强路域环境整治，规范整修路肩、边坡、美化公路，创新“美丽公路”内涵、打造“美丽公路”亮点，促进公路路况和提升路域环境。累计新栽花池围栏132个，清扫路面15050平方米，清理路肩碎石600立方米，整理边坡27300平方米，清理边沟4700米，边坡除草32000平方米，清理非公路标志标牌12个，制作文化宣传台5个，美丽公路告示牌2块。

【超限超载车辆治理】 年内，集中学习路政执法过程中存在的难题，探讨处理方案，始终把政治思想工作与业务知识当作首要任务来抓，开展“七五”普法专题学习4次。对票据、案卷、图表严格管理，票据核销工作严格执行票据管理支付，落实“收支两条线”。规范路政行政许可审批和法律文书制作程序，及时上报种类报表，按时完成目标任务。争取当地政

2018年5月8日，墨竹工卡公路养护段组织干部职工到县养老院开展“春风送温暖”活动

府及职能部门支持配合，采取协调、治理、宣传同步推进的举措，形成政府主导，部门联动，齐抓共管的合围态势。

【公路巡查】 年内，路政所及工区巡路员，注重巡查质量和效果，及时制止侵害路产路权行为，打击和制止违章建房，占路堆物、作业、未经许可设置广告牌等违法行为。对管辖路段的国道349线、国道561线、S206线的公路用地、公路建筑控制区的确权，按照行政区域划分，分别向属地管辖县人民政府递交了申请，尚未回复。落实生产管理和安全施工。严格监督施工单位规范设置施工标识和安全防护设施，落实路政许可事中事后监督机制。截至10月19日，共发生路政案件14起，破案14起，结案14起，破案结案率100%，收回公路路产损坏赔（补）偿费60190.00元。共办理大件运输通行证65起。报请上级批准办理路政许可审批10起，收取占利用费125000元，累计卸货吨数600余吨。

【路政宣传】 年内，先后开展3次大规模的路政宣传活动。在G318线沿线集镇悬挂横幅，以广播、宣传单、宣传册、展板等方式走县串乡，对过往司机、群众、摊点、施工队伍发放宣传材料，进行讲解。深入矿区、沙石厂送法上门，解答疑问。对沿线各县、乡发放路政管理告知函，主要为各县、乡在规划、建设本辖区内的项目中涉及占用公路用地及公路建筑控制区时需要依法征得交通主管部门的同意，发现违法行为有检举和保护的权利和义务。

年内，开展以“规范执法、提升服务”为主题的公路路政法制宣传活动。路政所联合林拉高等级公路达孜养护点路政、交警，在G318沿线宣传《中华人民共和国公路法》《公路安全保护条例》《超限超载运输车辆行驶公路管理规定》新认定标准、“卡通路政法律法规宣传册”“公路路政管理宣传单”等法律法规，提供公路法律法规咨询服务。对公路沿线政府职能部门采取主动送法上门的方式，宣传相关的法律法规，介绍管理机制，特别是新接养路段S303、S507、S206线的宣传（因新接养路段原管养路段拉萨市交通局路政管理基本是空白）奠定了良好基础。截至10月19日，发放各种宣传资料4000余份，走访宣传单位5个，走访宣传群众138户，进矿企3家，开展“三走进”15个，悬挂横幅10余处，路政宣传牌2处。

【环境专项整治】 年内，墨竹工卡公路养护段结合实际开展公路路域环境专项整治，分为四个阶段进行。在“雪顿节”“藏博会”“国庆节”“2018首届跨喜马拉雅自行车极限赛”等重要节点，加强路域环境常态化治理，有效地提高了路容路貌。联合工区清理公路沿线垃圾150余方、过境路段乱堆乱放11处、公里桩刷漆30余块、拆除非交通标志80余块、校正公路标志牌40余块、新增公路标志标牌60余块。

【安全生产】 年内，召开“安全生产月”和“安全生产西藏行”活动大会，成立领导小组并结合实际编制活动方案。充分利用段微信公众号平台、LED电子显示屏、悬挂横幅、发放宣传册、观看安全生产警示教育片等多种形式宣传安全生产方针政策、法律法规、安全常识和应急逃生、自救互救方法，参加学习人数21人。在段部门口展出安全宣传展板，发放安全生产宣传手册50份。对商品房租户进行消防演练，参加演练人数12人。对工地建房工人进行安全生产宣传，参加培训人数10人。在工区门口及养护机械上悬挂安全生产宣传横幅7条。为进一步提高突发事件应急处置能力，确保紧急情况能及时采取措施进行处理。6月20日，组织突发事件教育培训，以防紧急情况发生时，有组织、有系统地迅速处置，将伤害损失降至最低。

【机料管理】 年内，注重机械设备的运转时效和平稳运行，对机械设备在使用前进行调试、针对使用过程中存在的问题进行讨论部署，做到定时定期跟踪检查，杜绝设备安全隐患。提高操作手思想意识，要求操作员熟练机械操作规程，积极转变观念。对操作手进行装载机，挖掘机，打桩一体机和护栏清洗车的理论学习、实机操作、交通安全教育学习，同时开展对一线工区的机料管理工作的业务培训，增强各工区对机械维修保养意识，开展机械操作手专项培训2次。对2018年上级调拨新的机械设备及时进行调试验收并建立相关的机械档案资料。

【机械设备管理】 年内，及时做好机械设备的维修、保养、报废等工作，重点加大设备管理中各项制度的执行力度。确保机械统一管理、安全运作、发挥效能。对段所属各工区机械车辆进行月检，杜绝养护车辆带病作业，及时消除安全隐患，保证能够安全投入生产。同时加强内业管理，根据养护机械的使用和规定程序对段部及所属各工区的机械车辆进行维修工作由专人负责做好机械维修、保养、报废等工作的登记备案，"一机一档"做到账、卡、物三相符，完善机械设备台账及掌握机械设备动态和完好状态。规范并加强段部及各工区的机械日常用油登记表和抢险保通油料登记表，认真检查进油和出油记录是否属实，并制定油料管理办法。为养护生产顺利有序进行提供坚强的保障，做好油材料、应急抢险物资的采购、储备和登记，随时做好应急抢险工作。根据2018年改建情况，对墨竹工卡公路养护段所有车辆以及设备的存放调配做相应调整。结合机械设备少、无法满足养护生产需要，及时进行部分机械的租赁，保证2018年养护生产的正常开展。认真贯彻落实文件，将达到淘汰报废条件的车辆上报分局机料科。

【党建工作】 年内，高度重视基层党建及党风廉政建设、人才培养、公路文化建设等工作，始终坚持加强作风建设，积极教育和引导干部职工按要求加强作风建设，围绕党中央"八项规定"，认真践行"不忘初心，牢记使命"主题教育，大力整治工作作风，防止"不作为、慢作为"等行为，促使干部职工自警自省自励，努力提升行业服务质量和服务水平。始终坚持以勤廉要求抓队伍建设，严格落实党风廉政建设责任制、完善廉政监管体系，构筑反腐防腐墙，将党风廉政建设提升到新的水平。加强人才队伍建设，大力开展岗位技能培训活动，对养护、机料、路政等部门有计划地进行综合培训，推动业务能力和水平进一步提高。积极争取上级人事部门支持，通过人才引进、事业单位招考等方式选拔录用工作人员5名，为公路事业持续发展储备了后备力量，提供了有力的人才和智力支撑。

【建设好"职工之家"】 年内，根据关于做好"智慧团建"系统组织树建立阶段工作要求，采集录入团员信息，指定管理员，录入组织信息等建立网上管理平台。全面加强工会会员思想道德教育，努力提升整体素质。在3月份召开一次妇女群众工作交流会，进一步加强全段妇女干部之间的沟通交流。组织全段妇女职工开展"流光溢彩、情醉三八"活动；组织参加林芝公路分局"庆五一、迎五四""庆十一"文艺会演活动；申请建设全区工会"职工书屋"建设单位；积极推进"文化建设年"活动，开展"书香公路、阅读人生"活动，撰写心得体会。通过系列活动展现公路养护职工精神风貌，诠释新时代墨竹工卡公路养护段积极进取的新风貌。做好困难职工帮扶工作，开展在档困难职工帮扶资助申报、"金秋助学"活动、"春节藏历年"送温暖摸底工作。

（索朗曲珍）

【领导名录】

党支部书记、副段长

段 锡 格

副段长

普布次成（藏族，主持工作）

纪检员

次吉卓玛（女，藏族）

墨竹工卡县电信局

【概况】 2018 年墨竹工卡电信局围绕“规模效益发展”这一工作主线，以移动业务、宽带业务、ICT 业务、智能业务四轮驱动，切实做好“内强素质、外树形象”基础管理工作。近几年墨竹工卡县电信局移动用户持续在递增，新增手机用户中，95% 以上用户为 4G 智能手机，无线 4G 网络与有线智能光宽已经在悄然改变着墨竹工卡县广大农民的信息生活方式。全县电信宽带普及率 40% 以上，继续保持电信宽带的市场主导地位；天翼高清同办率不断提升，用户应用感知良好。此外，电信政企 OA、电子政务、公安天网、翼校通、协同通信等一批信息化应用新业务，已在全县党政机关、公安、学校、中小企业等越来越多的行业领域得到应用，通过信息化的手段为他们的生产和管理提高效益。

【落实提速降费】 年内，墨竹工卡县电信局持续加大基础资源建设力度。截至年底，建设宽带接入端口 12184 个，有线宽带服务能力领跑全行业。FTTH 已全面覆盖各个新建小区、易地搬迁点、各乡和行政村，实现县域 200M 高速宽带接入，乡镇 100M 以上宽带接入。3G/4G 机站 108 个，无线网络已经覆盖全县所有乡镇和 98% 以上的自然村区域，以及境内高速公路、国道和省道全程覆盖，是拉萨市各县（区）覆盖最广的移动网络地区之一，已实现宽带天地一体化的通信网络。

为有效落实提速降费政策，结合各单位、中小企业对互联网接入产品的需求，更好地满足各单位、中小企业的相关要求，以“提升速度、充实产品、改善服务、树立品牌”为原则，按照“降价格、提速度、推新品、强填充、优服务”等五个工作方向，开展互联网专线资费下调、单位、中小企业宽带产品体系完善、切实为单位、中小企业提供了更优惠更实用的互联网接入产品。

【客户服务感知提升】 年内，墨竹工卡县电信局以“用户至上、用心服务”为理念，以提升用户满意度为指引以关键服务环节为节入，以感知测评为手段，强化差异化服务优势。有效落实“首问负责制”公约，积极参与政风行风建设，提速降费落实、通信扶贫行为，加强用户信息安全、网络安全和信息化建设。通过投诉预防体系、集中服务工单管理体系、客户体验感知等做好服务提升，实现事前防范，事中监督和事后管控。

【精准脱贫】 年内，根据中国电信集团公司对通信扶贫的相关政策，结合墨竹工卡县精准扶贫精准脱贫的相关指导，墨竹工卡县电信局一方面严格落实集团公司部署的通信扶贫政策，即：面向全部县以下行政村用户或使用电信移动业务的建档立卡贫困户、扶贫干部，每月免费赠送致富包；面向全部县以下行政村用户或新办理有线宽带业务或已安装宽带

2018年3月20日，墨竹工卡县电信局副局长格桑尼玛组织全体员工集中学习

2018年7月6日，墨竹工卡县电信局举办首届业务服务知识竞赛

的建档立卡贫困户、扶贫干部，结合用户意愿，各省均可为其宽带加装1条IPTV；面向全县行政村或建档立卡贫困村党建活动室或文化室，赠送1条20M宽带，1条IPTV。另一方面有效利用相关政策结合当地扶贫自掏腰包投入大量资金开展扶贫，常态化开展节日和特殊日子的慰问，赠送大米、面粉、食用油等所需物品。助力当地政府在脱贫攻坚关键时刻起到举足轻重的作用，也得到老百姓的高度认可和当地政府的一致好评。截至年底，全县40个行政村的党建活动室全部完成免费安装宽带，对600余户建档立卡贫困户开通致富包。

（格桑尼玛）

【领导名录】

局　长

白玛伦珠（藏族）

副局长

格桑尼玛（藏族，3月任）

墨竹工卡县邮政分公司

【概况】 2018年，墨竹工卡县邮政分公司认真贯彻落实集团公司和区、市分公司各项决策部署，积极应对复杂多变的市场环境，积极进取。2018年通过墨竹工卡县分公司全体干部职工共同努力，克服各种困难和市场环境的不利因素，圆满完成各项目标任务，取得一定成效。2018年实现业务收入189.45万元，完成年度预算的94.23%。

【企业发展】 年内，全县乡邮投递服务工作覆盖7乡1镇、40个行政村、48座寺庙、年服务里程达8万多公里。乡镇通邮率达100%，村村通邮率达100%，最大限度地满足偏远山区邮政通信的需求。同时，还承担墨竹工卡县各乡镇、各学校、各企事业单位等机构的投递服务工作，为墨竹工卡县经济发展和农牧区文化建设做出贡献。

【金融业务】 年内，墨竹工卡县邮政个人存款余额为4312.58万元，小额贷款实现425万元。

【乡邮建设】 9月1日，墨竹工卡县邮政实现乡邮投递周五班，

墨竹工卡县邮政分公司

进一步满足本县广大人民群众的用邮需求。为不断提高管理水平和服务质量，墨竹工卡县邮政分公司全体员工以高度的政治责任感，延伸服务深度、全体员工把认真做好邮政普遍服务作为己任，投入乡邮管理工作中，在巩固乡邮成果的同时，不断提高乡邮通信的覆盖率，确保乡邮工作的通畅。

【村邮站建设】 5月31日，墨竹工卡县已完成32个建制村村邮站设备安装。

【服务宗旨】 年内，墨竹工卡县邮政分公司一直秉承“人民邮政为人民”的服务理念，加强与当地政府部门沟通联系，切实履行好普遍服务义务，以优质的服务赢得当地政府、企业及基层群众的一致好评。为更好地做好服务工作，墨竹工卡县邮政分公司高度重视邮政服务重要性，充分认识到提升服务质量是邮政企业的法定责任和发展的根基，正视和解决当前邮政服务方面存在的问题，不断增强服务能力服务本领，强化服务质量管控，提升服务质量，走“靠服务开辟市场、靠服务壮大实力、靠服务树立品牌、靠服务赢得竞争”的发展之路。

墨竹工卡县分公司将一如既往地紧紧围绕区、市分公司的经营指导开展工作，严格落实各项经营决策，以企业发展为中心，在县委、县政府及区、市邮政分公司的坚强领导下，求真务实、真抓实干、开拓创新，扎实完成全年各项工作任务。

（王　栋）

【领导名录】

经　理

王　栋

中国移动通信集团西藏有限公司墨竹工卡县分公司

【概况】 墨竹工卡县移动营业网点设立于2004年，2007年6月墨竹工卡县移动分公司正式成立。自成立以来始终秉承“正德厚生、臻于至善”的企业核心价值观，以“有价值、可持续”为经营理念，努力以“客户为根、服务为本”为职业操守服务墨竹县各族人民群众。全体员工自力更生、积极进取。在公司上下各级班子的正确领导下成功实现机构调整，网格划分，TD覆盖。用户规模从公司成立之初的4854户增长到现在当前的2.12万户，运营收入呈逐年上升趋势，7县公司中内部贡献占比为17.75%，已成为区域市场最有实力和最有竞争力的通信运营商。

2018年，墨竹工卡县移动分公司有在岗员工9人，驾驶员1人，乡镇区域经理8人，解决当地就业人员10人占总员工人数的62%。墨竹工卡县移动分公司现有自办厅一个，县城合作营业厅5个。各级渠道代理店20余家，其中10家为乡镇代理店。截至年底，全县共有基站200个，覆盖8个乡镇，40个行政村，网络覆盖率为95%.服务日多乡、扎西岗乡、甲玛乡、唐加乡、尼玛江热乡、扎雪乡、门巴乡，共七乡一镇的客户。

【市场经营】 年内，墨竹工卡县移动分公司主动开拓市场资源，不断提高人员营销水平，全年累计新增客户9297户，客户总量2.1万余户，新业务使用客户数累

2018年5月1日，墨竹工卡县移动分公司员工开展存话费送手机活

计达15663户。其中彩铃业务普及率达78.76%.新业务收入比重达到30.97%,成为运营收入增长的主要方向。新增客户市场占有率为71.68%,期末客户市场占有率为71.10%,市场主导地位得以巩固。持续推进品牌整合,着力提升品牌影响力和竞争力,“全球通”高端品牌形象和价值不断提高,“神州行”和“动感地带”品牌市场带动作用逐渐增强。不断加快渠道建设,认真兑现服务承诺,积极改进渠道管理,核心社会渠道控制力和价值贡献不断提高。进一步加大集团客户市场开发力度,从单一产品植入到综合的信息化解决方案,实现集团客户的“无缝”服务打造有效的商业“价值链”促进双赢。积极宣传推广移动智能终端,实现“七乡一镇”全面展示,有效发挥综合捆绑和黏性作用。

【员工综合素质全面提升】 年内,墨竹工卡县移动分公司在拉萨分公司各职能部门的有力支撑下定时或不定时的对营业人员、集团客户经理、渠道管理人员进行业务知识、服务技能、营销方法等方面培训,极大地增强员工对自身以及企业可持续的关注度,激发了员工们的学习热情。

【班组建设】 墨竹工卡县移动分公司“318”班组成立于2012年年初,共有成员10人。本着“开心工作、快乐生活”的平均年龄只有25岁的年轻团队通过内容丰富、形式多样班组技术知识交流活动,分享工作经验,其心协力,共同解决工作难题。贯彻执行向“双标”学习,班组成员扶贫解忧多次为公司内部困难职工捐款、捐物。生产之余班组成员与友好单位的班组进行交流座谈活动、积极参加县政府组织地各项体育运动和联谊活动,营造了良好的班组氛围及社会口碑。

（梁　伟）

【领导名录】

经　理

李志敏

联通墨竹工卡县营业部

【概况】 联通墨竹工卡县营业部位于墨竹工卡县嘎则新区工卡镇集资商铺房15号,自2010年挂牌成立,主要经营移动通信和互联网等信息服务,现有正式员工4人,基站维护人员2人,自办营业厅1个,合作厅1个。

【党建工作】 年内,联通墨竹工卡县营业部严格落实“三会一课”制度,坚持民主生活会和组织生活各项制度,开展党员评议活动,增强党支部组织生活活力;扎实推进“两学一做”活动,充分发挥党支部的战斗堡垒作用和党员的先锋模范作用,推动公司经营工作开展;深入开展十八届六中全会精神、关于新形势下党内政治生活的若干准则、中国共产党党内监督条例的学习,增强从严治党的意识,强化作风转变;认真贯彻落实党的十九大会议精神,结合县委十三届三次全会要求,做好宣传、培训。

【客户服务】 年内,联通墨竹工卡县营业部以“用户至上,用心服务”为理念,以提升用户满意度为指引,努力实现业务又好又快发展,做好优秀企业公民,为墨竹县的经济发展和社会信息化建设做出更大的贡献。

2018年3月15日，联通墨竹工卡县营业部营业员到日多乡开展实名制宣传活动

年内，认真落实中央提速降费号召，对全网宽带用户开展光纤化改造和提速活动，在移动网业务上不断推出新业务，并积极拓展县域联通光纤业务，服务县域内的中小企业，真正实现惠民、惠企。继续投资建设4G基站的开通，先后在县域内陆续开通尼玛江热乡和门巴乡4G基站，为广大用户提供更好的移动网络服务。开展“防范网络诈骗，提高全民网络安全意识”主题宣传活动。认真开展入网实名制工作，从入网的源头狠抓实名制工作，严格按照自治区通信管理局下发的文件执行实名制入网工作。积极响应公司号召，全体员工都在“中国志愿服务网”上注册为志愿者，为社会贡献自己力所能及的一分力量。

【强化管理、砥砺前行】 年内，联通墨竹工卡县营业部积极应对困难和挑战，采取有力措施，在人员短缺的情况下加快业务发展步伐，为广大用户积极服务，同时做好行业信息化和新业务推广；抓好精细化管理，管理方面时刻要抓住基础，并不断强化基础管理；根据县域的实地情况，制定切合墨竹工卡县实际情况的考核办法与发展目标，细化管理办法，制定完善的激励措施，改善服务短板，确保服务质量的稳步上升，提高客户满意度；积极应对困难，解决困难，努力为广大墨竹群众贡献自己的一分力量，争取在今后的工作中为墨竹工卡县经济发展和信息化建设做出更大的贡献。

【开展惠民利民活动】 年内，联通墨竹工卡县营业部积极拓展乡、镇、村一级的覆盖联通3、4G基站覆盖建设，组织下乡送通信、业务宣传等活动，共计100多余次（包括含存费送礼、存费送费、存费送机、办理业务参与抽奖等活动）。

年内，进一步强化落实“提速降费”政策，以最优惠的资费服务广大用户，针对县域内的广大用户推出流量放心用、语音放心打的优惠套餐，解决广大群众以往的担心流量超出后的高昂费用的后顾之忧，并可以添加副卡、情亲卡。

（蒋奕科）

【领导名录】

经　理

赵晓东（12月免）

蒋奕科（12月任）

金 融

中国农业银行股份有限公司墨竹工卡县支行

【概况】 中国农业银行股份有限公司墨竹工卡县支行(简称墨竹工卡县支行),服务面为县城及7乡1镇40个行政村,是唯一在乡镇上有网点的金融机构。2018年,所辖1个县支行6个营业所,全辖现有人员45人,其中管理员10人,业务人员26人、后勤人员2人,中保强盾保安公司保卫7人根据业务性质分设有会计、出纳、信贷、联行代理国库业务等,主要经营存款、贷款结算及代理人行、农发行业务。

【业务辐射范围】 中国农业银行网点遍布中国城乡,成为国内网点最多,业务辐射范围最广的大型现代化股份商业银行,业务由最初的农业信贷、结算业务,发展为品种齐全,本外币结合,能够办理国际、国内通行的各类金融业务。主要也括:存款服务、综合业务、外汇理财、人民币理财、代客境外理财、银行卡、汇款及外汇结算保管箱租赁缴费服务、代发薪服务、出国金融服务、电子银行服务、私人银行、融资业务、国内支付结算、国际结算、基金相关业、企业理财服务、金融机机构服务。

【"三农"服务】 年内,墨竹工卡县支行通过全体员工的共同努力,业务取得新的拓展,各项业务经营稳步健康发展,信贷资产质量明显提升,内控管理水平进一步提升,特别是作为县域支行在"三农"服务和支持当地经济发展工作方面取得良好成效,并在2018年度获得中国农业银行拉萨分行县域支行综合业绩第二的优秀排名。

【经济发展】 截至年底,墨竹工卡县支行各项存款余额为119,528万元,其中对公存款余额为83,766万元,储蓄存款余额为35,762万元。各项贷款余额为199,

2018年11月18日,农行西藏分行党委委员、副行长王霄勇(左一)到墨竹工卡县民族手工业宗穆厦民族传统手工艺有限公司调研

524 万元，其中涉农贷款余额为 82，514 万元，公司贷款余额 98，476 万元，个人贷款余额为 101，048 万元；截至年底，墨竹工卡县支行不良贷款余额为 0 万元，2018 年无一笔新增不良贷款。截至年底，墨竹工卡县被成功评定为信用县：累计颁发贷款证 13086 户，颁证面达 100%，使用率达 99.82%，其中，金卡 5747 张、银卡 5212 张、铜卡 1273 张，钻石卡 854 张（一星 182 户、二星 288 户、三星 384 户），精准扶贫小额到户贷款证 1905 张。截至年底，扶贫贷款余额为 14392 万元，通过给能人贷款带动农牧户残疾人，贫困户，通过与钻石卡户签订帮扶协议（执行扶贫利率）每年帮扶贫困户。截至年底，已办理惠农卡 5689 张，各项指标均得以圆满或超额完成。

【“三农”业务发展】 年内，按照全国农行工作会议和区、市两级行长年初会议的安排部署，墨竹工卡县支行始终坚定不移地深化“三农”工作，不断提高金融服务水平，努力为农牧民提供普惠制、广覆盖、多功能、可持续的金融服务，通过与钻石卡户签订帮扶协议（执行扶贫利率）每年带动和帮扶本县贫困户，作为县域支行上下切实树立面向“三农”服务城乡的经营理念。

年内，墨竹工卡县支行开展思想教育、提高员工道德及思想高度、引导员工将服务“三农”引导员工带着感情、带着爱心、带着诚心为农牧民服务，积极依托“四卡”，有效增加对农牧业、农牧民的有效信贷资金投入，通过对所有乡村开展常态化的流动服务，向农牧民宣讲普及金融政策和信贷产品知识，大额资金兑现时为农牧民提供上门服务业务。同时，对广大农牧民开展诚信教育，有力提升本县农牧民整体信用环境；通过加强与县各级政府的沟通联系，积极争取党政部门的理解与支持，因此银政、银企关系非常融洽，实现共赢，墨竹支行在贷款投向上积极为符合农行信贷相关管理办法规定，符合准入条件的农牧户发放农、林、牧业以及建筑、运输、批发、特色产品、民族手工业等贷款，满足其有效金融需求。

通过强化“三农”金融服务及管理，提高风险管控水平，不断提升本行“三农”服务能力，不仅涉农信贷资产质量保持较好水平，同时有力支持地方经济发展。年内，根据上级行有关“惠农通”工程方案，墨竹工卡县支行予以高度重视，切实感受到开展此项工作是农行又一项惠农具体措施和手段体现，能够对金融空白行政村农牧民带来就近便利的金融服务。截至年底，完成 40 个村累计安装 52 台的 POS 机布放，组织专人认真开展前期政策宣传解释工作，积极争取党政机关和农牧民的理解和支持。

【办公及硬件设施】 年内，已完成全部营业网点的电子化转型工作，此举为县城内三农客户提供了便捷的电子化服务。

【配套设施】 墨竹工卡县支行针对近年来年轻员工逐年增加的现状，支行积极争取资金，完成支行“职工之家”和洗浴中心等配套设施建设，加强伙食堂管理，彻底解决员工一日三餐的后顾之忧，尽量给员工营造优异的工作环境。

【综合营销】 年内，墨竹工卡县支

2018年3月8日，农行墨竹工卡县支行举办第一届“三八花样美人节”活动

2018年2月8日，农行墨竹工卡县支行举办客户答谢会

行各项存款呈现稳中有升，总体完成情况较好，2018 年墨竹工卡县支行储蓄存款增长较快，超额完成全年任务指标，贷款业务发展情况，贷款增长较好，呈现"三农"贷款与个人贷款齐头并进的势头，其他各项指标完成情况较好。

【基础管理】 年内，开展组织实施员工合规文化建设活动，员工整体合规理念、合规意识明显提升，继续实行差异化绩效分配体制，切实激发员工工作积极性，充分体现奖励机制的作用，认真开展对所辖内的尽职监督检查，做到及时查漏补缺，减少差错和工作中瑕疵，促进各项业务操作合乎程序规定以及制度要求。

【安全运营】 年内，墨竹工卡县支行未出现任何一起大小风险操作事件，确保安全运营，针对运营、会计、信贷、安全保卫等环节加大规范化、科学化、标准化建设，开展各业务条线的"三化三达标"创建前期准备基础工作。

【集中学习】 年内，墨竹工卡县支行利用每周二下午下班后的休息时间组织全辖青年员工集中学习业务类管理办法、集中探讨新型业务，召集支行全体党员干部开展党课 19 次，提升了全体党员干部的党性，提高了员工合规操作意识，强化职业道德素养。

【安全保卫】 年内，墨竹工卡县支行将严格按照安全保卫工作条理、条例，逐条开展检查对照工作，确保无任何隐患地开展墨竹支行安全生产工作。

【安防教育】 年内，不仅圆满完成重大节日的安防工作，同时确保全年无论守库、押运、值班以及营业期间的安全无事故，平时墨竹工卡县支行主要采取加强对员工的安防教育，引导员工自觉履行各项安防制度规定，严格相关纪律，层层签订安防责任书，加大对所辖网点的监督检查力度，对违反安全保卫的行为及时进行教育引导教育，及时达到惩戒目的，领导做到在注重业务经营的同时，狠抓安全保卫工作，从而确保安全运营。

（欧曲罗布）

【领导名录】

党总支书记、行长

达桑次仁（藏族）

副行长

韦 章 明

尼玛旦增（藏族，10 月免）

张　　西（11 月任）

索朗多杰（藏族，11 月任）

西藏银行股份有限公司墨竹工卡县支行

【概况】 2018 年，西藏银行股份有限公司墨竹工卡县支行（以下简称墨竹工卡县支行）始终高举中国特色社会主义伟大旗帜，以邓小平理论、"三个代表"重要思想、科学发展观、习近平新时代中国特色社会主义理论为指导，认真贯彻落实党的十九大会议精神、习近平总书记系列重要讲话精神，中央、全区经济、金融工作会议、金融业支持西藏经济社会发展座谈会精神和区党委、政府"金融撬动"战略，以年初总行下达的工作任务为主线，稳步开展各项工作，取得了较大成绩。

2018 年，墨竹工卡县支行多次组织员工到全县各机关企事

2018年11月2日，西藏银行墨竹工卡县支行开展爱国主义教育活动

业单位、乡镇、寺庙等地开展业务发展和营销活动，并取得优异成绩。2018 年，各项存款余额为 41534.76 万元，其中储蓄存款时点余额为 17185.07 万元，较年初增加 2527.49 万元，储蓄存款日均余额为 15292.02 万元，比 2017 年增加 2629.13 万元，完成全年计划的 52.58%；对公存款时点余额为 24349.69 万元，较年初增加 11753.38 万元，对公存款日均余额为 21276.65 万元，比 2017 年增加 15201.07 万元，计划完成率达 506.7%。

【贷款工作】 年内，墨竹工卡县支行继续加大个人贷款和对公贷款力度，加快信贷业务健康快速发展，促进当地实体经济稳健提升。2018 年，各项贷款余额为 123252.12 万元，其中对公贷款时点余额 101,300.00 万元，较年初负增长 2800 万元，对公贷款日均余额为 102248.41 万元，比 2017 年增加 55346.49 万元，计划完成率达 92.24%；个人贷款时点余额 21952.12 万元，较年初增加 3465.78 万元，个人贷款日均余额为 21056.91 万元，比 2017 年增加 7474.10 万元，计划完成率达 93.43%。

【严格审查开户质量】 年内，墨竹工卡县支行新增借记卡 3525 张，其中贵宾卡 38 张，普卡 3487 张；代发工资账户数累计 14 户，较 2017 年增加 2 户（有效户 2 户），对公开户数累计 101 户，较 2017 年增加 22 户。

【丰富产品种类】 年内，墨竹工卡县支行开通网上银行（企业）业务、电话银行、MSP 设备营销，微信、支付宝等产品，方便了广大客户的生活；继续实施开卡免受工本费、年费，境内跨行转账免费等优惠政策，吸引了一大批客户前来开户办卡；继续施行银信通业务免费办理和使用的优惠政策，实现了存取款、个贷还款等短信提醒功能，办理该项业务日益增多；根据市场和客户需求，支行在业务产品和渠道建设等方面积极探索，逐步与网上金融服务接轨，给自身发展带来更大的机遇。

【社保卡激活宣传】 年内，根据总行个人业务部关于社保卡激活宣传工作的安排部署，为更好地服务墨竹工卡县乡村老百姓，考虑到下辖乡镇离县支行有一定的距离，尤其是老人及残疾人，亲自来银行办理业务非常不方便，同县政府及社保局工作人员，合理计划安排，墨竹工卡县支行成立社保卡激活工作小组，以支行副行长索朗多杰为组长，通过与乡村委会联系，采取上门服务和支行大厅服务相结合的工作方式，逐村进行现场激活，为客户提供优质便捷服务；现场激活社保卡的重点对象为年满 50 岁以上老年人办理激活业务，并积极做好社保卡的宣传解释工作，切实解决服务群众的“最后一公里”问题。墨竹工卡县支行将继续按计划开展社保卡激活工作，将激活工作零投诉、零失误要求贯彻到底，社保卡激活工作有序开展。

【完善风控体系】 年内，墨竹工卡县支行专门成立以负责人陈春渠为组长，钱双、索朗多吉为副组长，其他所有员工为成员的风险管理小组，全面负责支行风险管理工作；建立监控巡查制度，指定专人不定期检查监控设备，发现问题及时上报维修。同时，对进出监控室人员实时进行登记。2018年，墨竹工卡县支行进行监控巡查共计70次，其中应客户要求查看监控2次；加强信息风险管理，完善信用风险制度体系，每笔贷款在贷后必开展贷后检查工作，发现问题，及时解决；完善反洗钱制度，多次开展反洗钱宣传活动、反洗钱培训活动和反洗钱自查评比工作。

【安保工作】 年内，墨竹工卡县支行制定《押运安保制度》《日常安保工作制度》《营业期间值班工作制度》《员工住宿区值班制度》等并严格落实；加强维稳和综治工作，坚持在重要时节、节假日带班、值班制度；深入开展消防演练、安全教育和不定期安全检查；落实钞车押运及寄库管理工作。2018年，墨竹工卡县支行4名安保人员全面做好安保工作，确保支行一直处于安全平稳营运。

【内部管理】 年内，墨竹工卡县支行结合自身发展实际，在管理缺失的空白领域制定一批规章制度；对于已有的规章制度，结合发展实际需要，加以完善，同时严格按照总行要求，加强自身管理；做好内部审计工作，全面自查支行2017年费用支出，重点进行业务审计、信贷风险审计和新建办公大楼及员工住宿楼审计；加强财会管理工作，将总行下达的年度综合经营计划和各项目标任务分发到前中后台，基本完成各项计划和目标任务。密切监控二代支付系统运行情况保证资金及时入账，准确处理贷款发放确认等工作；强化消保管理工作，开展金融知识普及宣传活动34次。2018年，无1起客户投诉。

【配合检查】 年内，墨竹工卡县支行积极配合自治区银监局、人行拉萨中心支行的专项检查，全力配合总行的调研，同时配合做好巡视工作，实事求是反映情况，发现问题，立即采取措施，视情况现场或事后整改。

【队伍建设】 年内，墨竹工卡县支行共有27名员工。其中，外包人员8人；男员工16人，女员工12人；员工平均年龄31岁。年内，墨竹工卡县支行重点配齐营业部、业务部、综合部等各个岗位人员，保证每个岗位至少有1人专职负责，明确分工、相互监督、相互制约，确保支行顺利开展各项工作；为激励员工积极性，选拔1人担任上一级职务；完善员工效绩考核办法，开展业务评比工作，每周二上午开展专业技能比赛，激发员工不断提升自身业务技能水平；组织员工积极参与总行组织的各项学习和培训。支行认真开展员工学习教育和培训工作，每周一、三、五组织晨会，每周二、四组织集中学习各项规章制度、上级文件精神和业务知识等。

【打造企业文化】 年内，墨竹工卡县支行开展丰富多彩的集体活动，如知识竞赛、文娱活动和民族团结教育等，统一思想认识，增强团队凝聚力，加深各民族之间的了解、团结和友谊，相互关心、帮助和学习；为员工谋福利，改善食堂伙食，提高用餐质量，新建员工宿舍，缓解住房压力，组织员工体检，及时了解自身健康状况；严格规范着装和言行举止，开展学习教育培训，增强支行员工的集体意识和服务意识，对客户服务热

2018年9月21日，西藏银行墨竹工卡县支行组织全员集体观看“防范电信网络诈骗宣讲课件”

2018年9月10日，西藏银行墨竹工卡县支行组织工作人员到日多乡开展“防范假币、保护自我”“杜绝假币、从我做起”宣传活动

情大方周到，对工作耐心细心有责任心，赢得广大客户的一致好评，树立了良好的企业形象。

【“两学一做”学习教育】 年内，墨竹工卡县支行开展集中学习教育，严格按照学习计划组织全体党员集中学习党章党规和习近平总书记系列重要讲话精神；开展“创先争优、争当优秀共产党员”系列活动，每月评比优秀共产党员，给予精神和物质双重奖励；开展个人自学，向每位党员派发《中国共产党章程》《习近平系列重要讲话读本》《习近平谈治国理政》《习近平新时代中国特色社会主义思想三十讲》《西藏反分裂斗争简史》《西藏银行“两学一做”学习读本》等读物，要求每位党员利用空余时间，认真开展自学，并做好笔记和心得体会。

【党风廉政建设】 年内，墨竹工卡县支行组织全员学习党的十九大精神、中央“八项规定”、区党委“约法十章”“九项要求”，《中国共产党廉政准则》《中国共产党纪律处分条例》《西藏银行领导干部警示诫勉制度》《西藏银行公务接待暂行办法》等各项规章制度，开展警示教育，教育引导员工严格遵守纪律，树立良好工作作风；每两周开展一次思想政治教育活动，逐步提高员工的政治理论素养，教育引导员工在思想上、行动上始终与党中央保持高度一致。年内，开展思想政治教育活动共计26次；通过学习宣传、专题研讨、民主生活会等方式，在思想作风、组织纪律、党风廉政等方面使每个党员有了新觉悟。

（巴桑普赤）

【领导名录】

党支部书记、行长

　陈春渠

副行长

　索朗多杰(藏族)

　钱　双

乡（镇）概况

工卡镇

【概况】 工卡镇位于拉萨市以东约68公里处318国道两侧，是墨竹工卡县的政治、经济、文化中心，全镇下辖3个村，19个村民小组，共1575户，5626人，劳动力2043人，流动人口2086人。牲畜总头数12253头（只、匹）；全镇低保户33户101人，特困分散供养4户4人，残疾人173人；镇机关干部48人，其中公务员28人，事业人员17人，工人3人，跟班学习人员3名；党员共有606名；农牧民党员468名，其中预备党员5名。

2018年，工卡镇农村经济总收入为15733.71万元，其中第一产业收7278.22万元，第二产业收入1146.78万元，第三产业收入7308.71万元，农牧民人均可支配收入达17322.15元。

【农牧业】 年内，粮食播种面积共11760.37亩，其中青稞6773亩、油菜花4567.37亩，冬小麦420亩，确保了农牧民口粮安全。

实现粮食作物总产593.4万斤，油菜总产72.34万斤；有序组织386名群众采挖虫草，收入达192.33万元；工卡镇共温室大棚124栋，其中外租67栋，每栋平均年收入约850元，全年温棚收入约为5.7万元，大大提高群众温室大棚种植积极性；牲畜出栏496头，其中牛441头，每头售价为1.1万元，实现收入达485.1万元。猪55头，每头售价为1200元，实现收入6.6万元，大大提高牧业商品化，增加农牧民群众的收入；全镇畜牧保险共投保383头，累计兑现资金161.08万元；实现草畜平衡面积17.95万亩，按照上级草补补助奖励标准，享受草补奖励资金的共1099户、5141人，实现草畜平衡奖励资金26.92万元。

【项目建设】 年内，投入900万元对苗木花卉基地进行升级改造；完成塔巴村四组全区人居环境示

2018年7月11日，西藏自治区督导检查组一行到工卡镇格桑村检查“扫黑除恶”工作开展情况

范点打造工程；开展塔巴村旅游度假村项目建设；流转格桑村7组耕地658.552亩用于墨竹工卡县农业园区建设项目。

【社会保障】 年内，完成全镇2494人新型农村养老保险收缴工作，收缴保费25.43万元，参保率达100%；完成全镇5475人新型农村合作医疗收缴工作，收缴16.147万元，参合率达100%；全面做好高校毕业生就业创业工作，确保高校毕业生就业率达到90%以上，对全镇2018年毕业生进行入户走访，就业41人，未就业20人。

【民政工作】 年内，发放“三大节日”慰问金共4.58万元；完成192名残疾人重新筛查公示，并建立档案；兑现423名幸福老人上半年幸福养老金90.54万元；2018年上半年特殊供养人员5户5人，下半年特殊供养人员4户4人，兑现资金26595元；为12名村（居）监督委员发放3个季度的务工补贴2.7万元；兑现农村低保39户124人资金30.746979万元，其中建档立卡贫困户19户58人；对工卡镇3户进行临时救助共计资金2万元；兑现“一孩双女”奖励补助资金7.584万元，“特扶”家庭补助资金5.712万元；兑现2018年193人高龄老人健康补贴共计资金14.7万元。

【教育工作】 年内，优化发展教育，现有十五年免费教育在校生1081人，适龄儿童入学率100%，

2018年4月23日，工卡镇综治办主任哈比布拉到塔巴村组织群众开展法制宣传活动

巩固率100%，初中入学率100%，巩固率100%；完成农牧民大学生学杂费及交通费票据收集统计，向130名在校大学生兑现学杂费、交通费及生活补助82.15万元；完成建档立卡贫困户及农村低保贫困户在校大学生筛查核对工作，兑现区市县补助116.29万元；完成2018级家庭困难大学新生资助申请上报工作，向7名大学新生兑现资助金4000元；完成62名2018级大学新生资料收集和2名建档立卡贫困户孤儿在校大学生的资助申请与资料上报工作；向20名大学生发放“金秋助学金”6.6万元，其中1名为建档立卡贫困户大学生；完成192名在校大学生的银行卡收集工作。

【卫生工作】 年内，联合县医院、防疫站和卫生院对工卡镇群众正在进行“三病”筛查工作，并可以建立健康档案，方便群众进行定期体检；对91名儿童进行预防接种筛查，35名儿童接受补种；制定藏汉翻译合作医疗报销流程，发放至各村及卫生所方便群众知晓；开展食品药品联合专项检查6次，其中对学校食堂检查4次，对商铺、农贸市场等进行检查6，有效打击商户的违法行为，保障了食品药品安全；在食品安全宣传周组织各项宣传活动，并向各村发放宣传手册500余册和手袋1000个。

【安全检查】 年内，对全镇所辖400余家各商户、企事业单位、19个村民小组、3个加油站、网吧、酒吧等娱乐场所进行8次专项安全生产、消防安全大检查，建立专门检查台账和火灾隐患排查工作记录表；制定工卡镇2018年“安全生产月”活动方案，分别在县城、格桑村、工卡村设立宣传点通过悬挂横幅、发放藏汉“双语”宣传材料等进行安全生产宣传活动，共发放各类宣传材料500余份、

参与活动人数达1000余人；联合县消防进行消防演练，各村委会和部分商户代表参加演练，强化了消防应急知识。

【林业工作】 年内，消除“无树村、无树户”共计808户，共发放果木3293株，藏川杨苗木2630株；旱柳苗木2499株，栽植苗木共计8422株，成活率达90%以上；完成集体林权改革工作第一阶段工作任务，制定《集体林权制度改革实施方案》，成立领导小组，召开村级林改工作会进行表决公示；向39位护林员发放2018年度护林员补助金27.3万元。

【水利工作】 年内，修建工卡村5组至县气象局拉萨河防洪堤6000米；修建格桑村1组长达100米排水管道，为8户村民修复农村饮水，解决饮水困难；镇、村成立防汛应急抗旱应急队伍达150多人，定期对河道进行检查，2018年防汛工作组织人力1200余人，物力使用铅丝笼32卷，大型机械装载机16台，挖掘机10台，有效解决汛期出现的各种问题，保障了人民群众的生命和财产安全。

【国土住建】 年内，按照小康安居工程要求统计核实，123户有意愿进行安置；征地600余亩，其中县物流中心300余亩，帕热温室100余亩，污水处理厂改扩建20余亩，塔巴奶牛中心200余亩。

【文化工作】 年内，规范文化活动场所标准化建设，建立健全各项管理制度和标识牌，根据现有条件，在文化站设立图书室、电子阅览室、多功能活动室、信息资源共享服务点等，丰富文化活动场所服务载体；明确文化学习主题，不断丰富文化宣传内容，利用阅报栏和展板，开办文化专栏，公示文化服务内容，方便群众了解新闻；开展庆祝“三八”、迎接“五四”文体活动，开展“3·28”纪念日唱国歌升国旗，参观新旧西藏对比活动，开展“七一”庆祝建党97周年系列活动。

2018年6月13日，工卡镇政府组织塔巴村农牧民开展打扫村庄卫生

【环境保护】 年内，农村垃圾处理实现常态化。由各村班子成员带队，对村小组进行每周三次全面清理，彻底清除各村卫生死角；完善城乡环卫一体化长效机制，实现镇村垃圾收集全覆盖，共配备垃圾桶500个和垃圾箱20个，出动机械2000余次，人员300余人次；充分发挥商铺双联平台，与商住户签订“门前三包”责任书，对占道经营、乱摆乱放，乱搭乱建的商、住户发放整改通知书，引导商住户自行整改，整治乱摆乱放57处600余平方米；整治县城车辆乱停乱放，申请对318国道老县城段两侧规划为停车场，邀请有关部门清理公路两侧“僵尸车”15辆（含9辆非机动车），有效地规范了车辆乱停放；完成全国第二次污染源普查工作；对2017年中央环保督导组提出的垃圾填埋场问题进行整改和“回头看”工作。

【精准扶贫】 年内，基层组织能力增强，给3个村各配备3名下沉干部，充实基层组织为群众办事的力量。截至年底，有村第一书记经费、驻村工作队经费、基层组织办事经费等资金，每村经费合计超过10万元，给群众办事底气更足了；乡村振兴动力更强，产业发展基础实。各村结合各自优势，已打下产业发展基础。工卡村商品房、塔巴村机械租赁、苗木花

2018年7月13日，工卡镇举办“国旗飘起来、国歌唱起来”合唱比赛

卉、格桑村机械租赁等产业经营良好，收入稳定；从学前教育、义务教育、高中教育到高等教育，享“三包”政策、营养餐以及“三大民生”等政策，建档立卡贫困户还有特殊帮扶政策；转移就业力度大，组织建档立卡贫困户183人开展培训，通过岗位开发、自主择业等方式，建档立卡贫困户有165人从事保洁、保安、销售等工作，人均每月2000元左右；群众幸福指数提高，加快推进人居环境改造提升试点工作，争取改造提升全镇人居环境，实施了老城区人工湿地污水处理系统，为群众提供良好的生活环境。

【干部队伍建设】 年内，深入推进“两学一做”学习教育常态化制度化，每周四组织全镇干部进行集中学习34次，开展讲党课14场，每名党员人均抄写笔记30篇以上，镇党委班子成员结合工作实际形成调研报告10篇；切实加强“三个全覆盖”工作，组织干部职工参加区、市、县各类培训16人次；落实强党固基扶村工作，各村下派3名下沉干部，与驻村工作队、村“两委”班子形成合力，紧紧围绕建强基层组织、维护社会稳定、促进增收致富等工作，切实做好“强党固基扶村”工作。

【“四讲四爱”学习教育】 年内，先后组织村“两委”成员和妇女同志开展培训，共开展扶贫政策、低保政策、惠民政策等宣讲活动15次，开展“四讲四爱”暨“遵法守法学法”普法教育活动，向群众发放宣传资料500余册；结合“两学一做”“四讲四爱”“五有五好”深入开展党的十九大精神宣讲活动，共开展宣讲活动和培训21次，每名党员人均抄写笔记10篇以上，机关党员人均撰写心得体会2篇。

【建立健全机制制度】 年内，严格执行“四议两公开”制度，定期召开党员大会、村民会议或村民代表会议，加大对党务、村务、财务公开的透明度；不断完善村规民约，打造民主、法治、文明的发展环境，推动农村基层治理创新。

【党风廉政建设】 年内，制定党风廉政年度计划，与各村签订党风廉政目标责任书，每季度召开一次党风廉政建设推进会。组织干部职工学习典型案件10次，镇党委书记讲廉政党课1次。春节、藏历新年等重要节日节点重申廉洁过节纪律6次，开展监督检查80次，扶贫领域专项督导检查69次。开展严禁借子女升学等名义大操大办和严禁国家工作人员参与赌博廉洁教育工作。

（谢巍山）

【领导名录】

党委书记

次旦卓玛（女，藏族）

党委副书记、镇长

周　君

党委副书记、人大主席

央　吉（女，藏族，6月免）

普布卓玛（女，藏族，6月任）

党委副书记

钟其荣

纪检书记

户杨东

人武部部长

扎西平措（藏族）

党委委员、组织委员

尼玛卓玛（女，藏族）

副镇长

益西旺久（藏族）

央金卓嘎（女，藏族）

周　玲（女）

哈比布拉（回族）

政务办主任

达瓦卓玛（女，藏族）

党群办主任

格桑拉姆（女，藏族）

经社办主任

拉巴仓决（女，藏族）

甲玛乡

【概况】 甲玛乡辖有3个村委会，14个村小组，其中4个为巨龙矿业公司搬迁小组，共有1187户，4612人（龙达村365户1307人，孜孜荣村398户1688人，赤康村426户1617人），其中劳动力1885人，“两后生”2人，残疾人71人，低保户5户8人，特困分散供养4户4人，有“农家书屋”5个，乡域内辖两大矿企。乡政府共有在编干部职工45名，正科级干部3名，大学生村干部1名，科员27名，参公事业人员14名；驻村工作队3个；派出所1所，民警15名，辅警1名，协警1名。乡完小1所，教师18名，学生248名，乡幼儿园一所，教师10名，学生224名。乡级卫生院1所，医务人员共10名。全乡宗教活动场所有5座（寺庙1座、拉康3座、日追1座），驻寺特派员2名，驻寺民警1名。甲玛乡下设19个基层党组织（其中1个机关党支部、2个村党委、1个村党总支、15个村小组党支部）。

2018年，全乡农村经济总收入为12820.93万元，其中第一产业收入2617.68万元，第二产业收入3102.48万元，第三产业收入7100.77万元。虫草收入41.6余万元，粮食1863.15吨，农牧民人均纯收入20157.98元。

【党员队伍建设】 截至年底，甲玛乡共有党员355名（包括预备党员10人），其中，乡机关党支部有党员33人（包括预备党员3人），龙达村党委有党员129人（包括预备党员3人），赤康村党委有党员111人（包括预备党员1人），孜孜荣村党总支有党员82人（包括预备党员3人）。每个自然小组设组长2名，全乡联户长61名。各村均健全完善群团组织，党员数占农牧民总人口数的7.6%。且甲玛乡建立入党积极分子、预备党员信息档案，为今后的党员信息库录入工作奠定了基础。

2018年9月5日，西藏自治区党委常委、拉萨市委书记白玛旺堆（中）到甲玛乡调研矿区安全及生态恢复工作

【“四讲四爱”学习教育】 截至年底，甲玛乡针对农牧民群众、流动人口、青少年学生、寺庙僧尼共开展集中宣讲30场，听讲人数4600余人。发放《宣讲提纲》30余本，组织撰写心得体会35篇；结合自身实际，以各类节日为契机，开展规定实践活动20项，编写信息简报28期。同时，制定每月1次的督导检查制度，督促各村落实责任，查漏补缺，对存在问题，做好“回头看”，切实推动甲玛乡“四讲四爱”群众教育实践活动进农村、进牧区、进家庭、进学校、进寺庙、进僧舍，将教育实践活动开展的有规模、有声势、有特色、有亮点、有实效。

【“五有五好”文明村镇创建】 年内，根据《中共拉萨市委员会拉萨市人民政府关于大力实施以“神圣国土守护者幸福家园建设者”为主题的乡村振兴战略的实施意见》和《拉萨市开展“五有五好”文明村镇创建活动工作方案》部署要求，按照《中共墨竹工卡县委员会墨竹工卡县人民政府关于

2018年12月21日，甲玛乡党委书记平措旺堆到甲玛检查站慰问工作人员

大力实施以“神圣国土守护者幸福家园建设者”为主题的乡村振兴战略的意见》内容，甲玛乡结合工作实际，制定《甲玛乡“五有五好”文明村镇创建活动工作方案》，转发给各行政村。紧紧围绕乡风文明建设目标，充分发挥基层党组织组织群众、宣传群众、凝聚群众、服务群众的职能，年内，甲玛乡已实现有精神文明宣传栏、有公益广告牌有文化大舞台、有文明引导员、有志愿服务站的阵地建设，结合各类学习宣讲来开展教育引导干部群众“思想觉悟好、道德风尚好、行为习惯好、精神面貌好、遵规守纪好”为主要内容的“五有五好”文明村镇创建活动。

【村级活动场所建设】 年内，为更好地促进农牧民党员的学习，甲玛乡3个村党支部均建立“农家书屋”和党员活动室及“青少年之家”，农牧民党员定期参加党支部的学习和讨论，各党小组均有自己的活动场所。

【“一对一”结对帮扶】 年内，根据县委统一安排部署，甲玛乡认真开展大下访活动，结合甲玛乡干部一对一结对帮扶，每年藏历新年期间均走访慰问“三老”人员，困难党员及贫困户，发放大米、面粉、砖茶、食用油等。

【召开民主生活会】 年内，根据县委组织部关于召开全县党员干部民主生活会的通知，甲玛乡组织全乡党员干部召开民主生活会，认真学习党的十九大、十八届一中、二中全会精神及习近平总书记系列重要讲话精神。会上，党员干部之间互相交流思想、查找问题，为下一步开展批评和自我批评打好了基础。

【党风廉政建设】 年内，加强群众监督和自我监督，财产公示制度，深入学习《中国共产党党内监督条例》和《中国共产党纪律处分条例》，以身作则，率先垂范；按时上下班签到，结合不定时抽查，确保干部在岗率，加强干部组织纪律；加强八小时外的作风监督。

【纪检队伍建设】 截至年底，乡纪检队伍6名，其中1名乡纪检书记，1名纪检副书记、1名纪检专干，3个村委会各有1名村级监督员（下沉干部），也均已成立村民监督委员会，共有成员13名；结合“三严三实”专题教育活动和“四讲四爱”学习教育，全乡干部群众听取廉政党课20余次，观看相关教育题材电影5次，召开专题座谈会3次，进一步提高党员干部廉洁从政意识，在全乡党员干部中形成拒腐防变、自警自重的良好氛围；健全制度，规范行为。结合当前甲玛乡面临的新形势，经乡党委、政府研究决定，完善《干部职工具体工作限时制度》《干部职工工作失误追究制度》《干部职工接访群众制度》《领导干部定时汇报工作制度》；加大对乡政府、学校、卫生院以及3个村各项方针政策、执行情况的监督检查力度，确保民主集中制、“三务公开”“惠民资金”“扶贫资金”落到实处。

【明确分工、落实责任】 年内，各村按照村“两委”班子成员和下沉干部各自的优点及特长进行分工，在明确各自责任的同时，有效的带动“两委”班子成员和下沉干部的积极性。另外，各村还制定详尽的下沉干部管理办法，将下沉干部的值班当班制度合并到村委会“两委”班子成员的日常作息当中；结合自身特点，创建自己的特色工作点。

【打造特色小城镇】 年内，甲玛乡已完成特色小城镇改造升级，乡新建卫生院也已投入使用，巨龙二期搬迁工程已开始建设，甲玛乡污水处理厂、2辆垃圾车已申报规划中，人居环境垃圾分类工作已在孜孜荣村有序开展，安全饮用水工程已开始使用，建成大型修理厂正在建设，龙达村新村委会也于2018年投入使用，全乡农户安全用电线路改造已全部完成。甲玛乡基础设施建设不断加强，道路、厕所、供电、学校、卫生院、住房工程全面提速，人居环境整治加快推进。农村垃圾污水治理水平显著提高，实现环卫所有村全覆盖；农村公共服务不断完善，行政村通畅率、住房安全比率、饮水安全比率、通电率均达100%，新型农村合作医疗参合率达100%，新型农村养老参合率达100%，适龄儿童入学率达100%，村文化活动室、农村广播电视实现全覆盖，互联网普及率等其他贫困村退出指标均达到目标值。

【精准扶贫精准脱贫】 年内，进一步规范甲玛城乡发展公司管理，拓宽思路，争取拿到施工资质，拓展公司经营范围，逐步转变只依靠运输的局面，真正让全乡群众长期收益；2018年，严格按照区、市、县党委精准扶贫、精准脱贫的安排部署，精准识别贫困人口，认真分析致贫原因，依托“六脱”，采取多种扶贫措施，使全乡105户贫困户、409人贫困人口实现脱贫，摘下贫困“帽子”（115名建档立卡幼、小、初、高中学生均可以享受国家“三包”政策。146名在校大学生，均可以享受墨竹工卡县“三大民生”助学政策，其中，12名建档立卡贫困户在校大学生，享受三级助学政策金21.6万元；帮助患病家庭享受“墨竹籍农牧民公立医院住院费用自付部分100％报销”政策，扶贫以来，有4户重大疾病患者，报销医疗费用175374.78元；1户1人建档立卡贫困户报销医疗费用5143.8元；2户2人建档立卡贫困户享受“墨竹住院自费部分100%报销”13381元；动员全乡29户99人建档立卡贫困户搬出了穷窝，住上新居，协调了工作岗位；协调238名建档立卡贫困劳动力实现劳务输出，60人实现转移就业，人均月收入2500元左右）。

依托本乡优势，协调31名建档立卡劳动力，在甲玛工贸公司、甲玛城乡发展公司、华泰龙矿业公司、巨龙矿业公司实现就业，人均月收入3000元以上；甲玛乡党委、政府根据生态补偿岗位和定向补助政策，协调建档立卡贫困人口673人次走上生态补偿岗位，建档立卡贫困人口441人次享受定向补助；协调5户8人家中没有劳动力、家有残疾人、病人、收入无保障的建档立卡贫困家庭，继续纳入低保，享受低保金50548.44元，人均6318.5元；全乡企事业单位345名干部职工与107户建档立卡贫困户结成帮扶对子，签订帮扶责任书，制定107份“一户一策”脱贫致富计划，宣传党的惠民政策1706次，开展驾驶技能、烹饪小吃、种植养殖、手工艺等各种培训63次。

【农牧业发展】 年内，部署做好春耕备耕、水渠清淤维修工作，及时

2018年1月29日，甲玛乡党委副书记、乡长王小芬慰问乡临时工

落实农药化肥及农机具等各种涉农补贴；动员全乡力量，包括相关部门、村组、辖区企业做好防洪抗旱工作。全乡耕地总面积516.6公顷，2018年小麦播种面积650亩、青稞播种面积4130.84亩、油菜播种面积1032.5亩、土豆播种面积210.5亩；做好重大动物疫病防控工作，全年从县兽防站领取牦牛和奶牛预防药7箱、给8头猪注射十剂、给247只鸡注射7瓶药剂、给204头羊注射15瓶药剂，完成全乡牲畜的疫苗注射工作；甲玛乡共计订购大骡马103箱、其中龙达村60箱、孜孜荣村5箱、赤康村38箱、爱秀5箱（孜孜荣村）。千里寻全乡共计25箱，龙达村5箱、孜孜荣村4箱、赤康村16箱；储备统计2018年春耕春播农机具；20 ~ 30马力拖拉机237台、70马力以上拖拉机13台、犁217台、深松机38台、播种机械86台；重点做好汛期气象信息预报和灾害防治工作，定时收集发布农业气象信息，不定期发布重点农业信息，提前做好各项防灾减灾准备。

2018年3月28日，甲玛乡龙达村庆祝“3·28西藏百万农奴解放日”

【壮大村集体经济实力】 2017年村集体经济收入实现龙达村162万元、赤康村278.5万元、孜孜荣村161.5万元。其中，龙达村占股1.26%的砂石厂和占股10%的石灰厂，每年为全村分红，2016、2017年为本村61户229人建档立卡贫困人口分红37.1万元，人均1620元。争取的甲玛乡大型修理厂产业项目，正在建设，拟定32户115人建档立卡贫困人口参与分红，12名建档立卡贫困人口实现就业。2018年全乡共有50人（龙达村36人包括建档立卡9人、赤康村12人包括建档立卡2人、孜孜荣村2人）到门巴乡进行虫草采挖，总收入达455000元，平均收入在9100元。乡党委、政府高度重视此项工作做，精心组织群众统一前往采挖；抽派干部全程协调管理各项问题。

【草场承包经营】 年内，草场工作坚持“草场共有、承包到户、自主经营、长期不变”的指导方针，阶段性地完成草场承包工作任务。确定草场承包工作专干，明确第一责任人，完成甲玛乡3个村的牲畜清点工作；与各村签订目标责任书，明确责任、细分任务；制定补奖表，按照县补奖办的要求，完成2018年各村补偿表；2018年完成3个村的补奖表，未超载户全乡共计670户，超载户全乡共计18户，2018年（2017年末）牲畜存栏全乡4639头、只折合绵羊单位21572.1，牲畜出栏全乡829头、只；2018年度草原生态补助奖励资金兑现407831.11元，其中赤康村83676.77元、龙达村45160.14元、孜孜荣村278994.19元。

【建设和谐矿区】 年内，针对两大矿区热点、难点问题，专门制定问题反映工作机制。由村小组组长、联户长向村委会及时反映问题，村“两委”班子第一时间到现场处理，处理不了的问题及时向乡政府上报，再由乡政府牵头与矿企群工部沟通、协商，共同处理好各种矛盾纠纷；加强企地党建共建工作机制，专门成立信访协调机构，切实维护了农民工劳动权益；2018年兑现巨龙一期搬迁一次性各项补偿资金21821901.599元，巨龙二期搬迁一次性各项补偿资金3972832.662元；2018年工贸公司及城乡发展公司共兑现车辆运输费22033590元，进一步规范甲玛乡矿业运输等发展秩序，为群众增收致富拓宽渠道。

【教育事业】 年内，甲玛乡教育相关工作人员走村、入户到暂时未上学学生家进行劝学工作并宣传义务教育知识，共进行劝学和宣传惠民政策10余次，2018年有新入校大学生55名，兑现大学生学费共计439487元。2018年甲玛乡建档立卡户在校学生共计120名；其中大学生14名，高中生24名，初中生25，小学生41名，幼儿园16名。

【落实各项政策】 年内，甲玛乡甲玛工贸公司和甲玛城乡发展公司，分别分红225.40万元元，龙达村石灰厂为龙达村分红58万元；甲玛乡积极协助县民政（残联、救助站）局，及时兑现惠民资金884088.88元，其中：2017年度残疾人两项补贴共52800元/54人、2017年残疾人机动车燃油补贴1140元/3人、2017年0～16岁残疾儿童康复补贴24000元/10人、2017、2018年度农村籍60岁以上退伍军人补贴，共计6120元/3人、2018年上半年幸福养老金755000元/339人、2018年低保金13728.88元/5户（8人）、2018年特困救助供养金11800元/4户（4人）；2018年第九届新当选村务监督员误工补贴18000元/12人、2018年“八一”建军节优抚对象慰问金1500元/3人；甲玛乡农牧区合作医疗参保人数共计4597人，群众个人缴费总金额为137910元；开展包虫病筛查与包虫病防治工作，对流浪犬进行抓捕；2018年甲玛乡2名“两癌”妇女，通过持续服药措施，病情稳定；为全乡4612人次农牧民提供碘盐，满足全年的用盐需求，保障食品安全；为24名金秋助学学生发放学费。

【文化工作】 年内，根据县文广局的安排，积极开展“户户通”活动，在乡小学设卫星接收器维修点；加大乡村电影放映力度，全年共播放各类影片72余场，丰富农牧民群众娱乐活动；县宣传部、县文广、甲玛乡三方合作积极开展“五下乡”活动，为甲玛乡迎大庆活动营造出浓郁的舆论氛围；结合实际广泛开展“农家书屋”活动，全乡共建立“农家书屋”5个，乡文化站新购图书225余册、共计1万元，书籍种类较全，包括藏文版农业种养殖知识书籍等，为甲玛乡农牧民提高科技种养植水平拓宽渠道。

【卫生工作】 年内，组织开展爱护环境、保护家园宣传引导教育活动10次，参加4000余人次，群众知晓率达到100%，2018年甲玛乡在县补贴10万元的基础上继续补贴用于环境卫生整治的各项支出（包括环卫工人工资、清扫、清运、填埋场、垃圾运输、基础设施建设等），保证街道辖区、各村街巷无明显垃圾、无卫生死角、无乱贴乱画；成立甲玛环卫队，提高甲玛乡环境卫生清扫工作水平；采取每月集中清理措施，由乡领导带队对街道沿线各路段的乱搭乱建、乱堆乱放，组织全乡干部职工党员群众集中整治环境卫生16次、清理河道垃圾25次，清运垃圾2吨多。责令1户农户拆除影响美观、私搭乱建建筑物1座，清运建筑垃圾1.2吨。制定《垃圾管理办法》《随意堆放、乱扔垃圾处罚办法》，全年清运生产生活垃

2018年3月16日，甲玛乡举行春耕春播仪式

圾20余吨，确保甲玛乡环境整洁。

【生态建设】 年内，甲玛乡及3个行政村、卫生院、派出所、学校、博物馆等机关事业单位2300多名干部职工党员群众参与植树，种植孜孜荣村桃树林和赤康村苹果树林2块集中连片果树林地6975棵，其他树苗5686棵，消除无树户206户。在县林业局的支持下，乡党委、政府的组织实施下，矿山防护林建设圆满完工，种植新疆杨树、柳树、榆树、沙棘共7300棵，设网围栏200米。为保证树木成活率，甲玛乡建立“乡包村、村包组、组包户、户包树”的层层管理机制，实行责任倒查，确保栽下的每一颗树苗都能找到自己的主人，倒了有人扶、旱了有人浇，成活率达80%。

【安全生产】 年内，甲玛乡以人为本施政理念统领全局，全面实施《中华人民共和国安全生产法》，特别是元旦、春节和藏历新年期间，专门召开安全生产专题会议，成立安全生产领导小组，成立了社会治安综合治理办公室，配备专职人员，健全规章制度，建立安全生产网络体系，做到有人抓、有人管、有人查、有人办；对群众加强防火意识大力宣传，对重点防火单位，针对其特点，检查其消防器材、应急预案等，提醒商店、企业、广大群众“关爱生命关注安全”；检查小组对各单位、各村委会值班情况坚持不定期抽查，落实责任和防范措施，有效地提高了全乡群众的安全意识，及时整改了存在的安全隐患；积极调用矿山机械清理河沟，并发动群众填装吨袋、加固护坡，确保了安全度汛；按照属地化管理原则，甲玛乡聚焦主责主业，安排专人全面协调排查施工期的各类安全生产隐患，确保甲玛乡安全生产无事故。2018年宣传各类安全知识30余次，发放各类宣传资料4000余份，其中只是针对交通安全类就宣传了18次，展示各类交通事故警示图片、发放交通安全知识宣传册达2000余份，涉及7000余人次；检查涉爆车辆20余次，发现安全隐患问题3个，并督促现场立即整改。

（王　妮）

【领导名录】

党委书记

平措旺堆（藏族）

党委副书记、乡长

王小芬（女）

人大主席

阿旺次仁（藏族）

纪检书记

索朗央宗（女，藏族）

副书记

赤列坚参（藏族）

武装部部长、副乡长

巴桑朗杰（藏族）

副乡长

赵炎龙

桑　追（藏族）

德　吉（女，藏族）

欧珠群措（女，藏族）

唐加乡

【概况】 唐加藏语意为“灰白滩”。位于墨竹玛曲河北岸，地处墨竹工卡县腹地，距墨竹工卡县城8公里，东北与尼玛江热乡宗雪村隔河相望，西北与达孜县唐嘎乡接壤，东南与工卡镇相依，全乡总面积347.1平方公里，驻地海拔3843米，属雅江中游河谷黑颈鹤国家级自然保护区。全乡辖莫冲、仲尼、拉东、卓、东布岗5个行

2018年3月16日，墨竹工卡县政协党组书记、主席索朗桑布，副主席索朗扎布、杨传志一行到唐加乡东布岗村听取驻村工作第一季度工作汇报

2018年4月26日，唐加乡党委书记王静主持召开农村集体资产清产核资动员部署会

政村28个村小组，全乡共1652户，7665人。联户长105名，低保户29户72人；五保户5户5人。唐加乡党委下设党的基层委员会4个，党总支1个，党支部1个，全乡共有党员605人。

【经济发展】 年内，唐加乡耕地总面积1954.94公顷，经济收入来源主要以农业、牧业、劳务输出和转移就业为主。全乡农村经济总收入为13165.68万元，其中第一产业收入10171.67万元，第二产业收入82.50万元，第三产业收入2911.51万元。虫草收入401万余元，农牧民人均纯收入12774.34元。

【农业发展】 年内，唐加乡立足实际，按照农业基本自给的方针，稳定发展农业生产，持续增加种植收益，不断提高生产能力。同时，实施严格的耕地保护制度，切实保护基本农田，不断提高种植产量、品质和生产效益。全乡落实青稞农作物17017.11亩，冬小麦4751亩、油菜4061.54亩、豌豆2216亩、人工饲草630亩、“喜拉22号”在仲尼村进行试种共计500亩，亩产600斤。为提高农作物产量，在春耕春播这一重要时刻，共组织群众5000余人次，投工投劳维修及清理水渠30000余米，维修网围栏25000余米，为做好病虫害监测防治工作，专门成立病虫害监测工作领导小组，制定实施方案，并按期进行检查，有效杜绝了病虫害的发生，建立实行“有事报事，无事报平安”制度，乡政府出资并组织群众投工投劳完成368户饮水困难户饮水设施维修。

【林业工作】 年内，唐加乡加大病虫害监测力度，掌握病虫发生动态，共发放林业药品多菌灵21桶，纯拖精10箱，四霉素2盒，氯氰菊酯1箱。4月初，协同县林业局除治青杨天牛病工作，唐加乡2018年苗木病虫害除治株数共1269012株，涉及资金共1269012元。开展国土绿化工作，共发放苗木27594株，其中果树8252株，藏川杨19228株，旱柳114株，成活率85%。唐加乡2017年上报的“无树户”共329户，2018年已全部消除。同时，通过国土绿化工作，唐加乡共出售藏川杨苗木72075株，涉及资金1531200元。

【牧业工作】 年内，唐加乡人工种植饲草共630亩（燕麦草、箭舌豌豆等）。2018年，开展“万户百场+中心工程”奶牛养殖项目，全乡共有100户农牧民家庭自愿参加此项目，户均奶牛数量为5头，对符合项目条件的奶牛佩戴耳标录入系统，并建立台账，并在年初每户兑现两头牛的资金共计160万元（每头牛8000元）。2018年，牲畜总头数23116头（只），其中大牲畜19702头，猪587只，羊2827只，家禽3773只，禽蛋13吨，牦牛10988头。唐加乡100户参与施行退牧还草“暖棚暖建”项目，年初进行初步验收。9月30日，完成对唐加乡“暖棚暖建”项目乡级验收工作。

【脱贫攻坚】 通过2015年建档立卡“回头看”，唐加乡建档立卡贫困户259户1076人，贫困发生率为14.17%；2016年脱贫85户441人，贫困发生率为9.65%；2017年有建档立卡贫困户258户1184人。2018年7月，核查登记贫困人口家庭基本信息及人员变动情况，贫困人口动态调整后有建档立卡贫困户257户1174人，未脱贫贫困户9户22人，贫困发生率为0.28%。2018年，完成国家第三方退出贫困村评估检查。

【产业扶贫】 年内，按照“乡有主导产业、村有集体收入、户有增收渠道”的思路和原则，重点发展唐加乡莫冲村藏地之南养殖专业合作社项目、唐加乡扶贫农机租赁合作社项目。莫冲村藏地之南养殖专业合作社项目总投资149.1万元，覆盖脱贫人口19户，人数95人，人均增收300元/年。唐加乡扶贫农机租赁合作社项目总投资678.98万元，解决14人就业。

【转移就业】 年内，唐加乡采取“送出去、走出去”的模式，组织开展农民技能培训，唐加乡实现转移就业354人，针对建档立卡户开展培训16场次122人次，确保全乡建档立卡户中的劳动力至少掌握1门劳动技能。

【易地搬迁】 年内，自愿搬迁至拉萨搬迁点12户59人，县嘎则新区搬迁点91户421人，现已完成全部搬迁任务，并派遣专人到2个搬迁点对接搬迁后相关工作。

【以教脱贫】 年内，按照乡党委提出的“三个送出去”办法，即送出去学技能、送出去务工、送出去当兵，实施教育帮扶和技能培训，提升贫困人口的综合素质和就业技能。2018年，全乡有234名建档立卡贫困学生，其中十五年免费

2018年5月22日，中国共产党唐加乡第一届代表大会第三次会议召开

教育生202人（学龄前儿童18人，小学生88人，初中生66人，高中生21人，中职9人）大学生27人，“两后生”5人。全乡贫困户适龄儿童享受国家“三包”政策，建档立卡户大学生享受县“三大民生”的教育补助政策，鼓励引导2户建档立卡户2人参军。

【以助脱贫】 年内，唐加乡共有医护人员15人，其中村医8人，为群众就医提供了较好的医疗资源，实现小病不出村，大病不出乡。新农合实现全覆盖。年内，257户1174人全部参加新农合，确保贫困家庭成员新农合参保率达到100%。全面落实医疗优惠政策。每年全乡群众免费体检一次，并建立健康档案，为孕妇免费提供产检，让国家医疗惠民政策惠及更多群众。

【以补脱贫】 年内，唐加乡共有303户332人享受生态保护补偿。安排岗位后，县各单位、乡政府、各村与332名“十三五”时期生态补偿脱贫购买服务转移就业岗位人员签订协议，并制作工作证，全年兑现资金1162000元。

【以保脱贫】 年内，唐加乡乡低保户共29户72人。在全乡范围内开展“幸福养老”工程统计复核工作，此次统计出唐加乡共有644名61岁以上老年人（其中61～70岁老人354人、71～80岁老人231人、81～90岁老人51人、91～100岁老人8人，其中5人在县五保集中供养）。发放2017年残疾人双向补贴176220元和2017年0～16岁残疾儿童康复补贴发放补贴资金52800元。1～10月，发放各类惠民资金112924元，发放2018年上半年“幸福养老”资金共计138300元。

【人居环境】 年内，对全乡2017年16户危房改造验收并进行余

款拨付；积极申报乡干部周转房和5个行政村维修相关材料；上报全乡居民4500米以下有意愿参加小康安居工程170户526人相关材料；积极完成33户危房排查工作，经县住建局审定批准19户拟为汛期危房修建对象。为实现乡村振兴战略“村美、人和、民富”的总目标，唐加乡起草乡村振兴战略的总体实施方案，针对“村美”创建生态宜居环境的目标，制定《2018年唐加乡环境卫生整治实施方案》。撰写唐加乡环卫工清扫保洁工作制度、环境保护与生态文明建设学习计划、制定《唐加乡2018年环境卫生整治实施方案》，实现建设绿色、环保唐加乡，与各村签订2018年度唐加乡环境保护工作目标责任书。对辖区内选矿厂动态监控，唐加乡获批环境影响评价手续只有2家砖厂，其余环评手续不全等违规企业都已拆除或停产关闭。

【组织建设】 年内，唐加乡下设党的基层委员会4个，分别为中共唐加乡拉东村委员会，党员134人（包括预备党员1人）；中共唐加乡莫冲村委员会，党员134人（包括预备党员3人）；中共唐加乡仲尼村委员会，党员104人（包括预备党员2人）；中共唐加乡卓村委员会，党员108人（包括预备党员1人）；党总支1个，即中共唐加乡东布岗村总支部委员会，党员87人（包括预备党员2人）；党支部1个，即中共唐加乡机关支部委员会，党员38人（包括预备党员3人）。全乡共有党员605人，其中农牧民党员552人，占党员总数的91.23%。2017年底唐加乡完满完成换届工作，换届后唐加乡共有村干部35人，村干部的配备达到一类村职数7人的标准；交叉任职比例进一步提高。村“两委”成员交叉任职人数20人，达到57%。为强化组织建设，提高业务水平，2018年选配15名干部下沉到5个行政村开展工作，并为每位村第一书记配备一名村级助理员。为每村安排10000元活动经费，保证各村党组织活动的正常开展。

2018年6月24日，唐加乡组织开展“四讲四爱”群众教育及“精准扶贫”政策宣讲活动

【理论学习】 年内，唐加乡共开展学习12次，班子成员参加102人次，交流发言15人次次，党员干部参加180人次；坚持民主集中制原则，每月定期开展党委会，班子成员共商决策，全年共召开党委会12次。积极开展“三会一课”“两学一做”等系列活动，将学习教育抓好抓牢，落到实处，共开展党员志愿服务20余次，组织“四讲四爱”主题实践活动15次，同时为丰富活动载体，加大宣传力度，以“3·28”“五一”“七一”“国庆”等节日为契机，积极开展农牧民群众喜闻乐见的文化活动，宣扬社会主义核心价值体系，不断加强意识形态教育。

【党员发展】 年内，坚持“成熟一个发展一个”的原则，注重党员发展质量，严守党员“入口”关，规范发展程序，按照“坚持标准，保证质量，改善结构，慎重发展”的方针，同时建立和完善各村党员管理台账，按正式党员、预备党员、入党积极分子进行分类管理，对党费缴纳、培训等情况详细登记在册，针对全乡党员年龄老化，文化水平偏低，女性党员偏少的情况，要求争取把青壮年、致富能手、女性吸收到党员队伍中来。2018年，共发展党员12人，其中机关党支部党员3人，卓村党委1

人，莫冲村党委3人，东布岗村党总支2人，仲尼村党委2人，拉东村党委1人。

（唐　瑜）

【领导名录】

党委书记
　　王　　静
党委副书记、乡长
　　巴　　桑（藏族）
党委副书记、人大主席
　　央金次仁（女，藏族，1月任）
党委副书记、卓村第一书记
　　黄　　洋（1月任卓村第一书记）
党委委员、纪委书记
　　央金次仁（女，藏族，1月免）
　　涂金龙（1月任）
党委委员、组织委员
　　次尼卓玛（女，藏族）
党委委员、副乡长
　　旦增措姆（女，藏族）
党委委员、人武部部长
　　西饶江措（藏族）
党委委员、副乡长
　　李艳丽（女）
人大副主席
　　斯郎拉姆（女，藏族）
副乡长、综治办主任
　　涂金龙（1月免）

扎西岗乡

2018年5月17日，拉萨市委副书记、组织部部长庄红翔（右二）到墨竹工卡县扎西岗乡扎西岗村调研村组织活动场所标准化建设

【概况】扎西岗乡地处318国道沿线，距县城20公里，东接日多乡，西临工卡镇，北接门巴乡，南与山南乃东县毗邻。全乡总面积1100平方公里，耕地面积15840.84亩，天然草场面积91.66万亩，属半农半牧乡，平均海拔4000米。下辖7个村，共2213户8586人（劳动力3996人）。主要资源有藏药材、铅锌矿资源及旅游资源。2018年，扎西岗乡实现经济总收入13661.88万元，其中第一产值7564.19万元，第二产值567.87万元，第三产值5529.82万元，农牧民人均纯收入实现11747.88元。

【党建工作】年内，以“两学一做”学习教育、“三会一课”为契机，党委班子成员带头，组织学习习近平新时代中国特色社会主义思想和党的十九大精神，十九届二中、三中全会、中纪委十九届二次全会等重要会议精神。利用宣传展板、集中宣讲等加强宣传阐释。2018年，共组织开展集中学习13次，发放《习近平新时代中国特色社会主义思想经典100句》200余本，发放其他宣传资料600余份，各村修订完成村规民约，开展“身边好人”、民族团结先进家庭评选活动2次，开展“四讲四爱”群众教育实践活动宣讲50余次，撰写心得体会40余篇。执行干部选拔任用程序和标准，选派干部参加上级部门组织的各项业务培训，制定有《扎西岗乡干部管理办法》，改善干部职工工作作风，初步在全乡形成团结协作、干事创业的氛围。2018年，全乡17名党员按期转正，7名入党积极分子按期转为预备党员，新吸纳入党积极分子40名。村“两委”班子成员46名，村务监督委员会成员21名。

3月，各村按照《拉萨市村（社区）党群服务中心布置规范》标准，进一步规范村级组织活动场所布置，已规划布置完成。学习扶贫领域违纪违法案件的通报，开展党员干部警示教育；加强纪检监督，形成扶贫领域作风建设、扶贫领域资金使用建立常态化、制度化监管机制，形成扶贫领域纪检监督周报，防止扶贫资金被套取、挤占挪用、贪污浪费等问题出现。

【民族团结】 年内，利用“三大节日”“七一”“旺果节”等举办群众性文艺活动10余场次，举办“3·28”百万农奴解放纪念活动7次，新旧西藏对比图片展14次，开展“四讲四爱”群众教育实践宣讲活动50余场次，学习《宗教事务条例》10余次，民族通婚25对，撤销经幡5处，发放《拉萨市民族团结进步条例》等宣传书籍300余册，结合精准扶贫精准脱贫，乡干部与群众结对100余户，干部“双语”学习结对17对，获得拉萨市民族团结进步模范家庭1户，悬挂民族团结横幅10条，努力营造促进民族团结进步的社会氛围。

【精神文明建设】 年内，乡党委将精神文明建设工作分解细化，将任务量化到人，量化到环节，并将与工作年度考核有机结合，形成全乡上下共同创建的工作局面。扎西岗乡精神文明建设宣传工作贯穿始终，共举办新旧西藏对比、感党恩教育等活动共10余场次，营造了浓厚的氛围，使得精神文明工作做到家喻户晓，人人参与、个个支持。

【以业脱贫】 朗杰林村小油菜种植项目2017年底建档立卡贫困户户均分红2000元；斯布村种草项目2017年底贫困户户均分红2000元；仁青林村机械租赁项目可带动15户51人就业，户均增收不低于2000元；巴洛藏鸡养殖场带动4户贫困户实现就业，2017年户均增收1000元。发展合作社+贫困户的模式，乡9家合作社带动10名建档立卡贫困户实现就业，人均年增收约15000元，2017年为43名贫困户分红人均达1600元。落实转移就业，乡贫困户421名劳动力163人实现就业，133人自主择业，30人转移就业，就业率38.7%。

【以教脱贫】 年内，保障学生就近上学，辍学率0%。落实“三包”政策，2017年建档立卡大学生享受县级助学补助资金4.4522万元，2018年建档立卡户大学生考录公务员5名，自主就业3名。开展技能培训，安排87人参加驾驶、养殖、种植等培训，并实现自主择业。

【以补脱贫】 2016年安排生态补偿岗位505个，落实岗位补助资金195.9万元；定向补助129人，兑现资金19.995万元。2017年安排生态补偿岗位596个，落实岗位补助资金219.6万元；定向补助123人，兑现资金9.7047万元。2018年安排生态补偿岗位497个，定向补助111人。

【以迁脱贫】 异地搬迁114户487人，为搬迁群众对接就业岗位100余个，实现“一户一岗”。

【以保脱贫】 2016年低保对象148户533人享受资金178.2885万元；2017年低保对象143户501人享受资金196.0914万元；2018年确定全乡低保对象81户242人。

【以助脱贫】 2017年医疗报销133人，报销资金130.16182万元，1户1人享受大病救助23万元。

【农牧工作】 年内，农作物总播种面积15799.83亩，其中青稞6811.5亩，油菜5900亩，饲料

2018年11月14日，扎西岗乡党委书记达瓦主持开展党员政治教育培训

1910 亩，马铃薯、豌豆 814 亩。其中包括良种繁育基地朗杰林村“藏青 2000”种植 1000 亩，“喜拉22”种植 1000 亩；加尔多村“藏青 2000”种植 1700 亩。万亩油菜种植 5679 亩，每亩发放 10 斤油菜籽；燕麦草连片种植 750 亩、散种 1500 亩（散种不包括在总耕地面积）。斯布牦牛完成地理标志认证及商标注册，牲畜存栏 24897 头（匹、只），畜禽出栏 3389 头（匹、只），出栏率达 32.16%。虫草采挖 19 万根，实现创收 727.1 万元。

2018年10月30日，扎西岗乡举办爱国主义进校园暨“四讲四爱”群众教育实践活动之“厉害了，我的国”学生演讲比赛

【教育工作】 年内，扎西岗乡乡有南京希望小学 1 所，乡幼儿园 1 所，村幼儿园 5 所，县级财政每年给南京希望小学安排 100 万元公用经费用于改善办学条件，教师 49 名，学生 736 名，各级幼儿园教师 12 名，在园幼儿 355 名，乡师资力量充沛，硬件设施完备，保障了学生就近上学，辍学率为 0。严格按照标准兑现“三包”及营养改善经费（三包经费：扎西岗乡地处二类区，学前阶段每生每学年 2880 元，小学阶段每生每学年 3380 元，中学阶段每生每学年 3380 元；学生营养改善每生每年 800 元）。在严格落实各级教育政策的基础上，2015 年起，按正规发票全额报销所有本乡学子学费、书本费、住宿费、路费，每人每学年发放 2000 元生活补助（当年直升研究生的一次性奖励 2 万元，考入 28 所院校的一次性奖励 1 万元；2016 年起，将建档立卡贫困户在校大学生子女生活补助提高至区外每人每学年 5000 元，区内每人每学年 3000 元），扎西岗乡在校大学生 186 人。

【卫生工作】 年内，扎西岗乡有卫生院 1 所，医生 10 名，村卫生室 6 所，村医 12 名，乡、村级医疗卫生服务和公共卫生服务体系基本完备，医疗机构覆盖率达 100%，2017 年包虫病筛查工作筛查率达 100%，2018 年结核病、风湿性关节炎、肝病等慢性病的筛查率达 100%。

【文化事业】 年内，扎西岗乡有综合文化活动中心 1 所，2017 年对文化活动中心进行修整，配备图书、健身器材、会议系统、电子阅读设备等，共耗资约 12 万元；2018 年各村进行党群服务中心标准化建设（大村建设资金 10 万元，中村建设资金 8 万元），基层组织服务党员群众能力得到了综合提升。

【生态环保】 年内，向群众宣传科学、文明的生活方式，引导群众养成卫生的饮食习惯，倡导绿色消费。在县环保局的协助下，在“环境保护日”开展多种形式的环境保护实践活动，通过发放宣传手册、发放印有环保小知识的帽子及购物袋，让环保观念逐渐走入群众心中。督促指导辖区内企事业单位和其他生产经营者落实生态环境保护措施。设立专门环保工作办公室，由副乡长分管日常工作，对辖区内生态环境实行不定时巡查制，对存在环境问题的企事业单位进行督导。加强农村饮用水水源地保护、生活污水和其他废弃物处理、禽类养殖和屠宰污染防治等生态环境保护工作，防止农业面源污染，督促、指导开展农村环境综合整治。对各村饮水水源地进行严格管控，通过填报饮用水水源地基础信息，对水源地进行数字化管理。及时向上级政府和有关部门报告环境违法问题。通过国土绿化工作，努力实现消除无树村及无树户工作任务，积极造林改善生态环境。此外，通过积极督促华泰龙公司酸性水治理工程建设及监督酸性水治理项目实施，斯布沟水质有了一定程度改善，农牧民受到的损失也得到了相应补偿。

【安全生产】 年内，按照“全覆盖、零容忍、严执法、重实效”的工作原则，扎西岗乡按照县安委会的工作要求对乡30余家商铺、10余处施工地进行安全生产检查，强化涉危涉爆、食品卫生的管理力度，坚决遏制安全事故的发生。

【便民服务中心】 扎西岗乡便民服务大厅于2014年5月正式挂牌投入使用，设立在乡政府大门右侧，服务大厅使用面积为90平方米。自投入使用以来，没有出现群众不满意、投诉情况，同时在便民服务大厅运行期间征求多方意见，开设“代办业务”，极大地方便了群众，得到当地群众的高度赞赏和县相关部门的一致认可。2018年，扎西岗乡便民服务中心累计服务群众达4000余人次。

（杨贞荣）

【领导名录】

党委书记

达　瓦（藏族）

党委副书记、乡长

杨　勇

党委副书记、人大主席

扎西顿珠（藏族）

党委专职副书记

巴　桑（藏族）

党委委员、纪委书记

扎西旺堆（藏族，8月免）

普布拉吉（女，藏族，8月任）

党委委员、人大副主席

加　群（女，藏族）

党委委员、副乡长

扎西次仁（藏族）

拉　巴（女，藏族）

党委委员、人武部部长

金玉洁

党委委员、组织委员

李毅立

副乡长

次列旺姆（女，藏族）

日多乡

【概况】 日多乡位于县城以东55公里处，米拉山脚下，地理坐标为“北纬29°41'30"”“东经92°14'00"”；东临林芝市工布江达县，西接扎西岗乡，北与门巴乡接壤，南面毗邻山南市桑日县和乃东县，辖区内林拉高等级公路、G318线穿境而过，平均海拔4500米以上，总面积为955.5平方公里。全乡下辖3个行政村12个村民小组，总人口709户2750人。地处高原，气候温湿，昼夜温差大，冬季严寒漫长、夏季温暖短暂，林地面积391719亩，草场面积1045973.7亩，属纯牧业乡。

【脱贫攻坚】 截至年底，开展走访慰问活动600余人次，涉及帮扶资金5万余元。7月，顺利通过国家精准扶贫考核验收，67户227名建档立卡贫困人口已脱贫，脱贫后的贫困发生率为0.07%，年人均收入达3915元以上，完成异地扶贫搬迁31户104人，搬迁至县城扶贫安置点14户56人，搬迁至拉萨文创园扶贫安置点17户48人。

【经济发展】 年内，日多乡农村经济总收入7257.86万元，同比增长9.25%；其中第一产业产

2018年11月5日，县委书记劳明伟到日多乡检查指导工作

2018年4月2日，墨竹工卡县委常委、组织部部长平措朗杰到日多乡念村检查指导工作

值 3256.95 万元；第二产业产值 410 万元；第三产业产值 3590.88 万元，农牧民人均可支配收入达 19615.72 元。牧业方面，坚持基础地位不动摇，采取分散养殖模式帮助农牧民群众发展特色养殖业；旅游业方面，积极响应区市县旅游战略目标，依托日多乡自然资源优势，牢牢把握追赶超越、绿色循环、转型升级主基调，按照“一村一品”的要求，结合资源优势，大力发展乡村旅游产业，依托日多温泉、思金拉措和米拉山景区，鼓励群众在 318 国道沿线售卖特产，带动农牧民群众就近就便就业，让群众搭上“旅游车”，吃上“旅游饭”。依托拉龙温泉资源，给本地群众洗澡带来方便，对本乡群众实行 5 元、外来客人 20 元标准收费，温泉所得盈利 60% 分给本村贫困群众，40% 留于温泉滚动发展。

【牧业发展】 年内，日多乡农牧业生产基础不断夯实，大力推动牦牛育肥工作，牲畜存栏 16733 头（只、匹），（其中，牦牛存栏 16473 头，黄牛存栏 209 头，山羊存栏 4 只，马存栏 33 匹）。

【虫草采挖】 年内，依托日多乡虫草产区优势，鼓励农牧民群众参与虫草采挖，带动群众增收致富。全乡 5 个虫草点均派驻乡村干部进行 24 小时蹲点管理，虫草采挖实现创收 1095 万元，共有 543 名建档立卡贫困人口参与虫草采挖，人均收入 2.02 万元。

【资金兑现】 年内，完成资金打卡（一卡通）工作，实现各项资金用卡兑现。兑现 2016 年野生动物肇事补偿资金 19.15 万元，2017 年粮食直补及综合补贴资金 1.3 万元，怎村怎组砂石料补偿费 28.9 万元，2017 年日多乡养殖业保险赔偿资金 23.94 万元，危房重建资金 25.2 万元，2017 年日多乡 3 个村天然草原监督员资金 23.76 万元，2017 年植被恢复费 14.64 余万元，2018 年虫草采挖期间护林员经费 4.98 万元，怎村修桥经费 9 万元，村级组织活动场所功能设置配套资金 28 万元，牲畜死亡补偿 1.08 万元，2017 年残疾人补贴 4.42 万元，发放“双联户”工资 8.28 万元，发放环卫工人工资 16.84 万元，发放幸福养老资金 33.9 万元，兑现高速补偿资金 367.9 万元，维稳相关资金 9.13 万。

【卫生医疗】 年内，计划免疫及疾病防控工作基本完成，全乡新生儿接种基础免疫人数 53 人，常规免疫接种 165 人，接种率 100%；慢性病患者建档管理全覆盖，疑似精神病患者 4 人，管理率达 100%；年内，已基本完成家庭医生签约服务，实现 100% 签约；“三病”筛查工作顺利完成，实现筛查目标全覆盖；开展食品药品及卫生大检查 10 次，开展食品药品及卫生宣传 3 次，没收过期食品药品 100 余件，重大公共卫生事件 0 件。

【教育事业】 年内，日多乡有小学，村村有幼儿园，适龄儿童学前入学率达 100%，适龄儿童入学率达 100%，在校生巩固率达 100%，全面实行幼儿园、小学、初中、高中及中职学生享受 15 年免费教育三包政策，2018 年新考上大学的大学生 27 名，其中 1 名为建档立卡户。截至年底，兑现“2017 ~ 2018 学年”在校大学生“三大民生”大学生助学资金

29.79万元。“六一”乡党委、政府向学校送去慰问金1万元。开展教育政策宣讲1次，对学校安全大检查10余次，确保在校学生的安全。

【落实惠民政策】 年内，全面落实惠民政策，基本养老金水平大幅提高，农牧区医疗制度覆盖全体农牧民，实现有意愿的五保对象集中供养、实现孤儿集中收养。2018年低保对象17户42人，特困供养人员1户1人，兑现资金8.2万元。

【创新创业】 年内，新增就业323人，转移农牧区富余劳动力245人次，高校毕业生实现就业11人。

【基础设施建设】 年内，新建拉龙组水泥路7公里、新建觉组水泥路6公里，哈姆组、怎组、曲间组等6条村小组砂石路均能通车，实现行政村所在地通油路。开通日多乡农村客运班线，3个行政村全部实现通客运车，群众出行方便；农牧区基本实现4G网络全覆盖，宽带通达率40%，在农牧民家里也能实现网购，乡政府周边的部分商铺和餐饮店已可以使用支付宝和微信支付；对日多乡18个水源点取水送水利相关部门进行检测，各水源点水质均达到安全饮用标准，全乡安全饮水率达到100%；改造35KV变电站一座，新建35KV线路61公里，把原有的220V电压变为现有的380V，受益户数727户，群众生活电力保障均实现全覆盖，农牧民家用电器使用率和普及率逐年提高，农牧民用电量也逐年提高。乡村垃圾堆放点基础设施持续改善，不断增进群众获得感和认同感，群众对生活现状的满意度超过97%，对全面建成小康社会的信心达97.3%。

【法治建设】 年内，大力开展“平安建设”，以“七五”普法宣传教育为推手，紧抓案件办理和矛盾纠纷排查，不稳定因素早发现、早安排，防得了、控得住式，扎实抓好维护稳定及信访工作，共受理信访案件9起，办结9起，办结率达100%；开展普法宣传5次，发放宣传手册1000余份。

【安全工作】 年内，在“扫黑除恶打非治乱”工作基础上，工地、食品、校园周边安全不断提升，由乡综治办及社会事务办，对全乡生产生活用电用火情况持续开展巡查，向企业、工地累计下发安全整改意见书4份。同时，每月至少召开安全生产专题会议1次，与派出所协同配合对全乡范围开展安全隐患排查工作，组织开展安全生产大检查12次，组织安全隐患排查12次，消除安全隐患10余起；在重大节日期间开展安全工作检查，2018年没有重大安全事故发生。

【民族团结】 年内，组织开展民族团结宣讲活动5次，参与活动群众达700人次；组织收看爱国电影《雪山泪》《南京大屠杀》《长征》等，参与干部群众达300人次；在春节、藏历年期间，为贫困群众送上生活用品，及时帮助生活困难群众，涉及资金1万余元。

【文化建设】 年内，日多乡积极拓展服务农村群众文化生活的新方式，依托传统节日，全乡广泛开展“三大节日”“三八”节日歌咏比赛、拔河、打牛角等各类文体活动；设

2018年8月30日，日多乡党委书记班旦曲扎到怎村哈姆组查看雨季道路桥梁冲毁情况

有乡级文化管理员3名，村级文化管理员3名，坚持文化站每天免费开放8小时，坚持每月一次活动制度，实现村村有文化活动室，文化建设持续提升；通过配发“户户通”电视接收器，群众可以收听收看52套电视节目，实现农牧区广播电视全覆盖。

【生态治理】 年内，全面实行“河长制”“湖长制”，实现河湖管理全覆盖，2018年顺利完成“河长制”验收工作，组织开展河道垃圾清理行动6次及水环境综合治理2次，对河道重要部位以及河道阻水障碍和沟渠，思金拉措湖沿路及湖面垃圾进行全面清理，群众参与清洁达2300余人。定期召开林业工作会议，安排部署一系列工作内容，确立护林员管理制度，要求护林员明确自己的职责以及各自的管护范围，每月对护林员工作进行检查，进行森林防火宣传5次，提升群众的森林防火意识。

【环境整治】 年内，实施农村环境综合整治，全乡共有13名村保洁员，要求各村对垃圾做到一周一大扫，提升乡村综合环境。截至年底，对乡内企业、施工单位及318国道沿线和景区环保督查30余次，开展环保宣传活动3次，张贴环保横幅标语20余条，发放宣传手册100余册及环保袋1000余个；开展米拉上环境卫生整治20余次，处理垃圾500余袋；拉林高速正处于植被恢复阶段，乡党委、政府先后10次深入各施工点进行督导。

【制度建设】 年内，先后4次召开专题部署会研究环保工作，制定日多乡环保目标责任书，同各村委、企业、各施工单位签订环保工作责任书10份，确定各项工作任务责任人，落实重点生态实事工程每月督查工作机制。

【生态旅游】 年内，以创建“生态乡镇”“生态村”活动为契机，引导贫困农牧民群众参加各类培训，提高技能。同时，积极为群众争取防沙等生态补偿岗位和专职护林员岗位，促进贫困户就近就便转移就业增收。立足交通自然优势，抓生态旅游促增收。依托思金拉措景区、日多温泉，引导群众开家庭丁肉饭馆、便民商店等47余家，沿国道318线出售风干牦牛肉、酸奶等特色产品，延伸旅游产业链，让贫困群众吃上旅游生态饭，带动困难群众实现脱贫增收。

【规划部署】 截至年底，召开乡党委班子会议4次，研究乡村振兴战略，召开乡村振兴推进会5次，并制定中共日多乡委员会乡村振兴工作目标责任书，同各村委签订工作责任书3份；制定《墨竹工卡县日多乡乡村振兴战略2018～2022年实施规划》，明确日多乡村振兴时间表、路线图、任务书，按照产业兴旺、生态宜居、乡风文明、治理有效、生活富裕的总要求，对日多乡实施乡村振兴战略做出总体设计和阶段谋划，明确日多乡接下来乡村振兴工作开展的目标任务，细化实化工作重点、政策措施、推进机制。

【政府建设】 年内，始终坚持在思想上政治上行动上同以习近平同志为核心的党中央保持高度一致，认真贯彻区党委各项重大决策部署。严格执行中央“八项规定”精神，落实区党委“约法十章”“九项要求”。坚持全面从严治党，严格落实主体责任。全面落实依法治国基本方略，建立完善政府议事制度。年内，“三公”经费支出下降30%。每季度实行政务公开，切实做到为人民服务。

【党员队伍】 年内，通过乡党委班子成员发挥带头示范作用，全体党员在学习教育中始终带着感情学、带着责任学、带着问题学，队伍素质进一步提升。在发展党员中严格遵循“控制总量、优化结构、提高质量、发挥作用”十六字方针，择优发展入党积极分子3人，发展党员1人，切实提升了全乡党员队伍结构质量。

【专项活动】 年内，日多乡深入学习习近平新时代中国特色主义思想和党的十九大精神，深入推进“三会一课”和“两学一做”学习教育常态化制度化。截至年底，组织集中学习讨论90余场次，上交学习心得200余篇；开展十九大宣传活动9次，遍及群众800余人次。观看爱国主义教育影片5次，开展专题党课3次，组织党员开展亮身份、承诺践诺、志愿服务等活动20场次，通过“学习+落实”的措施，确保学习教育和教育实践活动取得实际成效。举办“主题党日+脱贫攻坚”等9场次活动，每次活动在家党员参会率均达到100%，确保活动扎实有效，为实现全面从严治党提供有力支撑。同时，自开展远程教育提升活动以来，日多乡高度重视，组织远程教育学习30余次。

【政治教育】 年内，根据县委组织部关于政治教育的要求，日多乡党委高度重视，召开专题部署会一次，研究制订《中共日多乡委员会党员队伍政治教育培训计划（2018～2020年）》。截至年底，开展政治教育培训2期，切实增强党员干部的知识储备，为夯实党的执政基础、推进日多长足发展和长治久安提供坚强保障。认真遴选出专职宣讲员4名，兼职宣讲员8名，开展宣讲工作50余场次，参加人数达3000余人次，街道两侧张贴宣传标语40余张，向受众人群发放宣传单200余份，悬挂横幅8条，张贴展板12个。

【严查实督转作风】 年内，狠抓干部作风督查，通过每月专项督查、明察暗访、随机抽查的方式，重点检查各村第一书记、驻村扶贫工作队、下沉干部到岗工作开展及贯彻主题作风建设情况，从严从实抓好干部队伍的思想、工作和生活作风。截至年底，开展作风建设督导检查8次。

（王高杰）

【领导名录】

党委书记

班旦曲扎（藏族）

党委副书记、乡长

程爱青

党委副书记、人大主席

白玛卓嘎（女，藏族）

党委专职副书记

汪治国

党委委员、纪委书记

旦增曲珍（女，藏族）

党委委员、组织委员

刘金桥

党委委员、人武部部长、综治办主任

牟仁青

党委委员、副乡长

普布次仁（藏族）

白　珍（女，藏族）

王　龙

尼玛江热乡

【概况】 尼玛江热乡位于墨竹工卡县东北部25公里处，平均海拔4200米，属以农为主的半农半牧乡，总面积862.68平方公里，耕地面积12420.72余亩，草场面积56770.6亩，防护林面积963.15亩；下辖宗雪、章达、芒热、帮达、其玛卡、仲达、羊日岗7个行政村，32个自然村，共2100户、8610人；尼玛江热乡人民政府现有在编干部职工64人，其中正科3人，副科13人，班子成员11人，一般干部36人，事业编制20人。全乡调整设置村基层党委3个，村党总支部4个，下设村党支部31个；辖区内大小寺庙、拉康8座（曲龙寺、艾玛日寺、羊日岗寺、宗致寺、芒热寺、查多寺、夏拉康、门孜寺）；矿山企业8家。

【党建工作】 年内，深入学习贯彻党的十九大和十九届二中、三中全会精神，坚持以习近平新时代中国特色社会主义思想为指导，牢牢把握坚决维护习近平总书记

2018年9月20日，西藏自治区党委常委、区纪委书记、监委主任王拥军（右一）到尼玛江热乡仁娜民族手工艺发展有限公司调研

2018年6月8日，墨竹工卡县委常委、组织部部长平措朗杰到尼玛江热乡其玛卡村慰问建档立卡贫困户

在党中央和全党的核心地位，坚决维护党中央权威和集中统一领导这个根本政治责任，牢牢把握坚持和加强党的全面领导这个根本原则，牢牢把握坚持党要管党、全面从严治党这个指导方针，全面落实新时代党的建设总要求，认真落实区市党委九届三次全会、县委九届五次全会和全国、全区、全市组织部长会议精神，落实县委“党建统县”战略，大力实施党建“6+1”工程，以党的政治建设为统领，以提升组织力为重点，坚持稳中求进工作总基调，激发基层党组织战斗堡垒作用、广大党员先锋模范作用，推进基层党组织建设标准化和建设“五型”党组织，助力打赢脱贫攻坚和促进实施乡村振兴战略，为率先全面建成小康社会、奋力开启全面建成社会主义现代化尼江新征程提供坚强的组织保障。

【“两学一做”学习教育】 年内，严格执行“三会一课”、组织生活会、民主评议党员等党的组织生活基本制度，开展党员党性定期分析。探索拓展基层党组织和党员联系服务群众的方法与途径，建立服务群众工作体系和长效机制。截至年底，乡党委书记带队到各村集中宣讲20余次，中心理论组集中学习9次，普通党员干部集中学习11次，开展书记讲党课2次，各第一书记、驻村工作队讲党课14次，开展集中讨论1次，自学《习近平总书记系列讲话精神》《习近平谈治国理政》等读本，撰写心得体会30余篇，学习笔记5000余字，各党支部把“两学一做”作为党员教育的基本内容，长期坚持、形成常态。

【“四讲四爱”主题教育活动】 年内，乡党委按照在区、市、县各类决策部署，将“四讲四爱”主题教育实践活动列为尼玛江热乡的首要政治任务，积极动员、成立领导小组、活动机构，组建宣讲队伍，扎实推进主题宣讲，开展实践活动，建立长效机制，强化督导检查，不断确保活动取得实效，使全乡各族群众更加紧密地团结在以习近平同志为核心的党中央周围，夯实党的执政基础。截至年底，全乡共组建宣讲团8个，共培养骨干宣讲员14人，开展宣讲240次，累计受教育人数达4.3万余人次，宣讲覆盖率达到98%，发放宣讲资料1.2万余册，张贴宣传标语250余条，悬挂横幅50余条，开设宣传栏16个；全乡开展规定动作110余次，活动参与人数5000人以上；各村开展制定并完善《村规民约》，共制定村规民约90条以上；开展各类督查指导20次，其中区级督查1次，市级督查2次，县级督查5次，乡级督查12次。

【基层党员干部队伍建设】 年内，严把党员入口、加强教育管理、畅通党员出口等方面，切实加强党员先锋模范作用。截至年底，尼玛江热乡共有正式党员667人，占全乡总人数的7.6%，其中乡机关党员41人，农牧民党员626人，农牧民女党员114人，占党员总人数的17.1%。2018年发展预备党员25名，共培养积极分子36名；成立基层党委3个，党总支4个，党支部32个（各党支部按自然小组进行设置）。严格按照《关于经一部严肃党内政治生活的通知》要求开展“14+X”项工作，做好党费收缴、思想汇报、三会一课、党日活动等常规工作。

【优化干部队伍结构】 年内，坚持老中青相结合的梯次配备和优化民族结构原则选干部配班子，注重乡镇和各村领导班子配备，重视培养使用年轻干部、妇女干部和党外干部。2017年年底，尼玛江热乡完成村“两委”班子换届工作，产生46名村级班子成员，且平均年龄均在35岁，同时建立健全后备干部库，做好后备干部的培养储备。

【行政体制改革】 年内，加强党的领导，坚持以人民为中心，以为民、利民、便民为目标，把人民日益增长的美好生活需要作为改革出发点和落脚点，着力保障和改善民生，安排并要求包村乡党委包村领导每周下村检查指导工作不少于2次，建设让人民满意的服务型政府。实施系统整合，坚持精简、统一、效能原则，以职能转变为核心，系统性实施机构整合、职能整合、制度整合、技术整合。建立完善联系服务群众长效机制，建立党委班子成员联系村制度、党员联系服务群众制度，落实班子成员下基层调查研究、同干部群众谈心谈话制度。建立健全定期巡查、随机抽查等监督机制，把党员干部开展群众工作，群众满意情况与考核考评等结合起来，激励党员干部做好服务群众工作，不断增强群众获得感。强化村级群团组织政治性、先进性、群众性，为做好新时代群众工作注入活力。

【打造“党建+品牌”】 年内，党建工作以落实“全面从严治党”为主线，强化措施，以党员教育管理、服务群众、村级组织活动场所建设为重点，切实增强为民服务能力，极大地提升了基层党建工作水平，全力打造“活力党建”“连心党建”“阳光党建”“清新党建”四大品牌，夯实基层基础。激扬“活力党建”，确保思想建设“不落伍”。激荡“连心党建”，确保干群关系“更密切”。激发“阳光党建”，确保工作程序“全透明”。激励“清新党建”，确保作风转变“看得见”。

【民族宗教】 年内，尼玛江热乡成立以乡党委书记为组长，乡党委副书记、乡长为常务副组长，分管副书记为副组长，其他乡党委、政府班子成员及各寺管会主任为成员的领导小组，组长负责民族宗教工作的全面领导，副组长具体负责民族宗教工作的组织协调，成员负责民族宗教工作的具体落实工作，同时成立乡党委班子成员联系寺管会工作，落实民族宗教工作乡、村两级责任制，确保层层有人抓、时时有人管，建立健全基层宗教网络工作，严格落实属地管理原则，推动宗教工作落实到村居，规范到点的宗教工作网络。

【“两项”扶助政策落实】 年内，加强组织领导，全面落实计划生育政策，完善领导机构，明确工作职责，认真落实“农区奖励扶助”和西藏特别扶助政策。2018年“农村奖励扶助”扶助对象共85人，新增“一孩、双女”5人，死亡退出4人，西藏特别扶助制度扶助对象共5人，新增2人，退出1人。奖励扶助金81600元。西藏特殊子女家庭扶助对象落实扶助金20150元，“两项”扶助共计101750元全额下发。

【“政协委员之家”创建】 年内，尼玛江热乡积极创建“政协委员之家”，先后投入资金5万元用于

2018年6月11日，尼玛江热乡党委书记次达，党委副书记、乡长柏强到嘎则新区搬迁点慰问群众并宣讲精准扶贫政策

“政协委员之家”内部建设及购置办公设备，搭建、规范了委员学习、联谊和交流的平台；并安排专人管理，联络；及时做好上传下达，也给委员们提供了发挥作用，开展履职活动的阵地。

【办实事经费落实】 年内，10万元的办实事经费经乡党委（扩大）会议研究，用于购置乡政府街道环卫工人电动垃圾运输车，5月购置16辆环卫车，其中宗雪村配备5辆、章达村2辆、其余各村个配备一辆、乡政府4辆，全面清理乡村卫生，有效提升人居环境。

【乡镇规范化建设】 年内，以小城镇建设为契机，认真贯彻落实党的十九大关于乡村振兴战略的精神，扎实推进乡村建设，城镇面貌焕然一新。积极配合和服务乡镇建设，街道由1年前的1400米左右增加到现在的1600米，乡镇所在地人口（含流动人口）由1年前的1804人增加到现在的2137人，结合城乡环境综合治理，投入800多万资金用于尼玛江热乡街道改造项目；乡社保所、农牧综合服务站、综合文化服务中心已完工，逐步规范政府的行政服务功能。学校、卫生院、幼儿园等公益设施齐全完备。乡镇路通、水通、电通、互联网通实现了4个100%。

【精准扶贫、精准脱贫】 年内，尼玛江热乡贫困人口全部实现“两不愁、三保障”，贫困人口由2015年的300户1275人减少至2017年的4户20人，两年累计减贫294户1263人；截至年底，贫困人口已减少至2户2人。贫困发生率从2015年的14.8%下降至2017年的0.23%；贫困人口人均可支配收入从2015年的2167元增加到2017年的7235.7元，全乡7个贫困村，贫困发生率均下降至3%以下，于2018年1月，由拉萨市审定退出。

（王文旭）

【领导名录】

党委书记

次　　达（藏族）

党委副书记、乡长

柏　　强

人大主席

旺　　扎（藏族）

专职副书记

达　　珍（女，藏族）

纪委书记

索朗曲珍（女，藏族）

组织委员

施 龙 武

副乡长

徐 晓 菲

扎　　桑（女，藏族）

普 卓 玛（女，藏族）

人大副主席

格桑曲珍（女，藏族）

人武部部长、综治办主任

顿珠坚才（藏族）

扎雪乡

【概况】 扎雪乡位于墨竹工卡县以北51公里米洛山脚下，东与尼玛江热乡接壤，西与林周县阿郎乡相连，面积600平方公里，全乡1583户，总人口8147人，平均海拔4200米，以农业为主，牧业为辅，种植青稞、小麦、油菜，牧养牦牛、绵羊、山羊，产贝母，水资源丰富，辖格老窝、米洛、塔杰、龙珠岗、扎雪、其朗6个村，乡政府驻格老窝村。扎雪乡共有1583户，总人口8147人、劳力2760人。

2018年，扎雪乡生产总值

2018年5月2日，墨竹工卡县委副书记、县长旦增尼玛一行到扎雪乡召开精准脱贫工作专题会

（GDP）16920万元，增速14.3%，农村经济总收入12131.86万元，同比增长34.8%，其中第一产业收入5679.76万元，同比增长-4.7%，第二产业收入2305.7万元，同比增长103%，第三产业收入为4146.4万元，同比增长117.7%。农牧民人均可支配收入为11584.7元，同比增长39.8%，劳务输出收入3447.26万元，同比增长11.4%。全乡总耕地面积1079公顷，其中粮食作物（青稞、豌豆）709.5公顷，经济作物（油菜、蔬菜）289.1公顷，饲草80.4公顷。粮食作物产量4208.45吨，同比增长8.14%，草场总面积48696.29公顷，牲畜存栏21705头（只、匹）。

2018年9月29日，墨竹工卡县政协党组书记、主席索朗桑布带领兄弟乡镇政协委员一行到扎雪乡开展全县工作交流

【春防工作】 3月，开始进行防疫工作，以确保巩固和提高牲畜出栏率和总增率。并积极按照农牧局、兽医站要求，及时为牲畜注射口蹄疫苗，有效预防了疫情发生。同时定期宣讲各类传染性疾病防治知识，2018年组织开展大小宣讲活动共计20余次，发放预防传染性疾病知识手册、明白卡130余册（份），受益群众达700余人。

【集体经济】 年内，发展壮大农村集体经济，有利于稳进一步增强农业的发展后劲，促进农村生产力的发展；有利于增强农村基层党组织的创造力、凝聚力和战斗力；有利于密切党群干群关系，维护农村社会稳定；有利于加强农村社会主义精神文明建设。有了强大的集体经济这个物质基础，才能更有力地引导农民群众树立集体主义观念和共同理想，改善农村的办学条件，发展成人教育，普及科学文化知识，提高农民群众的文化素质，兴办公共福利事业，更有效地破除陈规陋习，树立健康文明的生活方式和新的社会风尚。2018年，全乡村集体收入达197.68万元。

【劳务输出】 年内，积极引导广大贫困户转变观念，克服“等、靠、要”的依赖思想，给农牧民群众提供更多的培训及就业机会，积极配合县四业办，组织人民群众积极参与就业培训，积极与扎雪乡境内施工单位沟通协调加大劳务输出力度，2018年全乡外出务工共3204人。年内，劳务输出已经成为扎雪乡增加群众收入最有效、最快捷的增收渠道。

【植树造林】 年内，扎雪乡安排护林员在全乡范围内进行补栽及新植树木共计24909株，并开展树木网围栏及涂白工作，累计动用护林员766人次。并在雨季来临前每月定期用洒水车对新植树木进行浇灌工作，树木成活率达75%以上。

【虫草采集】 年内，强化工作措施，狠抓虫草采挖管理工作，确保农牧民持续增收及社会和谐稳定，切实做好虫草采集管理服务工作。2018年，到门巴乡境内虫草采集人员1048人，采集收入687.25万元。

【以业脱贫】 年内，政府转移就业147人，自主择业143人，切实带动建档立卡户中劳动力发展与生产能力，牢牢巩固脱贫攻坚成果。

【以迁脱贫】 年内，县城搬迁83户400人，拉萨市文创园搬迁47户244人，全面落实区、市、县党委、政府要求，切实保障建档立卡户住房基本条件。

2018年5月16日，扎雪乡党委书记普桑，党委副书记、乡长张原嘉，人大主席旺堆次仁检查格老窝村级组织标准化建设

【以补脱贫】 年内，扎雪乡安排符合条件的生态补偿岗位766人，其中建档立卡贫困户722人，非建档立卡贫困户44人。在分配以补岗位的同时，要求各村委会要做好以补岗位工作人员的管理工作，切实发挥好各岗位工作的作用，扎实推进以补脱贫工作的有序开展。

【以助脱贫】 年内，扎雪乡建档立卡贫困户有23人享受医疗报销，共报销金额25.86万元，贫困群众负担明显减轻，遏制“因病致贫”“因病返贫”现象发生。

【以保脱贫】 年内，扎雪乡坚持按照“基础先行、社会进步”的基本要求，扎雪乡社会保障政策的贫困户45户62人、享受残疾人补贴81人、低保户78户342人，已兑现2018年低保金12.24万元，覆盖率达100%，实现应保尽保。

【以教脱贫】 年内，扎雪乡加大入户力度，认真做好全乡建档立卡贫困家庭在校学生及学龄前儿童信息的入户调查工作。2018年，识别建档立卡贫困户学生，学前有85人、小学313人、初中139人、高中（职高）66人、大学35人，享受以教脱贫政策共计638人。及时兑现2018年大学生教育资助金21.75万元，扎实推动“扶贫先扶智、治贫先治愚”的脱贫工作。截至年底，下辖6个行政村已全部脱贫出列，406户2197名建档立卡贫困人口全部脱贫退出，建档立卡户漏评0%、错评率0%、综合贫困发生率由2015年的25.29%下降至0%，群众认可度达到90%以上，建档立卡群众全部实现“两不愁、三保障”。

【安全生产】 年内，扎雪乡坚持“安全第一、预防为主，综合治理”的方针，牢固树立“发展是第一要务，安全是第一责任”的意识，严格落实领导干部安全生产“一岗双责”。加强对辖区内学校、矿山企业的安全监督。2018年，共计召开安全生产会8次，开展安全生产检查30余次，张贴宣传海报5幅，设置消防安全提示牌9个，全乡一般隐患整治率达100%。

【社会事业】 年内，扎雪乡小学入学率、巩固率、毕业率分别达到100%、99.86%和100%，中学入学率、巩固率、毕业率分别达到100%、99.57%和96%。强化食品卫生安全目标管理和责任制，对学校食堂共计检查6次，对乡周围商铺共检查24次，发现卫生安全隐患1处，并及时进行整改。参加合作医疗登记人数8147人，参加率达100%，年满60周岁（已享受养老金）老人共772人，共享受养老金323.64万元，低保户76户336人，资金补贴74.6万元，分散五保户8户8人，集中供养五保户17人，优抚慰问资金为7500元，教育资助222人共计发放资助金151.1万元，“一孩双女”奖励扶助85人8.2万元、特扶扶助9人4.9万元。

【组织建设】 年内，扎雪乡有干部职工48人。其中，行政编制29人，事业编制18人，工人1人，基层就业服务平台2人。下沉干部18人，借调至县直部门4人。全乡4个村级党委，2个村党总支，1个乡机关党支部，2个寺庙党支部，设置33个党小组。全乡党员662名，其中农牧民党员621人，占全乡总人口的7.6%。2018年，扎雪乡新吸纳入党积极分子23名，其中农牧民入党积极分子13人。

【"四讲四爱"主题教育】 年内，为正确、高效开展好"四讲四爱"主题教育实践活动，乡党委高度重视，动员全体人员积极思考办法、灵活采取措施，精心开展专题教育活动，组织全乡干部集中学习"四讲四爱"和十九大重要讲话精神，共组织开展宣讲17场次，覆盖人数共1100余人次。其中，"书记带头宣讲"3次，以"走出去"的形式开展宣讲1次，以会议形式开展宣讲2次。

【党风廉政建设】 年内，与各村委会签订党风廉政建设责任书，细化乡党委班子成员工作责任，严格落实一岗双责制，浓厚班子成员齐抓共管的氛围；进一步强化对强农惠农项目和资金的监管，加大对涉农资金公开督查力度，及时纠正侵占群众利益，特别是贪污、截留、挤占、挪用、套取及虚报冒领涉农资金等行为。同时加大重大节日、重要节点期间寺庙、学校、村委会、工作队带班值班情况。2018年，乡纪委共下村督查20余次，对一些存在问题要求及时整改，共下发口头整改通知7次。

（赵旭文）

【领导名录】

县人大常委会副主任、乡党委书记
普　　桑（藏族）

党委副书记、乡长
张 原 嘉

党委副书记、人大主席
旺堆次仁（藏族）

党委专职副书记
益西措杰（女，藏族）

纪委书记
魏 国 强

副乡长
德吉卓嘎（女，藏族）
杨 玉 伟

社会经济发展办公室主任
卓玛拉措（女，藏族）

文化服务中心主任
巴　　桑（藏族）

门巴乡

【概况】 门巴乡位于墨竹工卡县东北部65公里处，北接那曲嘉黎县，东南接工布江达县，西接尼玛江热乡，是墨竹工卡县纯牧业乡之一，平均海拔4500米，车程约90分钟，辖区面积1684.9平方公里，草场面积82673.15公顷，农作物播种面积68.54公顷，牲畜共18811头；下辖仁多岗、巴日卡、德仲、达珠、波尔朗、贴尔朗6个行政村，18个村民小组，共958户3944人（女2015人）。全乡下辖1个村党委、1个村党总支、13个村组党支部、1个乡机关党支部，共有党员399人（其中农牧民党员367人、乡机关党员32人），预备党员14人，入党积极分子11人，占全乡总人口的10.1%；全乡建档立卡贫困户161户450人，2018年脱贫3户5人，剩余2户5人未脱贫，贫困发生率逐年下降从2015年11.7%下降到2018年0.12%。

2018年，完成农村经济总收入约10528.58万元，同比增长10.6%；第一产业收入8815.77万元，同比增长11%，其中农业收入58.81万元、牧业收入7617.68万元、林业收入2052万元（虫草收入2052万元）；第二产业收入40.47万元，同比增长10%；第三产业收入1672.34万元，同比增长14%，其中运输业收入192.59万

2018年8月30日，西藏自治区党委常委、拉萨市委书记白玛旺堆（中）到墨竹工卡县门巴乡调研

2018年2月5日，墨竹工卡县委副书记、县长旦增尼玛，副县长索朗多吉一行到门巴乡检查指导“中央环保督察组问题反馈整改落实回头看”工作

元、批发和零售业收入367.98万元、住宿和餐饮业收入628.24万元、其他收入483.53万元；农牧民人均纯收入约18989.95元，同比增长12.6%。

【人员编制】 年内，门巴乡共有干部职工51人（其中公务员26人、事业人员16人、公益性岗位3人、社区服务人员2人、临时工3人、聘用干部1人）；全乡6个行政村村“两委”干部共33人；一个乡中心学校（其中：教师27人、在校生364人）；一个乡卫生院，有医生13人，村医共13人；一个乡兽医站，有兽医4人，村级兽医共23人；3个派出所共有警力20人（其中门巴乡派出所7人、直孔替寺派出所7人、德忠寺派出所6人）。

【学习党的十九大精神】 年内，认真开展“党员政治教育”“两学一做”“四讲四爱”“五有五好”学习教育实践活动。通过制定学习方案、计划，利用横幅、宣传栏、文艺演出、走村入户宣讲等群众喜闻乐见的方式迅速掀起学习热潮。乡党委班子领导讲党课6次，组织乡干部职工和“村两委”班子集中学习20余次，全乡开展集中宣讲20余次，各村分别对农牧民群众开展集中宣讲累计30余次，干部职工开展自学100余学时，集中观看学习教育片5次，召开专题研讨会2次，撰写心得体会100余篇。

【抓好“三个全覆盖”】 年内，抓好村级组织活动场所标准化建设，按照村级组织活动场所标准化建设要求，全乡下辖6个行政村办公场所、附属设施已新建完工，人员配备及相关硬件配套设施已完成并投入使用。

【党员干部教育培训】 年内，大力推进村“两委”干部学历提升和业务培训工作，采取多种措施保障全乡33名村干部取得初中及以上学历。全乡共组织党员观看远程教育10场次，开展党组织书记讲党课6场次，受教育党员达400余人次。

【基层组织建设】 年内，按照应发展慎发展的原则，严把新发展党员质量关，合理调整党员性别、年龄结构，积极吸收包括退伍军人、致富带头人、道德模范等各领域的精英，不断扩大辐射带动范围，全年按期转正党员14名，发展入党积极分子14名，发展预备党员4名。

【党风廉政建设】 年内，研究制定《门巴乡2018年党风廉政建设工作计划》，确立工作目标和具体措施；年初召开纪检工作会议，年中召开上半年党风廉政建设工作会议，进行全面总结和推进部署；召开乡党委班子会议，及时听取班子成员落实主体责任情况的汇报，确保压力传导到位。

【严格落实纪委监督责任】 年内，加大执纪监督和惩戒问责力度，突出对中央“八项规定”、区党委“约法十章”和“九项要求”、市委“八项要求”落实情况的巡查监督，在全乡范围内开展“门难进、脸难看、事难办”，奢侈浪费等“四风”问题的整治，全年对各村及乡直单位开展督导检查共40余次。

【村组干部队伍建设】 年内，引导村组干部做到“三个进一步”，即进一步加强学习，主要学习法律法规，增强处理问题的能力，提高村组干部素质；进一步规范民主决策程序，按照“四议两公开”工作法，推进民主决策的制度化；进一步深化党务、政务和村务公开，做到公开内容全面、真实，自觉接受群众监督。

【项目建设】 门巴乡“十三五”期间产业项目6个，2016年新建3个，畜牧发展项目涉及波朗村、达珠村、贴朗村，实行村委会+牧户+贫困户的模式，总投资261万元，覆盖贫困户50户，户均年增收1500元；门巴乡德仲藏药材开发建设项目总投资171.73万元，覆盖德仲村16户贫困户，户均年增收1000元；门巴乡村委会房屋建设项目，为仁多岗村集体经营投资193.67万元，现已开始收益；2017年新建2个，门巴乡机械租赁为巴日卡村集体经营，总投资248.6万元，覆盖23户贫困户，户均年增收1000元；门巴乡达珠村暖棚暖圈建设项目，总投资435.15万元，全村99户受益；2018年新建1个，门巴乡仁多岗村综合市场建设项目总投资832.02万元，现正在建设中。基础设施不断完善，6个行政村均已通电、通水、通网，4个行政村（巴日卡村、德仲村、达珠村、贴朗村）已实现油路通达，2个行政村已开工建设（嘉黎县措多乡经波朗村至墨竹工卡县门巴乡公路改建工程），预计2019年年底完工。

【精准扶贫】 年内，强化精准扶贫精准脱贫组织领导机制，配强工作人员，做好结对认亲助力脱贫，坚持“工作到村、扶贫到户”的工作机制，全乡38名干部共结对帮扶本乡43户贫困户；配备2名副乡长主抓精准扶贫精准脱贫工作，9名干部具体负责精准扶贫精准脱贫各项工作的开展；要求各村第一书记、书记、主任、驻村工作队、下沉干部具体推动各村精准扶贫精准脱贫工作，确保切实履行好党委主体责任、政府主抓责任、干部主帮责任、基层主推责任、社会主扶责任，突出乡党委书记和村第一书记的责任。发展重点产业项目，增强脱贫攻坚动能，截至年底，全乡得到政府项目支持的专业合作社有5家，以务工形式解决就业29人（其中建档立卡户2人），人均月工资2000元；以分红形式带动71户242人（其中建档立卡51户168人），户年均分红1500元。2016年门巴乡共实施扶贫项目5个，带动116户贫困户388人受益增收，户均增收1000元；2017年建设扶贫产业项目5个，以分红形式带动126户319人受益；2018年已审批的项目1个，正在建设中。

截至年底，共搬迁67户239人，其中2016年易地搬迁至嘎则新区7户28人，2017年县城搬迁16户69人，已就业23户26人（其中安置就业22人，4人自主就业），实现一户一岗，人均月工资2000元左右。2017年搬迁拉萨文化创意园区44户142人，已就业35户43人（其中安置就业17人，自主就业26人），人均月工资3500元左右。2016年门巴乡共安排生态补偿岗位379个；2017年经调整安排生态补偿岗位396个；2018年安排生态补偿岗位165个。2018年培训12人次（均为拉萨搬迁户，培训为保安和保洁员），门巴乡建档立卡中劳动力共有253人。截至年底，已有71人就业，通过乡政府、县扶贫办、县人社局等提供岗位转移就业38人，就业方向

2018年2月19日，门巴乡党委书记周军勇到乡卫生院调研

主要是巨龙矿业、环卫人员、服务员，平均收入在2500元左右，通过教育引导自主择业33人。

年内，严格按照自治区免费教育补助政策、拉萨市生活补助政策和墨竹工卡县“三大”民生助学政策实施，兑现建档立卡大学生区、市、县生活费，累加区外每生每年11000元，区内每生每年8000元，施行全额报销学费、书费、住宿费、交通费。门巴乡“三包”标准严格按照上级部门的政策要求，执行三类区标准，学前教育每人每年2980元，义务教育每人每年3480元。门巴乡建档立卡中在读大学生1名，毕业大学生3名均已就业；全乡“两后生”2名均已就业，在拉萨市广升医院就业1人，在县医院就业1人，全乡精准扶贫精准脱贫工作现已通过国家第三方考核评估。

【精神文明建设】 年内，健全精神文明建设领导机制，加大宣传教育力度，营造良好氛围，乡党委、政府通过加强领导、健全机制、明确责任、分工负责，确保精神文明建设扎实有序推进，并将精神文明建设工作分解细化，将任务量化到人、到环节，并与年度考核有机结合，形成全乡上下共同创建的良好工作局面。通过加强宣传引导，营造浓厚氛围，结合“三大节日”“3·28”“七一”等时机，举办新旧西藏对比、升国旗唱国歌、感党恩教育等多种形式的活动10余次，营造浓厚的节日氛围，使精神文明建设家喻户晓、人人参与。加强辖区内环境卫生整治，以推进“河长制”工作为契机，深入开展“净化环境，美化门巴”环境卫生大整治活动，对辖区内河道、湖泊、主干道路卫生进行全面清理整治，全乡共组织开展环境卫生集中整治60余次；切实加强乡村生活垃圾集中运送处理和垃圾定点、定片、定期清理工作，营造干净整洁的乡村环境。

【虫草采挖】 年内，协调推进虫草采挖服务管理，强化组织领导，协调各方力量，突出虫草采挖前、中、后期工作重点。前期主要把好采挖人员进点关，防止无证人员及持证人员携带酒品、饮料、包装食品进入采挖区；中期将重心放在对进出采挖区卡点的人员及车辆的检查，并组织协调各方力量于夜间对采挖区进行突击检查；后期主要协助各乡镇人员有序撤离，监督其对帐篷搭建区和虫草采挖区的环境卫生整治。在县委、县政府的坚强领导下，通过各方齐心合力及一系列有效工作措施，虫草采挖工作圆满结束。年内，门巴乡共有1600余人进入采挖区采挖虫草，虫草收入2052万元。

【惠农政策】 年内，认真落实教育“三包”、学生营养餐计划、大学生学杂生活费资助等政策，全乡5所幼儿园已全部投入使用，配备幼师、厨师、保安等，并面向门巴籍精准扶贫户、一般户公开招录吸收有意愿在幼儿园工作，从事幼儿事业的工作人员。实施肺结核、肝炎、风湿病、包虫病等集中体检、抽血化验，对筛查出的病人按照县医院的统一部署，分别送至拉萨市人民医院、南京市人民医院进行手术；并配合市卫生局开展孕产妇优生优育、产前基因干预，实现“三降一消”，全乡新型农村合作医疗参保率达到100%。加强对乡文化站，村文化活动中心、“农家书屋”的管理，提高农牧民群众积极参与学习的积极性。认真落实并兑现城乡居民最低生活保障金、“三老人员”工资、幸福养老金、森林生态效益补偿、在校大学生学杂费等14项惠民政策，并明确期限、及时足额兑现各项惠民资金。

（旺　杰）

【领导名录】

党委书记
　　周 军 勇
党委副书记、乡长
　　土登次仁（藏族）
党委副书记、人大主席
　　边巴次仁（藏族）
党委副书记
　　程 利 平（女）
党委委员、纪委书记
　　普布次仁（藏族）
党委委员、组织委员
　　格桑拉姆（女，藏族）
党委委员、副乡长
　　王 峰 山
　　普布次仁（藏族）
副乡长
　　罗布旺堆（藏族）
综治办主任
　　扎西列措（藏族）
党群办主任
　　仁　青（藏族）

附 录

受区(县)级以上表彰的先进集体名录

表 1

获奖单位	获奖名称	表彰时间	授予单位
墨竹工卡县疾病预防控制中心	在2004—2013年中国慢性病及其危险因素监测工作中荣获先进集体奖	2018年	国家疾病预防控制中心慢性非传染性疾病预防控制中心
墨竹工卡县南京市第八批援藏工作组	2018年西藏自治区民族团结进步模范集体	2018年	西藏自治区党委、自治区政府
墨竹工卡县门巴乡政府	2018年西藏自治区民族团结进步模范集体	2018年	西藏自治区党委、自治区政府
墨竹工卡县人民检察院	自治区创先争优强基础惠民生活动“优秀组织单位”	2018年	西藏自治区党委、自治区政府
墨竹工卡县供电有限公司	工资集体协商体质增效示范企业	2018年	西藏自治区总工会
西藏华泰龙矿业开发有限公司驻扎西岗乡仁青林村第七批驻村工作队	拉萨市创先争优强基础惠民生活动第七批自治区级先进驻村(居)工作队	2018年	西藏自治区创先争优强基础惠民生活动办公室
墨竹工卡县人民检察院	拉萨市创先争优强基础惠民生活动第七批自治区级优秀组织单位	2018年	西藏自治区创先争优强基础惠民生活动办公室
墨竹工卡县供电有限公司	管理提升标杆单位	2018年	国网西藏电力有限公司
工青妇联合支部第七批驻村工作队	拉萨市先进驻村(居)工作队	2018年	拉萨市委、市政府
共青团墨竹工卡县委员会	先进驻村(居)工作队	2018年	拉萨市委、市政府

续表1

获奖单位	获奖名称	表彰时间	授予单位
墨竹工卡县妇女联合会	拉萨市创先争优强基础惠民生活动先进驻村工作队	2018 年	拉萨市委、市政府
墨竹工卡县委政法委	拉萨市 2018 年度综合治理工作三等奖	2018 年	拉萨市委、市政府
墨竹工卡县委政法委	拉萨市 2018 年度“先进双联户”创建活动先进县	2018 年	拉萨市委、市政府
墨竹工卡县工卡镇工卡村	拉萨市 2018 年民族团结进步模范集体	2018 年	拉萨市委、市政府
墨竹工卡县唐加乡中心小学	“优秀教研团队”	2018 年	拉萨市委、市政府
墨竹工卡县门巴乡政府	拉萨市 2018 年度民族团结进步模范集体	2018 年	拉萨市委、市政府
墨竹工卡县	2018 年度拉萨市目标绩效争先进位考核县区达标奖	2019 年	拉萨市委、市政府
墨竹工卡县教育(体育)局	拉萨市干部职工工间操比赛优秀组织奖	2018 年	拉萨市政府
墨竹工卡县南京实验小学	民族团结先进集体	2018 年	拉萨市政府
墨竹工卡县南京实验小学	拉萨市模范单位	2018 年	拉萨市政府
墨竹工卡县人民检察院	2018 年度维稳工作先进单位	2018 年	拉萨市人民检察院
墨竹工卡县人民法院	文明单位	2018 年	拉萨市精神文明建设指导委员会
墨竹工卡县	拉萨市文明县城	2018 年	拉萨市精神文明建设指导委员会
墨竹工卡县委宣传部	拉萨市文明单位	2018 年	拉萨市精神文明建设指导委员会
墨竹工卡县委宣传部	2017 年拉萨市深化全国文明城市创建工作先进单位	2018 年	拉萨市精神文明建设指导委员会
墨竹工卡县教育(体育)局	文明单位	2018 年	拉萨市精神文明建设指导委员会
墨竹工卡县工卡镇格桑村	文明村镇	2018 年	拉萨市精神文明建设指导委员会
墨竹工卡县扎西岗乡政府	文明村镇	2018 年	拉萨市精神文明建设指导委员会
墨竹工卡县工卡镇工卡村	文明村镇	2018 年	拉萨市精神文明建设指导委员会
墨竹工卡县妇女联合会	拉萨市妇联目标管理考核妇女儿童工作重视奖	2018 年	拉萨市妇女联合会

续表1

获奖单位	获奖名称	表彰时间	授予单位
墨竹工卡县中学团委	五四红旗团委	2018年	共青团拉萨市委员会
墨竹工卡县电信局	青年文明号	2018年	共青团拉萨市委员会
墨竹工卡县唐加乡莫冲村委会	2017年全市团支部先进集体	2018年	共青团拉萨市委员会
墨竹工卡县总工会	2017年度全市工会工作目标责任考核一等奖	2018年	拉萨市总工会
墨竹工卡县教育(体育)局	全市工会结对帮扶村(居)工会工作先进集体	2018年	拉萨市总工会
墨竹工卡县中学(城投杯校园足球)	优秀组织管理奖	2018年	拉萨市教育局
墨竹工卡县财政局	2017年度部门决算先进单位(一等奖)	2018年	拉萨市财政局
墨竹工卡县财政局	2017年度预算执行先进单位(二等奖)	2018年	拉萨市财政局
墨竹工卡县财政局	2017年度财政总决算编制先进单位(二等奖)	2018年	拉萨市财政局
墨竹工卡县财政局	2017年度库款及月报先进单位(三等奖)	2018年	拉萨市财政局
墨竹工卡县财政局	2017年度行政事业单位固定资产系统报表先进单位(三等奖)	2018年	拉萨市财政局
墨竹工卡县工业和信息化局	拉萨市质量技术监督工作三等奖	2018年	拉萨市质量技术监督局
墨竹工卡县气象局	2018年度农网信息工作“先进集体”	2018年	拉萨市气象局
墨竹工卡县气象局	2018年度拉萨市气象部门先进党支部	2018年	拉萨市气象局
墨竹工卡县民政局	2017年度全市民政工作争先二等奖	2018年	拉萨市民政局
墨竹工卡县民政局	拉萨市第二届应急救灾帐篷搭建比赛集体二等奖	2018年	拉萨市民政局
墨竹工卡县林业局	2018年度全市林业工作先进集体	2018年	拉萨市林业局
墨竹工卡县教育(体育)局	先进基层单位	2018年	拉萨市教育局
墨竹工卡县教育(体育)局	第五届东方少年中国梦新创意中小学作文大赛优秀组织奖	2018年	北京市文学艺术联合会、北京市作家协会
墨竹工卡县工卡镇塔巴村	2018年“先进双联户”集体	2018年	拉萨市综治办
墨竹工卡县供电有限公司	2017年“安康杯”知识竞赛三等奖	2018年	国网拉萨供电公司
墨竹工卡县教育(体育)局	拉萨市首届运动会暨民族传统体育运动会优秀组织奖	2018年	拉萨市首届运动会暨民族传统体育运动会组委会

续表1

获奖单位	获奖名称	表彰时间	授予单位
墨竹工卡县教育(体育)局	首届跨喜马拉雅自行车比赛优秀组织奖	2018 年	首届跨喜马拉雅自行车比赛组委会
共青团墨竹工卡县委员会	优秀组织单位	2018 年	墨竹工卡县委、县政府
墨竹工卡县扶贫(农发)办	2018 年度墨竹工卡县目标绩效争先进位考核一等奖	2018 年	墨竹工卡县委、县政府
墨竹工卡县教育(体育)局	2018 年度墨竹工卡县民族团结进步先进集体	2018 年	墨竹工卡县委、县政府
墨竹工卡县教育(体育)局	2017 年度社会治安综合治理工作先进集体	2018 年	墨竹工卡县委、县政府
墨竹工卡县中学工会	优秀团体奖	2018 年	墨竹工卡县委、县政府
墨竹工卡县唐加乡中心小学	“教育教学奖质量突出奖”	2018 年	墨竹工卡县委、县政府
墨竹工卡县日多乡中心小学	教育工作先进集体	2018 年	墨竹工卡县委、县政府
墨竹工卡县第一双语幼儿园	教育工作先进集体	2018 年	墨竹工卡县委、县政府
墨竹工卡县工卡镇政府	2017 年度社会治安综合治理工作第一名	2018 年	墨竹工卡县委、县政府
墨竹工卡县工卡镇政府	墨竹工卡县“先进双联户”创建评选活动先进乡(镇)	2018 年	墨竹工卡县委、县政府
墨竹工卡县工卡镇工卡村	2018 年度墨竹工卡县民族团结进步先进集体	2018 年	墨竹工卡县委、县政府
墨竹工卡县甲玛乡综治办	墨竹工卡县“先进双联户”创建评选活动先进乡(镇)	2018 年	墨竹工卡县委、县政府
扎西岗乡加尔多村委会	墨竹工卡县“先进双联户”创建评选活动先进村委会	2018 年	墨竹工卡县委、县政府
墨竹工卡县日多乡政府	“先进双联户”创建评选活动先进乡镇	2018 年	墨竹工卡县委、县政府
墨竹工卡县扎雪乡综治办	墨竹工卡县 2017 年度社会治安综合治理第三名	2018 年	墨竹工卡县委、县政府
墨竹工卡县门巴乡仁多岗村	墨竹工卡县“先进双联户”集体	2018 年	墨竹工卡县委、县政府
墨竹工卡县委组织部	2018 年度墨竹工卡县目标绩效争先进位考核三等奖	2019 年	墨竹工卡县委、县政府
墨竹工卡县教育(体育)局	2018 年度目标任务考核第三名	2019 年	墨竹工卡县委、县政府
墨竹工卡县教育(体育)局	墨竹工卡县首届运动会暨民族传统体育运动会最佳团队奖	2018 年	墨竹工卡县政府
墨竹工卡县南京实验小学	民族团结先进集体	2018 年	墨竹工卡县政府

受区(县)级以上表彰的先进个人名录

表 2

姓名	性别	民族	工作单位	获奖名称	表彰时间	授予单位
尼玛次仁	男	藏	墨竹工卡县气象局	全国人工影响天气先进个人	2018年	国家气象局
觉 列	男	藏	墨竹工卡县唐加乡仲尼村	第三届“中国创翼”创业创新大赛全国总决赛专项组三等奖	2018年	人力资源和社会保障部全国人才流动中心
普 琼	男	藏	墨竹工卡县疾病预防控制中心	在2004—2013年中国慢性病及其危险因素监测工作中荣获先进个人奖	2019年	国家疾病预防控制中心慢性非传染性疾病预防控制中心
次仁卓玛	女	藏	墨竹工卡县疾病预防控制中心	在2004—2013年中国慢性病及其危险因素监测工作中荣获先进个人奖	2019年	国家疾病预防控制中心慢性非传染性疾病预防控制中心
央金拉姆	女	藏	墨竹工卡县疾病预防控制中心	在2004—2013年中国慢性病及其危险因素监测工作中荣获先进个人奖	2019年	国家疾病预防控制中心慢性非传染性疾病预防控制中心
游洪言	男	汉	墨竹工卡县日多乡政府	自治区综治先进个人	2018年	西藏自治区党委、自治区政府
达 瓦	男	藏	墨竹工卡县委宣传部	全区创先争优强基础惠民生活动“先进驻村工作队员”	2018年	西藏自治区党委、自治区政府
多吉欧珠	男	藏	墨竹工卡县创先争优强基础惠民生领导小组办公室	西藏自治区2018年度创先争优强基础惠民生活动先进工作者	2018年	西藏自治区党委、自治区政府
边玛卓嘎	女	藏	墨竹工卡县创先争优强基础惠民生领导小组办公室	西藏自治区2018年度创先争优强基础惠民生活动先进工作者	2018年	西藏自治区党委、自治区政府
杨玉伟	男	汉	墨竹工卡县扎雪乡格老窝村	全区第二批优秀村(社区)党组织第一书记	2018年	西藏自治区党委
张良辉	男	汉	墨竹工卡县人民法院	全区法院先进个人	2018年	西藏自治区高级人民法院
米玛措姆	女	藏	共青团墨竹工卡县委员会	优秀团干部	2018年	共青团西藏自治区委员会
董莎莎	女	汉	墨竹工卡县甲玛乡政府	优秀志愿者	2018年	西藏自治区青年志愿者协会、共青团西藏自治区委员会
旺 扎	男	藏	墨竹工卡县农牧(科技)局	全区农科教工作先进个人	2018年	西藏自治区农牧厅、教育厅

续表2

姓名	性别	民族	工作单位	获奖名称	表彰时间	授予单位
曲　珍	女	藏	墨竹工卡县教育（体育）局	2017年度全区优秀学生资助工作者	2018年	西藏自治区教育厅
尼玛确巴	男	藏	墨竹工卡县扎雪乡中心小学	全区小学教师课堂教学技能大赛“二等奖”	2018年	西藏自治区教育厅
唐多达瓦	男	藏	墨竹工卡县扎雪乡中心小学	全区中小学教师藏汉书法大赛“第三名”	2018年	西藏自治区文化厅
琼　吉	女	藏	墨竹工卡县扎雪乡中心小学	拉萨市乡镇小学藏语文教师综合能力提升培训班优秀学员	2018年	西藏大学
觉　列	男	藏	墨竹工卡县唐加乡仲尼村	第三届“中国创翼”西藏赛区选拔赛暨西藏自治区第一届创业创新大赛专项组第一名	2018年	西藏自治区人力资源和社会保障厅、西藏自治区工商联合会
平措扎西	男	藏	墨竹工卡县公安局	拉萨市创先争优强基础惠民生活动第七批自治区级先进驻村（居）工作队员	2018年	西藏自治区创先争优强基础惠民生活动办公室
旺　扎	男	藏	墨竹工卡县农牧（科技）局	优秀科技工作者	2018年	西藏畜牧兽医学会
劳明伟	男	汉	墨竹工卡县委员会	2018年优秀正县级领导干部	2019年	拉萨市委、市政府
尼　翻	女	藏	墨竹工卡县总工会	拉萨市驻村（居）工作队先进队员	2018年	拉萨市委、市政府
公桑更增	男	藏	墨竹工卡县人民检察院	拉萨市创先争优强基础惠民生活动“先进个人”	2018年	拉萨市委、市政府
全洪兴	男	汉	墨竹工卡县中学	优秀李氏奖	2018年	拉萨市委、市政府
南　洛	男	藏	墨竹工卡县中学	优秀李氏奖	2018年	拉萨市委、市政府
龙　珍	女	藏	墨竹工卡县中学	优秀铜奖	2018年	拉萨市委、市政府
阿　果	男	汉	墨竹工卡县南京实验小学	市级优秀—李氏奖	2018年	拉萨市委、市政府
扎西旺姆	女	藏	墨竹工卡县南京实验小学	优秀金奖	2018年	拉萨市委、市政府
边巴卓玛	女	藏	墨竹工卡县南京实验小学	优秀铜奖	2018年	拉萨市委、市政府
索朗卓嘎	女	藏	墨竹工卡县南京实验小学	优秀铜奖	2018年	拉萨市委、市政府
次仁曲宗	女	藏	墨竹工卡县唐加乡中心小学	“优秀教师”铜奖称号	2018年	拉萨市委、市政府
阿　桑	男	藏	墨竹工卡县唐加乡中心小学	“优秀教师”铜奖称号	2018年	拉萨市委、市政府
席贤锋	男	汉	墨竹工卡县民政局	拉萨市民族团结进步模范个人	2018年	拉萨市委

续表2

姓名	性别	民族	工作单位	获奖名称	表彰时间	授予单位
达　　娃	女	藏	墨竹工卡县甲玛乡希望小学	拉萨市优秀教师(铜奖)	2018年	拉萨市政府
拉巴卓玛	女	藏	墨竹工卡县甲玛乡希望小学	拉萨市优秀教师(铜奖)	2018年	拉萨市政府
巴桑曲扎	男	藏	墨竹工卡县日多乡中心小学	"李氏"奖荣誉	2018年	拉萨市政府
马　　超	男	汉	墨竹工卡县扶贫(农发)办	拉萨市深入开展创先争优强基础惠民生活动第七批先进驻村(居)工作队先进驻村(居)工作队员	2018年	拉萨市政府
米玛穷达	男	藏	墨竹工卡县甲玛乡希望小学	拉萨市优秀教师(银奖)	2018年	拉萨市政府
达　　瓦	男	藏	墨竹工卡县委宣传部	2018年度全市"四讲四爱"主题教育实践活动"优秀宣讲员"	2019年	拉萨市委宣传部
秦　　鑫	男	汉	墨竹工卡县文化市场综合执法大队	2018年度全市"四讲四爱"主题教育实践活动"先进工作者"	2019年	拉萨市委宣传部
顿珠坚才	男	藏	尼玛江热乡政府	征兵工作先进个人	2018年	拉萨市人民武装部
岳维莉	女	汉	共青团墨竹工卡县委员会	优秀团干部	2018年	共青团拉萨市委员会
董莎莎	女	汉	墨竹工卡县甲玛乡政府	优秀大学生志愿服务西部计划西藏专项志愿者	2018年	共青团拉萨市委员会、大学生志愿服务西部计划西藏专项拉萨市项目部
次尼卓玛	女	藏	墨竹工卡县唐加乡政府	优秀妇女工作者	2018年	拉萨市妇女联合会
苏鲁梅朵	女	藏	墨竹工卡县委宣传部	2017年拉萨市深化全国文明城市创建工作先进个人	2018年	拉萨市精神文明建设指导委员会
春　　芳	女	藏	墨竹工卡县工业和信息化局	招商引资先进个人	2019年	拉萨市商务局
巴桑扎西	男	藏	墨竹工卡县税务局	拉萨市税务局优秀公务员	2019年	拉萨市税务局
常建英	男	汉	墨竹工卡县税务局	拉萨市税务局优秀公务员	2019年	拉萨市税务局
旦增卓嘎	女	藏	墨竹工卡县税务局	拉萨市税务局巾帼标兵和示范岗	2019年	拉萨市税务局
邹芳娥	女	汉	墨竹工卡县气象局	拉萨市气象部门优秀党员	2018年	拉萨市气象局
甘臣龙	男	汉	墨竹工卡县气象局	拉萨市气象部门先进党务工作者	2018年	拉萨市气象局

续表2

姓名	性别	民族	工作单位	获奖名称	表彰时间	授予单位
甘臣龙	男	汉	墨竹工卡县气象局	全市气象部门年度考核优秀	2019年	拉萨市气象局
尼玛央金	女	藏	墨竹工卡县教育(体育)局	优秀论文三等奖	2018年	拉萨市教育局
云旦顿珠	男	藏	墨竹工卡县农牧(科技)局	拉萨市农牧先进工作者	2018年	拉萨市农牧局
母乾权	男	汉	墨竹工卡县唐加乡中心小学	2018年岗位练兵“优秀教案奖”	2018年	拉萨市教育局
达珍	女	藏	墨竹工卡县尼玛江热乡中心小学	一师一优课市级优秀奖	2018年	拉萨市教育局
普布卓嘎	女	藏	墨竹工卡县尼玛江热乡中心小学	一师一优课市级优秀奖	2018年	拉萨市教育局
尼玛确巴	男	藏	墨竹工卡县扎雪乡中心小学	拉萨市中小学课堂教学技能大赛“一等奖”	2018年	拉萨市教育局
尼玛确巴	男	藏	墨竹工卡县扎雪乡中心小学	拉萨市2018年度教师岗位大练兵活动业务测试“第一名”	2018年	拉萨市教育局
格桑曲珍	女	藏	墨竹工卡县扎雪乡中心小学	2018年义务教育部统编全员三科专题培训“优秀学员”。	2018年	拉萨市教育局
罗布	男	藏	墨竹工卡县扎雪乡中心小学	拉萨市中小学教师岗位技能大练兵活动——最美书画比赛“二等奖”	2018年	拉萨市教育局
大巴桑卓玛	女	藏	墨竹工卡县扎雪乡中心小学	2018年度市中小学教师岗位技能大练兵优秀论文第三名	2018年	拉萨市教育局
唐多达瓦	男	藏	墨竹工卡县扎雪乡中心小学	拉萨市“一师一优课、一课一名师”“市级优课”	2018年	拉萨市教育局
桑旦卓玛	女	藏	墨竹工卡县扎雪乡中心小学	拉萨市名族传统体育运动会女子篮球赛第五名	2018年	拉萨市民族传统体育运动会组委会
达瓦顿点	男	藏	墨竹工卡县扎雪乡中心小学	拉萨市2017—2018年度“一师一优课，一课一名师”市级优课	2018年	拉萨市教育局
白玛央宗	女	藏	墨竹工卡县扎雪乡中心小学	拉萨市2017—2018年度“一师一优课，一课一名师”市级优课	2018年	拉萨市教育局
周静	女	汉	墨竹工卡县扎雪乡中心校附属幼儿园	国培计划—2017西藏非师范专业幼师岗前国培项目实践授课环节中音乐《熊和石头人》优质课	2018年	长沙师范学院国培办、湖南省幼教师资培训中心

续表2

姓名	性别	民族	工作单位	获奖名称	表彰时间	授予单位
达瓦旺姆	女	藏	墨竹工卡县门巴乡中心小学	优秀共产党员	2018年	拉萨市教育局
旺堆坚参	男	藏	墨竹工卡县门巴乡中心小学	最美书画比赛一等奖	2018年	拉萨市教育局
白玛央金	女	藏	墨竹工卡县门巴乡中心小学	优秀教案奖	2018年	拉萨市教育局
顿旦平措	男	藏	墨竹工卡县门巴乡中心小学	优秀作业设计奖	2018年	拉萨市教育局
罗　　布	男	藏	墨竹工卡县门巴乡中心小学	最美书画比赛三等奖	2018年	拉萨市教育局
珠　　扎	男	藏	墨竹工卡县日多乡中心小学	“优秀教案”奖	2018年	拉萨市教育局
东正虎	男	汉	墨竹工卡县日多乡中心小学	一师一优课一课一名师“市级优课”	2018年	拉萨市教育局
梁泽琴	女	汉	墨竹工卡县扎西岗乡南京希望小学	一师一优课活动市级优课	2018年	拉萨市教育局
王建华	男	汉	墨竹工卡县扎西岗乡南京希望小学	一师一优课活动市级优课	2018年	拉萨市教育局
卢平平	女	汉	墨竹工卡县扎西岗乡南京希望小学	一师一优课活动市级优课	2018年	拉萨市教育局
顿珠杰姆	女	藏	墨竹工卡县扎西岗乡南京希望小学	一师一优课活动市级优课	2018年	拉萨市教育局
益西次仁	男	藏	墨竹工卡县扎西岗乡南京希望小学	2018中小学教师岗位大练兵优秀奖	2018年	拉萨市教育局
张央珍	女	藏	墨竹工卡县甲玛乡希望小学	优秀作业设计奖	2018年	拉萨市教育局
米　　玛	女	藏	墨竹工卡县甲玛乡希望小学	优秀作业设计奖	2018年	拉萨市教育局
玛日央	女	回	墨竹工卡县甲玛乡希望小学	2018年义务教育部统编三科教师全员专题培训(小学语文)“优秀学员”	2018年	拉萨市教育局
次仁卓嘎	女	藏	墨竹工卡县甲玛乡希望小学	优秀作业设计奖	2018年	拉萨市教育局

续表2

姓名	性别	民族	工作单位	获奖名称	表彰时间	授予单位
次　央	女	藏	墨竹工卡县第一双语幼儿园	拉萨市优秀教师“铜奖”	2018年	拉萨市教育局
公桑更增	男	藏	墨竹工卡县人民检察院	拉萨市创先争优强基础惠民生活动第七批市级先进驻村(居)工作队员	2018年	拉萨市创先争优强基础惠民生活动办公室
李　彩	女	汉	西藏华泰龙矿业开发有限公司	拉萨市创先争优强基础惠民生活动第七批市级先进驻村(居)工作队员	2018年	拉萨市创先争优强基础惠民生活动办公室
四朗多杰	男	藏	拉萨市中级人民法院	拉萨市创先争优强基础惠民生活动第七批市级先进驻村(居)工作队员	2018年	拉萨市创先争优强基础惠民生活动办公室
伍金塔杰	男	藏	墨竹工卡县扎雪乡扎雪村	拉萨市征兵工作先进个人	2018年	拉萨市政府征兵办公室
陈艳虹	女	汉	墨竹工卡县纪委监委	优秀驻村工作队员	2018年	墨竹工卡县委、县政府
占堆曲杰	男	藏	墨竹工卡县纪委监委	综治先进个人	2018年	墨竹工卡县委、县政府
段伟燕	女	白	墨竹工卡县纪委监委	优秀公务员	2018年	墨竹工卡县委、县政府
史燕芳	女	汉	墨竹工卡县纪委监委	优秀公务员	2018年	墨竹工卡县委、县政府
次旺多吉	男	藏	墨竹工卡县纪委监委	优秀公务员	2018年	墨竹工卡县委、县政府
四朗达措	女	藏	墨竹工卡县委宣传部	优秀公务员	2018年	墨竹工卡县委、县政府
苏鲁梅朵	女	藏	墨竹工卡县委宣传部	优秀公务员	2018年	墨竹工卡县委、县政府
岳维莉	女	汉	共青团墨竹工卡县委员会	优秀公务员	2018年	墨竹工卡县委、县政府
杨雪钟	男	藏	墨竹工卡县创先争优强基础惠民生领导小组办公室	综治先进个人	2018年	墨竹工卡县委、县政府
仓木拉	女	藏	墨竹工卡县农牧(科技)局	优秀专业技术人员	2018年	墨竹工卡县委、县政府
索朗晋美	男	藏	墨竹工卡县农牧(科技)局	优秀专业技术人员	2018年	墨竹工卡县委、县政府
卞育兴	男	汉	墨竹工卡县农牧(科技)局	优秀公务员	2018年	墨竹工卡县委、县政府
张丽丽	女	藏	墨竹工卡县教育(体育)局	先进工作队远	2018年	墨竹工卡县委、县政府

续表2

姓名	性别	民族	工作单位	获奖名称	表彰时间	授予单位
巴珠	男	藏	墨竹工卡县教育(体育)局	综治先进个人	2018年	墨竹工卡县委、县政府
嘎珍	女	藏	墨竹工卡县中学	师德标兵	2018年	墨竹工卡县委、县政府
德吉卓嘎	女	藏	墨竹工卡县中学	优秀教师	2018年	墨竹工卡县委、县政府
德琼	男	藏	墨竹工卡县中学	优秀教师	2018年	墨竹工卡县委、县政府
白玛曲宗	女	藏	墨竹工卡县中学	优秀教师	2018年	墨竹工卡县委、县政府
向巴玉珍	女	藏	墨竹工卡县中学	优秀教师	2018年	墨竹工卡县委、县政府
徐强	男	汉	墨竹工卡县中学	优秀教师	2018年	墨竹工卡县委、县政府
尼玛	女	藏	墨竹工卡县中学	优秀教师	2018年	墨竹工卡县委、县政府
宗吉	女	藏	墨竹工卡县中学	优秀教师	2018年	墨竹工卡县委、县政府
小达珍	女	藏	墨竹工卡县中学	优秀班主任	2018年	墨竹工卡县委、县政府
小达娃卓玛	女	藏	墨竹工卡县中学	优秀班主任	2018年	墨竹工卡县委、县政府
贡桑	女	藏	墨竹工卡县中学	优秀班主任	2018年	墨竹工卡县委、县政府
杨发菊	女	藏	墨竹工卡县中学	优秀教育工作者	2018年	墨竹工卡县委、县政府
邱荣	男	汉	墨竹工卡县中学	优秀教育工作者	2018年	墨竹工卡县委、县政府
次旦拉姆	女	藏	墨竹工卡县南京实验小学	优秀班主任	2018年	墨竹工卡县委、县政府
巴桑卓嘎	女	藏	墨竹工卡县南京实验小学	优秀教师	2018年	墨竹工卡县委、县政府

续表2

姓名	性别	民族	工作单位	获奖名称	表彰时间	授予单位
边巴曲珍	女	藏	墨竹工卡县南京实验小学	优秀教师	2018年	墨竹工卡县委、县政府
次旦卓玛	女	藏	墨竹工卡县南京实验小学	优秀教师	2018年	墨竹工卡县委、县政府
白玛卓嘎	女	藏	墨竹工卡县南京实验小学	优秀教师	2018年	墨竹工卡县委、县政府
罗布群宗	女	藏	墨竹工卡县南京实验小学	优秀教师	2018年	墨竹工卡县委、县政府
普卓玛	女	藏	墨竹工卡县南京实验小学	师德标兵	2018年	墨竹工卡县委、县政府
巴桑德吉	女	藏	墨竹工卡县南京实验小学	教学成绩突出奖	2018年	墨竹工卡县委、县政府
巴桑次仁	男	藏	墨竹工卡县唐加乡中心小学	优秀班主任	2018年	墨竹工卡县委、县政府
边巴顿珠	男	藏	墨竹工卡县唐加乡中心小学	优秀教育工作者	2018年	墨竹工卡县委、县政府
扎西曲加	男	藏	墨竹工卡县唐加乡中心小学	2018年全民运动足球项目“第三名”	2018年	墨竹工卡县委、县政府
扎西多吉	男	藏	墨竹工卡县唐加乡中心小学	优秀教师	2018年	墨竹工卡县委、县政府
卓玛群措	女	藏	墨竹工卡县唐加乡中心小学	成绩突出奖	2018年	墨竹工卡县委、县政府
多吉	男	藏	唐加乡东布岗村双语幼儿园	优秀教育工作者	2018年	墨竹工卡县委、县政府
仓罗布	男	藏	墨竹工卡县尼玛江热乡中心小学	第34个教师优秀教师	2018年	墨竹工卡县委、县政府
次仁占堆	男	藏	墨竹工卡县尼玛江热乡中心小学	第34个教师节优秀教师	2018年	墨竹工卡县委、县政府
达珍	女	藏	墨竹工卡县尼玛江热乡中心小学	第34个教师节师德标兵	2018年	墨竹工卡县委、县政府
小旦增卓嘎	男	藏	墨竹工卡县尼玛江热乡中心小学	第34个教师节优秀班主任	2018年	墨竹工卡县委、县政府

续表2

姓名	性别	民族	工作单位	获奖名称	表彰时间	授予单位
德庆仓决	女	藏	墨竹工卡县日多乡中心小学	师德标兵	2018年	墨竹工卡县委、县政府
卓玛曲宗	女	藏	墨竹工卡县日多乡怎村幼儿园	优秀教育工作者	2018年	墨竹工卡县委、县政府
黄丹	女	汉	墨竹工卡县日多乡中心小学	“爱岗敬业”荣誉	2018年	墨竹工卡县委、县政府
达却卓玛	女	藏	墨竹工卡县扎西岗乡南京希望小学	优秀教师	2018年	墨竹工卡县委、县政府
罗桑桑旦	男	藏	墨竹工卡县甲玛乡希望小学	拉萨市优秀教师(铜奖)	2018年	墨竹工卡县委、县政府
阿珠	男	藏	墨竹工卡县甲玛乡希望小学	优秀共产党员	2018年	墨竹工卡县委、县政府
普布次仁	男	藏	墨竹工卡县工卡镇塔巴村	墨竹工卡县“四讲四爱”群众教育实践活动宣讲员比赛知识竞赛二等奖	2018年	墨竹工卡县委、县政府
觉列	男	藏	墨竹工卡县唐加乡仲尼村	墨竹工卡县第二届青年创新创业大赛二等奖	2018年	墨竹工卡县委、县政府
年仁青	男	藏	墨竹工卡县日多乡政府	墨竹工卡县综治先进个人	2018年	墨竹工卡县委、县政府
周国元	男	汉	尼玛江热乡政府	优秀公务员	2018年	墨竹工卡县委、县政府
顿珠坚才	男	藏	尼玛江热乡政府	优秀公务员	2018年	墨竹工卡县委、县政府
加略	男	藏	墨竹工卡县门巴乡仁多岗村	先进双联户	2018年	墨竹工卡县委、县政府
边巴顿珠	男	藏	墨竹工卡县唐加乡中心小学	优秀党员	2018年	墨竹工卡县委
达嘎	女	藏	墨竹工卡县安全生产监督管理局	驻村工作队优秀个人	2019年	墨竹工卡县政府
门金洛追	男	藏	墨竹工卡县教育(体育)局	优秀教育工作者	2018年	墨竹工卡县政府
嘎列	男	藏	墨竹工卡县教育(体育)局	优秀教育工作者	2018年	墨竹工卡县政府

续表2

姓名	性别	民族	工作单位	获奖名称	表彰时间	授予单位
曲　　珍	女	藏	墨竹工卡县扎雪乡中心小学	优秀班主任	2018年	墨竹工卡县政府
罗　　布	男	藏	墨竹工卡县扎雪乡中心小学	墨竹工卡县首届运动会足球比赛中荣获“第三名”	2018年	墨竹工卡县政府
桑旦卓玛	女	藏	墨竹工卡县扎雪乡中心小学	墨竹工卡县首届运动会女子篮球比赛第一名	2018年	墨竹工卡县政府
次仁塔决	男	藏	墨竹工卡县扎雪乡中心小学	墨竹工卡县首届运动会足球比赛第三名	2018年	墨竹工卡县政府
次仁玉珍	女	藏	墨竹工卡县扎雪乡中心小学	优秀班主任	2018年	墨竹工卡县政府
旦增罗布	男	藏	墨竹工卡县扎雪乡中心小学	墨竹工卡县首届运动会足球比赛第三名	2018年	墨竹工卡县政府
拉　　珍	女	藏	墨竹工卡县扎雪乡中心小学	师德标兵奖	2018年	墨竹工卡县政府
旦增洛珠	男	藏	墨竹工卡县扎雪乡中心小学	墨竹工卡县首届运动会足球比赛第三名	2018年	墨竹工卡县政府
米玛仓决	女	藏	墨竹工卡县门巴乡贴儿朗村双语幼儿园	优秀学前教育工作者	2018年	墨竹工卡县政府
旦增卓玛	女	藏	墨竹工卡县门巴乡中心小学	优秀教育工作者	2018年	墨竹工卡县政府
仁青曲扎	男	藏	墨竹工卡县门巴乡中心小学	优秀教育工作者	2018年	墨竹工卡县政府
洛桑曲觉	男	藏	墨竹工卡县门巴乡中心小学	师德标兵	2018年	墨竹工卡县政府
央　　措	男	藏	墨竹工卡县门巴乡中心小学	敬业奖	2018年	墨竹工卡县政府
陈　　英	女	汉	墨竹工卡县扎西岗乡南京希望小学	优秀教育工作者	2018年	墨竹工卡县政府
李艳华	女	汉	墨竹工卡县扎西岗乡南京希望小学	优秀教育工作者	2018年	墨竹工卡县政府
次仁白中	女	藏	墨竹工卡县扎西岗乡南京希望小学	优秀教育工作者	2018年	墨竹工卡县政府

续表2

姓名	性别	民族	工作单位	获奖名称	表彰时间	授予单位
卢平平	女	汉	墨竹工卡县扎西岗乡南京希望小学	优秀教师	2018年	墨竹工卡县政府
次旦扎西	男	藏	墨竹工卡县扎西岗乡南京希望小学	优秀教育工作者	2018年	墨竹工卡县政府
张央珍	女	藏	墨竹工卡县甲玛乡希望小学	教学成绩突出奖	2018年	墨竹工卡县政府
仲慧玲	女	藏	墨竹工卡县甲玛乡中心双语幼儿园	优秀学前教育工作者	2018年	墨竹工卡县政府
玛日央	女	回	墨竹工卡县甲玛乡希望小学	民族团结“模范个人”	2018年	墨竹工卡县政府
玛日央	女	回	墨竹工卡县甲玛乡希望小学	师德标兵奖	2018年	墨竹工卡县政府
次仁卓嘎	女	藏	墨竹工卡县甲玛乡希望小学	优秀共产党员	2018年	墨竹工卡县政府
次仁卓嘎	女	藏	墨竹工卡县甲玛乡希望小学	优秀教师	2018年	墨竹工卡县政府
庞珊	女	汉	墨竹工卡县第二双语幼儿园	优秀教育工作者	2018年	墨竹工卡县政府
顿珠坚才	男	藏	尼玛江热乡政府	综治先进个人	2018年	墨竹工卡县政府

2018 年墨竹工卡县国民经济和社会发展统计公报

2018 年,全县上下深入贯彻习近平新时代中国特色社会主义思想,全面落实区市党委、市政府各项决策部署,坚持稳中求进工作总基调,以新发展理念为引领,以提高发展质量和效益为中心,以推进供给侧结构性改革为主线,保态势、创优势,迎难而上,拼搏进取,全县经济保持稳中有进、稳中向好发展态势,为决胜全面小康迈出坚实步伐。

一、综合

2018 年,全县完成地区生产总值 34.53 亿元,按可比价计算,增速 9.8%。其中:第一产业增加值 3.31 亿元,同比增长 6.4%;第二产业增加值 27.9 亿元,同比增长 11.9%;第三产业增加值 3.32 亿元,同比增长 4.1;三次产业结构比为 0.96 ∶ 8.08 ∶ 0.96。

全社会固定资产投资同比增长 17.7%。社会消费品零售总额 4.2 亿元,同比增长 13.5%。农林牧渔增加值 3.31 亿元,同比增长 6.4%(可比价);农牧民人均可支配收入 14300 元,同比增长 10.58%。规模以上工业增加值同比增长 4.6%(可比价)。

表1 墨竹工卡县2017-2018年主要经济指标数据情况表

指 标	2017 年		2018 年	
	总量	增速(%)	总量	增速(%)
地区生产总值(亿元)	30.64	10.2	34.53	9.8
其中:第一产业	3.05	5	3.31	6.4
第二产业	24.49	10.7	27.9	11.9
第三产业	3.1	11.2	3.32	4.1
规模以上工业增加值	—	-16.1	—	39.5
全社会固定资产投资完成额	—	-38.9	—	-34.1
社会消费品零售总额(亿元)	3.71	12.3	3.50	13.4
农牧民人均可支配收入(元)	13046	15	13960	10.7

二、农牧业

2018 年,全县农业总产值 5.97 亿元,同比增长 12.5%(现价);农林牧渔增加值 3.31 亿元,同比增长 6.4%(可比价),其中农业 1.98 亿元,林业 0.12 亿元;牧业 3.87 亿元。

农业:2018 年,全县农作物总播种面积 7410.79 公顷,其中粮食作物 41046.47 公顷,油料作物 2383.07 公顷,蔬菜 201.15 公顷,其他作物 720.1 公顷。全年粮食产量 24723.65 吨,同比增长 0.49%,油料作物产量

3040.9 吨，同比增长 89.89%；蔬菜产量 3765 吨，同比增长 -10.29%。

林业：2018 年，全县新增造林 361.91 公顷，种植苗木 22 万株。

牧业：2018 年，全县牲畜总存栏 134260 头（匹 / 只），其中牛、马等大牲畜存栏 120492 头（匹），猪存栏 2373 头，羊存栏 11395 只，年末家禽数 37987 只。当年肉产 6140.75 吨，其中猪肉 143.86 吨，牛肉 5687.39 吨，羊肉 295.31 吨，禽肉 14.19 吨。

图1　墨竹工卡县2018年农林牧渔增加值构成情况

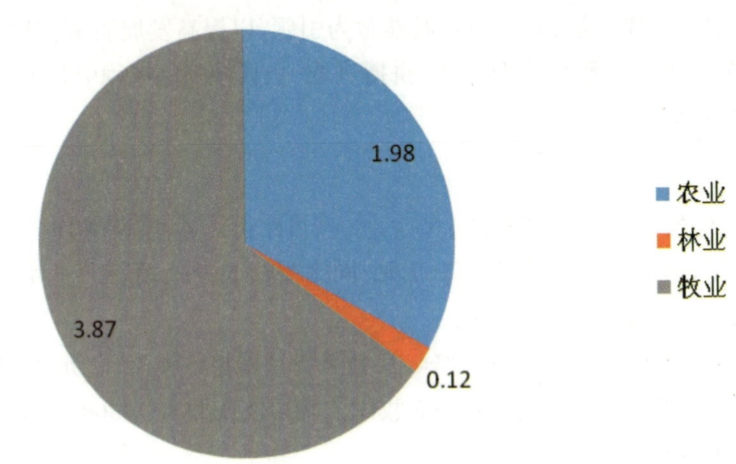

三、工业

2018 年，墨竹工卡县狠抓实体经济，华泰龙二期、巨龙一期采矿业项目建设完成。全县工业投入 12.31 亿元、增长 76.7%，工业总产值 40.96 亿元、增长 30.88%，工业税收 5.49 亿元、增长 24.81%。发展壮大国有企业，成立建材公司、砂石公司、砖厂，稳定建材供应，三大国有企业实现收入 3632.85 万元。

2018 年度，全县规模以上工业企业 6 家，规模以上工业增加值同比增长 4.6%。

图2　墨竹工卡县2014-2018年工业增加值增长速度

四、固定资产投资

2018 年，墨竹工卡县共有开复工项目 109 个，比上年减少 140 个，固定资产投资完成额同比增长 17.7%。

图3 墨竹工卡县2014–2018年全社会固定资产投资增长速度

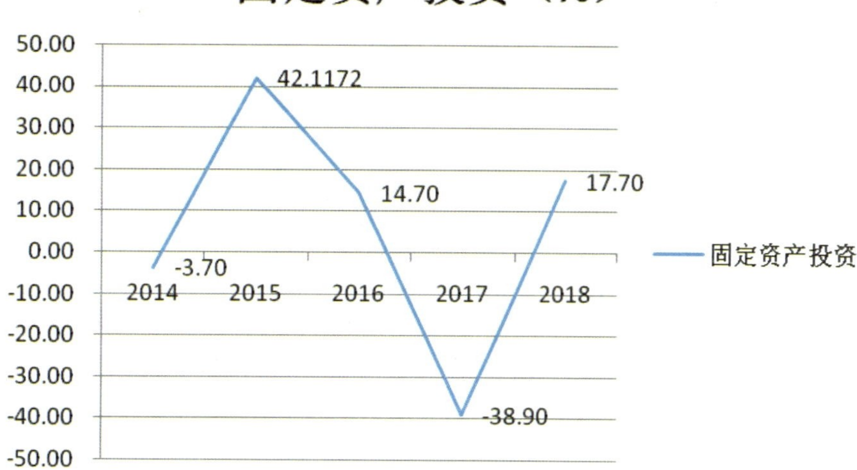

五、人口就业

2018 年，全县年末总人口 57017 人、女性 29648 人，其中农村人口 50009 人、女性 25427 人。全县总户数 18938 户，其中农村 11930 户。人口自然增长率 14.12‰。

乡村劳动力资源数 21073 人，其中劳动年龄内 19805 人。从事农业 10370 人，从事工业 750 人，从事建筑业 1354 人，从事交通仓储及优点通信业 988 人，从事信息、传输、计算机服务和软件业 125 人，从事批发零售业 1397 人，从事住宿餐饮业 1277 人，从事其他行业 3253 人。

表2 墨竹工卡县2014–2018年人口变动情况表

指 标	2014 年	2015 年	2016 年	2017 年	2018 年
年末总人口	53058	54296	55841	56335	57017
年末总户数（户）	11566	13179	13907	16019	18938
乡村人口（人）	48140	48629	49549	49649	50009
乡村户数（户）	9927	11290	13907	11821	11930
人口自然增长率（‰）	12.25	12.85	12.02	14.54	14.12

六、人民生活

2018 年，全县农牧民人均可支配收入 14300 元，同比增长 10.58%。

图4 墨竹工卡县2014–2018年农牧民人均可支配收入和增速

全年社会消费品零售总额达到4.2亿元，同比增长13.5%。其中限额以上批发零售贸易商品销售总额0.5亿元，商业从业人员975人，全县工商总户数2935户。

图5 墨竹工卡县2014–2018年社会消费品零售情况分行业对比图

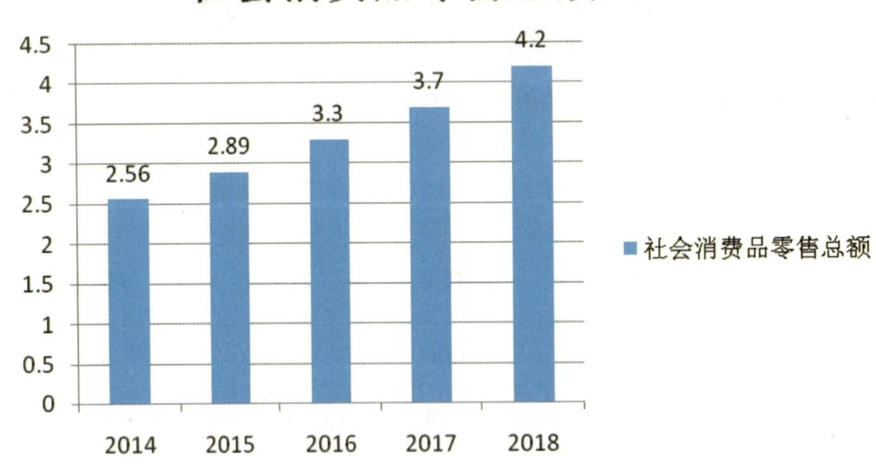

七、财政金融

2018年，全县财政总收入14.51亿元，一般公共预算收入4.11亿元，同比增长8.11%。一般公共预算支出14.31亿元，其中农林牧水3.16亿元，科技17万元，医疗卫生13.81亿元，教育3.15亿元。

表3 墨竹工卡县2014–2018年财政收支总额情况表

指 标	2014 年	2015 年	2016 年	2017 年	2018 年
财政总收入	8.57	10.57	3.64	3.98	14.51
其中：一般公共预算收入	2.28	2.7	3.27	3.64	4.11
公共财政预算支出	8.57	9.93	11.96	12.08	14.31

八、教育文化

2018 年，全县学校总数 46 所，其中中学 1 所，小学 8 所，幼儿园 37 所。中小学专任教师 505 人，其中教研室 16 人，中学 161 人，小学（含幼儿园）328 人。在校生总数 9179 人，其中中学 1726 人，小学 4807 人，幼儿园 2646 人。小学适龄儿童入学率 99.96%。学前三年入学率 95.11%。义务教育巩固率 96.66%。

全县县级文化活动中心 1 处，8 个乡镇综合文化站。40 个行政村文化室、农家书屋全部覆盖。寺庙书屋 48 个。全县 131 处文物点，其中自治区 13 处、县级 118 处。

九、民政卫生

2018年，全县城镇低保754人、农村1142人，农村传统救济人数737人。社会福利收养单位1个312张床。参加基本养老保险职工 1896 人，参加基本医疗保险职工 1896 人，参加失业保险人数 900 人，参加农村合作医疗 49586 人。

2018 年末，全县共有医疗卫生机构 9 个，其中医院 1 个、乡镇卫生院 8 个，疾病预防控制中心（防疫站）1 个。卫生机构床位数 144 张，卫生技术人员数 275 人。

十、旅游交通

2018 年，全县接待国内外游客 137.5 万人次，同比增长 4.88%，旅游收入 3025 万元，同比增长 2.92%。全县公路里程总计 803.658 公里，其民用汽车 8002 辆。

十一、气候环境

2018 年，极端最高气温 26.1℃，全年极端最高低温 –18.2℃，年平均气温为 7.3℃。全年总降水量 694.1 毫米，极端日降水量 39.1 毫米。全县人工影响天气作业 81 次，用弹 786 发。

索 引

说 明

一、本索引采用主题分析法编制。索引范围包括篇目、类目、部(门)目、条目等。
二、本索引按主题词首字汉语拼音音序(同音按音调)排列,若首字拼音相同则按第二字音序排列,以此类推。
三、索引款目后的数字表示内容所在的页码,数字后的拉丁字母(a、b、c)表示栏别(从左至右)。
四、篇目、类目、部(门)目用黑体字。

A

B

C

D

E

F

J

K

L

M

N

P

Q

R

S

T

W

X

Y

Z